제주 돌문화경관 연구

정광중

동국대학교 사범대학 학사
동경학예대학(東京學藝大學) 대학원 교육학연구과 교육학 석사
일본대학(日本大學) 대학원 이공학연구과 이학박사
제주일보 및 제주신보 논설위원(전)
한국사진지리학회 회장(전)
(사)제주학회 회장(현)
제주특별자치도 문화재위원(현)
제주대학교 교육대학 교수(현)
jeongkj@jejunu.ac.kr

강성기

제주교육대학교 학사
한국교원대학교 교육대학원 사회과교육과 석사
제주대학교 사회교육학부 초등사회과교육전공 박사
제주특별자치도 세계농업유산등재 TF 위원(2013)
제주특별자치도교육청 교육정책연구소 연구원(2017~2018)
제주특별자치도교육청 장학사(현)
darkhorse06@korea.kr

제주 돌문화경관 연구

2020년 11월 20일 초판 1쇄 발행

지은이 정광중, 강성기 | **펴낸이** 김영훈 | **편집** 김지희 | **디자인** 나무늘보, 부건영, 이지은 | **펴낸곳** 한그루
출판등록 제651-2008-000003호 | **주소** 63220 제주도 제주시 복지로1길 21(도남동)
전화 064 723 7580 | **전송** 064 753 7580 | **전자우편** onetreebook@daum.net | **누리방** onetreebook.com

ISBN 979-11-90482-32-5   93380

이 책의 출판비 일부는 제주특별자치도 제주학연구센터의 지원을 받았습니다.

값 20,000원

제주학연구센터 제주학총서 47

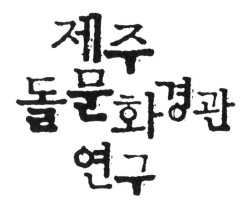

제주 돌문화경관 연구

정광중·강성기

책을 내면서

제주 돌담 또는 돌문화 연구를 오랫동안 이어갈 생각은 애당초 없었다. 아니, 처음부터 제주 돌담이나 돌문화 연구에 많은 시간을 빼앗기고 싶은 생각이 없었다고 해야 더 옳을 것이다. 그렇지만 결과적으로 생각해 볼 때, 내 의지와는 달리 기회가 주어질 때마다 제주 돌담이나 돌문화에 대한 보잘것없는 연구물을 내놓아야만 하는 상황에 처했던 것이 사실이다.

2007년 6월 한라산을 비롯한 성산일출봉과 거문오름 용암동굴계가 세계유산(자연유산)으로 등재되면서 한국은 물론 제주의 사회적인 분위기가 사뭇 바뀌게 되었고, 또 때를 같이하여 제주 돌담이나 돌문화 유산도 세계유산(문화유산)으로 손색이 없다는 여러 전문가와 학계의 논의가 이어지는 과정에서 본 연구자도 여러 차례에 걸쳐 원고 청탁과 함께 학술 토론회에 참여하는 기회를 얻게 되었다. 뒤에 정리한 원고의 출처자료에서 본 연구자가 작성한 많은 부분은 제주특별자치도가 지원하거나 발행한 단행본에 수록된 원고들인데, 이들이 나오게 된 배경은 바로 위에 명시한 사실과 관계가 깊다.

제주 돌담과 돌문화에 대한 연구를 틈틈이 이어나갈 수밖에 없었던 또 하나의 이유가 있었다면, 제자가 박사과정에서 '밭담'이라는 주제를 선택한 배경 때문이라 할 수 있다. 에둘러 표현하면, 잘 모르는 길을 서로 의지하고 학습하며 같이 찾아가 보자는 의도가 있었던 것이다. 이 과정에서 나온 합작 결과는 지리학회 학술지와 제주학회 학술지에 연명으로 게재할 수 있었다.

공동저자인 강성기 박사의 원고는 박사학위 논문을 작성하기 전 단계와 그 이후에 독자적으로 현지조사를 통해 작성된 것들이다. 물론 일부 원고는 박사학위 논문의 중요한 부분을 차지하는 내용도 포함돼 있다. 강 박사는 박사학위 논문의 작성과정에서 '밭담이 아주 탁월한 지역'과 '밭담이 거의 없는 무장전(無牆田) 지역' 그리고 '밭담 변화(쇠퇴) 지역'으로 구분하여 현지조사를 매우 적극적으로 행하였다. 아울러 지역 농민들과도 많은 인터뷰를 시도한 경험을 가지고 있다. 따라서 그는 제주도 밭담의 잔존 형태와 관련된 중요한 지리적 사실과 정보를 몸에 지닌 전문가의 자질을 갖추고 있다.

본서를 구성하는 장별 내용에서 강 박사의 원고는 제주 돌담이나 밭담을 매우 현실적이고 구체적이며 정량적으로 서술하고자 하는 의도를 내비치고 있어서, 제주 돌담이나 돌문화에 대한 현장성과 구체성, 그리고 명확성을 크게 부여하는 역할을 담당하고 있다. 원고의 이곳저곳을 살피다 보면, 학문적 진실을 찾아 고민하는 젊은 연구자의 열정을 새삼 느낄 수 있다.

다소 어설프지만, 이상이 본 도서를 구성하는 여러 원고의 탄생 배경이라 할 수 있다. 다시 한번 정리하자면, 본 도서에서는 두 저자가 지금까지 발표한 제주 돌담과 돌문화 관련 원고를 끌어모았고, 더불어 한 권의 책으로는 부족하다고 생각되는 부분에서 새로운 원고를 작성하여 추가하였다. 또 일부 원고는 장별 내용에 어울리도록 관점을 바꾸어 대폭 수정하였다.

모처럼 스승과 제자가 힘을 합해 한 권의 책을 만들려 하다 보니 이것저것 부족한 점이 많았다. 결국 처음에는 예상하지 않았던 원고까지 총동원해야 하는 해프닝이 발생했다. 그럼에도 불구하고, 더 이상 시간을 두고 새로운 원고와 체계를 고민하기에는 두 사람 앞에 놓인 여러 상황이 녹록지 않아 이 정도의 수준에서 만족하기로 했다. 본 도서에서 크고 작은 잘못이 산견된 다면, 그것은 처음부터 이 도서를 기획한 본 연구자의 몫이다. 혹여 본 도서가 출간된 이후에 내용상의 잘못을 지적한다거나 제주 돌담과 돌문화에 대한 조언이 뒤따른다면, 그것들은 앞으로의 연구과정에서 작은 긍정의 밀알로 승화시켜 나가고자 한다.

끝으로 어설픈 원고를 한 권의 책으로 엮는 데 심혈을 기울여주신 한그루의 김영훈 대표와 편집장 김지희 선생께 감사의 마음을 전하고자 한다. 제주 출판업계의 경제적 상황이 녹록지 않은 현실 속에서도 출판 허락과 함께 편집구성에 대한 명쾌한 조언들을 해주셨다. 나아가 본 도서가 나오는 데 많은 도움을 주신 제주학연구센터와 평소에 많은 조언과 영감을 보태준 제주 지역의 여러 연구자들에게도 겸허한 마음으로 감사의 마음을 전한다.

2020년 10월

별도봉이 보이는 연구실에서

저자 대표 **정광중** 씀

차례

제1부

제주 돌문화와
돌담 개관

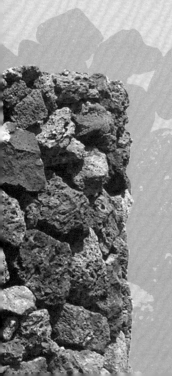

제주 돌문화
들여다보기

1. 들어가며

　　먼저 돌문화의 개념에 대해 정리해 보기로 하자. 돌문화는 용어 그대로
'돌+문화'라는 두 개의 명사가 합쳐진 복합명사이다. 따라서 돌문화의 개념
은 돌과 문화의 개념을 살펴봄으로써 한층 더 쉽게 다가갈 수 있을 것으로 생
각된다. 그런데 돌문화라는 복합명사의 개념을 정의하는 데 있어서 돌의 개
념은 제쳐두더라도, 문제시되는 것은 역시 '문화'라고 하는 진부하면서도 중
요한 개념이라 할 수 있다.

　　그렇다면, 일단 문화지리학자와 인류학자들이 내린 문화의 개념부터 살
펴보자. 문화지리학자인 스펜서(Spencer, J. E.)는, '문화는 집합적인 의미로
볼 때, 역사적으로 학습된 인간행동과 활동양식들의 총체(1973)'라고 정의했
으며, 인류학자인 바르노우(Barnouw, V.)는 '한 사회의 구성원들에 의해 공유
되며 학습된 행동(1979)'이라 정의하고 있다(임덕순, 1996: 76 재인용). 또한 일
본의 문화지리학자인 나카가와 타다시(中川 正)는 '인간의 가치, 지식, 행위,

습관 및 그것들에 의해 만들어진 물질적·비물질적인 현상(1995)'이라 정의하고 있다.

이들 학자들이 내린 문화의 개념에서 중요하게 다뤄지는 공통분모는 '인간의 행위 또는 행동'이다. 이들 정의를 토대로 하면서 인간의 행위(행동)를 부각시켜 돌문화의 개념을 정의해 보면, '돌이라는 자연자원을 매개체로 하여 사람들에 의해 오랫동안 공유되며 학습된 행동양식'이라 정리할 수 있다. 이때 한 가지 전제되어야 할 사실이 있다. 돌문화의 개념을 전제하여 논의되는 돌 자원은 어떠한 형태로든 가공을 하거나, 아니면 가공을 하지 않더라도 원래의 장소나 특정 장소로 이동된 상황 속에서 인간생활에 유용하게 활용되는 것이어야 한다는 점이다. 다시 말해, 단순하게 자연적인 상태로 존재하는 돌이거나 거주지 혹은 농경지 등 주변부에 존재하는 돌이라도, 실제로 인간생활에 활용되지 않는 것은 돌문화의 범주에 포함시킬 수 없다는 것이다. 더불어 당연한 논리라 할 수 있겠지만, 가령 '제주도(민)의 돌문화'라 가정할 때 해당 지역이나 지역주민은 '제주도' 및 '제주도민'이 부각되어야 한다는 점도 간과해서는 안 될 것이다.

이상과 같은 돌문화의 개념과 배경을 전제할 때, 돌 자원은 인간이 지구상에 출현한 이후부터 가장 소중하고도 긴요하게 사용해온 재료 중 하나라는 점을 명심할 필요가 있다. 따라서 돌 자원은 구석기시대부터 선사인들이 가장 즐겨 사용하던 재료로서, 역사시대로 접어든 이후에는 그 쓰임새가 한층 더 다양한 분야에 걸쳐 유용하게 활용돼 왔음을 인식해야만 한다. 이러한 사실은 고대 이집트 및 로마 유적을 시작으로 중국의 만리장성, 페루 잉카제국의 마추픽추, 캄보디아 앙코르왕국의 유적 등에서 돌 자원의 용도와 함께 유적의 스케일을 확인하는 데서 쉽게 납득할 수 있다.

이러한 상황은 한국이나 제주도에 있어서도 마찬가지다. 삼국시대의 수

많은 성곽에서부터 주요 건축물이나 무기, 생활용구 등의 재료에는 항상 돌 자원이 포함돼 있었으며, 제주도에서는 그것들을 포함하여 농업과 어업, 목축업 등 경제활동을 행하는 과정에서도 돌 자원은 필수불가결한 존재였다. 어쩌면 제주도에서는 근현대로 접어들기 이전, 다시 말해 전통적 생활양식이 온전하게 유지되던 시기에 돌 자원이 없었다면, 주민들의 생활은 거의 불가능했다고 해도 과언이 아닐 것이다. 더욱이 제주도와 같이 중심부에서 멀리 떨어진 주변부, 그것도 완전히 고립된 해양 상의 섬 지역에서는 다른 재료보다도 훨씬 견고한 돌 자원을 활용하는 것이 당연한 지혜의 소산이었다고 말할 수 있다. 다행히도, 해양 상에 고립된 제주도에는 화산활동의 결과로 엄청난 돌 자원이 지척에 널려 있었다. 주민들은 그 돌 자원들을 어떤 방법으로 가공하고, 또 어떻게 이동시켜 사용하는지가 큰 관건이었던 것이다.

결과적으로, 제주도의 돌문화가 오랜 세월 동안 지속되며 발전할 수 있었던 근본적 배경은, 자연환경을 제대로 이해하면서 어렵고 극한 상황을 극복하고자 하는 제주도민들의 지혜에서 비롯되었다고 말할 수 있다.

2. 제주도의 돌 자원, 현무암의 쓰임새

제주도 전통문화의 하위문화로 특징지을 수 있는 돌문화의 기저에는 말할 필요도 없이 돌 자원이라는 핵심적 요소가 자리 잡고 있다. 따라서 이번 주제에서는 제주도 돌문화의 근간을 이루는 돌 자원, 그중에서도 제주도에 가장 많이 분포하고 있고, 또 가장 많이 활용되고 있는 현무암의 쓰임새에 대하여 논의해 보고자 한다.[1]

〈표 1〉은 오늘날 제주도에서 활용되고 있는 돌 자원, 즉 현무암의 이용실

〈표 1〉 제주도에서 돌의 용도와 이용실태[2)]

용도 구분		구체적 사례
일반적 이용	건축용 재료	집(울)담, 올렛담, 우영(채전)담, 축담(벽체), 통싯담, 쉼팡(댓돌, 잣멘디), 물팡(팡돌), 눌굽, 장항굽, 구둘돌, 불턱담(해녀탈의장), 정주석(먹), 포구 축조용 돌담, 봉천수·용천수 보호용 돌담 등
	생산용 재료	밭담, 잣담, 원담(갯담), 돗도고리, 돌구시, 돌테, 돌바퀴, 봉돌(낚시용 추), 닻돌, 연자마(웃돌·알돌), 숯굽궤, 곰돌, 머들 등
	생활도구용 재료	돌화로, 봉덕, 소줏돌, 갈돌, 솟덕, 돌등잔(등경돌), 물확(빨래확), 물통, 돌세면기, 디딜팡, 정ㄱ레, 풀ㄱ레, 돌방아, 돌절구, 돌확, 약ㄱ레, 기름틀 등
	신앙생활용 재료	지석묘(고인돌), 석탑, 산담, 동자석, 문인석, 망주석, 방사탑(防邪塔), 돌하르방, 돌미륵, 칠성돌, 상돌, 신당 보호용 돌담 등
	비석용 재료	공덕비, 송덕비, 추모비, 청송비, 불망비, 열녀비, 효녀비, 효자비, 건립 기념비 등
	놀이용 재료	공깃돌, 듬돌(뜽돌), 이시게리(石蹴り) 돌, 비석치기 돌 등
특수적 이용	통신·방어용 재료	방문석, 도대불(돌등대), 연대, 성담(3읍성·9진성·환해장성·4·3 성담) 등
	경계용 재료	목장 경계 돌담(잣성: 하잣성·중잣성·상잣성), 시·군 경계(과거 제주시-조천읍) 돌담, 마을 경계(성읍리-가시리) 돌담 등

자료: 정광중, 〈제주지방-과거와 현재〉,《한국지리지-전라·제주편》, 국토지리정보원, 2004, p.533의 〈표 1-3〉을 수정·보완하여 재작성.

태에 대해 정리한 것으로서, 이 자료를 통해 제주도민들이 오랜 세월 동안 현무암을 어떻게 이용해 왔는지 확인해 볼 수 있다. 현무암의 돌 자원은 크게 일반적 이용과 특수적 이용으로 나눌 수 있으며, 다시 일반적 이용은 건축용 재료, 생산용 재료, 생활도구용 재료, 신앙생활용 재료, 비석용 재료 및 놀이용 재료로서의 이용으로, 그리고 특수적 이용은 통신·방어용 재료와 경계용 재료로서의 이용으로 구분할 수 있다. 여기서 일반적 이용과 특수적 이용의 경계는 다소 불분명할 수도 있으나, 특수적 이용에는 제주도민들의 생활상에서도 보편적이지 않거나 지엽적인 사례 혹은 관(官) 주도하에 행해진 결과물(기능체)의 사례가 포함된다.

아울러 〈표 1〉에는 여러 용도별로 활용된 돌 자원이자 돌문화의 요소들을 정리해 놓았지만, 이것이 전부가 아니라는 사실에 주목할 필요가 있다. 또한 구체적인 사례로서 제시된 돌문화의 요소들은 현시점에서 생각할 때, 울(집)담이나 밭담 등과 같이 이미 수백 년 이상의 전통을 현시점까지도 이어오는 요소들이 있는 반면에 연자마나 돌화로 등과 같이 전통의 맥이 다하여 박물관의 전시품으로 전락한 요소들도 많다는 사실을 이해해야만 한다. 특히, 후자에 속하는 돌문화 요소의 경우에는 생산용 재료를 비롯하여 생활도구용 재료, 통신·방어용 재료, 일부 건축용 재료로 활용된 사례들이 포함된다는 사실을 인식할 필요가 있다.

구체적으로 현무암의 쓰임새를 살펴보자. 현무암의 돌 자원은 일반 가정 내에서 사용하는 생활도구인 정ᄀ레, 풀ᄀ레, 약ᄀ레, 돌화로, 봉덕, 소줏돌, 갈돌, 돌등잔, 물확(빨래확), 물통, 돌세면기, 돌방아, 돌절구, 돌확(혹), 기름틀은 물론이고 작은 자연마을 단위나 마을 전체로 사용하는 포구 및 봉천수·용천수 축조용 돌담, 신당 보호용 돌담, 원담(갯담), 연자마, 방문석(주민들에게 중요한 사실을 알리기 위한 벽보판), 도대불, 송덕비·공덕비 등의 비석류로도 사용해왔다. 이뿐만이 아니다. 농가 주택이나 그 주변을 장식하는 데 사용하는 울담과 축담을 시작으로 우영(채전)담, 통싯담, 올렛담, 마을길 돌담, 들판의 경작지 사이사이를 가로지르는 밭담과 잣담, 그리고 중산간 지역의 목장용 경계석인 잣성(하잣성·중잣성·상잣성) 등 그 쓰임새는 한없이 이어진다.

심지어는 어쩌다 짬을 내어 놀이를 할 때도 공깃돌, 이시게리(石蹴り) 및 비석치기용 돌(아이용), 듬돌(뜽돌: 어른용)과 같이 현무암으로 만든 놀이도구

를 사용하며, 사후 세계에서는 묘 주변을 두른 산담(묘지 경계석)에서부터 그 내부를 장식하는 동자석, 문인석, 망주석까지 현무암의 활용도는 너무도 다종다양하다고 지적할 수 있다.

이상과 같이, 제주도민들이 오랜 세월 동안 사용해온 현무암의 돌 자원은 전통사회의 일상생활에서는 거의 모든 부문에 걸쳐서 필수 불가결한 존재였다. 그래서 제주 섬사람들은 흔히 '돌에서 나서 돌로 돌아간다.'는 말이 심심찮게 회자되기도 하고, 또 제주도가 '돌의 나라'라고 불리기도 하는 것이다 (고광민, 2006; 이윤형·고광민, 2006). 궁극적으로, 이러한 사실은 선사시대로부터 거주해온 선사인들이나 역사시대 이후의 제주도민들이 현무암의 돌 자원을 오랜 세월 동안 사용하는 과정 속에서 삶의 고뇌와 지혜의 역사가 반영되었음을 의미하는 것이다.

제주도 돌 자원의 핵심이라 할 수 있는 현무암은 그것이 형성되는 과정에서부터 거의 대부분이 표면에 가스 구멍의 흔적을 남기고 있다. 따라서 현실

〈사진 1〉 오늘날 현무암의 이용(석재 다리) 제주시 산지천 변

적으로 다양한 용도로 사용하기에는 불편한 점이 많은 게 사실이다. 그렇지만 제주도민들은 지천에 널려 있었기에 손쉽게 얻을 수가 있었고, 또 특별히 경비도 들지 않았기 때문에 일상생활의 거의 모든 부문에서 다양한 재료로 활용할 수 있었던 것이다. 다시 강조하면, 일상생활에서 중요한 돌 자원인 현무암은 제주도민이라면 어느 누구라도 남에게 구걸하지 않고 필요한 때마다 필요한 양만큼 구할 수 있었고, 더욱이 한번 만들어 사용하거나 특정 장소로 이동시켜 활용하면 내구성이 매우 뛰어났기 때문에 모든 도민들에게 절실한 자연자원이었던 것이다. 〈사진 1〉

3. 제주 돌문화의 특성과 자원적 가치

1) 제주문화상징으로서 돌문화의 특성

2008년 제주특별자치도는 국내 지방자치단체 중에서는 처음으로, '제주문화의 정체성을 조명함과 동시에 제주문화의 부가가치 창출을 목적'으로 10개의 대표 제주문화상징과 99개의 개별 제주문화상징을 선정 발표하였다(제주특별자치도, 2008). 먼저 10선 대표 제주문화상징에는 한라산을 비롯하여 해녀, 제주어, 제주4·3사건, 돌문화, 제주굿, 제주초가, 갈옷, 귤, 오름 등 10개가 선정되었는데, 이들 중 돌문화는 다섯 번째 순위로 당당히 선정되었다. 또한 이들 10선 대표 제주문화상징 중에서는 현무암을 적극적으로 활용한다는 관점에서 볼 때 제주초가도 돌문화의 하위 범주에 포함시킬 수 있다. 더불어 99선 제주문화상징에서는 돌문화와 가장 밀접한 돌담을 비롯하여 환해장성, 원당사지오층석탑, 봉수와 연대, 제주도식고인돌, 잣성, 읍성과 진성, 원(垣), 돗통시, 물방애, 무덤과 산담, 방사탑, 돌하르방, 동자석, 동·서자복, 당 등이 선정되었다. 이들 외에도 99선 제주문화상징 중 돌과 직접 관련된 것을 찾아낸다면 정낭(정주목)과 개맡(포구) 등도 돌문화의 하위요소에 충분히 포함시킬 수 있을 것으로 판단된다.

이처럼 제주 돌문화와 관련된 제주문화상징은 제주를 상징하는 대표 유전자로서뿐만 아니라 개별 유전자로도 그 수가 만만치 않음을 확인할 수 있으며, 결과적으로 이들은 제주도민의 정체성은 물론 제주역사의 지속성, 그리고 제주문화의 보편성과 특수성을 이해할 수 있는 나침판이 되고 있다.

제주의 돌문화는 그것을 구성하는 하위요소로 볼 때, 전도에 걸쳐 분포한다는 사실이 매우 중요하며, 더불어 그것들 대부분은 제주도민들의 생활과 직접적이고 매우 긴밀하게 밀착된 존재라는 사실에서 보다 큰 의미를 부여할 수 있다. 이러한 사실은 돌담 한 가지로 축소하여 분포 정도나 생활과의 긴밀성 또는 밀착성을 연관시켜 보면 한층 더 극명하게 드러난다. 돌문화 요소 중 대표격이라 할 수 있는 돌담은 제주지역 그 어디를 가더라도 쉽게 접할 수 있는 요소이다. 마을 내부를 수놓는 마을길 돌담에서부터 택지를 휘감는 울담과 올렛담, 전통어로가 작동되는 연안바다의 원담(갯담)과 주변부에 위치한 불턱담, 농경지라면 어김없이 사방을 두른 밭담, 그리고 높고 낮은 오름과 넓은 들판 곳곳에 포진된 산담과 잣성 등 모두가 전도를 돌아가며 가시적으로 드러나는 돌문화 구성요소이면서 어느 것 하나도 제주도민들의 생활에서 빠뜨릴 수 없는 소중한 요소들이다.

또 한 가지 중요하게 평가되어야 할 사실은 제주 돌문화의 구성요소에는 제주도민들의 생활 경험과 지혜와 기술이 녹아들어있다는 사실이다. 돌문화의 구성요소에 따른 제주도민들의 경험과 지혜와 기술은 마을 단위의 공동체적 혹은 집단적 경험이자 지혜와 기술일 수도 있고, 농가 단위의 개별적 또는 독자적 경험이자 지혜와 기술일 수도 있다. 또 필요에 따라서는 공동체와 개별 농가의 경험과 지혜와 기술이 동시적으로 작동된 것일 수도 있다.

가령, 위에서 지적한 돌문화의 구성요소를 사례로 들자면, 공동체적 관점의 경험과 지혜와 기술이 집약된 사례로는 산담, 원담(갯담), 잣성, 불턱담을 들 수 있고, 개별 농가의 경험과 지혜와 기술이 집약된 사례로는 울담, 올렛담 및 밭담 등을 들 수 있다. 나아가 공동체와 개별 농가의 경험과 지혜와 기술이 집약된 사례는 마을길 돌담이 해당되며, 이 부류에는 돌문화 구성요소의 위치나 장소에 따라 일부 산담과 밭담도 포함될 수 있다.

2) 제주 돌문화의 자원적 가치

제주 돌문화의 자원적 가치가 아무리 높다고 주장하더라도 구체적인 평가 기준이 없으면, 공허한 메아리에 불과하다. 〈표 2〉는 이러한 배경을 고려하여, 필자가 대안적으로 정리한 자료이다. 여기서 돌문화 구성요소별 지역주민과 관광객 입장의 자원 인식도는 일정한 기준에 따른 것이 아니라, 현 시점에서 자원 활용도를 전제한 필자의 주관적 견해에 의존한 것임을 밝혀둔다.

〈표 2〉에 따르면, 돌문화 구성요소는 위치에 따라 크게 택지 내부와 입구 그리고 택지 외부로 구분할 수 있으며, 다시 택지 외부의 돌문화 구성요소는 마을 내·외부 지구와 해안지구로 세분해서 정리할 수 있다. 여기서는 일단 개별농가 단위로 사용하는 생활용구를 제외한 대부분의 돌문화 구성요소들을 포함하고자 했는데, 결과적으로 이들 요소는 기능적 특성과 연관 지어 볼 때 제주도민들의 과거와 현재의 삶을 영위하는 과정에서 당연히 탄생할 수밖에 없는 각별한 것임을 이해할 수 있다. 단지 성담과 연대, 돌하르방, 잣성,

〈표 2〉 돌문화의 하위 구성요소별로 본 자원 인식도와 기능적 특성

돌문화 하위 구성요소		자원 인식도		기능적 특성
		주민	관광객	
택지 내부 및 입구	축담	하	하	전통가옥의 골격
	울(집)담	상	중	전통가옥의 주요 부속시설
	통싯담	하	하	전통가옥의 주요 부속시설
	우영담	상	하	전통가옥의 주요 부속시설
	올렛담	상	중	전통가옥의 주요 부속시설
	마을길 돌담	하	중	주민들의 통행로 시설
택지 외부	마을 내·외부 지구			
	고인돌	하	하	선시시대 탐라인의 무덤 양식
	돌하르방	중	상	성문(3개소) 앞 수문장
	돌미륵	중	하	여성들의 기원처
	동자석	중	하	선조 무덤의 장식물
	불탑	중	중	고려 후기의 현무암 석탑
	방사탑	상	중	마을 재앙을 막는 보호막
	옹기가마	하	하	전통적 생활용기의 생산 장소
	밭담	상	상	밭농사의 버팀목
	산담	상	중	조상 무덤의 보호막
	성담/연대	중/중	중/중	조선시대 외침의 보호막
	4·3 성담	하	하	4·3 당시 생명과 재산의 보호막
	잣성	하	하	조선시대 관설목장의 상징
	봉천수 돌담	중	하	내륙지역의 물 보호막
	신당 돌담	상	중	여성들의 기원처
	포제단 돌담	상	하	마을 번영과 화합의 장소
	해안 지구			
	도대불	하	하	험한 연안바다의 안내자
	돌염전	중	중	서민들의 지혜가 축적된 제염장소
	불턱담	하	하	해녀들의 에너지 충전소
	원담(갯담)	중	중	전통 어로시설의 상징
	용천수 돌담	하	하	해안지역의 물 보호막
	포구 돌담	하	하	전통적인 어로활동의 시종착점
	환해장성	하	중	고려-조선시대 외침의 보호막

주: 자원 인식도는 어디까지나 필자의 주관적 견해에 의해 구별한 것이기 때문에 연구자의 관점에 따라서는 유동적일 수 있음에 유념할 것.

자료: 정광중, 2012, p.490의 〈표 2〉를 토대로 수정·보완.

환해장성과 같은 일부 요소는 최초에 제주도민들의 의도와는 달리 관 주도적 차원에서 조성된 배경을 가지고 있기 때문에, 결국 이들은 도서지역이라는 제주도의 특수성을 반영하는 요소로서 다른 요소들과는 대비되는 성격을 지닌다고 말할 수 있다.

제주 돌문화의 자원적 가치를 고려하는 차원에서 돌문화 구성요소에 대한 제주도민과 관광객 사이의 자원 인식도는 어떤 차이를 보일지 검토해 보자. 〈표 2〉에 제시된 총 28개의 돌문화 구성요소를 토대로 보면, 양자 사이에는 일부 돌문화 구성요소에 대한 자원 인식도의 차이가 다르게 나타날 수 있음이 예견되는데, 특히 택지 내부나 입구에 위치하는 울담(집담), 우영담, 올렛담이나 택지 외부에 위치하는 돌미륵(복신미륵), 동자석, 방사탑, 산담, 봉천수 돌담, 신당 돌담, 포제단 돌담 및 환해장성 등에서 차이가 발생할 것으로 여겨진다.

이러한 돌문화 구성요소에 대한 인식의 차이는 제주도민들의 입장에서 생각하는 생활적 측면의 중요성과 관광객 입장에서 보는 미학적 또는 경관적 측면의 활용성에서 사고(思考)의 차이가 나타나기 때문으로 생각할 수 있다. 특히 제주도민들의 입장에서는 현재는 물론이고 가까운 미래에도 지속적으로 활용하고자 하는 돌문화 구성요소에 애착을 가질 수밖에 없고, 반대로 관광객의 입장에서는 돌문화 구성요소의 경관미를 전제한 집단성 또는 접근성에서 가치의 차이를 느낄 수밖에 없기 때문에, 양자 사이의 자원의 인식도도 달라질 수밖에 없을 것으로 여겨진다. 이러한 사실은 앞으로 제주 돌문화의 구성요소를 자원화(상품화)하거나 혹은 지속적 활용을 전제할 때 분명히 극복해야만 할 과제라고 판단된다.

제주 돌문화의 자원적 가치를 또 다른 관점에서 접근해 보기로 하자. 〈표 1〉에서 확인되는 것처럼, 제주의 돌문화가 제주 섬에 가장 많이 분포하는 현무암을 바탕으로 형성된 서민문화의 한 단면이라고 가정할 때, 무엇보다도 기본적으로 이해해야 할 사실은 결국 돌문화가 제주도민들의 피와 땀의 응축물이고, 소박하지만 풍요로운 경제활동을 전제한 기능적 요체이자, 오랜 시간을 두고 제주문화를 떠받쳐온 실체라는 것이다. 따라서 제주의 돌문화는 과거는 물론이고 현재와 미래까지도 제주의 지속 가능한 성장을 기약할 수 있는 공동자산으로서 전 세계에 내놓을 수 있는 상징적 존재라는 사실이 부각된다. 그렇다고 한다면, 이들 내용을 좀 더 구체적으로 정리하여 확산시켜 나가는 것이 결과적으로 제주도민은 물론이고 제주를 찾는 모든 사람들이 제주 돌문화의 자원적 가치를 제대로 인식할 수 있고, 향후 돌문화의 자원화를 전제한 주요 방편이 될 수 있을 것으로 판단된다. 그런 의미에서 제주 돌문화의 자원적 가치는 다음과 같이 다섯 가지로 정리할 수 있다.

첫째로, 제주 돌문화는 오랜 세월에 걸쳐 제주도민들의 생활적 필요성을 담보한 역사적 산물이다(역사성). 둘째로, 제주 돌문화는 제주의 선세대와 후세대가 모든 생활영역에서 직접 가공하거나 적극 활용하여 탄생시킨 물질문화의 실체이다(주체성, 문화성). 셋째로, 제주 돌문화는 척박한 자연환경을 극복하고, 경제활동의 효율성과 생활의 편리성을 제고하기 위한 기능적 요체이다(경제성, 기능성). 넷째로, 제주 돌문화는 도서지역의 자원의 빈곤함을 넘어서 지역자원을 최대로 활용한 지혜의 퇴적물이다(자원 활용성). 다섯째로, 제주 돌문화는 시간적으로는 과거에서 현재로 그리고 미래로 이어지고, 세대적으로는 선세대에서 현세대로 그리고 미래세대로 이어지며, 제주의 지속 가능한 성장을 보장하는 지속성의 문화이다(지속 가능성).

4. 제주 돌문화 구성요소의 분포실태와 입지적 다양성

1) 돌문화 구성요소의 분포실태

〈표 2〉에서 예시한 제주 돌문화의 구성요소들은 어디에 얼마만큼 분포하고 있을지, 그리고 제주도 내에서도 다양한 요소들의 분포밀도가 어느 정도 될 것인지에 대한 의문은 아주 자연스러운 것이라 할 수 있다. 그러나 이 의문을 간단하게 해결해줄 만한 자료는 거의 없다. 그리고 실제로 그런 자료를 작성하는 것 자체가 거의 불가능하며, 설령 시간과 노력을 투자하여 자료를 작성한다고 해도, 그 작업은 특정 연구자가 혼자서 감당하기에는 너무나도 벅찬 일이다.

〈그림 1〉은 제주 돌문화 구성요소들의 개략적인 분포 정도를 보여주는 자료이다. 돌문화 구성요소들 중에서도, 지도상에서는 주로 선(線)으로 표현해야 하는 울담, 우영담, 올렛담, 밭담, 잣성, 4·3 성담, 환해장성이 있는가 하면, 주로 점(點)으로 표현해야 하는 고인돌, 돌하르방, 동자석, 방사탑, 옹기가마, 도대불 등도 있으며, 또 선이나 점과 같은 중간 성격을 띠는 통싯담, 산담, 성담과 연대, 봉천수 돌담, 신당 돌담, 포제단 돌담, 불턱담, 용천수 돌담 및 포구 돌담 등이 존재하기 때문에, 한 장의 지도로 모든 돌문화 구성요소를 표현하기는 어려운 상황이다. 따라서 〈그림 1〉은 제주의 대표적인 돌문화 구성요소들에 대한 원형성, 역사성, 보전성 및 활용도를 전제로 대폭 간추려서 약식으로 표현한 자료임을 밝혀둔다. 결과적으로 생각할 때. 〈그림 1〉에서는 다양한 돌문화 구성요소들의 실제 개체 수나 개별요소들의 분포범위와는 그다지 상관이 없음을 이해할 필요가 있다. 특히 〈그림 1〉에서 문제가 되는 것은 제주도 내에서도 가장 보편적으로 분포하는 울담, 밭담 및 산담으로, 이

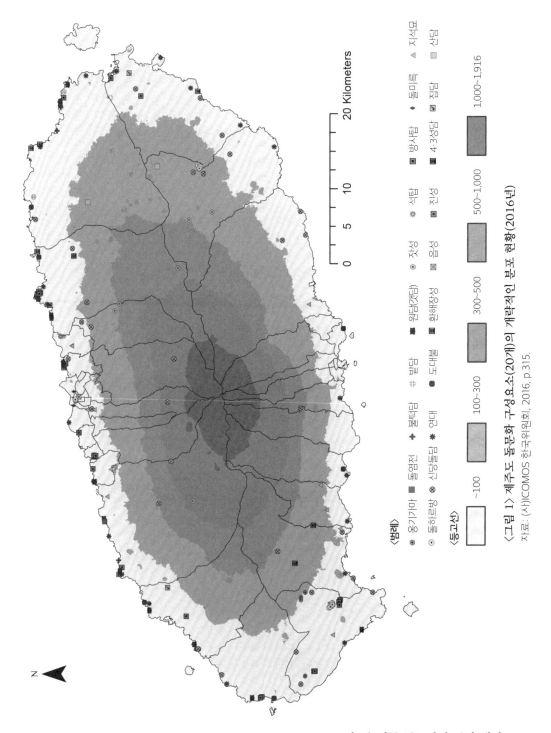

<범례>

옹기가마　돌염전　볼레담　밧담　원담(갯담)　잣성　석담　방사탑　돌미륵　자연못

돌하르방　신당돌담　연대　도대불　환해장성　음성　진성　4·3성담　잣담　산담

<등고선>

~100　100-300　300-500　500-1,000　1,000~1,916

<그림 1> 제주도 돌문화 구성요소(20개)의 개략적인 분포 현황(2016년)
자료: (사)ICOMOS 한국위원회, 2016, p.315.

20 Kilometers

0　5　10

들 세 가지 요소는 가장 전형적으로 확인할 수 있는 2개 지역(산담)이나 마을(밭담, 울담)만을 선정한 것임을 이해해야 한다.

이상과 같은 전제조건을 배경 삼아, 제주도내 돌문화 구성요소의 분포상황을 검토해 보면, 크게 두 가지 사실을 읽어낼 수 있다. 첫째로는 〈그림 1〉을 통해 볼 때, 제주도내 돌문화 구성요소들은 크게 해발고도 300m 이내에 집중적으로 분포한다는 사실이다. 이러한 사실은 그만큼 제주도민들이 생활 근거지를 일부 중산간 지역을 포함한 해안지역에 치우쳐 조성함으로써 경제활동을 행해왔다는 것이다. 특히 제주도 내에서도 해발 150m 이하 지역은 제주도민들이 밭농사를 중심으로 한 토지이용의 극대화를 꾀할 수 있는 지역인 동시에 어업경제에 필수불가결한 해안과 바다를 끼고 있다는 사실이 매우 중요하다.

둘째로는 한라산을 중심으로 볼 때, 산남지역보다는 산북지역에 돌문화 구성요소들의 분포밀도가 높게 파악되며, 더불어 일부 돌문화 구성요소는 특정 마을이나 특정 장소 혹은 일부 지구에 치우쳐 분포한다는 사실이다. 이와 관련된 사실은 먼저 1970년대 이후 관광지 개발이나 과수원 조성에 따른 영향이 상대적으로 서귀포시 지역에 크게 반영되면서 다양한 돌문화 구성요소들이 대거 파괴되었거나 해체된 사실을 들 수 있다. 이와 함께 일부 돌문화 구성요소들이 마을이나 장소별로, 또는 지구별로 치우쳐 분포한다는 사실은, 과거로부터 산남지역보다 산북지역에 입지한 마을이 훨씬 많다는 사실[3]과 함께 제주의 역사나 문화의 중심지가 산북지역인 제주시 지역(일도, 이도, 삼도를 중심으로 한 과거의 동지역)에 위치함으로써 오랜 세월 동안 생활문화의 파급효과도 상대적으로 동서지역으로 미치는 영향력이 크게 작용했기 때문으로 분석할 수 있다. 〈그림 1〉에서 서귀포시 동지역과 남원읍 지역에 돌문화 구성요소의 분포밀도가 상대적으로 낮게 나타나는 배경은 바로 앞에서 지적한 사실을 대변하는 것으로 이해할 수 있다.

2) 돌문화 구성요소의 입지적 다양성

그렇다면, 제주 돌문화 구성요소들은 지역적으로 볼 때 주로 어디에 얼마만큼 분포하고, 또 분포밀도와 관련된 현시점에서의 입지적 다양성은 어떠한지를 좀 더 구체적으로 정리해 보기로 하자.[4] 먼저 제주도 내에서도 가장 넓은 분포를 보이는 것은 돌문화의 대표격이라 할 수 있는 밭담이다. 밭담은 마을 내부와 외부, 들판이나 오름 사면, 해안지역이나 중산간 지역 등 어디에서든 그 존재를 확인할 수 있으며, 따라서 전도에서 분포밀도가 가장 높게 나타난다는 사실도 부인할 수 없다. 밭담은 과거 1960~80년대에 비하면 상당한 면적에서 사라진 것도 분명한 사실이지만, 현시점에서도 가장 전형적으로 넓게 분포하는 돌문화 구성요소임에 틀림없다. 이러한 밭담은 1960~70년대에 관광지 개발이나 과수원으로 많이 전환된 산남지역 즉 현재의 서귀포시 지역이 상대적으로 많이 훼손되거나 사라진 반면, 산북지역 즉 현재의 제주시 지역(특히 읍면지역)에는 보편적으로 많이 분포하는 것으로 파악된다.[5] 더불어 제주시 지역 내에서도 특히 구좌읍, 조천읍, 애월읍 및 한림읍 등지에는 높은 분포밀도를 보인다.

산담과 울담도 현시점에서는 넓게 분포하는 특성을 보이나, 산담은 주로 마을 내의 생활공간을 벗어난 지역, 즉 경작지나 오름 사면, 그 외의 들판에도 많이 분포하는 경향을 보이는 반면, 울담은 입지적 특성상 택지가 몰려있는 생활공간 내에 분포하는 경향이 강하다. 특히 산담은 오름 사면에 집중적인 분포를 보이는 특성이 강한데, 이 경우에는 읍면 단위나 마을 단위 혹은 특정 가문의 집단 묘역으로 조성된 사례도 쉽게 확인할 수 있다. 앞에서 거론한 밭담과 울담이 주로 외담 형태를 띠며 존재하는 반면, 산담은 외담과 겹담 두 가지 형태로 존재한다는 점에서 다소 차이를 보인다. 1990년대로 접어들면서부터 울담과 산담도 많은 지역에서 훼손되거나 변형되고 있기 때문에, 앞으로는 어떤 방식으로든 보전에 걸맞은 방안 도입이 필요한 것으로 판단된다.

시대적으로 서로 많은 차이를 보이는 고인돌, 돌하르방, 불탑, 돌미륵, 동자석, 방사탑 등은 특정 지역 내지는 특정 장소에만 국한시켜 조성하거나 설치하는 돌문화 구성요소들이다. 따라서 밭담, 울담, 산담과는 비교할 수 없을 정도로 분포지역은 한정적이고 분포밀도에서도 상대적으로 저밀도인 특징을 보일 수밖에 없다. 제주도 선사시대 돌문화의 특성을 보이는 고인돌은 도내에서도 산북지역인 삼양동, 용담동, 외도동, 광령리(애월읍) 등지에서, 산남지역에서는 상예동, 색달동, 신례리(남원읍), 화순리와 창천리(안덕면), 동일리(대정읍), 화순리 등지에 주로 입지해 있다.

돌하르방은 보통 조선시대에 축성된 읍성 성문 앞에 세워진 수문장으로 경계표시나 이정표 등의 기능을 가진 돌문화 구성요소로서 제주읍성(삼도2동), 대정현성(대정읍 보성·인성·안성리), 정의현성(표선면 성읍리)에 위치하며, 도내 유일무이한 불탑은 삼양동(구 원당사지, 현 불탑사)에, 돌미륵은 2기가 용담1동과 건입동에 각각 위치한다(제주특별자치도·제주문화예술재단, 2009: 424-429). 동자석은 무덤 앞에 세우는 작은 석상으로 1970년대까지만 해도 상당수가 존재하고 있었지만, 1980년대 이후부터는 예술적 가치를 지닌 조각품으로 인정받으면서 원래의 자리에서 이탈한 것들이 많아졌다(강창언, 2006: 87). 방사탑은 과거로부터 마을이 형성된 곳에는 대부분 존재했을 가능성이 있지만, 현재는 32개 마을에 총 63기만이 존재하는 것으로 확인되고 있으며(강정효, 2008: 269-303), 제주시 이호동과 도두동, 한경면 용수리, 대정읍 무릉리와 인성리, 조천읍 신흥리 그리고 우도(면) 등에 입지해 있다.

조선시대 국영목장의 흔적을 간직하고 있는 잣성은 해안지역에서부터 한라산 주변 지역까지 거슬러 올라가면서 타원형의 형태로 축조되었던 경계용 석축시설로서 크게 하잣(성), 중잣(성), 상잣(성)으로 구분된다. 이들 잣성은 조선시대 내내 말 진상과 함께 10개의 구역으로 구획된 10소장의 상하 경계를 이루는 석축시설로서, 말의 효율적인 관리는 물론 목장지 내의 토지이용을 극대화하기 위해 전 구간에 제주도민들을 동원하여 외담이나 겹담으로 축조하였다(김동전·강만익, 2015: 132-141). 더불어 17C 중반 이후에는 특별한 목적을 수행하는 말들(전마, 군마)을 별도로 육성하기 위한 산마장(침장·상장·녹산장)까지 설치하여 운영하고 있었기 때문에 관설목장에 설치된 경계용 돌담은 해발 600m를 넘는 지역까지 축조되기도 했다(강만익, 2017: 57-58). 이와같은 관설목장의 경계용 잣성은 아직도 제주도내 중산간 지역 곳곳에 흔적을 남기고 있지만, 그동안 행해진 지역개발에 의해 많은 구간이 사라졌기 때문에 현시점에서는 정확하게 잔존실태를 파악하는 것이 무엇보다도 절실한상황이다.

마을 내부나 가장자리에 주로 위치하는 신당 돌담, 봉천수 돌담, 포제단돌담, 용천수 돌담 및 포구 돌담 등은 제주도민들의 1차적 생활권역과 관련된 시설이기 때문에, 거리적으로는 마을 중심부를 기점으로 비교적 가까운장소에 축조하는 것이 일반적이다. 따라서 마을회관을 중심으로 보면 아무리 멀어도 반경 500~600m 내외의 지구에 분포하는 경향을 보인다. 더불어이들 돌담은 평소에도 자주 사용하는 장소적 특성을 지니고 있기 때문에 외담이든 겹담이든 다른 시설에 비하여 비교적 견고하게 축조한 특징을 보인다. 이들 돌문화 구성요소의 분포상황은 신당 돌담을 비롯한 포제단 돌담과포구 돌담 등이 마을 단위로 각각 1~2개소에 입지하는 것이 보편적이지만, 상대적으로 식수와 그 밖의 생활용수로 활용하는 봉천수 돌담과 용천수 돌담은마을 인구나 수맥, 지형적 조건 등에 따라 훨씬 많은 수가 입지하기도 한다.

도대불과 불턱담, 원담(갯담)은 해안에 의존하는 제주도민들의 어업경제와 관련된 시설물이어서 주로 해안에서 가까운 장소나 얕은 연안바다에 입지한다. 도대불은 포구 주변을 밝히는, 오늘날의 등대와 같은 시설로서 마을마다 중심 포구에서 가까운 장소에 설치하는 경향이 강하다. 불턱담과 원담(갯담)은 마을어장의 규모나 연안지형에 따라 여러 곳에 축조하여 사용하기 때문에 마을에 따라서는 꽤 많은 수를 축조하기도 했다. 그러나 이들도 1980년대 이후 주민들의 활용도가 떨어지면서 많은 수가 해체되어 사라지거나 파괴된 형태로 일부만이 잔존하는 사례가 적지 않다.

이덕희(1997)의 연구에 따르면 과거에 사용했던 도대불은 17기인데, 이들 중에서도 고산리를 비롯한 북촌리, 김녕리, 대포동, 보목동에 남아있는 것이 비교적 원형성이 높은 것들로 파악된다. 불턱담은 과거의 모습대로 원형성이 높은 것은 고내리에, 최근에 일부 복원한 것들로는 월정리, 하도리, 평대리, 신흥리 등에 입지해 있다. 원담(갯담)은 2003년 고광민의 조사에 따르면, 해안마을에 총 342개가 분포하는 것으로 확인되었으나, 약 15년 정도가 흐른 현시점에서는 상당수가 해체되었거나 파괴된 것으로 보고되고 있다(左惠京·정광중, 2013). 그나마 현시점에서 잘 보전되고 있는 사례로는 화북동, 외도동, 애월리, 금능리, 수원리, 용수리, 신촌리, 신흥리, 하도리 및 하모리의 것을 들 수 있다((사)ICOMOS 한국위원회, 2016: 53-69).

5. 돌문화 하위요소로 본 특징

제주도 돌문화를 구성하는 하위요소들은 앞에서 확인한 것처럼, 용도별로 매우 다양한 것이 특징이다. 그렇다면 이들 하위요소들은 어떻게 구분할 수 있으며, 그것들의 실체적인 특징은 무엇인지 생각해 보기로 보자.

〈표 1〉에 제시된 돌문화의 하위요소들을 활용하는 돌 자원의 수적 구성과 기능성에 따라 분류해보면, 크게 낱개로 구성되어 독자적으로 기능하는 요소(독자적 기능체), 2~3개로 구성되어 한 세트로 기능하는 요소(세트적 기능체), 여러 개로 구성되어 하나의 기능을 담당하는 요소(집합적 기능체)로 나눌 수 있다. 이들 3가지 유형의 사례들을 구체적으로 제시하여 특징을 정리하면 아래와 같다.

독자적 기능체(낱개로 구성되어 독자적으로 기능하는 요소)로는 돗도고리·돌구시·봉돌·닷돌(생산용), 돌테·곰돌·돌화로·봉덕·소줏돌·돌등잔·물확·물통·물세면기(생활용), 동자석·문인석·망주석·돌하르방·돌미륵(신앙생활용), 공덕비·송덕비·열녀비·효녀비·효자비·기타 각종 기념비 등(비석류), 방문석(통신용), 듬돌(뜽돌)·이시게리용 돌·비석치기용 돌(놀이용) 등이 있다.

독자적 기능체 특징으로는 전통사회의 일반가정이나 경제활동에서 많이 사용하는 것들로 구성된 특징을 보이며, 더불어 생산용 도구를 시작으로 다양한 종류의 용구들이 포함된다는 사실에서 양적으로도 아주 많은 수를 점유하는 것으로 나타난다.〈사진 2〉

이어서 두 번째 특징은 대부분의 독자적 기능체가 1개의 돌 자원을 부분 가공이나 전체 가공을 통해 사용하는 용구들(생산용, 생활용, 비석류, 통신용, 놀이용)이라는 점이다. 다시 말해 이들 중에서도 돌구시·돌테·돌화로·봉덕·소줏돌·

〈사진 2〉 독자적 기능체 사례(봉덕)

물확·공덕비 등 비석류와 같이 장인(匠人)의 기술을 필요로 하는 용구들이 있는 반면에 돗도고리, 봉돌, 닷돌, 곰돌, 듬돌, 이시게리용 돌 등과 같이 비교적 간단한 부분 가공을 통하여 사용하는 용구들도 있다. 따라서 전자의 용구들은 제작에 비교적 많은 시간과 비용이 들지만, 후자의 용구들은 상대적으로 제작비와 시간이 적게 든다는 점에서 대비된다. 특히 놀이용 용구 중에서도 이시게리용 돌[6]은 어린아이들이 놀이할 때 사용하는 작은 판돌을 말하는데, 주변에서 납작한 돌을 취하여 간단히 각(角)을 제거하면 되는 것이다.

다음으로 세트적 기능체(2~3개로 구성되어 한 세트로 기능하는 요소)로는 물팡·정주석(먹)(건축용), 돌바퀴·연자마(생산용), 갈돌·솟덕·디딜팡·정ᄀ레·풀ᄀ레·약ᄀ레·돌방아·돌절구·돌확·기름틀(생활용) 등이 있다.

이들 세트적 기능체는 1개의 돌 자원으로는 기능을 발휘할 수 없고, 1~2개의 짝이 있어야만 제 기능을 발휘할 수 있는 특징을 지닌다. 이들 세트적 기능체는 집 안에서 사용하는 용구들이 특히 많은 수를 차지한다. 또한 이들 기능체는 상하 또는 좌우 대칭적인 형태로 활용하는 것들이 주를 이루는데, 가령 물팡·연자마·갈돌·정ᄀ레·풀ᄀ레·약ᄀ레·돌방아·돌절구·돌확·기름틀은 상하로 짝이 구성되며, 정주석·돌바퀴·솟덕·디딜팡 등은 좌우로 짝을 이루어야 하는 것들이다.〈사진 3〉

세트적 기능체 중에서도 독자적 기능체와 같이, 정교한 가공기술이 필요한 용구(돌바퀴·연자마·정ᄀ레·풀ᄀ레·약ᄀ레·돌방아·돌절구·돌확·기름틀 등)와 그렇지 않은 용구(물팡·정주석·솟덕·디딜팡 등)들로 나눌 수 있다. 특히 정교한 가공기술이 필요한 용구 중에서도 연자마(웃돌)는 가공한 후에 마을 주민들이 합심하여 마을 내부로 이동해 와야만 사용이 가능한 것으로서, 농기구 중에서 가장 큰 것이라는 점에서 주목된다.

마지막으로 집합적 기능체(여러 개로 구성되어 하나의 기능을 담당하는 요소)

〈사진 3〉 세트적 기능체(정주석)

로는 울(집)담·올렛담·축담(벽체)·통싯담·쉼팡(댓돌, 잣멘디)·눌굽·장항굽·구
둘돌·불턱(해녀탈의장)·우영담, 포구 축조용 돌담·용천수 보호용 돌담(건축
용), 밭담·잣담·원담(갯담)·숯굿궤·머들(생산용), 지석묘·석탑·산담·방사탑(防
邪塔)·신당 주변 돌담(신앙생활용), 도대불(돌등대)·연대·성담(3읍성, 9진성, 환
해장성, 4·3 성담)(통신·방어용), 목장 경계용 돌담(잣성: 하잣성·중잣성·상잣성),
시·군 경계용 돌담(예: 제주시-조천읍 경계), 마을 경계용 돌담(예: 성읍리-가시
리 경계)(경계용) 등이 있다.

　집합적 기능체는 많은 수의 돌 자원을 사용하여 하나의 기능을 담당하는
요소들로 구성되며, 따라서 이들을 완성하기까지는 많은 사람의 협력과 시
간이 필요하다는 특성을 지닌다. 이들 기능체는 크게 농가 단위로 필요로 하

는 시설물(울담·축담·통싯담·눌굽·장항굽·구둘돌·우영담·머들 등)과 마을 주민들이 공동으로 또는 특정 집단(계층)이 필요로 하는 시설물(포구 축조용 돌담·용천수 보호용 돌담·밭담·잣담·원담(갯담)·숯굽궤·지석묘·석탑·산담·방사탑·신당 주변 돌담·도대불·연대·성담·목장 경계용 돌담(잣성)·시·군 경계용 돌담· 마을 경계용 돌담)로 대별할 수 있다.

더불어 집합적 기능체는 거의 가공을 하지 않거나 가공을 하더라도 각을 제거하는 정도의 극히 부분적인 가공을 통해 사용하는 요소들이라는 점에서 앞의 두 기능체와는 차별된다. 그중에서도 특히, 마을 주민들이 공동으로 또는 특정 집단(계층)이 많이 사용하는 시설물인 경우에는 대부분 사용하는 장소를 중심으로 주변부에 산재하는 돌 자원을 주로 활용한다는 점에 주목할 수 있다. 따라서 돌 자원의 크기나 형태에 구애받지 않고, 자연 상태의 원형 그대로를 활용한다는 측면이 매우 강한 특징을 지닌다. 또한 집합적 기능체 중에서는 연대와 성담, 목장 경계용 돌담(잣성)과 같이 국가적인 차원에서 대대적으로 설치한 요소들도 있으며, 결과적으로 이들 요소들은 상대적으로 활용 역사가 분명한 배경을 가지고 있다고 말할 수 있다.

6. 돌문화의 화신(化身), 돌담

돌담은 제주 돌문화의 근간이자 화신이다. 돌담은 제주 돌문화를 상징하는 대표주자로 손색이 없기 때문이다. 제주도 전역에서 돌담을 관찰할 수 없는 지역은 거의 없다. 그만큼 돌담은 제주도라는 섬의 특성과 화산활동의 역사를 그대로 반영하는 기능체로 작용한다. 또 다른 관점에서는 돌담이 제주 도민들의 모진 생명력을 의미하는 한편, 제주문화의 스펙트럼에서 빠질 수 없는 중심에 자리 잡고 있다고 말할 수 있다. 이 배경에는 돌담이 제주도민들의 일상생활과 관련하여 결코 거를 수 없는 핵심적 기능체로 작용한다는 의미가 내포돼 있다.

그렇다면, 돌담에 대해 좀 더 심층적으로 접근해 보자. 돌담은 '어떤 특별한 목적을 위해 자연자원인 돌을 이용하여 쌓아 올린 울타리'라 할 수 있다.[7] 이 정의에 따르면, 돌담은 아무 의미 없는 장소에 존재하는 것이 아니라, 모두가 필요한 장소에 나름대로의 목적을 위해 제주도민들이 쌓아 올렸다는 것이 된다. 그러나 돌담을 쌓아 올린 목적은 위치하는 장소에 따라 다르기에 한마디로 정리하기는 어렵다. 그만큼 돌담의 종류가 다양하다는 것이다.

여러 종류의 돌담 중에서 외부인(관광객)의 시선에 많이 들어올 수 있는 돌담은 어떤 것들이 있을까. 〈표 3〉은 그러한 시각에서 정리해 본 것이다.

여기서는 모든 종류의 돌담을 일일이 설명할 수 없기 때문에, 부분적이나마 이 자료를 토대로 이해할 수 있기를 바란다. 자료에 나타난 돌담 중에서도, 제주도를 방문한 외부인들의 눈에 가장 많이 들어오는 것은 아마도 울담과 밭담 그리고 산담이 아닐까 생각된다. 먼저 이들에 대한 논의를 진행하고자 한다.

자료에 제시된 바와 같이, 울담은 개별 주택의 가장자리에 쌓아 올린 돌담이다. 울담의 주된 역할은 근본적으로 택지 안과 밖을 구분하는 경계선 기능이다. 이런 관점에서는 다른 종류의 돌담도 동일하다고 말할 수 있다. 다시 말하면, 돌담의 설치 자체는 어떤 요소나 대상의 안(내부)과 밖(외부)을 구분함과 동시에 내부에 존재하는 요소나 대상을 보호하거나 보전하려는 의도에서 설치된 것이기 때문이다. 물론 울담의 역할은 경계선 기능 외에도 외부인의 시선과 비바람을 차단하고, 타인이 사육하는 소나 말 등 가축이 함부로 택지 내로 들어오는 것을 방지하는 기능도 있다. 외부인들의 시선을 차단하

돌담 종류		위치(장소)	기능*	형태
택지 내부 및 입구	울(집)담	택지 가장자리	바람 차단, 시선 차단	외담
	올렛담	마을길-택지 입구	바람 차단, 시선 차단	외담
	우영담	텃밭(채전) 가장자리	경계선, 바람 차단	외담
	통싯담	화장실 가장자리	시선 차단, 돼지 보호, 오물의 누출 차단	외담
택지 외부	밭담	경작지 가장자리	경계선, 우마 차단, 바람 차단 (작물 보호·침식 방지)	외담 (일부 겹담)
	산담	묘지 가장자리	경계선, 우마 차단, 산불 방지	외담 및 겹담
	성담	성곽 가장자리, 해안지구	행정의 효율성, 방어	겹담
	잣성	중산간 및 산간 목장지구 내 / 가장자리	목장 간 경계선, 우마 분실 방지	외담 및 겹담
	불턱담	과거 해녀탈의장 가장자리	시선 차단, 바람 차단	외담 (일부 겹담)
	원담(갯담)	해안가 연안	어류 포획	외담 및 겹담
	용천수 돌담	용천수 가장자리	물 보호, 시선 차단	외담 및 겹담
	봉천수 돌담	봉천수 가장자리	물 보호, 시선 차단	외담 및 겹담
	포구용 돌담	포구 내부 및 가장자리	칸 구획 및 바람 차단, 어로활동	외담 및 겹담

*가장 중요한 일부 기능에 한정함.
자료: 이윤형·고광민, 《제주의 돌문화》, 제주돌문화공원, 2006. 등 여러 자료를 토대로 필자 작성.

는 기능은 특히 더위가 맹위를 떨치는 여름과 초가을까지 가족들이 집 안 내
부에서 생활하는 데 많은 불편을 느낄 수 있다는 점과 관련되며, 비바람을 차
단하는 기능은 강풍이나 태풍이 부는 시기 또는 비를 동반한 강풍이 불 때 먼
지와 기타 쓰레기를 포함하여 비가 집 안 내부로 날려 들어오는 것을 막기 위

한 사실과 연관된다. 울담의 높이는 지역에 따라 다르게 나타나나 약 1.2~2m 정도에 이른다. 울담의 높이가 높을수록 계절풍이나 계절 따라 부는 강풍의 영향을 많이 받는다고 볼 수 있다(정광중·김은석, 2008: 7-26).〈사진 4〉

밭담은 경작지인 밭(상전과 과수원) 가장자리에 쌓아 올린 돌담으로, 높이는 지역에 따라 다르지만 보통은 약 1~1.5m 내외이다. 특히 감귤 농사를 짓는 과수원인 경우에 더 높게 쌓은 사례가 많으며, 1970년대 이후 밭담의 기능이 떨어진다고 생각되는 과수원에는 밭담과 함께 삼나무 방풍림을 식재한 곳도 많다. 밭담은 자신이 소유하는 경작지임을 의미하는 경계선의 기능 이외에 우마의 침입을 막고 바람에 의한 토양(표토층)의 침식 방지와 작물 보호의 기능을 겸하고 있다. 오늘날 밭담은 제주도 해안지역과 중산간 지역의 들

〈사진 4〉 울담 제주시 화북1동

녘을 화려하게 장식하는 경관요소로 자리 잡고 있지만, 1990년대 이후 대대적인 상품작물의 도입으로 점차 파괴되는 현실에 처해 있다(고성보 외, 2009: 88-93). 실제로 제주도내의 여러 현장을 돌아보면, 밭담의 제거 흔적이나 제거 중에 있는 장면을 많이 목격할 수 있다. 오늘날 제주도의 밭담은 농촌지역의 특별한 경관요소로 부각되고 있기 때문에, 보전과 활용을 위한 제도적 장치와 시민운동이 각별히 요구되고 있다.〈사진 5〉

산담은 한국 내에서도 매우 이색적인 돌담이라 할 수 있는데, 그 이유는 반도부(육지부)에서는 좀처럼 볼 수 없기 때문이다. 산담은 기본적으로 사자(死者)의 공간을 의미하는 경계선이다. 부차적으로 우마와 산불에 의한 묘지의 파괴를 방지하는 기능도 있다. 산담의 높이는 보통 30~120㎝까지 다양하게

〈사진 5〉 **밭담** 구좌읍 하도리

나타나며, 돌담을 쌓는 형태도 외담과 겹담의 두 가지 형태로 나타난다. 특히 외담으로 쌓을 경우에는 그 높이가 50~60㎝를 넘지 않는 것이 일반적이다(김유정·손명철, 2007: 101). 산담의 외형적인 유형은 크게 전방후원형(원형 포함)과 부등변사각형(사각형 포함)으로 나눌 수 있는데, 전자는 전체적으로 타원형을 취하면서도 앞부분이 직선형으로 나타나는 유형이고, 후자는 전체적으로 사각형을 취하지만 앞쪽보다는 뒤쪽이 다소 짧은 길이를 취하는 유형으로서 원형은 전방후원형의 변형 그리고 사각형은 부등변사각형의 변형으로 해석하고 있다(김유정·손명철, 2007: 100).〈사진 6〉

최근 제주도 곳곳에는 '올렛길'이 개설되어 많은 탐방객들이 방문하고 있다. 원래 올렛길은 마을 내 길가에서 특정 택지 사이로 연결된 좁고 긴 골목

〈사진 6〉 **산담** 구좌읍 종달리

〈사진 7〉 원담(갯담) 우도면 천진리

길을 의미하며, 올렛길의 양쪽에 쌓아 올린 돌담이 올렛담이다. 물론 제주도의 모든 택지가 올렛길로 연결된 것은 아니다. 오히려 올렛길로 연결된 택지가 수적으로는 훨씬 적게 나타난다. 그렇기에 올렛담의 존재가 한층 더 돋보이는 것이다.

이 외에도 제주도의 해안가에는 원담(갯담)이라 부르는 전통적인 어로시설이 있다. 이 시설은 비교적 수심이 얕은 장소에 돌담을 쌓아두고 밀물 때 조류를 따라 들어온 어류(특히 멸치)가 썰물이 돼도 빠져나가지 못하면, '족바지'라는 간단한 어구를 사용하여 포획하는 시설이다. 최근의 연구에 따르면, 제주도에는 342개의 원담(갯담)이 분포하는 것으로 조사되었는데, 그중에서도 구좌읍 하도리에는 27개나 분포하는 것으로 나타난다(고광민, 2003: 342).〈사진 7〉

7. 돌문화의 상징적 이미지

제주 돌문화의 상징적 이미지를 어떻게 정리할 수 있을까. 필자는 제주 돌문화의 상징적 이미지를 ① 검은색(다공질현무암) ② 거칠고 투박함 ③ 바람구멍 ④ 직선과 곡선 ⑤ 그림 같은 작품 ⑥ 제주다움 ⑦ 조상들의 숨은 지혜 등 7가지 키워드로 요약해 보고자 한다.

먼저 '검은색'의 이미지는 제주 돌문화의 재료인 돌 자원의 외형적 색채를 강조하는 키워드이다. 이런 관점에서 생각하면, 검은색과 제주 돌문화는 떼려야 뗄 수 없는 불가분의 관계를 맺고 있다. 두 번째로, '거칠고 투박함'의 이미지는 다공질 현무암이 주는 질감과 돌을 만졌을 때 손에 와 닿는 느낌의 정도를 나타내는 키워드이다. 실제로 다공질 현무암은 거칠고 투박하기 그지없다. 그러나 제주도민들은 일상생활에서 다공질 현무암을 제대로 활용하여 온갖 생활용구를 만들었고, 또 필요한 장소에서 나름대로의 기능을 발휘할 수 있도록 생명을 불어넣었던 것이다.

세 번째로, '바람구멍'은 울담이나 밭담 등을 쌓아 올리는 과정에서 돌과 돌 사이에 생긴 틈새를 상징하는 키워드이다. 현무암의 돌담에서 바람구멍은 그저 단순하게 생겨난 것이 아니라 바람의 일부가 빠져나가면서 울담이나 밭담 전체가 안정을 취할 수 있는 자연적인 장치라 할 수 있다. 따라서 울담이나 밭담에 바람구멍을 내는 것 자체는 제주선민들이 매서운 바람과 투쟁하는 과정에서 얻은 소중한 지혜인 셈이다. 네 번째로, '직선과 곡선의 이미지'는 특히 돌담에서 쉽게 연상할 수 있는 키워드이다. 울담과 울담이 만나면서, 또 밭담과 밭담이 만나면서 직선과 곡선의 형태를 만들어내는 돌담은 한마디로 자연 속에 제주도민들이 만들어놓은 예술작품이다. 조선시대 제주도를 방문했던 한 선비는 그러한 돌담의 모습을 보고 '흑룡만리(黑龍萬里)'라고 했다. 검은색 돌담이 이어지는 모습이 마치 검은 용이 꿈틀대며 이어지는 모습과 같다고 표현했던 것이다.

다섯 번째로, '그림 같은 작품의 이미지'는 기본적으로 돌담이 끝없이 이어지거나 어느 한곳에 모여 있는 형태에서 느낄 수 있는 키워드이다. 들판이나 오름 사면에 오밀조밀하게 어울려 있는 산담의 무리에서, 줄기차게 이어지는 밭담에서, 또한 끊길 듯 끊길 듯 이어지는 올렛담이나 마을길 돌담에서도 그림 같은 작품의 이미지는 연상된다. 여섯 번째로, '제주다움'의 이미지는 화산활동의 결과 탄생한 용암대지 위에 한라산과 오름이 펼쳐지고 삼나무 방풍림과 검은색 돌담이 한데 어우러지면서 연상되는 키워드이다. 여기에다 가을이면 억새가 펼쳐지고 잘 익은 노란 감귤이 더해지면, 제주다움의 이미지는 더욱더 중층적으로 다가온다.

마지막으로 '조상들의 숨은 지혜'는 제주 돌문화의 근본을 묻는 상징적 키워드라 할 수 있다. 일상생활에서 사용했던 다양한 생활용구와 농기구를 비롯하여 들판의 밭담과 산담, 택지 내의 울담과 올렛담, 우영담, 또 바닷가의 원담(갯담)과 도대불, 마을 밖 특정 지점에 세워진 방사탑 등까지 다양한 기능체들의 쓰임새를 생각하게 되면, 제주선민들의 숨은 지혜에 고개가 절로 숙여질 뿐이다.

8. 나오며

제주 돌문화를 구성하는 다양한 요소들은 오랜 세월에 걸쳐 제주도민들이 만들어낸 유산이자, 오늘날 현세대가 사용하는 보편적 자산이다. 더불어 미래세대가 한층 더 자산적 부가가치를 추가하여 적극 활용할 수 있는 자원이기도 하다. 따라서 현시점에서는 제주 돌문화에 대한 인식 제고와 함께 돌문화에 대한 융·복합적 연구가 절실히 필요할 것으로 판단된다. 나아가 제주 돌문화를 구성하는 요소들을 어떤 방식과 어떤 단계를 거치면서 온전하게 보전해 가야 할 것인지 심각하게 고민해야만 한다. 여기서는 제주 돌문화의 보전을 위하여 먼저 무엇을 어떻게 해야 할 것인지에 대한 문제의식을 정리하는 것으로 결언을 삼고자 한다.

제주 돌문화의 보전을 위해서는 우선적으로 개별 연구자들의 모범적인 연구가 다발적으로 선행되어야 한다. 더불어 돌문화 관련 연구성과는 학술지는 물론이고 공공성을 띤 기관지에 공표하는 한편, 제주특별자치도(특히 제주연구원 제주학연구센터)는 연구자들의 연구성과를 통합적으로 관리하면서 데이터베이스화하여 타 지역 연구자나 일반인들에게 제공할 필요가 있다.

두 번째로, 돌문화 관련 연구성과는 제주도민들의 이해와 인식 전환을 위해 가능하면 정기적으로 토론의 장(場)을 적극 마련할 필요가 있다. 현세대의 제주도민들이 과거로부터의 유산인 제주 돌문화의 중요성을 이해하고, 동시에 보전을 위한 선진시민의식을 고취하는 과정은 기회가 있을 때마다 자주 행하는 것이 바람직하다.

세 번째로, 앞으로 신문과 방송, 인터넷 매체 등을 통하여 단계적으로 대내외적 홍보활동을 한층 강화해 나갈 필요가 있다. 동시에 돌문화와 관련된 국내외 여러 관련 학회를 유치하거나 국제 세미나를 정기적으로 개최함으로써 국내외 전문가들에게 제주 돌문화의 실체를 명쾌하게 알릴 수 있는 계기를 조성해 나가야 한다. 이와 관련하여 최근 몇 년 동안 제주지역의 방송국에서 제주 돌담의 가치를 조명하는 다큐멘터리 등을 제작하여 널리 방영한 사례는 매우 고무적이라 할 수 있다. 특히 제주 돌문화의 하위요소인 밭담이 국가중요농업유산(2013년)이자 세계중요농어업유산(2014년)으로 선정된 것은 제주 돌문화를 세계화하는 데 소중한 발판이 될 것으로 여겨진다.

네 번째로, 앞으로 제주 돌문화가 세계문화유산 또는 세계복합유산으로 등재되기 위해서는 제주 돌문화와 관련된 강좌(대학 내 교과목, 시민강좌 등)가 수시로 개설·운영되어야 하고, 동시에 제주 돌문화를 보전·유지하는 데 필수불가결한 돌담 장인 혹은 돌문화 장인을 육성할 수 있는 시스템 구축이 선행되어야만 한다.

이상의 실천 계획들은 어느 한 시점에서 동시다발적으로 실행해야만 하는 것은 결코 아니다. 어느 정도 시간적인 여유를 두고, 제주도민·전문가 집단·제주특별자치도·지역 매스컴 등이 각자의 위치에서 제주 돌문화의 인지도를 확산시키고 국내외 모든 사람들이 그 중요성을 실감할 수 있도록 하는 공감대의 형성과 함께 세계가 신뢰할 수 있는 돌문화 관련 자료의 축적을 위해 점진적으로 노력해 가면 되는 것이다.

옛 문헌으로 본
제주 돌문화

1. 들어가며

　돌문화는 제주도의 문화를 대표하는 것 중 하나이다. 이는 2008년 제주 문화상징 10선 중 돌문화가 선정되었다는 점을 통해서도 알 수 있다(제주문화예술재단, 2008). 그런데 우리나라 전체로 확장해보면 우리나라 문화를 설명함에 있어 '돌문화'라는 표현은 잘 사용되지 않고 이와 관련해서는 '석조문화'가 통용되고 있다. 한국을 대표하는 석조문화로는 암각화, 남근석, 돌장승, 석불, 석탑, 석축, 석성, 돌다리, 고인돌, 석물 등이 있다(손영식 외, 2004).

　이렇게 우리나라의 석조문화가 화강암 등을 재료로 가공을 통한 미학적인 점을 추구한 반면 제주도의 돌문화는 현무암을 주재료로 이를 가공하거나 원재료 거의 그대로 사용하여 실생활에서의 기능적 관점에 초점이 맞춰져 있다.

　결론적으로 제주의 돌문화 중에는 육지의 석조문화와 유사한 것도 있지만 그보다는 주민들의 일상생활에서 표출된 것이 많아서 돌문화가 다종다양

(多種多樣)하다고 할 수 있다. 그 이유로 제주도는 약 200만 년 전부터 화산활동으로 형성된 화산섬으로 전 지역에 걸쳐 돌이 산재되어 있어 제주도에서의 돌은 주민들의 삶과 매우 밀접한 관계 속에서 극복해야 할 대상인 동시에 소중한 자원으로 인식되었다. 이 점은 오늘날보다는 과거에 더욱 뚜렷하였고, 이와 관련하여 송성대(1998)는 '과거 제주인의 삶은 돌에서 태어나서 돌로 돌아간다.'고 하였다.

그렇기 때문에 제주도 돌문화는 주민들에게 생활과 밀접한 관계 속에서 너무나도 일상적인 경관으로 인식되어 왔다. 이런 가운데 1971년부터 제주도 돌문화 중 일부 요소가 문화재로 지정되었고,[1] 돌문화 중 가장 넓은 면적에 분포하고 있는 밭담이 2014년에 우리나라에서는 처음으로 청산도 구들장 논과 함께 세계농업기구(FAO)로부터 세계중요농업유산으로 지정되었다.[2] 이런 일련의 과정들은 그동안 도민들에게 너무나도 일상적인 경관이었던 제주의 돌문화에 대한 인식을 새롭게 하는 계기가 되었다. 특히, 지난 2015년 제주에서 개최된 'ICOMOS-IFLA ISCCL 2015'에서 '삶의 경관 다시 돌아보기-일상과 연계된 경관'이라는 주제로 열린 국제심포지엄에서 외국의 문화유산 전문가들은 제주도 돌문화가 유네스코 세계문화유산적 가치가 충분하다고 하였고(한국조경신문, 2015년 11월 11일자), 이에 제주도에서는 제주 돌문화의 유네스코 세계문화유산 등재 가능성을 모색하고 있다.

최근에 제주도 돌문화가 문화유산으로서의 가치를 인정받고 이에 대한 인식이 새롭게 될 수 있었던 기저에는 그동안 이에 대한 연구들이 꾸준히 이루어져왔기 때문이다. 그러나 제주도 돌문화에 대한 연구들은 대부분 최근 시점을 중심으로 현지조사를 통해 살펴볼 수 있는 시기까지를 다루고 있다. 물론 일부 돌문화인 '방어유적', '잣성', '돌하르방' 등은 일부 문헌 속 내용을 정리하였으나 제주도 전체의 돌문화로 보면 미미한 정도이다. 그렇기 때문에 여기서는 제주도 돌문화에 대한 폭넓은 이해와 함께 과거 제주의 돌문화를 전체적으로 살펴보기 위해서 현재까지 확인 가능한 고문헌들을 전체적으로 살펴보았다. [3)]

2. 제주도 돌문화와 관련된 문헌

제주의 돌문화는 매우 다종다양하다. 이 점은 제주도 주민들이 오랜 기간 동안 전역에 걸쳐 분포하고 있는 돌을 생활 속에서 애용했음을 보여준다. 그런데 제주도 돌문화가 기록된 문헌을 살펴본 결과 돌문화 중 극히 일부 종류만 등장하고 있다. 이와 관련하여 돌로 된 방어유적은 제주가 지리적 요충지이자 관에서 관리한 돌문화이기 때문에 다양한 문헌에 등장하고, 잣성은 제주의 목축문화와 관련해서 조선왕조실록 등 여러 자료에 등장한다. 그 외 관청 주변에 세운 돌하르방도 일부 문헌에서 확인된다. 반면, 주민이 조성한 돌문화 중에는 문화재로 지정된 것이 돌가마와 방사탑 정도가 있으나 정작 이들 돌문화는 현재까지도 문헌에서 확인된 바가 없고, 그 외 일부 돌문화만이 여러 문헌에 등장하고 있는 정도이다.

그 결과 본고에서는 문헌 속에 등장하는 돌문화를 조성한 주체별로 구분하여 살펴보았는데 이는 〈표 1〉과 같다. 먼저 관이 주체가 되어 만든 돌문화

〈**표 1**〉 문헌에 등장하는 돌문화 종류(조성 주체에 따라)

관 주도형 돌문화	주민 주도형 돌문화
잣성, 돌하르방, 읍성, 진성, 연대, 환해장성	밭담, 원담(갯담), 머들, 산담, 집담

를 '관 주도형 돌문화'라고 할 수 있다. 문헌 속에서 확인되는 '관 주도형 돌문화'는 잣성, 돌하르방, 읍성, 진성, 연대, 환해장성 등이 있다. 특히, 이들 돌문화 중에는 일부 선행연구에서 정리된 것도 있어 여기서는 필요에 따라서 이들 연구물을 참고하였다. 한편, 주민들의 돌문화를 '주민 주도형 돌문화'라고 할 수 있다. 이와 관련되어 확인되는 것으로 밭담, 원담(갯담), 머들, 산담, 집담 등이 있는데 이는 '주민 주도형 돌문화' 종류 중 매우 협소하게 나타나고 있고, 현재까지도 이와 관련된 연구는 거의 이루어지지 않아 그 내용을 새롭게 확인하여 정리하였다.

1) 관 주도형 돌문화에 대한 문헌

관 주도형 돌문화에 대한 내용이 확인되는 문헌은 〈표 2〉와 같다. 관 주도형 돌문화에 대한 문헌 현황을 살펴보면 조선시대에는 주로 관찬(官撰)자료가 사찬(私撰)자료보다 많은데 사찬자료는 전부 관리(목사, 군수 등)에 의해서, 일제강점기부터는 일제 관료와 제주의 유학자 및 지식인 모임에 의해서 기록되었다. 따라서 편찬 시기를 중심으로 보면 조선시대와 그 이후(일제강점기, 해방 이후)로 구분할 수 있는데 우선 조선시대의 문헌으로는 《조선왕조실록》(태종실록, 세종실록, 세조실록, 성종실록, 중종실록, 정조실록, 순조실록), 《신증동국여지승람》(1530), 《남사록》(1601), 《탐라지》(1653), 《지영록》(17세기), 《남환박물》(1704), 《탐라방영총람》(18세기), 《제주읍지》(18세기), 《제주대정정의읍지》(1793), 《제주계록》(1847), 《탐라지 초본》(19세기), 《제주병제봉대총록》(19세기), 《탐라지》(1902) 등이 있다. 다음으로 일제강점기와 해방 이후의 문헌으로는 《탐라기년》(1918), 《朝鮮と建築(조선과 건축)》(1925), 《濟州道の地理的硏究(제주도의 지리적 연구)》(1939), 《증보 탐라지》(1954) 등이 있다. 이렇게 관 주도형 돌

〈표 2〉 관 주도형 돌문화 관련 문헌 현황

연번	문헌	저자(신분)
1	조선왕조실록 (태종실록, 세종실록[4], 세조실록, 성종실록, 중종실록, 정조실록, 순조실록)	
2	신증동국여지승람(1530)	이행, 홍언필 (중앙관리)
3	남사록(1601)	김상헌(중앙관리)
4	탐라지(1653)	이원진(제주목사)
5	지영록(17세기)	이익태(제주목사)
6	남환박물(1704)	이형상(제주목사)
7	탐라방영총람(18세기)	-
8	제주읍지(18세기)	-
9	제주대정정의읍지(1793)	-
10	제주계록(계문)(1847)	-
11	탐라지 초본(19세기)	이원조(제주목사)
12	제주병제봉대총록(19세기)	
13	탐라지(1902)	남만리(대정군수)
14	탐라기년 (1918)	김석익(제주인)
15	朝鮮と建築(1925)	藤島亥治郎(건축학자)
16	濟州道の地理的研究(1939)	桝田一二(지리학자)
17	증보 탐라지(1954)	담수계(제주 지식인 모임)

문화에 대한 문헌은 시기적으로 조선시대 문헌이 13편으로 가장 많고, 일제강점기에는 3편, 해방 이후에는 1편이 존재하고 있음을 알 수 있다.

또한 조선시대 문헌에서 관찬자료는 《조선왕조실록》, 《신증동국여지승람》, 《탐라방영총람》, 《제주읍지》, 《제주대정정의읍지》, 《제주병제봉대총록》, 《제주계록》이 있고, 사찬자료는 《남사록》, 《탐라지》(1653), 《지영록》, 《남환박물》, 《탐라지 초본》, 《탐라지》(1902)가 있다. 그러나 사찬자료도 목사, 군수, 중앙관리자에 의해 정리되었다는 점으로 보면 실질적으로 이 자료들도 관찬자료를 많이 참고했음을 알 수 있다. 그리고 일제강점기 이후에는 전부 사찬자료이다.

문헌에 등장하는 관 주도형 돌문화를 종류별로 구분해 본 결과는 〈표 3〉과 같다. 여기에는 읍성, 진성, 연대, 환해장성, 돌하르방, 잣성에 대한 내용이 있는데 이는 방어유적, 석상, 목축유적으로 구분할 수 있다. 이 중 읍성은 가장 많은 문헌에 나오는데 《조선왕조실록》 등 11개의 문헌에서 등장하고 있다. 진성은 《신증동국여지승람》 등 10개, 연대는 6개, 돌하르방은 5개, 잣성은 4개, 환해장성은 2개의 문헌에 등장하고 있다. 이들 문헌 외에도 《탐라순력도》[5]에는 당시 읍성과 일부 진성 주변에 대한 내용이 그림으로 제시되고 있다.

2) 주민 주도형 돌문화에 대한 문헌

주민 주도형 돌문화와 관련된 문헌은 현재까지 정리된 자료가 매우 희박하다. 따라서 여기에서는 확인 가능한 주민 주도형 돌문화에 대한 문헌을 파악하여 그 현황을 〈표 4〉와 같이 정리하였다. 우선 편찬 시기로 보면 조선시대, 일제강점기, 해방~1950년대로 구분할 수 있다.

〈표 3〉 관 주도형 돌문화 종류별 문헌 현황

문헌	읍성	진성	연대	환해장성	돌하르방	잣성
조선왕조실록	○	○	○	-	-	○
신증동국여지승람	○	○	-	-	-	-
남사록	○	○	-	-	-	-
탐라지(1653)	○	○	-	○	-	-
지영록	-	○	-	-	-	-
남환박물	○	-	○	-	-	-
탐라방영총람	-	-	○	-	-	-
제주읍지	○	○	○	-	-	○
제주대정정의읍지	○	○	-	-	-	-
제주계록	-	-	-	-	-	○
탐라지 초본	○	○	○	-	-	○
탐라지(1902)	-	○	-	-	○	-
제주병제봉대총록	○	-	○	-	-	-
탐라기년	○	○	-	○	○	-
朝鮮と建築	-	-	-	-	○	-
濟州道の地理的研究	-	-	-	-	○	-
증보 탐라지	○	-	-	-	○	-

연번	문헌	저자(신분)
1	조선왕조실록(세종실록, 중종실록)	
2	제주풍토록(16세기)	김정 (유배인)
3	신증동국여지승람(1530)	이행, 홍언필(중앙관리)
4	남명소승(16세기)	임제(중앙관리)
5	남사록(1601)	김상헌(중앙관리)
6	탐라지(1653)	이원진(제주목사)
7	남천록(1679)	김성구(정의현감)
8	남사일록(1679)	이증(제주안핵 겸 순무어사)
9	남환박물(1704)	이형상(제주목사)
10	증보 탐라지(1765)	윤시동(제주목사)
11	탐라지 초본(19세기 중엽)	이원조(제주목사)
12	한국지리지총서 읍지 육 제주도(1899)	-
13	Korea-Reiseschilderungen(1905)	S. Genthe(지리학자 겸 기자)
14	朝鮮 第160號, 濟州島 紀行(1928)	梶山淺次郎(조선 총독부 내무국 토목기사)
15	濟州道生活狀態調査(1929)	善生永助 (총독부 촉탁)[6]
16	The Amazons(1930)	W.F. Sands(미국인 대한제국 외교고문)
17	濟州島の經濟(1930)	上田耕一郎(경제인)
18	탁라국서(1931)	이응호(유학자)
19	濟州道の地理的 硏究(1939)	桝田一二(지리학자)
20	朝鮮半島の農法と農民(1939)	高橋 昇(농학자)
21	KOREA(1945)	H. Lautensach(지리학자)
22	증보 탐라지(1954)	담수계(제주 지식인 모임)

먼저 조선시대에 편찬된 문헌으로《조선왕조실록》(세종실록, 중종실록),
《제주풍토록》(16세기),《신증동국여지승람》(1530),《남명소승》(16세기),《남사
록》(1601),《탐라지》(1653),《남천록》(1679),《남사일록》(1679),《남환박물》
(1704),《증보 탐라지》(1765),《탐라지 초본》(19세기),《한국지리지총서 읍지 육
제주도(이하 읍지)》(1899),《Korea-Reiseschilderungen(신선한 나라 조선)》
(1905)이 있다. 다음으로 일제강점기에 편찬된 문헌으로는《朝鮮 第160號,
濟州島紀行(이하 제주도 기행)》(1925),《濟州道生活狀態調査(제주도생활상태조
사)》(1929),《The Amazons(제주의 여자들)》(1930),《濟州島の經濟(제주도의 경
제)》(1930),《탁라국서》(1931),《濟州道の地理的研究(제주도의 지리적 연구)》
(1939),《朝鮮半島の農法と農民(조선반도의 농법과 농민)》(1939),《KOREA(코리
아)》(1945)가 있다. 마지막으로 해방 이후에 편찬된 문헌에는《증보 탐라지》
(1954)가 있다.

이렇게 주민 주도형 돌문화에 대한 문헌은 시기적으로 조선시대 문헌이
13편으로 가장 많고, 일제강점기에는 8편, 해방 이후에는 1편이 존재하고 있
음을 알 수 있다. 또한 문헌의 저자를 중심으로 살펴보면 대부분 타지 사람
이고, 외국인들도 많다. 이를 구체적으로 보면 조선시대에는 육지에서 온 관
리가 대부분이고, 유배인도 1명 있다. 일제강점기에는 대부분 일본인 관리
이고, 그 외에 독일인 지리학자가 2명, 미국인도 1명 있다. 반면, 저자가 제
주인의 경우는 2명밖에 없다. 이와 함께 대부분의 문헌이 사찬자료이고, 관
찬자료는《신증동국여지승람》,《조선왕조실록》,《읍지》뿐이다.

문헌에 등장하는 주민 주도형 돌문화 종류는〈표5〉와 같이 밭담, 산담, 집
담·축담, 머들 등이 있다. 이를 좀 더 자세히 살펴보면 밭담은 가장 많은 19
개 문헌에 등장하고, 그다음으로 집담·축담이 11개, 산담이 8개, 머들이 1개
순이다. 결과적으로 문헌에는 다양한 돌문화 중 주로 돌담에 초점이 맞춰져

<표 5> 주민 주도형 돌문화 종류별 문헌 현황

문헌	밭담	산담	집담(울담)·축담	머들
조선왕조실록	○	-	-	-
제주풍토록	○	-	○	○
신증동국여지승람	○	-	-	-
남명소승	○	-	○	-
남사록	○	-	-	-
탐라지	○	-	-	-
남천록	○	○	-	-
남사일록	○	○	○	-
남환박물	○	-	-	-
증보 탐라지(1765)	○	-	○	-
탐라지 초본	○	-	-	-
한국지리지총서 읍지 육 제주도	-	○	-	-
Korea-Reiseschilderungen	-	-	○	-
朝鮮 第160號, 濟州島 紀行	○	-	-	-
濟州道生活狀態調査	○	-	○	-
The Amazons	○	-	○	-
濟州島の經濟	○	○	○	-
탁라국서	-	○	-	-
濟州道の地理的研究	○	○	○	-
朝鮮半島の農法と農民	○	○	○	-
KOREA	○	-	-	-
증보 탐라지	○	○	○	-

있음을 알 수 있다. 그리고 이들 돌문화가 존재하는 공간으로 봤을 때 비교적 마을 안(內)과 농경지에서의 돌문화 요소가 주를 이루고 있다. 특히, 타 지역과 달리 제주도의 독특한 매장 문화를 보여주는 산담은 다양한 장소에 분포하고 있지만 문헌에서는 농경지의 산담만 등장하고 있다.

3. 제주도 돌문화에 대한 내용 분석과 특징

이번 장에서는 앞에서 살펴본 문헌을 토대로 돌문화의 종류에 따른 내용을 파악하였다. 또한 제주도 돌문화를 관 주도형과 주민 주도형으로 구분하여 이들 돌문화의 종류에 따른 내용을 관련 주제를 중심으로 제시하였다.

1) 관 주도형 돌문화 내용 분석과 특징

(1) 관 주도형 돌문화의 내용 분석

관 주도형 돌문화에 대한 내용은 방어유적에 해당하는 읍성(제주성, 대정현성, 정의현성 이상 3개)과 진성(화북, 조천, 별방, 애월, 명월, 수산, 서귀, 모슬, 차귀 이상 9개)은 종류가 많고, 여러 문헌에 기록되어 있기 때문에 다른 돌문화와 구분하여 따로 정리하였다. 그 외 연대, 환해장성, 돌하르방, 잣성은 하나로 묶어서 살펴보았다.

제주도에는 조선시대에 3개의 읍성이 있었는데 이는 제주성, 대정현성, 정의현성이다. 읍성에 대한 내용을 주제별로 보면 유래(축조배경, 축조시기, 관련 인물 등), 규모, 시설 현황, 기타로 구분해 볼 수 있고, 이는 〈표 6〉과 같다.

먼저 3개 읍성의 유래, 위치와 관련해서는 《태종실록》과 《탐라지》(1653)

문헌		유래	규모, 시설	기타
조선왕조실록	태종실록	①, ②, ③	-	①
	세종실록	②	①, ③	-
신증동국여지승람		-	①, ②, ③	①
남사록		-	①, ②, ③	-
탐라지		②, ③	①, ②, ③	②
남환박물		-	①	-
제주읍지		-	①, ②, ③	②
제주대정정의읍지		-	①, ②, ③	-
탐라지 초본		-	①, ②, ③	-
제주병제봉대총록		-	-	①
탐라기년		-	①	①
증보 탐라지		-	①	-

주: ①-제주성, ②-정의현성, ③-대정현성

의 내용을 살펴볼 필요가 있다. 제주성은《태종실록》에 보면 태종 8년(1408)에 "제주에 큰 비로 물이 제주성에 들어와 관사와 민가와 곡식 태반이 표몰(漂沒)되거나 침수되었다. [7]"라고 나와 있어 최소한 이 시기 이전에 제주성이 개축되어 있었음을 알 수 있다. 또한《탐라지》(1653)에서 대정현성은 무술년(1418년)에 도안무사 이간의 지휘로 동·서성리를 중심으로 한 달이 채 안 되는 기간에 축성하였고, 정의현성은 세종 5년(1423년)에 안무사 정간에 의해서 기존 성산읍 고성리에서 진사리로 이전하여 5일 만에 축조하였다고 한다. [8]

또한 읍성의 규모(성곽 둘레, 높이)를 중심으로 살펴보면 제주성은《세종실록》에 둘레 910보,《신증동국여지승람》에 둘레 4,394척과 높이 11척,《남사록》에 둘레 6,120자와 높이 13자, 《탐라지》(1653) 이후 기록부터는 둘레 5,489척과 높이 11척으로 나와 있다. [9] 이와 관련하여 김명철(2000)은 문헌에 등장하는 제주성의 성곽 둘레에 대해서 《세종실록》과 《신증동국여지승람》의 규모 차이가 보이는 것이 시기의 차이를 두고 성곽 규모에 차이가 있을 가능성을 제기하였는데 이런 점을 감안해 본다면 《남사록》과 《탐라지》(1653)에서의 규모도 비슷하게 유추해 볼 수 있다. 정의현성은 《신증동국여지승람》에 둘레 2,986척과 높이 24척, 《남사록》에 둘레 3,013여 척과 높이 8척, 《탐라지》(1653)와 《제주읍지》에 둘레 2,986척과 높이 13척, 《제주대정정의읍지》에 둘레 1,990보, 《탐라지 초본》에 둘레 1,593보로 나와 있다. 대정현성은 《세종실록》에 둘레 1,179보, 《신증동국여지승람》에 둘레 2,647척과 높이 28척, 《남사록》에 둘레 2,800척과 높이 10척, 《탐라지》(1653) 이후부터는 둘레 4,890자, 높이 17척 4촌으로 나와 있다. 김명철(2000)은 각 문헌에서의 대정현성 규모의 차이는 조선시대 시기에 따라 용척(用尺)이 달라 발생하였던 것으로 해석하고 있다. [10]

《탐라지》(1653)에는 과거 정의현성과 대정현성의 유래와 관련한 내용이 명확히 제시되어 있다. 이 기록에 의하면 정의현성은 "세종 5년(1423년) 안무사 정간이 왜구의 방어 등의 이유로 조정에 현의 이전을 건의 후 재가를 받아 진사리(현 위치인 성읍1리)로 옮기니, 곧 지금이 치소이다. [11]"라고 한다. 그리고 이 문헌에서는 대정현성 축성 배경을 기록하면서 당시 축성 전말에 대한 제주판관 하담의 기록[12]을 재인용하고 있다. 대정현성은 "무술년(1418년)에 지금의 안무사 분성 이간의 지휘로 동성리(현재 인성, 안성), 서성리(현재 보성)를 중심으로 한 달이 채 안 되는 기간에 축성하였다. [13]"라고 한다. 이 외 제주성에 대한 내용으로 《신증동국여지승람》에는 성 부근의 용천수 및 하천에 대한 설명이, 《제주병제봉대총록》에는 성문 병력에 대한 내용이, 《탐라기년》에는 각종 시설물에 대한 중축 현황과 일제강점기에 성곽이 헐리게 되는 과정을 담고 있다. 그리고 정의현성에 대한 내용으로《제주읍지》에는 성안의 우물 개수와 성 밖의 용천수 등이 제시되어 있다.

《탐라기년》에는 과거 제주성이 헐리는 과정을 담고 있는데 그 내용을 살펴보면 다음과 같다. "1913년 10월 일제에 의해 제주성 북성문이 훼철된다. 1914년 11월엔 연상루(동성 문루)와 중인문(간성 북문)을 헐었다. 이어 1915년 7월 간성인 소민문과 북성을 철폐했고 1918년 11월엔 정원루(남성 문루)가 사라졌다. 1923년 동성에 제주측후소가 개설되었고 1926년엔 제주성을 헐어 성곽을 지탱해왔던 돌들을 산지항 축항 작업에 사용했다. 1927년에는 홍수로 인해 남·북수구의 홍문이 붕괴되었다.[14]" 결과적으로 제주성은 일제강점기에 성문을 중심으로 차례로 헐리게 되다가 1925년에서 1928년까지 제주항 개발 사업으로 성곽의 수많은 돌들이 매립골재로 사용되면서 이 시기에 급격히 헐리게 된 것이다.

이를 종합해 보면 3개의 읍성에 대한 내용은《조선왕조실록》에 처음 등장한다. 이 중《태종실록》과 관련하여 태종 11년(1411년)에는 제주성의 수축을 명하고,[15] 태종 16년(1416년)에는 제주의 삼읍 분리의 필요성이 제기[16]되는데 이는 2개 읍성의 축조 배경이 된다.《세종실록》에는 제주성과 대정현성의 규모, 정의읍성의 직접적인 축조배경이 기록되어 있다. 또한《신증동국여지승람》을 비롯한 5개 문헌에는 제주의 3개 읍성에 대한 규모와 시설이 제시되어 있고,《남환박물》을 비롯한 2개의 문헌에는 오직 제주성의 형태와 규모만 기록되어 있다.

제주도에서는 조선 전기에 외적을 방어하기 위해 9개의 진성을 축조하였다. 문헌 중에는 9개의 진성에 대한 내용이 전부 기록된 것도 있고, 일부 진성만 기록된 것이 있다. 진성에 대한 내용을 주제별로 보면 유래, 위치, 규모,

시설, 기타로 구분해 볼 수 있고, 이는 〈표 7〉과 같다.

9개의 진성에 대한 내용을 살펴보면 첫째, 화북진성은《탐라지 초본》에서 주의 동쪽 10리에 위치하고 있고, 숙종 무오년(1678년) 최관 목사에 의해 창설되었다고 한다.[17] 규모로는《제주읍지》에서 둘레 606척과 높이 12척,《제주대정정의읍지》와《탐라지 초본》에 둘레 303보, 높이 10척으로 나와 있다.

둘째, 조천진성은《탐라지》(1653)에서 절제사 이옥후가 부임한 다음해 경인년(1590년) 10월에 착공하여 섣달에 마무리했다고 한다[18]. 규모로는《남사록》외 4개 문헌에서 둘레 428~430여 척과 높이 7~10척,《제주대정정의읍지》와《탐라지 초본》에서 둘레 240보, 높이 9척으로 기록되어 있다.

〈표 7〉 진성 관련 내용 분석

문헌		유래	위치	규모, 시설	기타
조선왕조실록	세종실록	⑥, ⑨	-	-	-
	중종실록	⑧	-	-	-
신증동국여지승람		-	-	③, ⑥, ⑦, ⑨	-
남사록		⑥, ⑦	⑧	②, ③, ⑦, ⑧, ⑨	-
탐라지(1653)		②, ③, ④	④, ⑧	②, ③, ④, ⑥, ⑦, ⑧, ⑨	⑦, ⑧
지영록		-	-	②, ③, ④, ⑧	②, ⑧
제주읍지		-	-	①, ②, ③, ④, ⑥, ⑦, ⑧, ⑨	-
제주대정정의읍지		-	-	①, ③, ④, ⑥, ⑦, ⑧	-
탐라지 초본		①, ⑤, ⑥, ⑧, ⑨	①, ⑧, ⑨	①, ②, ④, ⑥, ⑦, ⑧, ⑨	-
탐라지(1902)		-	-	②, ③, ④, ⑥, ⑨	-

주: ①-화북진성, ②-조천진성, ③-별방진성, ④-애월진성, ⑤-명월진성, ⑥-수산진성, ⑦-서귀진성, ⑧-모슬진성, ⑨-차귀진성

셋째, 별방진성은 《탐라지》(1653)에서 경오년(1510년)에 장림 목사가 우도의 외선이 가까이 댈 수 있는 곳이라 하여 이곳에 진성을 축성하였다고 한다.[19] 규모로는 《신증동국여지승람》 외 5개 문헌에서 둘레 2,390척과 높이 7척, 《제주대정정의읍지》와 《탐라지 초본》에서는 둘레 1,081보, 높이 7척으로 나와 있다. 게다가 《지영록》에는 별방진성과 관련하여 성지가 가장 크다는 내용이 있어 당시 도내 진성 중 성의 규모가 가장 큰 것으로 파악된다.

넷째, 애월진성은 《탐라지 초본》에서 주의 서쪽 40리에 있고, 예전에 목성이 있었는데 선조 14년(1581년) 김태정 목사가 석성으로 개축했다고 한다.[20] 규모로는 《탐라지》(1653) 외 2개 문헌에 둘레 549척과 높이 8척, 《제주대정정의읍지》와 《탐라지 초본》에 둘레 255보, 높이 16척으로 나와 있다.

다섯째, 명월진성은 《탐라지》(1653)에 옛날에는 성이 없었으나 중종 5년(1510년)에 장림 목사가 이곳은 비양도가 가까이 있어 왜선이 자주 정박하므로 이곳에 축성하였다고 한다.[21] 규모로는 《신증동국여지승람》 외 5개 문헌에 둘레 3,020척과 높이 8척, 《남사록》에 둘레 3,050여 척과 높이 9척, 《제주대정정의읍지》와 《탐라지 초본》에 둘레 715보, 높이 11척으로 나와 있다.

여섯째, 수산진성은 《세종실록》에 세종 21년(1439년) 제주안무사 한승순이 정의현 동쪽 인근에 방어상 수산방호소에 성곽이 없어 성곽 축조를 조정에 건의[22] 후 개축되었던 것으로 추정된다. 그 후 《남사록》에서는 선조 30년(1597)에 이경록 목사가 방호소를 성산으로 옮김에 따라 수산진은 폐진되었다고 기록되어 있고, 《탐라지 초본》에는 선조 32(1599년)에 성윤문 목사가 성산진에서 다시 수산진으로 환원했다는 내용이 있다. 규모로는 《신증동국여지승람》에 둘레 1,164~1,264척과 높이 16~26척, 《제주대정정의읍지》에 둘레 582보로 나와 있다.

일곱째, 서귀진성은 《남사록》에 예전 서귀방호소가 바닷가 홍로천 위에 있었으나, 목사 이옥이 선조 23년(1590년) 현재의 위치로 이설하여 진성을 축조하였다고 한다. [23)] 규모로는《신증동국여지승람》에 둘레 161척과 높이 5척,《남사록》에 둘레 500여 척과 높이 6척,《제주대정정의읍지》에 둘레 415보,《탐라지》(1653) 외 3개 문헌에 둘레 825척~825척 5촌과 높이 12척으로 나와 있다.

여덟째, 모슬진성은《중종실록》에 중종 5년(1510년) 제주목사 장림이 제주 방어 상 서귀포 동해포에 성이 없어 방어가 힘들어 성의 개축을 건의 후 대정현 경계에 동해방호소를 축조한 것으로 추정되고,《탐라지 초본》에 모슬진은 현의 남쪽 10리에 있고, 옛날에는 수전소가 있었다고 하면서, 숙종 원년(1675년)에 어사 이선의 건의에 따라 4년 후에 목사 윤창형이 옛 동해성을 철거하고 이곳에 이설하였다고 한다. [24)] 규모로는《제주읍지》와《탐라지 초본》에 둘레 315~335척과 높이 12척,《제주대정정의읍지》에 둘레 210보로 나와 있다.

아홉째, 차귀진성은《세종실록》에 세종 21년(1439년) 제주안무사 한승순이 죽도 인근에 차귀방호소가 성곽이 없어 성곽 축조를 조정에 건의 후 개축되었던 것으로 추정된다. 한편《탐라지 초본》에는 차귀진이 주의 동쪽 26리에 있고, 고려 말 원나라의 말을 양육하기 위해서 축성하였다고 한다. [25)] 또한 효종 3년(1652년) 이원진 목사가 진을 설치하였다고도 한다. 이런 내용을 종합해 보면 차귀진성은 애초에 말의 사육을 위해 축성되었다가 조선 시대에 와서 군사적인 목적으로 개축되었다고 할 수 있다. 규모로는《신증동국여지승람》외 2개 문헌에 둘레 1,190여 척~1,466척과 높이 10~33척,《제주대정정의읍지》에 둘레 1,644보,《탐라지》(1653) 외 2개 문헌에 둘레 2,466척, 높이 22척으로 나와 있다.

이를 종합해 보면 진성들의 유래인 축조 시기, 배경, 관련 인물에 대해서는《조선왕조실록》(세종실록, 중종실록) 외 3개의 문헌에 기술되어 있다. 그리고 일부 진성의 위치에 대한 기록은《남사록》외 2개의 문헌에 있고, 진성들의 규모와 시설인 성곽 둘레, 높이, 방호소, 격대, 객사, 군기고 등에 대한 점은《신증동국여지승람》외 7개의 문헌에 등장한다. 특히,《제주읍지》에는 모든 진성의 규모가 기록되어 있다. 또한《탐라지》(1653)와《지영록》에는 조천진성, 서귀진성, 모슬진성 부근의 자연 및 인문환경에 대한 내용도 있다. 이 외에도《탐라순력도》중 조천조점, 화북성조, 별방조점, 애월조점, 명월조점, 수산조점, 서귀조점, 모슬조점, 차귀조점에는 진성 주변 건물 등이 그려져 있어 당시 진성 주변 모습을 추정할 수 있게 한다.

다음으로 연대, 환해장성, 돌하르방, 잣성에 대한 문헌 속 내용을 분석해 본다. 조선시대에 제주도에는 해안가의 비교적 높은 지형에 38개의 연대와 함께 고려 후기부터 조선시대에 걸쳐 해안가에 환해장성이 있었다. 또한 3곳의 읍성의 성문 주변에 48기의 돌하르방이 있었고, 중산간의 국마장 경계를 따라 잣성을 쌓았다. 이들 돌문화에 대한 문헌 속 내용을 분석해 보면〈표 8〉과 같이 유래 및 형태, 규모, 현황 등으로 구분해 볼 수 있다.

연대는 먼저《조선왕조실록》《세종실록》에는 "제주 도안무사 한승순이 왜선의 정박할 요해지와 수비 방어하는 조건을 보고하다 (중략) 연대를 쌓았는데 높이와 너비가 각각 10척입니다."라고 나왔고,《세조실록》에는 "병조에서 아뢰기를, 연대는 본래 변방의 급변(急變)을 알리기 위한 것인데, 제도(諸道)의 연대는 혹은 낮고 적어서 멀리 바라보아 통하지 못하니, 청컨대 도절제사(都節制使)로 하여금 다시 살펴서 마감(磨勘)하여 아뢰게 하소서. 하니 그대로 따랐다."라는 내용이 있다.《성종실록》에는 "기해년에 동정(東征)한 이후로는 왜변(倭變)이 완전히 종식되었으므로, 요즈음 남쪽 지역에서는 태평한 생활에 젖어 방어(防禦)가 소홀해졌습니다. 그래서 연대(煙臺)와 후망

문헌	유래	형태, 규모, 현황	기타
조선왕조실록	-	①	①, ④
탐라지(1653)	②	-	-
남환박물	-	①	-
탐라방영총람	-	①	-
제주읍지	-	①, ④	-
제주계록	-	④	-
탐라지 초본	-	①, ④	-
제주병제봉대총록	-	①	①
탐라기년	②, ③	-	②
朝鮮と建築	-	③	-
濟州道の地理的硏究	-	③	-
증보 탐라지(1954)	③	-	-

주: ①-연대, ②-환해장성, ③-돌하르방, ④-잣성

(候望)이 유명무실(有名無實)하게 되었으므로, 왜인(倭人)들이 그러한 것을 자세히 알고 마음대로 출몰(出沒)하면서 빈번하게 노략질을 하였었는데, 지금 또 이렇게 횡행(橫行)하고 있으니, 작은 문제가 아닙니다."라고 되어 있고, 《중종실록》에는 "연대(煙臺)를 두어야 할 곳에 후망(候望)을 가설(加設)하였으나, 3읍이 다 바다의 연변이어서 방어가 지극히 긴요한데, 군인의 수는 정수(定數)가 있습니다. (후략)"라고 되어 있다. 《순조실록》에는 "제주(濟州)에 아주 절실한 관계가 없는 연대(烟臺) 여덟 곳을 모두 혁파하도록 청하니, 그대로 따랐다."라고 나와 있다.[26]

《탐라방영총람》에는 37개의 연대 이름이 나와 있고, 《제주읍지》에는 정의현의 종달연대가 추가되어 38개소가 나와 있다. 《남환박물》에는 "사면을 돌아가면 봉수, 연대가 무릇 63개소가 된다."라고 나와 있고, 《탐라지 초본》에는 제주목 14개, 정의현 9개, 대정현 7개 연대의 개별적인 위치와 서로 응하는 곳을 기술하고 있다. 특히 《탐라지 초본》이 18세기 중엽에 집필되었다는 점으로 봤을 때 그 사이에 8개의 연대가 폐쇄되었음을 알 수 있다.

환해장성은 대표적으로 《탐라지》(1653)에 의하면 "연해 환축하여 둘레가 3백여 리라. 고려 원종 때 삼별초가 진도에서 반하니 왕은 시랑 고여림 등을 탐라에 파견하여 영병 1천으로 이를 대비하여 구축하였다.[27]"라고 나와 있어 그 유래가 고려 말에 삼별초의 난과 관련하고 있다.

돌하르방은 《탐라기년》과 《증보 탐라지》(1954)에서 "영조 30년(1754년) 제주목사 김몽규가 성문 밖에 옹중석을 세웠다."라고 하고 있어 제작 시기를 명확하게 확인할 수 있다. 문헌에서는 당시 돌하르방의 수 등의 현황에 대한 내용이 없다. 참고로 현재 우리가 알고 있는 조선시대 돌하르방이 48기라는 점은 1960년대 이후 여러 연구자들의 현지조사 등에 의해서 제주성 성문 주변에 24기, 정의현성과 대정현성 성문 주변에 각각 12기라고 밝혀지게 된 것이다.

잣성은 문헌상 언제 축조하였는지에 대한 점은 제시되어 있지 않지만 조선 초에 중산간 지역에 국마장이 설치되면서 축조되었다는 점은 쉽게 유추해 볼 수 있다. 이런 관점에서 《세종실록》에 세종 11년(1429년) "상호군 고득종 등이 상언하여 청하기를, 한라산 가의 사면이 약 4식쯤 되는 면적의 땅에 목장을 축조하여, 공사의 말을 가리지 말고 그 목장 안에 들여보내어 방목하게 하고, 목장 지역 안에 살고 있는 백성 60여 호는 모두 목장 밖의 땅으로 옮기게 하여 그들이 원하는 바에 따라 땅을 떼어 주도록 하고 (후략)[28]"의 내용으로 보아 조선시대 잣성은 이 이후에 축조되었다는 점을 알 수 있다.

이를 종합해 보면 문헌 속 연대(煙臺)에 대한 내용은 먼저《조선왕조실록》5곳 중《세종실록》에서는 규모(높이와 너비가 각각 10척),《세조실록》에서는 연대의 정비(마감) 필요성,《성종실록》과《중종실록》에서는 연대의 유명무실,《순조실록》에서는 필요 없는 연대 8곳을 혁파해야 한다는 내용이 확인된다. 또한 연대의 현황에 대한 내용으로 그 수가 약간씩 변화하는데,《남환박물》에는 봉수와 구분 없이 총 63개소,《탐라방영총람》에는 37개소,《제주읍지》에는 종달연대가 추가되어 38개소,《탐라지 초본》에는 함덕연대 등 8개가 폐쇄되어 30개소로 줄었으나《제주병제봉대총록》의 기록에는 38개소로 기록되어 있다. 또한《제주병제봉대총록》에는 연대 등을 이용했던 봉수제가 1895년에 폐지되었다는 내용을 담고 있어 이때부터 연대의 기능이 상실되었다고 볼 수 있다.

환해장성에 대해서는《탐라지》(1653)와《탐라기년》에 고려시대 삼별초와 관련된 유래와 19세기 중반에 이양선으로 인하여 제주목사 권직이 환해장성을 수축했다는 내용이 있다.[29] 돌하르방은 유래, 형태, 규모 등이 기록되어 있는데 대표적으로《탐라기년》과《증보 탐라지》(1954)에 축조시기, 관련 인물, 위치 등이 등장한다. 이 외 일본인이 남긴《조선과 건축》,《제주도의 지리적 연구》에서는 돌하르방의 형태, 분포, 규모 등이 설명되어 있다.

마지막으로 잣성에 대한 기록은 주로 관찬자료에서 확인해 볼 수 있는데《정조실록》에는 마장(馬場) 내 횡장으로 인한 폐단이,《제주읍지》와《탐라지 초본》에는 김영수, 송정규 목사 등이 간장과 횡장 등을 일부 국마장(1, 2, 3, 10소장)에 쌓고,《제주계록》에는 감목처(제주목관아, 대정현성, 정의현성)에서 잣성 수축을 담당한 내용이 있다.

(2) 관 주도형 돌문화의 내용 분석에 따른 특징

여기에서는 관 주도형의 돌문화 내용을 분석한 결과, 다음과 같은 특징을 확인할 수 있었다.

첫 번째는 확인 가능한 문헌 현황을 중심으로 살펴보면 먼저 전체 17개의 문헌 중 조선시대에는 13편, 일제강점기에는 3편, 해방 이후에는 1편으로 조선시대에 편찬된 문헌이 가장 많다. 또한 관찬자료가 사찬자료보다 좀 더 많고, 사찬자료는 관리(목사, 군수 등)나 일제 관료 및 제주의 유학자 및 지식인 모임에 의해서 편찬되었다. 다음으로 관 주도형 돌문화 종류로 보면 읍성이 11개의 문헌으로 가장 많고, 그다음으로 진성(9개), 연대(6개), 돌하르방(5개), 잣성(4개), 환해장성(2개) 순으로 나타나고 있다.

이를 종합해 보면 전체 문헌 내용 중 방어유적(읍성, 진성, 연대, 환해장성)에 대한 내용이 많고, 비교적 이른 시기의 문헌에서부터 지속적으로 등장하고 있다. 이 점은 제주가 과거에서부터 한반도의 지리적 요충지로서 중요성과 함께 방어유적의 재료로서 돌이 보편적이었음을 보여주고 있다. 또한, 돌하르방은 20세기 들어와서 처음 문헌에 등장한 이후 독특한 형태와 관련하여 여러 문헌에 등장하고 있다. 제주의 대표적인 목축유적으로 잣성은 《조선왕조실록》이외 여러 문헌에 등장하고 있는데, 이는 잣성이 과거 제주의 목축지대에서 매우 중요한 돌문화였다고 볼 수 있다.

두 번째는 관 주도형 돌문화의 유래(축조 배경, 시기, 관련 인물 등), 위치, 규모 등에 대한 내용이 문헌에 명확하게 기록되어 있다는 점이다. 이는 조선시대까지만 해도 관찬자료에서 이에 대한 내용이 잘 정리되어 있고, 사찬자료도 대부분 관리들이 앞의 자료들을 참고하여 기록하였기 때문으로 파악된다. 이 점은 이들의 문화유산적 가치(역사성 등)를 높이고, 이들 돌문화가 문화재로 지정되는 데 큰 역할을 했다.

도내 문화재로 지정된 돌문화를 살펴보면 우선 지정하는 주체에 따라 국가지정문화재, 시·도지정문화재, 문화재자료 등으로 구분된다.[30] 먼저 제주도 돌문화 중 국가지정문화재로는 불탑사 오층석탑, 성읍민속마을(정의현성 포함) 등이 있고, 시·도지정문화재로는 지석묘, 돌하르방, 복신미륵, 일부 방사탑, 제주성(지), 대정성(지), 일부 연대와 진성 및 환해장성, 옹기가마 등이 있다.[31] 그 외로 지정문화재는 아니지만 돌문화 중 회천동 석상, 내도동 방사탑, 애월진성이 제주도 향토유형유산으로 지정되어 있다. 이렇게 문화재로 지정된 돌문화를 살펴본 결과 대부분 관 주도형으로 형성된 것이 많고, 주민 주도형은 일부 방사탑, 옹기가마 등 그 종류가 매우 적다는 점을 알 수 있다.

세 번째는 문헌의 내용을 통해 일부 관 주도형 돌문화에 대한 시기별 변화를 알 수 있는데 이 점은 방어유적 중심으로 나타난다. 먼저 제주성은 태종 11년에 수축을 명한 이후 1565년 동성을 쌓아 지금의 가락천이 성 안으로 들어오게 되었고, 성윤문 목사 시기(1599~1601년)에 개축하였다. 특히 《탐라기년》에는 18~19세기 제주성에 대한 변화를 잘 담고 있는데 1780년 간성 축조, 1847년(헌종 13년) 북문을 애복문, 남문을 중인문으로 개편한 기록과 함께 일제강점기에 일본인에 의해서 제주성이 급격히 헐리게 되면서 현재의 모습으로 잔존하게 된 모습을 보여준다.

다음으로 연대와 관련해서 18세기 초 《남환박물》, 18세기 중엽 《탐라방영총람》에, 18세기 말 《제주읍지》, 19세기 중엽 《탐라지 초본》, 19세기 말 《제주병제봉대총록》의 기록에서 변화 모습을 알 수 있다. 그리고 환해장성은 《탐라기년》에서 고려시대 구축 이후 헌종 11년(1845년)에 환해장성을 수축했음을 알수 있다.

마지막으로 잣성은 15세기에 국마장 조성 이후 《탐라지 초본》에 1704년 돌로 울타리를 둘렀고, 그 후 1744년 울타리를 추가하여 쌓았다. 또한 《정조실록》에서는 정조 6년(1782년) 침장 내 담장 철거를 명하였고, 《제주읍지》에서는 1780년 1, 2소장에 간장, 3, 4, 5소장에 횡장을 쌓았음을 알 수 있다.

2) 주민 주도형 돌문화 내용 분석과 특징[32]

(1) 주민 주도형 돌문화의 내용 분석

문헌에 등장하는 주민 주도형 돌문화는 대부분 돌담과 관련된 내용이다. 따라서 여기서는 이들 돌문화 중 돌담을 중심으로 그 내용을 분석하고자 한다. 돌담과 관련하여 그 내용을 주제별로 구분해 보면 유래, 기능, 형태, 제주의 지리적 환경 등으로 볼 수 있는데, 〈표 9〉는 이들 돌문화 중 문헌에 등장하는 밭담, 산담, 집담, 머들에 대한 내용을 정리한 것이다.

첫 번째, 돌담의 유래와 관련하여 주목할 문헌은 《신증동국여지승람》이다. 이 문헌은 앞에서 살펴보았듯이 1530년에 편찬되었지만 1230년대 밭담의 역사적 유래를 기록하고 있다. 그 내용은 "동문감(東文鑑)에 의하면 그 땅에 돌이 많고 건조하여 본래 논은 없고 오직 보리·콩·조가 생산된다. 그 밭이 예전에는 경계 둑이 없어서 강하고 사나운 집에서 날마다 차츰차츰 먹어 들어가므로 백성들이 괴롭게 여기었다. 김구(金坵)가 판관이 되었을 때에 백성의 고통 되는 바를 물어서 돌을 모아 담을 쌓아 경계를 만드니 백성들이 편하게 여기었다.[33]"라고 기록되어 있다. 이 문헌에서 밭담은 당시 경지 경계를 확실히 하기 위해서 조성했음을 알 수 있다.

그 외 대부분 돌담의 유래가 기록된 문헌은 앞에서 언급하였듯이 《신증동국여지승람》을 참고했기 때문에 그 내용이 유사하다. 단, 《남사록》에는 "당초 사람이 없을 때, 섬의 벌판은 모두 이 적석이 어지럽게 흩어져 있었다. 그 후에 점점 갈고 개간하는 땅이 되어 밭을 넓혔으나, 멀리까지 개척하지는

〈표 9〉 주민 주도형 돌문화 관련 내용 분석

문헌	유래	기능	지리적 환경		형태, 규모 등
			자연	인문	
조선왕조실록	-	○	-	○	-
제주풍토록	-	○	○	-	○
신증동국여지승람	○	○	○	○	-
남명소승	-	○	-	○	-
남사록	○	○	-	○	-
탐라지	○	○	○	○	-
남천록	○	○	-	○	-
남사일록	-	○	○	○	-
남환박물	○	○	-	○	-
증보 탐라지(1765)	○	○	○	○	-
탐라지 초본	○	○	○	○	-
한국지리지총서 읍지 육 제주도	-	○	-	○	-
Korea-Reiseschilderungen	-	-	-	-	-
朝鮮 第160號, 濟州島紀行	-	○	○	○	○
濟州道生活狀態調査	-	○	○	○	○
The Amazons	-	○	○	-	-
濟州島の經濟	-	-	-	-	○
탁라국서	-	○	-	○	-
濟州道の地理的硏究	-	○	○	○	○
朝鮮半島の農法と農民	-	○	-	○	○
KOREA	○	○	○	○	○
증보 탐라지(1954)	○	○	○	○	-

못하고 다만 밭머리에 그 돌을 둘러쌓게 된 것이다. **34)**"라고 하여 밭담의 유래를 주민들이 땅을 개간하며 경지 내 돌을 정리하는 과정에서 경계에 돌담을 쌓았다고 하고 있다.

두 번째, 돌문화 내용 중 돌담의 기능에 대한 점이다. 문헌 속 돌담은 방풍(防風), 경계 구분, 방축(防畜) 등의 기능이 있고, 특히《읍지》와《탐라국서》에서는 산담의 기능을 방축, 화입 방지, 경작지대와의 경계 구분으로 언급하고 있다. 전체 문헌에서 돌담의 기능이 언급된 횟수를 보면 방풍이 4회, 경계 구분이 4회, 방축이 15회 언급되었다. 이와 함께《남사일록》과《제주도의 지리적 연구》에서는 방축의 기능을 두 차례 이상 언급하고 있고,《남환박물》,《증보 탐라지》(1765)와《증보 탐라지》(1954),《KOREA》에서는 경계와 방축의 기능을 함께 제시하고 있다. 여기서 돌담의 기능과 관련하여 주목해야 할 문헌은《제주도 기행》과《제주도의 지리적 연구》이다.《제주도 기행》에는 "처음에는 바람으로부터 농작물을 보호하기 위한 바람막이로 설치한 것으로 관찰을 하였는데, 들어보니 그런 의미는 없다고 한다. 방목(放牧)하는 소나 말이 경지에 들어가지 못하게 하는 것이 주된 목적이라고 한다."라고 하여 밭담의 주된 기능을 방축으로 파악하고 있다. 또한《제주도의 지리적 연구》에는 "집을 돌담으로 두른 것은 이시가키지마(石垣島)와 같이 강풍지역에서 볼 수 있는 현상이지만 전술한 바와 같이 지형, 지질보다는 석재 구입이 손쉬운 데에 따른 것이다. 물론 이것은 방풍기구이긴 하지만 본도의 중요산업이라고 할 수 있는 축산의 방목우마에 대비한 것이란 것도 간과할 수 없다."라고 하여 제주도 중요산업인 축산과 관련한 방축의 기능을 재차 강조하고 있다. 따라서 제주도 돌담의 기능은 문헌에서 살펴본 것과 같이 방축 역할이 가장 중요하다고 볼 수 있고, 시기적으로 보면 15세기 제주에 국마장이 본격적으로 조성된 이후부터일 것으로 추정된다.

세 번째, 대다수의 문헌에서는 돌문화와 관련된 제주의 지리적 환경을 정리하고 있다. 제주의 지리적 환경은 크게 자연환경과 인문환경으로 구분해 볼 수 있는데 자연환경 측면에서 강풍지역, 화산활동으로 인하여 곳곳에 돌이 많다는 점, 땅이 건조하다는 점 등이 있다. 이와 관련하여《KOREA》에서는 "대부분 경지로 된 하부아열대식생지대에서 투수성이 큰 용암은 갈색토로 덮여 있는데, 이 지표면에는 도처에 아직도 풍화되지 않은 암석들이 잔존한다. 이러한 돌들은 수백 년 동안의 힘든 작업을 통하여 제거된 상태이며, 작은 밭 주위에 1~2m 높이의 담으로 올려 쌓여졌다. 그러한 담이 길의 양편에도 늘어서 있다. 담들은 방목되는 가축이 밭에 침입하는 것을 막으며, 폭풍성의 바람으로부터 토지와 작물을 보호한다."라고 하고 있다. 반면 인문환경 측면에서 가장 강조된 점은 제주의 독특한 목축문화인 우마의 방목이다. 게다가 문헌에는 산담을 경지 안에 조성하는 독특한 매장문화와 함께 논이 없고 보리, 콩, 조 등을 재배하는 농경문화도 기록되어 있다.

더 나아가 이 점은 제주도의 경관적 특징으로도 표출되는데 대표적으로《제주도의 지리적 연구》에서는 "섬사람 생애의 싸움은 돌을 줍고, 돌을 쌓으면서 살고, 조상들도 또한 이를 되풀이한 감이 있어, 진정 제주가 지닌 특색있는 경관이다. 다양한 곳에 돌담을 둘러치고 있는 경관이 마치 도민들이 예전부터 생활의 대부분을 돌의 문화 건설에 바쳐온 듯한 느낌이다."라고 하였고,《신선한 나라 조선》에서는 "시내 중심도 온통 검고 위협적이었다. 골목은 매우 좁고 모든 농가들은 시가전에 대비하듯 온통 검은 현무암 덩어리로 벽을 둘러놓아 마치 섬 전체에 검은 도장을 찍어놓은 듯했다."라고 하였다.

네 번째, 돌문화 유형별 형태와 관련해서는 축조 방법, 규모 등이 있다. 〈표 9〉에서와 같이 돌담의 형태에 대해서는 7개의 문헌에서 확인되는데 대부분은 돌담의 높이와 관련되어 있다. 문헌에서는 밭담과 집담의 높이에 대해 언급하고 있고, 밭담은 문헌마다 약간씩 차이가 있으나 평균적으로 1~1.5m, 최대 2m라고 정리되어 있다. 또한, 집담은 1.5~2m 정도라고 한다. 그리고 축조 방법과 관련해서는《제주풍토록》에는 "집을 둘러 돌담을 쳤는데 흙덩어리와 돌을 쌓아 높이가 한 길 정도 되고 위에는 녹각목(鹿角木)을 꽂아두었다. 담과 처마의 거리는 겨우 한 필이나 높게 둘러싸 좁다랗게 했으니 나라의 법을 받들고자 하는 것이다. 그러나 돌담이 높고 좁은 것은 이 고장의 풍속이 모두 그러하니, 매서운 바람과 눈보라를 막기 위함이다." 하여 집담이 처마와 매우 가깝게 축조되었음을 알 수 있다. 또한《제주도의 지리적 연구》에서는 "매호 전부가 집 주위에 병풍 모양의 돌담을 두르고 있다는 점이다. 돌담의 높이는 보통 1.5~2m 구조양식은 전도가 거의 비슷하다. 석재는 자연히 붕괴한 검은색 현무암의 각력(角礫)으로 대단히 거친 자연 상태 그대로의 것을 사용하고 있다." 하여 집담의 석질을 언급하고 있다.

제주도 전체의 돌담 길이에 대한 유일한 문헌으로《제주도의 경제》가 있는데 여기에는 "대(垈)·전(田)·목장·분묘에는 1구획마다 높이 1m 내지 2m의 화산암의 돌담을 두르고 있는데 그 총연장 합계는 9천7백리(3,812km)에 이르는 것으로 산정된다."라고 하고 있다. 이 문헌에서는 1930년 당시 제주도 돌담의 길이에 대한 산출 방식을 제시하고 있지는 않지만 그 길이가 만 리에 가깝다는 사실은 그동안 제주의 돌담 길이에 대해서 '흑룡만리'에 비유함과 우연의 일치라고 볼 수 있다.

이와 함께 제주도 돌담의 종류별 축조 규모와 관련하여 주목해야 할 문헌이 바로《조선반도의 농법과 농민》이다. 이 문헌에서는 1939년 6월 3일 화북리에서 석공(돌챙이)을 통해서 살펴본 돌담의 종류에 따른 규모와 축조 및 보수비용 등을 상세하게 정리하고 있어 그 당시 제주도 돌담에 대한 다양한 정보를 담고 있다. 문헌 속 돌담에 대한 내용 정리는 〈표 10〉과 같다.

〈표 10〉 돌담 종류별 축조 규모와 비용

돌담 종류		집담	산담	밭담
축조 규모		높이 6자(약 1.8m) 폭 2자(약 0.6m)	높이 2자 5치(약 0.75m) 폭 1칸(약 1.8m)	높이 4자(약 1.2m) 폭 1자 8치(약 0.54m)
1일 공정	2, 3월	4칸(약 7.2m)	1칸(약 1.8m)	6칸(약 10.8m)
	8, 9월	3.5칸(약 6.3m)	5자(약 9m)	5칸(약 9m)
재료비		무료	-	무료
재료 운반비		운반비 90전 (참고로 집담은 부락에서 채석장까지 436m로 표기함)		
돌 채취 (일당)	돌 채취하는 사람	2원 26전		들에 많으므로 캘 필요 없음
	돕는 사람	90전		
축조 비용	석공 2, 3월	1원 20전		
	석공 8, 9월	1원 10전		
	돕는 사람	90전		
보수비용		10년에 1회 보수 1원 50전 내외	보수 안함	10두락 기준 10년에 2원 내외

주: 여기서의 길이와 넓이 단위는 문헌 내용을 중심으로 현재 사용하는 단위도 병기하였다. 참고로 1칸 (間)은 약 1.8m, 1자(尺)는 약 30cm이고, 1두락(斗落)은 한 말의 씨앗을 뿌릴 만한 넓이로 대개 논 은 150~300평, 밭은 100평 정도이다.
출처: 高橋 昇(2008: 591-593)에 의해 작성.

첫째, 돌담 종류별 축조 규모를 살펴보면 집담은 높이 약 1.8m, 폭 약 0.6m이고, 산담은 높이 약 0.8m, 폭 약 1.8m이며, 밭담은 높이 약 1.2m, 폭 약 0.5m이다. 또한 석공의 계절별 1일 공정을 제시하고 있는데 이는 하루에 쌓을 수 있는 길이를 뜻한다. 겨울철(2, 3월)에 집담은 약 7.2m, 산담은 약 1.8m, 밭담은 약 10.8m를 쌓았고, 여름철(8, 9월)에 집담은 약 7.2m, 산담은 약 1.8m, 밭담은 약 10.8m를 쌓았다. 문헌 속 돌담의 축조 규모는 오늘날과 크게 다르지 않은데, 특히 여기서 제시된 산담의 폭(약 1.8m)은 매우 넓은 편이다. 그리고 돌담의 1일 공정을 통해 석공의 노동환경이 여름철보다는 겨울철에 좀 더 낫다는 점을 알 수 있다.

둘째, 돌 채취 비용과 관련하여 돌을 채취하는 사람은 일당으로 2원 26전을, 보조자는 90전을 받고 있다. 제주도 석공은 돌 채취와 함께 돌담을 쌓는 일도 하지만 간혹 석공 중에는 돌을 채취하지 않고 전문적으로 돌담만 쌓는 사람도 있다. 과거 제주도에는 마을마다 돌담의 재료를 채취하는 소규모 채석장들이 있었다. 석공들은 채석장에서 돌을 캔 후 집담과 산담을 쌓을 곳까지 운반해 와서 작업을 하였고, 밭담은 거의 대부분 경지에서 출토된 돌을 가지고 쌓았다.

셋째, 돌담을 쌓는 축조비용을 시기별로 살펴보았는데 석공은 겨울철(일당)에 1원 20전을, 여름철(일당)에 1원 10전을 받았다. 그리고 보조자는 시기와 관계없이 일당 90전을 받았다. 여기서 석공은 겨울철에 일당을 더 많이 받았음을 알 수 있다. 이 점은 앞에서 언급하였듯이 1일 공정이 겨울이 더 높기 때문으로 판단된다. 추가적으로 석공은 돌담의 종류에 따라 작업 방법이 차이가 나는데 대표적으로 집담은 높게 쌓고, 돌 틈으로도 외부의 시선을 차단해야 하기 때문에 돌에 대한 가공이 정교하게 들어가 비교적 촘촘하게 쌓았다. 그리고 산담은 높이는 낮지만 폭이 넓어 다양한 크기의 돌을 가공하여 여러 사람이 함께 작업을 하였다. 반면 밭담은 채석된 원석을 가공 없이 거의 그대로 이용하였다. 그 결과 밭담은 여타 돌담의 동일한 축조비용에 비해서 쌓는 길이도 가장 길다.

넷째, 보수비용과 관련하여 돌담마다 차이가 있다. 집담은 10년에 1회, 보수비용으로 1원 50전 내외, 밭담은 10두락 기준으로 10년에 2원 내외가 든다. 반면 산담은 보수를 하지 않는데 다카하시 노부루(高橋 昇)는 그 이유를 산담을 보수하면 재앙이 닥친다고 하고 있다. 돌담의 보수와 관련해서 집담과 밭담은 거의 보수가 필요하지 않지만 간혹 강풍(태풍 등)으로 인하여 돌담이 훼손될 때는 보수가 필요하다. 이때 집담은 철저히 석공의 손에 의해 보수되지만 밭담은 보통 경지 주인이 하며 간혹 집안에 보수를 할 수 있는 사람이 없는 경우에 석공 등에게 의뢰를 한다. 이 외에도 제주도 석공은 돌을 다루는 일을 전업으로 하지 않았고, 일반적으로 다른 일과 겸업을 하면서 돌담을 쌓는 일이 있을 때만 하였다. 즉, 석공은 겸업으로 주로 농사일 등을 하다가 부업으로 석공 일을 했다.

이와 같이 돌담과 관련한 문헌에는 제주의 지리적 환경을 언급한 문헌 수가 가장 많고, 다음으로 돌담의 기능, 유래, 형태 순으로 나타나고 있다. 또한 다카하시 노부루(高橋 昇)는 돌담과 관련하여 조사한 내용을 상세하게 기록하여 1939년 당시의 제주도 돌문화의 한 단면을 엿볼 수 있게 하였다. 이 외에도 특정 지역의 돌문화를 언급한 문헌도 있는데《남사일록》에는 대정,《증보 탐라지》(1765)에는 사라봉 부근,《조선반도의 농법과 농민》에는 화북 지역의 돌문화 내용을 확인할 수 있다. 그리고《제주풍토록》과《증보 탐라지》(1765)에는 과원 경계를 따라 돌담을 쌓았다고 나와 있다.

(2) 주민 주도형 돌문화의 내용 분석에 따른 특징

여기에서는 주민 주도형 돌문화 내용을 분석한 결과 다음과 같은 특징을 확인할 수 있었다.

첫 번째는 본고에서 확인한 관련 문헌 현황을 중심으로 살펴보면 먼저 전체 22개의 문헌 중 조선시대에는 13편, 일제강점기에는 8편, 해방 이후에는 1편으로 조선시대에 편찬된 문헌이 가장 많다. 그리고 저자들이 대부분 타지 사람과 외국인이고, 제주인은 2명으로 적다. 이와 함께 대부분의 문헌이 사찬자료이고, 관찬자료는 3편뿐이다. 다음으로 주민 주도형 돌문화 종류로는 거의 대부분 돌담에 대한 내용이 확인되는데 이렇게 문헌에 돌문화 종류가 다양하지 못한 이유를 추정해 보면 이들은 관 주도형 돌문화보다 역사적 가치가 낮고, 규모면에서도 크지 않아 중요도가 낮았을 것이다. 그나마 돌담(밭담, 집담, 산담 등)은 경관적 특징이 뚜렷하여 타지에서 온 저자에게 매우 독특하게 인식되어 자신의 문헌에 남긴 것으로 보인다.

두 번째는 밭담의 유래를 통해서 당시 제주도의 사회상을 엿볼 수 있다는 점이다. 이에 대해서는 두 가지 견해를 확인할 수 있었는데, 먼저 김일우(2008)는 당시 밭담의 출현이 제주농업에 있어 농작법의 전환 시기라고 밝히고 있다. 김일우는 밭담이 출현하기 전에는 백성들이 자신이 소유한 토지에 대해서 경계 표시를 할 필요성을 그다지 느끼지 못했다고 하여 밭담이 당시의 필요에 의해서 등장했다고 보고 있다. 이에 대한 근거로 제주농업이 휴경(休耕)농법일 때 주민들은 한번 농사를 지은 땅의 지력이 소모되면 더 이상 농사를 짓지 못한 채 방치하였다. 그렇기 때문에 휴경농법 시기에 주민들은 한 장소에서 농사를 지은 후 언제 이곳에서 다시 농사를 지을지 알 수 없었고, 이에 따라 밭에 경계를 할 필요성이 없었을 가능성이 높았다. 그 후 휴경농법보다 발전된 휴한(休閑)농법으로 들어서면서 주민들은 1·2년 또는 3·5년을 주기로 농사를 지을 수 있게 됨에 따라 자신 소유의 경지에 대한 경계 표시의 필요성이 높아졌을 것이라는 점이다. 한반도의 상황으로 볼 때 김구는 휴한농작법인 시기에 제주에서 판관으로 재직하였다. 물론 김일우는 한반도 안에서도 다양한 원인으로 지역별로 농작법 단계가 상당한 차이를 보인다고 밝히고 있다. 결론적으로 밭담의 탄생은 제주의 농작법 전환을 읽을 수 있는 단서로 볼 수 있다는 점이다.

또 다른 의견으로 오상학(2012)은 밭담이 고려 후기 사회현상을 살펴볼 수 있는 경관이라고 하고 있다. 당시 제주도의 경지는 동서도현의 현촌을 중심으로 해안지대에 집중적으로 분포하고 있었다. 그리고 주민들은 제주도의 비옥한 토지라도 당시 농업기술 수준에 비추어 보았을 때 연작할 수가 없었기 때문에 중산간 지대로의 경지 개척은 불가피하였다. 이러한 토지 개척은 당시 토지제도의 문란과 관계를 맺으면서 전개되었다. 이미 12세기부터 귀족정치가 무너지면서 몇몇 권세가들은 개간, 매입, 강탈 등의 수단을 통해 광대한 토지를 집적하였고, 제주의 상황도 비슷하였다는 점이다. 당시 중산간 지대에 백성들이 개척한 화전도 자신의 소유를 주장할 수 없는 제도적인 문제로 인해 권세가들이 토지를 많이 잠식했기 때문에 이를 해결하기 위해서 소유지의 경계를 돌담으로 하게 되었다는 점이다.

이상의 의견들은 밭담의 유래와 관련하여 다양한 관점을 제시하고 있는데, 김일우는 농업환경의 변화로, 오상학은 사회제도의 변화가 밭담을 탄생시켰다고 보고 있다. 그렇지만 분명한 점은 이 두 의견이 당시 한반도 전체의 사회상을 토대로 밭담의 유래를 살펴보고 있다는 점이다. 결론적으로 밭담은 1230년대 당시 제주도의 사회상을 재조명할 수 있는 중요한 단서가 되고 있다.

세 번째는 이들 돌문화는 과거 제주도의 지리적 환경을 보여주는 대표적인 경관이라는 점이다. 문헌에는 단순히 제주도 돌문화 요소만 제시된 것이 아니라 이런 돌문화 요소가 존재하게 된 이유도 함께 기록되어 있다. 게다가 외국인들은 돌문화에 대해서 다양한 관점에서 비교적 구체적으로 정리하고 있다. 문헌에서는 돌문화의 존재 이유를 밝힘에 있어 제주도 지리적 환경과 연관하여 설명하고 있는데 우선 자연 환경적 특성과 관련하여 첫째, 지질·토양으로는 《신증동국여지승람》, 《탐라지 초본》, 《KOREA》 등이 있는데 이들은 제주도 주민들이 언제, 어디서나 돌을 이용하기 좋은 조건이라는 점을 보여준다. 둘째, 기후적 특성으로는 《제주도의 지리적 연구》, 《KOREA》, 《신선한 나라 조선》 등이 있는데 이들은 제주도가 강풍 지역임을 알 수 있게 한다. 셋째, 식생과 관련해서는《KOREA》가 있는데 제주도를 하부아열대식생지대로 기록하고 있다.

다음으로 인문 환경적 특징과 관련하여 첫째, 목축문화에 대한 다수의 문헌에서는 제주도에 많은 수의 우마가 있고, 평소 우마를 방목했다는 점이다. 둘째, 농업적 특성으로는《신증동국여지승람》,《제주풍토록》,《증보 탐라지》(1765),《탐라지 초본》이 있다. 이들은 당시 주민들은 주로 밭농사를 했고, 조선시대에도 진상용 감귤을 재배하는 과원 주변의 경계를 돌담으로 했다는 점이다. 셋째, 제주의 장묘문화와 관련해서《탁라국서》,《읍지》가 있는데 이들은 제주의 독특한 장묘문화의 배경을 설명하고 있다. 넷째, 건축방식과 관련해서《제주도의 지리적 연구》가 있는데 이는 제주의 많은 건축물 재료로 돌이 사용되었음을 보여주고 있다. 결론적으로 주민 주도형 돌문화는 제주도의 다양한 지리적 환경과 관계를 맺으면서 과거에서부터 현재까지도 전 지역에 걸쳐 쉽게 볼 수 있는 대표적인 경관임을 알 수 있다.

네 번째, 제주도의 다양한 돌담 축조와 관련하여 특정 시기(1939년)의 모습을 조명할 수 있다는 점이다. 이는 다카하시 노부루(高橋 昇)의《조선반도의 농법과 농민》에서 살펴볼 수 있다.

먼저 당시 돌담의 축조 규모를 보면 높이로는 집담, 밭담, 산담 순이고, 폭으로는 산담, 집담, 밭담 순이다. 이는 그 이후 돌담 축조가 활발할 때와 큰 차이는 없었다는 점이다. 둘째, 1일 공정에 대한 시기별 축조 상황을 보면 석공들은 여름철보다는 겨울철에 좀 더 많은 규모의 돌담을 쌓았다는 점이다. 이 점은 자연스럽게 석공의 시기별 축조 비용으로 연계되어 겨울철이 여름철보다 더 받는다. 셋째, 돌을 채취하는 비용에는 집담과 산담은 있고, 밭담은 없다는 점에서 집담과 산담은 다른 곳에서 돌을 채취해야 하지만 밭담은 단순히 밭 주변에 있는 돌을 사용했음을 알 수 있다. 넷째, 보수비용 측면에서 집담은 10년에 1회 보수 기준으로 1원 50전 내외를 받고, 밭담은 10두락(1,000평) 기준으로 2원 내외를 받는데 이 점은 당시 돌담의 보수와 관련된 정보를 알 수 있게 한다.

4. 나오며

본 글에서는 고문헌을 중심으로 제주도 돌문화를 관 주도형과 주민 주도형으로 구분하여 이에 대한 내용을 분석하고 그 특징을 살펴보았다.

첫 번째는 관 주도형 돌문화는 방어유적(읍성, 진성, 연대, 환해장성)과 잣성, 돌하르방 등이 《조선왕조실록》 외 16개의 문헌에서 확인되고 있다. 이들 문헌에서는 방어유적에 대한 내용이 가장 많다. 이 점은 제주가 과거에서부터 한반도의 지리적 요충지로서의 중요성과 방어유적의 재료로서 돌이 보편적이었음을 보여주고 있다.

한편, 주민 주도형 돌문화는 돌담(밭담, 원담(갯담), 산담, 집담)과 머들 등이 《조선왕조실록》 외 21개의 문헌에서 확인되고 있다. 주민 주도형 돌문화는 많은 종류에 비해 거의 대부분 돌담에 대한 내용이 주를 이르고 있다. 이 점은 이들 돌문화가 관 주도형보다 역사적 가치가 낮고, 규모면에서 크지 않아 중요도가 낮았음을 보여준다. 그나마 돌담은 경관적 특징이 뚜렷하여 타지에서 온 저자에게 매우 독특하게 인식되어 기록으로 남았을 것이다.

두 번째는 문헌 속 관 주도형 돌문화의 내용 분석을 통해서 다음과 같은 특징을 확인할 수 있었다. 첫째, 문헌에서 돌문화의 유래(축조 배경, 시기, 관련 인물 등), 위치, 규모 등에 대한 내용이 명확하게 기록되어 있다는 점이다. 이는 이들 돌문화의 문화재로서 가치(역사성 등)를 높이고, 이들 돌문화가 문화재로 지정되는 데 큰 역할을 했다는 점이다. 둘째, 방어유적 및 잣성은 여러 시기의 문헌에서 확인되는데 이를 통해 이들 돌문화에 대한 시기별 변화를 파악할 수 있다는 점이다.

세 번째는 문헌 속 주민 주도형 돌문화의 내용 분석을 통해서 다음과 같은 특징을 확인할 수 있었다. 첫째, 《신증동국여지승람》에 기록된 1230년대 밭담의 유래는 당시 제주도의 사회상을 재조명할 수 있는 중요한 자료가 되고 있다. 둘째, 문헌 속에는 돌담에 대한 내용뿐 아니라 돌담이 존재하게 된 제주도의 지리적 환경도 함께 제시되고 있는데 이는 주민 주도형 돌문화가 과거 제주도의 지리적 환경을 보여주는 대표적인 경관이라고 할 수 있다. 셋째, 다카하시 노부루(高橋 昇)의 《조선반도의 농법과 농민》이라는 자료를 통해서 특정 시기(1939년)의 제주도 돌담 축조와 관련된 다양한 점을 조명할 수 있다는 점이다.

제주도 돌문화의 역사를 살펴보는 데 있어 문헌을 통한 방법 외에도 다양한 방법이 있으나 그럼에도 그 출발점은 옛 사료 속의 모습이라고 할 수 있다. 그렇기 때문에 본 글은 사료를 통한 제주도 돌문화를 총체적으로 살펴봤다는 점에서 가치가 있다고 할 수 있다. 특히, 그동안 역사 속에서 별로 주목받지 못했던 주민 주도형 돌문화에 대한 내용은 오늘날 제주도 돌문화를 전체적으로 재조명하는 데 있어 과거와 현재를 이어주는 중요한 역할을 할 수 있을 것으로 본다.

제주 돌담의 가치와
돌담 속 숨겨진 선조들의 지혜

1. 들어가기

　제주 돌담은 제주도민들의 피와 땀의 역사를 고스란히 반영하고 있다. 오랜 세월의 삶을 영위하는 과정에서 제주도민들은 돌담을 쌓고, 또 쌓는 데 많은 시간과 노력을 할애해야 했다. 그런 과정이 있었기에 돌담을 활용한 농업적 생산 활동은 한층 더 중대되었고 더불어서 제주도민들의 삶의 영역도 안정되며 편이한 방향으로 옮아갔다. 이러한 상황을 전제한다면, 2000년 이상의 세월을 이어온 제주도민들의 삶의 역사는 마치 자신들이 쌓아 올린 '돌담'과도 같다고 말할 수 있다. 다시 말하면, 한번 쌓아올리면 특별한 이변이 없는 한 쓰러지거나 무너지지 않고 묵묵하게 한 자리를 지키면서 온갖 역경에도 굴복하지 않는 돌담이 제주도민들의 인생사와도 유사하다는 의미이다.

　그만큼 제주 섬의 자연환경은 제주도민들의 삶을 영위하는 데 녹록지 않았고, 제주도민들은 주어진 자연환경에 순응하면서도 일상의 모든 영역에서 돌담을 효율적으로 활용함으로써 적극적으로 삶을 개척하는 지혜를 발휘해

온 것이다. 거칠고 거친 제주 섬의 자연환경을 극복하기 위한 수단으로서, 모든 생활영역에서 돌담만큼 효용성이 높은 것은 없다고 해도 과언이 아니다. 따라서 돌담 쌓기는 제주도민들이 일생을 살아가는 데 있어 선택사항이 아닌 필수조건이었다고도 말할 수 있다.

이상과 같은 배경을 전제해 볼 때, 제주 돌담이 지니는 가치가 대체 무엇이고, 또 돌담을 통해 읽어낼 수 있는 제주도민들의 숨은 지혜는 무엇인지가 매우 궁금해진다. 이 글에서는 제주 돌담이 지니는 가치를 필자의 주관적 시각에서 먼저 정리하고, 이어서 제주 돌담에 숨겨져 있는 제주선조들의 지혜를 찾아내는 데 초점을 두어 정리하고자 한다. 한 가지를 덧붙이자면, 이 글에서 돌담 축조 및 활용과 관련된 내용의 서술 시점은 제주도가 전통적 사회를 잘 유지하던 시기인 1970년대까지를 기준으로 설정한 것임을 밝혀둔다.

2. 제주 돌담의 가치

제주 돌담의 가치는 여러 관점에서 검토해 볼 수 있지만, 여기서는 생활문화적 가치, 경관적(미학적) 가치, 학술적 가치 및 유산적 가치라는 네 가지 관점에서 접근하여 정리해 보고자 한다. 이들 네 가지 관점의 내용은, 현시점에서는 제주 돌담이 지니는 '단순한 보편적 가치'로 이해할 수 있지만, 앞으로 시간의 흐름과 더불어 세계유산이 지니는 조건으로서 '탁월한 보편적 가치'(OUV: Outstanding Universal Value)로 승화될 수도 있다. 따라서 향후 제주 돌담은 분명히 전 세계인들에게 인정받을 수 있는 가치를 발휘하는 존재로 발전할 가능성이 매우 높다고 판단된다. 그 과정에서 제주도민들의 역할은 그 무엇보다도 중요하다고 말할 수 있을 것이다.

1) 생활 문화적 가치

제주 돌담은 제주도민들의 전통문화를 떠받쳐온 중요한 근간이다. 적어도 1970년대 이전까지 제주도민들의 일상생활은 자연에 의존하는 경향이 아주 강했다(정광중, 2016: 257). 그것은 제주 섬의 자연환경이 다른 지역에 비하여 상대적으로 탁월한 점도 있겠지만, 육지부와는 멀리 떨어져 위치하는 지리적인 특성이 존재했기 때문이다. 따라서 일상생활에 필요한 모든 물자나 재료들을 섬 내에서 확보하고 조달해야만 하는 특수한 환경에 놓여 있었다.

이러한 상황을 전제해 볼 때, 돌 자원은 제주도민들에게 있어 무궁무진한 혜택을 안겨다 준 고마운 존재로 작용하기도 했다. 물론 제주도가 대부분 화산회토로 뒤덮인 섬 지역이어서 농업활동을 전개하는 과정에서는 암반과 작지(자갈)들이 방해되기도 하고, 연안바다에서 어로활동을 전개하는 과정에서는 배가 암초에 걸려 파손되는 일이 다반사인 것도 사실이지만, 또 다른 면을 고려해 본다면 돌 자원은 제주도민들의 일상생활에서 효용성이 높은 다면적 기능체로서 존재적 가치가 높게 부각된다.

제주도내 곳곳에 아무런 대가 없이 얻을 수 있는 돌 자원이 존재하지 않았다면, 과연 제주도민들의 생활상은 어떠했을까. 무의미한 가정에 지나지 않을 수도 있겠지만, 오늘날 세계자연유산의 섬, 세계지질공원의 섬 그리고 유네스코 생물권보전지역의 섬으로서, 제주도의 색채를 제대로 발산하며, 세계인들에게 널리 자랑할 만한 지역 환경을 만들어낼 수 있었을까 하는 의문이 앞선다.

제주 섬에서는 누구든지 필요한 장소에 필요한 만큼의 돌 자원을 확보할 수 있었기 때문에 돌문화의 전통을 공고히 이어나갈 수 있었다. 이러한 배경이야말로, 제주문화의 중요한 영역이 돌 자원을 매개체로 한 서민문화이자 전통문화로 자리 잡는 계기가 되었다고 확신한다. 만일 일부 계층만이 돌 자원을 독점하여 활용하였다면, 오늘날 우리가 제주도 어느 지역에서나 인지할 수 있는 보편적인 문화의 특징과 정서는 담보되지 않았을 것이다. 이러한 상황을 고려해 볼 때, 돌 자원은 제주 돌문화의 기반을 구축하는 데 기초적이고 원초적인 역할과 기능을 수행한 것이라 생각할 수 있다.

제주도민들의 생활을 반영하는 돌담은 거주지에 집을 짓고, 또 집터의 가장자리를 구획하고, 통시와 우영팟(텃밭)의 경계를 나누는 등 택지의 공간구조를 명확히 하는, 가장 기본적인 기능에서부터 확인된다. 나아가 택지 내부로 들어오는 입구에 축조된 올렛담도 가족들의 보금자리인 거주지에서 가장 가까운 거리에서 인식되는 생활문화의 특징을 담고 있다. 바로 이러한 돌담의 기능과 특성이 제주 섬의 생활 문화적 가치를 발산하는 요인으로 작용하고 있는 것이다. 다시 말해 모든 제주도민들의 거주지인 주택과 통시, 우영팟과 올레 등의 부속시설은 제주도민들의 삶의 기저를 이루는 기초적 생활공간으로서, 말하자면 생활문화의 근간을 형성하는 요소들인 것이다. 결과적으로 볼 때, 제주 돌담의 생활 문화적 가치는 모든 제주도민들이 가장 안정적이고 보편적인 삶을 추구하기 위한 배경 그 자체에서 찾을 수 있다는 것이다.

2) 경관적 가치

제주 돌담이 경관적 가치를 두루 갖추고 있다는 사실은 이미 널리 알려져 있다(정광중·강성기, 2013: 109). 제주 돌담의 경관적 가치는 어디에서 찾을 수 있을까. 제주 돌담은 외형적으로 보면 매우 서민적이고 투박함이 절로 묻어나온다. 이것은 아마도 검은색 현무암이 풍겨내는 가시적인 이미지와 함께 돌담 자체가 질서정연하지 못하고, 그야말로 자유분방하게 자리 잡은 분포

패턴 때문이 아닐까 여겨진다.

그렇지만 제주 돌담의 경관적 가치는 현무암이 자아내는 소박함과 투박함이 오히려 제주도민들의 삶의 정서와 생활사를 제대로 담아내고 있다는 점을 간과해서는 안 된다. 결과적으로 제주 돌담이 경관적 가치를 발산하는 이면에는 제주도민들이 오랫동안 이어온 삶의 정서와 역사와 문화가 담겨 있다는 사실을 충분히 이해할 필요가 있는 것이다. 그것은 말하자면 제주 돌담의 경관적 가치를 이해하는 것 자체가 제주도민들의 오랜 세월의 생활사적 사고와 행위가 바탕에 깔려 있음을 더불어 인식하는 것이라 할 수 있다.

제주 돌담의 경관적 가치를 가시성(可視性)에 바탕을 두자면, 기본적으로는 선(線)과 면(面)의 조화로운 관계 패턴에서 강하게 부각된다. 먼저 제주 돌담이 자아내는 선형(線形) 패턴은 직선과 곡선 패턴으로 구분되는데, 직선 패턴은 밭담, 산담, 성담, 잣성(잣담) 등에서 두드러지고, 곡선 패턴은 울담(집담), 올렛담, 봉천수 돌담, 신당 돌담, 불턱담, 원담(갯담), 포구 돌담 등에서 탁월한 가시성을 보인다. 그러나 이들 돌담 경관요소들은 직선이나 곡선 패턴의 어느 한 가지로만 입지하는 것이 아니기 때문에, 위치와 장소에 따라 선형 패턴은 달라지기도 한다. 〈사진 1, 사진 2〉 이것이 바로 제주 돌담의 경관적 가치의 기본 틀이라 할 수 있다.

면형(面形) 패턴은 돌담 경관요소들이 일정한 면적을 차지하는 가운데 서로 어우러져 부각되는 시각적 이미지와 연관된다. 따라서 위에서 열거한 밭담, 산담, 성담이든 아니면 울담, 봉천수 돌담, 신당 돌담, 불턱담, 원담(갯담)이든 일정한 면적을 두고 사방이 돌담으로 둘러싸인 축조 형태에서 면형 패턴은 가시적으로 살아난다. 〈사진 3, 사진 4〉

이처럼 제주 돌담의 선형 패턴 혹은 면형 패턴은 택지와 경지는 물론이고 무덤, 봉천수와 용천수, 불턱과 포구 나아가 연안바다의 원(垣)에 이르기까

〈사진 1〉하도리 밭담(직선형 패턴)

〈사진 2〉김녕리 밭담(곡선형 패턴)

〈사진 3〉 좌보미오름 사면 산담(면형 패턴)

〈사진 4〉 하도리 불턱담(면형 패턴)

지 제주도민들의 생활전선에는 어김없이 돌담의 존재로 인하여 결과적으로는 가시성이 탁월한 미학적 구조로 발전하게 된다. 그런데 한 가지 중요한 사실은 제주 돌담의 경관적 가치는 제주도민들의 특별한 필요성에 의해 탄생된 결과에 기인한다는 점이다. 그 특별한 필요성은 애초부터 제주도민들이 제주 섬 전체를 빼어난 예술작품을 만들기 위하여 계획한 것이 아니라, 삶의 연장선에서 돌담 경관요소마다 반드시 필요한 장소와 위치에, 필요한 만큼의 면적을 정하여, 또 필요한 만큼의 높이와 너비로 돌담을 축조했다는 것이다. 그것들이 결과적으로는 제주 돌담이 미학적 감상미가 뛰어난 경관요소로 자리 잡게 한 것이다.

제주 돌담의 경관적 특징은 직선과 곡선이 어우러지는 풍경화처럼, 그리고 사방팔방으로 이어지다가는 끊기고, 끊겼다가는 다시 이어지는 아메바 또는 퍼즐(puzzle)과 같은 기하학적 형태를 드리우면서, 전체적으로는 소박하고 자유분방한 미학적 이미지와 상징성을 표출한다는 점에 있다. 따라서 제주 돌담의 경관적 가치는 제주도민들의 생활사와 문화를 배경으로 일정한 목적에 따라 위치해야 할 장소에 입지한 결과, 일정한 선과 면이 형성되는 특이한 구조적 이미지를 창출한다는 배경을 이해해야만 한다.

3) 학술적 가치

제주 돌담이 지니는 학술적 가치는 매우 높다고 말할 수 있다. 지금까지도 제주 돌담에 대한 학문적 논의가 절대적으로 부족한 실정이기 때문에 학술적 가치에 대해서도 본격적으로 논의된 바는 없다. 그러나 이 점은 향후 중차대한 과제임에 분명하다. 이러한 배경은 제주 돌담이 지니는 일반적인 특징이나 돌담의 탄생 기원, 배경과 역사 또는 돌담의 종류별 기능과 필요성,

축조방법 등에 대한 인문학적 혹은 사회과학적 접근은 일부 시도되고 있지만,[1] 자연과학적 접근은 이제 걸음마 수준이라는 사실과도 무관하지 않다.

　우선 제주 돌담의 학술적 가치는 제주 돌담이 2000년 이상에 걸친 제주도민들의 생활사와 생활문화를 파악하는 데 반드시 필요한 실체적 대상이라는 점을 들 수 있다. 제주 돌담은 제주 섬에 사람들이 정착한 이후 집단적인 거주지가 형성되면서부터 점진적으로 축조했을 것이라는 배경을 미루어 짐작할 수 있다. 이 과정에서 돌담은 '나'와 '남'을 구별하면서도, '우리' 혹은 '공동체'를 탄생시킨 사회적·문화적 기능체로 작용하였다. 이런 사실을 감안한다면, 제주 돌담의 학술적 접근은 바로 제주도민들이 발전시켜 온 생활사와 문화를 이해할 수 있는 첩경으로 이어진다. 제주도민들의 독특한 생활사와 문화는 제주도가 화산섬이라고 하는 지리적인 특성과 제한된 공간이라는 배경 속에서, 반도부나 주변 다른 도서와는 다른 생활환경을 반영하며 축적돼 왔다. 만약 제주도에 돌담을 쌓지 않는 문화, 돌담이 없는 문화가 전승되어 왔다고 가정한다면, 제주도민들의 삶의 형태는 크게 다른 방향으로 전환되었을지도 모른다. 바로 이러한 사실과 연관시켜, 앞으로 제주 돌담에 대한 생활사적, 문화사적 연구가 한층 더 심화되어야 하고, 그러기 위해서는 제주 돌담의 실체가 더욱 부각될 수밖에 없는 존재이어야 할 것이다.

　두 번째로, 제주 돌담의 학술적 가치는 제주도민들이 척박한 자연환경에 적극적으로 대응하고자 하는 사고체계와 행위를 이해하는 데 필요한 존재라는 사실에 있다. 제주 섬의 거칠고 가혹한 자연환경은 삼재(水災, 旱災, 風災)와 여름철 태풍으로 대변할 수 있는데, 제주 돌담은 이들을 차단하거나 약화시키기 위한 수단으로서 등장할 수밖에 없는 실질적인 요체라 할 수 있는 것이다. 제주 돌담은 장소와 위치에 따라 여러 종류와 형태가 존재하지만〈표 1〉, 그것들은 나름대로 특별한 목적과 필요성에 의해 설치되었거나 축조되었다.

따라서 여러 종류의 돌담은 서로가 품고 있는 의미나 성격도 조금씩 다를 수밖에 없다.

가령, 제주 돌담의 대표급으로 인정할 수 있는 밭담은 경작지의 가장자리를 에워싼 돌담으로서 기본적으로는 경계선의 기능을 담당하지만, 이외에 우마의 침입 방지, 바람에 의한 작물 보호, 토양침식 방지, 염해 방지, 경작지의 효율적인 관리와 생산성 향상 등 다양한 부차적인 기능도 담당한다. 그리고 산담은 사자(死者)의 거주 공간 확보(경계선)라는 중심적 기능 외에 우마의 침입 방지, 들불로부터의 보호, 홍수·폭우·강풍으로부터의 보호 등 부차적인 기능도 강조된다. 나아가 택지의 가장자리를 두른 울담도 거주지 경계선으로서의 중심적 기능 외에 외부인의 시선 차단, 눈·비바람과 먼지 차단, 우마의 침입 방지 등 부차적 기능도 당연히 뒤따른다.

이상과 같이 제주 돌담의 중심을 이루는 밭담, 산담 및 울담의 사례만 보

〈표 1〉 제주 돌담의 대표적 사례를 통해서 본 중심적 기능과 부차적 기능

돌담 종류	장소/위치	기능		축조 형태
		중심적 기능	부차적 기능	
울담 (집담)	택지 가장자리	경계선	눈·비바람 차단, 시선 차단, 우마 침입 방지	외담
밭담	경작지 가장자리	경계선	우마 침입 방지, 바람 차단 (작물 보호, 침식 방지, 염해 방지), 경작지의 효율적 관리, 생산성 향상	외담 (일부 겹담)
산담	묘지 가장자리	경계선 기능을 겸한 사자(死者)의 주거 공간 확보	우마 침입 방지, 들불로부터의 보호, 홍수·폭우·강풍으로부터의 보호	외담 및 겹담

자료: 정광중, 2012, p.490의 〈표 2〉를 수정·보완.

더라도, 종류의 다양성 이면에 공통적인 기능이 분명히 존재하면서 차별적인 기능도 동시에 가지고 있음을 확인할 수 있다. 이처럼 다양한 제주 돌담이 지닌 기능적 특성은 결과적으로 제주도민들이 혹독한 자연환경을 극복하기 위한 수단이자 목적에 의해 부여된 것임은 분명한 사실이다. 그렇기 때문에 다양한 제주 돌담이 적재적소에 입지하게 된 배경에는 궁극적으로 제주도민들의 사고체계가 강렬하게 작용한 결과로서 구체적인 행위와 연결되어 나타났다는 사실이다. 이 배경에는 다양한 종류의 돌담이 긍정적이고 효율적인 방향으로 작동할 것이라는 믿음이 있었기 때문이다.

이러한 사실을 고려한다면, 제주 돌담이 지니는 학술적 가치는 당연히 충분조건을 갖추고 있다고 말할 수 있다. 따라서 향후에는 앞에서 지적한 대주제와 관련된 학술적 연구가 단계적이고 조직적으로 진행돼 나가야 할 것으로 판단된다.

4) 유산적 가치

이상, 세 가지 관점에서 정리한 제주 돌담의 가치를 전제해 볼 때, 마지막으로 제시할 수 있는 가치는 유산적 가치로 귀결된다. 제주 돌담의 유산적 가치는 돌담 경관의 분포적 특성, 돌담 경관요소의 다양성, 생활문화의 전승적 측면을 고려하여 논의해 볼 수 있다.

먼저 돌담 경관의 분포적 특성에서는 제주도 면적이 1,849.02㎢(2014년)로, 한국 전체 면적(99,720㎢)의 1.9%에 지나지 않는 작은 면적에 불과하지만, 국내의 다른 지역과 대비해 볼 때 다양한 돌담 경관요소들이 적재적소에 분포하거나 특정 지구에 밀집되어 분포한다는 사실이 주목된다. 그리고 제주도 내에서도 동서남북 방향의 어느 지역에서도 돌담 경관과 마주치지 않는 곳이 없을 정도로, 돌담 경관요소의 다양성과 밀집도 면에서 국내지역을 대표한다는 사실이다. 이처럼 제주도는, 세계적인 스케일에서는 분명히 공간적인 범위의 한계성을 지닌 섬 지역이지만, 2000년 이상의 시간적 흐름 속에서 탄생된 돌담 경관요소들이 곳곳에 분포하고 있다는 배경이 큰 강점으로 부각된다.

제주도내 요소요소에 산재하는 특징적인 돌담 경관요소를 가시적 유형과 분포지역, 출현강도를 고려하여 정리한 것이 〈표 2〉이다. 이들의 특징은 지도상에서는 주로 점(點)과 선(線) 혹은 면(面)으로 표현되는 경관요소들이기는 하나, 현실적으로는 다양한 경관요소들의 분포상황을 한 장의 지도에 표현할 수 없다는 게 큰 단점이기도 하다. 제주도의 돌담 경관 중에서도 지역 내의 분포밀도나 빈도수, 출현강도에서 가장 강렬하게 다가오는 것은 밭담과 산담이다. 또한 제주도민들의 일상생활에서 가장 접촉이 많은 돌담 경관요소는 택지 내부와 입구에서 확인되는 울담과 올렛담 또는 마을길 돌담이다. 따라서 주로 마을 외부에서는 전자인 밭담과 산담이, 마을 내부에서는 후자인 울담, 올렛담과 마을길 돌담이 제주 돌담 경관의 중심축을 이룬다고 해도 과언이 아니다.

이들의 분포상황을 보면, 밭담은 제주도 북서부, 북동부 및 남동부 지역에 전형적으로 잘 나타나는 반면, 남서부는 상대적으로 분포밀도와 빈도수, 출현강도에서 떨어진다. 산담은 특히 북동부의 오름 사면에 집중되는 분포특성을 보인다. 그리고 울담을 비롯한 올렛담과 마을길 돌남은 1970년대 이전과 같이 전형적인 형태는 아닐지라도, 현시점에서도 농어촌 지역의 여러 마을에서 손쉽게 확인할 수 있는 돌담 경관요소로 자리 잡고 있다.

돌담 경관요소의 다양성 측면에서는 점(點)으로 인식할 수 있는 경관요소, 선(線)으로 인식할 수 있는 경관요소 그리고 선과 선이 만나 면(面)으로

〈표 2〉 대표적인 제주 돌담 경관요소의 가시적(可視的) 유형, 분포지역 및 출현강도

돌문화 경관요소		가시적 유형	분포지역 및 출현강도	축조형태	비고
택지 내부 및 입구	축담	점, 면	도내 일부 / 미약	외담 및 겹담	
	울(집)담	선, 면	전도 / 중간	외담	
	통싯담	선, 면	도내 일부 / 미약	외담	
	우영담	선, 면	전도 / 중간	외담	
	올렛담	선, 면	전도 / 중간	외담	
	마을길 돌담	선	도내 일부 / 중간	외담	
택지 외부	마을 내·외부 지구	방사탑	점	도내 일부 / 중간	-	70여 기
		밭담	선, 면	전도 / 강함	외담(일부 겹담)	
		산담	선, 면	전도 / 강함	외담 및 겹담	
		성담/연대	선, 면 / 점	도내 일부 / 강함	겹담	9개/23개
		4·3 성담	선, 면	도내 일부 / 미약	외담 및 겹담	
		잣성	선	도내 일부 / 미약	외담 및 겹담	
		봉천수 돌담	선, 면	도내 일부 / 중간	외담 및 겹담	
		신당 돌담	선, 면	전도 / 강함	외담 및 겹담	
		포제단 돌담	선, 면	전도 / 강함	외담 및 겹담	
	해안 지구	도대불	점	도내 일부 / 미약	-	15기 전후
		불턱담	선, 면	도내 일부 / 미약	외담(일부 겹담)	
		원담(갯담)	선, 면	도내 일부 / 중간	외담 및 겹담	
		용천수 돌담	선, 면	도내 일부 / 중간	외담 및 겹담	
		포구 돌담	선, 면	도내 일부 / 미약	외담 및 겹담	
		환해장성	선	도내 일부 / 중간	겹담	

주: 경관요소별 강도(强度)는 관점에 따라 달라질 수 있으며, 특히 현재시점을 기준으로 작성한 것임.
자료: 필자의 임의적인 분류임.

인식할 수 있는 경관요소의 유형으로 나누어 검토할 수 있다. 〈표 2〉와 같은 유형 구분을 시도한 배경은 다양한 제주 돌담의 경관적 특성을 서로 대비하여 파악할 수 있고, 더불어 지역 단위의 경관으로서 지역적 경관의 다양성을 확인할 수 있기 때문이다.

돌담 경관요소별로 살펴볼 때, 전체적으로는 선과 면으로 파악되는 울담, 우영담, 올렛담, 밭담, 산담, 신당 돌담, 원담(갯담), 포구용 돌담 등의 요소가 높은 분포를 보이는 반면, 점으로 파악되는 방사탑과 도대불 그리고 선으로 파악되는 마을길 돌담, 잣성, 환해장성 등은 상대적으로 낮은 분포를 보이고 있음을 확인할 수 있다. 더불어 현실적으로 돌담 경관요소별로 분포지역의 특성이나 출현강도를 논의하기에는 다소 무리가 뒤따르지만, 택지 내부와 입구 주변에서 확인할 수 있는 돌담 경관요소들은 도내 일부 지역이나 또는 전도적인 분포상황을 보이는 가운데 출현강도에서는 모두가 '중간'과 '미약' 수준에 그치고 있다. 나아가 택지 외부에서 확인되는 돌담 경관요소들은 전도에서 확인되는 밭담을 비롯한 산담, 신당 돌담 및 포제단 돌담이 상대적으로 출현강도가 '강함' 정도를 보이나, 나머지 4·3 성담, 봉천수 돌담, 도대불, 불턱담, 원담(갯담) 등은 '중간'과 '미약' 수준에 그치고 있음을 이해할 수 있다.

제주 돌담의 유산적 가치를 전제할 때, 〈표 2〉에 제시된 제주 돌담의 대표적인 경관요소들은 가능한 한 앞으로도 온전하게 보전되어야만 한다. 만약 그렇지 않는다면, 제주 돌담의 유산적 가치는 점점 더 퇴색할 수밖에 없고, 그 결과 가까운 장래에 돌담의 유산적 활용은 물거품이 될 수도 있다.

이어서 제주 돌담의 유산적 가치와 관련된 생활문화의 전승적 측면에서는 어떤 점을 강조할 수 있을까. 제주 돌담 경관은 제주도민들이 2000년 이상이나 제주 섬에 정착하여 터를 닦고 생활하면서 쌓아온 생활 문화유산이다. 물론 이러한 사실은 결과론적 관점의 해석일 수 있다. 제주도민들은 조상 대대로, 선세대에서 후세대로, 어쩔 수 없이 주어진 자연환경을 스스로 개척하고 적응하면서 삶의 터전을 마련해왔다. 이 과정에서 제주도민들은 돌을 활용한 지혜를 어김없이 발휘하였으며, 결과적으로 제주도민들의 생활문화는 세대를 거듭하며 전승할 수 있었던 것이다. 말하자면 돌담은 전승문화의 한 축을 담당해온 것이라 할 수 있다.

이처럼 생활문화의 전승적 측면에서는, 제주도민들이 오랜 세월에 걸쳐 자연환경을 능동적으로 개척하고 적응하면서, 또 한편으로는 외부 세력이나 집단의 압력에 의한 대응과 대처과정에서 제주 섬에 맞는, 그리고 제주도민의 생활양식에 어울리는 돌담문화를 구축할 수 있었다는 점이 중요하다. 더불어 일상생활에서 돌을 활용한 다양한 시설과 기능적 요체(要體)를 구축하기 위한 제주도민들의 경험적 기술과 지혜는 선세대에서 후세대로 면면히 이어질 수밖에 없었고, 그러한 시설과 요체들의 축조는 당연히 거칠고 험난한 자연환경을 극복함과 동시에 외부 세력을 견지하거나 제지하기 위한 필연성과 당위성이 전제된 것이라는 점이다. 이렇게 본다면, 돌담은 제주도민들에 의한 경험적 지혜와 기술의 산물로서, 다양한 돌담 경관요소 자체는 제주 화산섬에 접합한 기능체(object of function)로 뿌리내리게 된 것임을 이해할 수 있다.

3. 돌담에 숨겨진 선조들의 지혜 찾기

1) 거친 자연환경을 극복하려는 지혜

이미 앞에서 제주 돌담은 제주 섬의 거칠고 척박한 자연환경을 극복하기 위한 생활 문화적 소산물임을 강조하였다. 앞에 제시한 〈표 1, 2〉에서 확인할 수 있듯이, 돌담 경관 요소들은 저마다 차지하는 위치나 장소가 다양하면서 동시에 나름대로 기능적 특성도 다른 면모를 보인다. 몇 가지 사례를 살펴보자. 택지의 가장자리를 높게 쌓은 울담은 제주 돌담의 기본형이자 원형에 가깝다고 말할 수 있다. 그렇다면 최초에 왜 울담을 축조하지 않으면 안 되었을지를 생각해 보자. 울담을 축조한 근본적인 이유나 배경이라면, 가족들이 거주하는 영역 확보에 대한 강렬한 의지라 할 수 있다. 다시 말해, 어떠한 수단과 방법이 되었든지 간에 자신이 얻은 주거지 소유권에 대한 강한 열망이 작용할 것임은 두말할 여지도 없다. 결국 울담은 주거지 소유권과 가족들의 생활을 위한 원초적 공간이라는 사실을 주변 사람들에게 알리는 표식, 즉 경계선을 긋는 일일 것이다. 개개인이 선택한 주거지 가장자리에 서로가 돌담을 두르는 것조차도, 여러 관점에서 생각해 보면 거칠고 척박한 화산섬 제주에서 개별 가족 단위로 제대로 안착하기 위한 자연에의 순응과정이라 말할 수 있다.

한편 울담은 개개인이 조성한 가옥과 부속시설의 안전은 물론 생활의 편리성을 추구하기 위한 이점이 분명히 존재한다. 여기서 가옥과 부속시설의 안전이란 일차적으로 눈, 비바람, 강풍과 태풍 등 기후적 조건과 직접적으로 연결된다. 가옥 내부의 구들과 상방, 정지 등은 물론이고 택지 내부인 마당이나 우영팟, 통시, 안뒤 등에도 비바람과 강풍이 불어닥침으로써, 결과적으로는 거주지가 물바다를 이루거나 눈과 먼지, 쓰레기 등이 쌓여 필요 이상의 일손이 소모될 수도 있다. 또한 울담이 없다면, 집집마다 사육하는 소나 말, 닭과 개 등이 택지 내부로 들어와 온갖 구석을 어지럽힐 수 있는 위험성도 있다. 이런 상황이 이어진다면, 이웃과의 관계도 서먹서먹해지기 때문에 울담은 이웃 간의 입장을 서로 존중하는 소중한 보호막 기능도 추가되는 것이다.

이처럼 울담은 거친 자연환경을 극복하는 것은 물론이고, 이웃과의 유대관계까지도 배려하는 존재로 자리 잡고 있음을 이해할 수 있다.

그렇다면 밭담에는 거친 자연환경을 극복하는 데 어떤 지혜가 스며들어 있을까. 밭담도 최초 단계에서는 개개인이 개간하면서 확보한 농경지 소유권에 대한 경계선 기능이 확고하게 반영되었을 것으로 판단된다. 그러나 실제로 밭담을 축조해 보니, 거칠고 혹독한 제주 섬의 자연환경에는 더없이 필요한 농업시설이었음을 경험적으로 체득하게 되었을 것으로 여겨진다. 특히 연중 강한 바람이 불어대는 황량한 들판의 전작지에서 밭담의 존재는 이미 널리 알려진 바와 같이, 파풍효과(破風效果), 감풍효과(減風效果) 또는 약풍효과(弱風效果)로 최고의 구세주였지 않았을까 판단된다. 결과적으로 이들 효과로 인하여 돌담은 보리를 비롯한 조, 피, 콩 등과 같은 제주 섬의 식량작물을 경작할 때 그나마 수확 시기까지 줄기식물의 특성을 온전하게 지켜줄 수 있는 유일한 농업시설로 뿌리내리게 된 것이다. 이와 더불어 돌담은 강한 바람에 의해 토양의 표토층이 휩쓸려 나가고, 또 집집마다 사육하는 우마가 경작지 내 작물을 훼손하는 것을 방지하는 데도 크게 도움이 되었다.

이상의 울담과 밭담 사례에서 이해할 수 있듯이, 제주도민들은 제각기 필요한 지점이나 장소에 나름대로 너비와 높이를 구안한 돌담을 축조함으로써, 거친 자연환경을 극복하면서 편리성과 생산성을 극대화하고자 하는 지혜를 발휘했던 것이다. 여기에서 모든 돌담에 대하여 검토할 수는 없지만, 이외의 산담, 원담(갯담), 불턱담, 방사탑 등 여러 종류의 돌담에서도 제주도민들이 제주 섬의 거친 자연환경을 극복하기 위한 유사한 지혜가 스며들어 있음을 이해할 수 있다.

2) 타인을 배려하는 지혜

제주 돌담은, 필요에 따라서는 타인과 이웃을 존중하고 배려하는 지혜가 담긴 시설이기도 하다. 1970년대 이전, 초가가 밀집한 마을 안의 이웃집 사이는 울담 하나를 사이에 두고 근접해 있는 경우가 아주 많았다. 말하자면 이 울담은 내 집과 이웃집과의 경계선이기도 하고, 또한 서로 간에 우영팟과 마당, 안뒤 혹은 마당과 마당을 나누는 경계선이 되기도 한다. 그런데 두 집 사이에 쌓는 울담은 서로 간 택지의 다른 구간보다는 비교적 낮게 쌓아올린 경우도 많았다. 이러한 울담의 경우는 일상생활에서 이웃집 간에 서로 소통하기 위한 수단으로 낮게 축조된 사례라 할 수 있다. 결국, 울담 자체는 이웃 간에 서로가 필요한 정보나 연락을 서로 취하면서 도움을 주고받기 위한 창구가 되는 것이다.〈사진 5〉

이웃 간에 접하는 울담 너머로는 서로에게 필요한 농기구(호미, 낫, 나대, 쇠스랑 등)나 생활도구(키, 솔박, 체, 얼멩이 등)를 대여하기도 하고, 제사를 지낸 후에는 떡이나 음식 등을 건네주기도 한다. 또한 마실 가는 일정을 서로 묻거나 아니면 농사일 관계 등을 의논하면서 수눌음 순서를 정하기도 한다. 이렇게 본다면, 이웃 간에 서로 접하는 울담은 바람이나 눈과 비, 또는 타인의 시선과 가축의 침입 등 본래의 기능에서는 다소 벗어난, 말하자면 생활의 편리성이 전제된 시설이 된다. 결과적으로 생각할 때, 제주 섬에서는 택지를 둘러싼 울담에서조차도 서로가 이웃을 배려하고자 하는 정신과 지혜가 스며들어있음을 이해할 수 있다.

밭들이 서로 엉키듯 대거 분포하는 지구에서는 잣질을 통해서도 남을 배려하는 지혜를 엿볼 수 있다. 잣질은 돌(또는 작지)로 만든 길이라는 의미다. 제주도의 밭은 마을 내부에도 일부분 분포하지만, 여러 개별 가구들이 소유

〈사진 5〉 울담 너머로 이웃과 대화하는 할머니 자료: 남제주군, 2006.

〈사진 6〉 잣질(한림읍 귀덕1리)

하는 대부분의 밭들은 마을을 벗어난 일정 지구에 분포하는 것이 일반적이다. 이처럼 여러 가구들이 소유하는 밭들이 서로 인접하면서 연결돼 있는 지구에는 농로가 개설되어 있는 것이 보편적이기는 하나, 이미 개설된 농로로는 접근할 수 없는 밭들도 반드시 존재한다. 말하자면 맹지전(盲地田)이다. 제주도에서는 이런 맹지전을 소유한 농가 주인들을 위하여 농로가 없는 밭과 밭 사이에 잣질을 만들어서 농로를 대신할 수 있도록 배려하는 지혜를 발휘했다.〈사진 6〉맹지전을 소유한 농가 주인의 입장에서는 더없이 고마운 일이 아닐 수 없다.

잣질은 밭이 서로 인접해 있는 경우에, 양쪽 밭의 경작과정에서 불필요한 큰 돌이나 작지들을 양쪽 밭의 가장자리를 따라 쌓으면서 만들어지는데, 비단 잣질은 두 농가에 의해서만 만들어지는 것이 아니다. 특정 농가가 소유한 맹지전이 농로에서 멀리 떨어진 지구에 위치하는 경우에는 여러 농가가 맹지전 방향으로 밭 가장자리를 따라 농로가 아닌 잣질을 만드는 형국이 될 때도 있다는 것이다. 이런 잣질이야말로 같은 마을의 맹지전을 소유한 농가 주인을 배려하는 지혜의 소산이라 할 수 있다.

제주 섬의 근본적 태생이 화산섬이라는 특성상 거의 모든 밭에서는 쟁기질을 할 때마다 큰 돌이나 작지들이 쉴 새 없이 쏟아져 나온다. 이런 돌들을 농가에서는 어쩔 수 없이 처리해야만 하는데, 일손 부족과 소요 시간 등을 고려하면 평소에 먼 거리까지 운반하기가 사실상 쉽지 않다. 따라서 자신이 소유한 밭의 일부가 깎여나가는 불편한 사실을 감내하면서도 이왕이면 맹지전을 소유한 농가 주인의 입장을 헤아리며 맹지전 방향으로 크고 작은 돌들을 쌓아 올리는 것이다. 이러한 상황을 전제해 보면, 잣질은 애당초 개개인이 밭을 개간한 시점에서 완성되는 것이 아니라 오랜 세월을 거치면서 점차적으로 만들어졌음을 이해할 수 있다. 더불어 밭담과 함께 잣질은 송성대 교수가 지향하는 '따또문화'('따로 또 같이' 이웃과 함께하는 대동주의 문화)의 실체적 요소로서, 제주도민들의 독립적이면서도 상호협력의 정신을 제대로 읽어낼 수 있는 키워드(key word)라 할 수 있을 것이다(송성대, 2001: 174-175).

3) 서로 협력하며 공동체를 우선시하는 지혜

제주 돌담이라는 문화 코드는 제주도민들의 마을 공동체와도 곧바로 직결된다. 이러한 사실에 근거를 두자면, 제주도민들이 발전시켜온 전통문화는 돌담의 공동체 문화라고도 할 수 있을 것이다. 제주도의 거의 모든 마을에서는, 마을주민들의 협력 하에 신당(특히 본향당)과 포제단을 조성하고, 나아가 해안마을의 경우에는 용천수와 포구의 가장자리에 돌담을 축조하며, 또 산간이나 중산간 마을에서는 봉천수를 확보한 후 가장자리에 돌담을 축조한다. 이뿐만이 아니다. 해안마을이든 산간·중산간 마을이든 마을 어귀에는 사악한 기운이나 액(厄)이 들어오지 못하도록 방사탑(防邪塔)을 쌓기도 한다. 이들 돌담은 모두가 특정 집단이나 개인을 위한 것이 아니라 마을 주민 모두를 위해 축조하는 것이다. 결과적으로 볼 때, 이들 돌담의 축조는 마을 공동체를 보호하고 존속시켜 나가기 위한 지혜에서 비롯된 것이라 할 수 있다.

포제단은 마을 공동체의 번영과 주민들의 무사안녕을 기원하는 유교식 제의 장소이다. 포제단 내부에는 2~3단으로 구성된 제단이 마련되고, 일부 마을에서는 제단 뒤쪽 중앙부에 위패를 모셔두기도 한다. 신당은 주로 마을 부녀자들이 중심이 되어 가족들의 건강과 행복, 성공, 운수 등을 기원하는 장소로서 근년에는 마을 단위로 당제(堂祭)를 지내기도 한다. 포제단이 마을 단위의 남성 중심적 제의 장소라고 한다면, 신당은 개별가구 단위의 여성 중심적 기원 장소로서 대비된다. 이들 제의 장소와 기원 장소에는 보통 가장자리에 돌담을 두르는데, 돌담은 엄숙한 장소로서의 위엄성을 유지함은 물론이고 비바람으로부터 내부를 보호하는 기능도 지니고 있다. 어떻든, 이들 돌담은 마을 주민들 모두를 위하여 축조하는 것이기 때문에, 궁극적으로는 마을 공동체를 위한 돌담이라고 말할 수 있다.

평소에 음용수나 생활용수로 사용하기 위하여 용천수와 봉천수의 가장자리에 두르는 돌담이나 포구의 가장자리를 두르는 돌담도 마을 내의 특정 가구만을 위한 것이 아니라 여러 가구가 공동으로 안전하고 편리하게 사용하기 위한 것임을 전제할 때, 이들 돌담 역시도 마을 공동체를 위한 시설물이라는 사실에는 변함이 없다.

방사탑은 어떤가. 방사탑은 특정 마을의 지형적 조건이 허(虛)하다고 생각되거나 살(煞)이 비치는 장소에 원탑 또는 원뿔형의 돌탑을 쌓는 것인데(강정효, 2008: 101), 이 돌탑도 마을 주민들을 동원하여 정성스레 쌓아 올리는 것이 상례이다. 이는 마을 내부로 나쁜 기운이 들어와 주민들의 건강을 해치고, 또 미풍양속을 저해하는 것을 사전에 차단하기 위함이다. 이처럼 마을 주민들 모두에게 필요한 돌담을 협력하여 축조한다는 사실 자체는 무엇보다도 마을 공동체를 우선시하고자 하는 정성과 마음이 구성원 모두에게 깃들어 있기 때문이다.

제주도의 연안바다에는 원담(갯담)이라 부르는 전통적인 어로시설이 있다. 이 원담(갯담)은 보통 육지 쪽에서 아주 가까운 지점을 택하여 원형이나 타원형으로 돌담을 쌓은 후 밀물과 썰물의 차를 이용하여 원담(갯담) 안으로 들어온 고기를 잡는 어로시설이다(정광중·김은석, 2008: 20). 이 원담(갯담)도 보통은 마을 주민들이 공동으로 축조하고 보수하며 사용한다. 제주도의 원담(갯담)이 공동 축조 및 공동 사용이란 관점에서는 육지부의 돌살(혹은 독살)과는 크게 다르다고 말할 수 있다.

이처럼 제주도에서는 개개인이 행하기 힘들거나 혹은 여러 사람들이 공동으로 필요한 시설에는 마을 공동체의 구성원 모두가 함께 참여하여 대응하고 대처하는 자세를 취해왔다. 이러한 제주도민들의 공동체적 사고체계는 제주도의 생활문화를 이해하는 데 매우 중요한 배경이라 할 수 있다. 강조해서 말하면, 제주도에서는 전통적으로 마을 공동체를 위하여 끊임없이 지혜를 발휘하는 과정이 반복되어 왔기 때문에, 현시점까지도 전통적인 생활문화가 그나마 잘 보전되고 있는 것이다(정광중, 2012: 483).

4. 나오며

이 글에서는 주로 필자의 시각에서 제주 돌담의 가치와 돌담 속에 숨겨진 선조들의 지혜에 초점을 맞추어 검토·정리하였다. 여기서 필자의 시각을 강조한 것은 어디까지나 주관적인 해석에 치중한 점이 많다는 배경을 시사한다. 따라서 제주 돌담의 가치나 거기에 담긴 선조들의 지혜 찾기는 또 다른 관점의 해석이 가능하다는 것을 의미한다.

이 글에서 다룬 주요 내용을 요약하면 다음과 같다. 먼저 제주 돌담이 지니는 가치는 생활 문화적 가치, 경관적 가치, 학술적 가치 및 유산적 가치로 구분하여 정리하였다. 생활 문화적 가치로서는 제주도민들이 오랜 세월 동안 삶을 살아오는 과정에서 가장 안정적이고 편리한 생활환경을 조성하기 위한 수단으로 돌담이 출현하게 되었음을 강조할 수 있다. 제주 돌담의 경관적 가치로는 돌담이 특별한 목적을 지닌 기능체로서 개별 요소들이 일정한 위치를 차지함으로써 결과적으로는 선과 면이 부각되는 미학적 구조와 이미지를 구축하게 된 사실에서 찾을 수 있음을 강조하였다. 더불어 돌담의 경관적 가치도 제주도민들의 생활사와 문화 특성이 적극적으로 반영된 결과로 부각되는 사실임을 명시하였다. 제주 돌담의 학술적 가치로는 제주도민들의 생활사와 생활문화를 파악하는 데 필수적인 실체로서의 중요성과 거친 자연환경에 적극적으로 대응하고자 하는 제주도민들의 사고체계와 행위를 이해하는 데 필요한 존재로서의 중요성을 강조할 수 있다. 끝으로, 제주 돌담의 유산적 가치에서는 돌담 경관요소의 분포적 특성과 다양성, 생활문화의 전승적 관점에서 평가할 때 매우 뛰어나다는 사실을 강조하였다.

제주 돌담에 숨겨진 선조들의 지혜 찾기에서는 크게 세 가지 관점, 즉 거친 자연환경을 극복하려는 지혜, 타인을 배려하는 지혜 그리고 서로 협력하며 공동체를 우선시하는 지혜에 초점을 두고 검토하였다.

먼저 거친 자연환경을 극복하려는 지혜에서는 울담과 밭담의 사례에서 파악되는 것처럼 비와 눈, 바람, 태풍 등의 기후적 조건을 극복하기 위한 지혜가 크게 발휘되었다는 사실이 부각된다. 나아가 타인을 배려하는 지혜에서는 이웃과 연결되는 울담과 잣질의 사례에서 확인되듯이 일상생활이나 농업활동에서 다른 사람의 입장과 어려움에 처한 상황을 십분 고려하는 지혜가 작동되는 배경을 강조하였다. 그리고 서로 협력하고 공동체를 우선시하는 지혜에서는 포제단과 신당 돌담, 용천수와 봉천수 돌담, 방사탑, 원담(갯담)의 사례에서 파악할 수 있듯이 마을 주민들이 공동으로 필요로 하는 시설은 우선적으로 마을 공동체의 구성원들이 서로 협력하여 축조하는 지혜가 발휘되고 있음을 강조하였다. 나아가 이처럼 공동체를 우선시하는 지혜의 밑바탕에는 기본적으로 마을 공동체 구성원들의 공동축조, 공동보수, 공동사용이라는 사회적 자본으로서의 믿음과 규칙이 항상 작동되고 있었기 때문에 가능한 것이라 지적할 수 있다.

장소자산으로 본
제주 돌담

1. 들어가며

오늘날 우리는 장소자산을 통한 마케팅이 지역 경쟁력의 척도가 되는 시대에 살고 있다. 장소자산은 과거는 물론이고 오늘날에도 지역의 주된 성장 동력으로 자리 잡으며 그 기능을 담당해 왔다. 다시 말해 전통시대에는 자본이, 산업시대에는 훈련된 노동력이, 후기산업시대에는 문화와 환경이 가장 귀한 자산이자 상품이 되고 있는 것이다(김형국, 2002). 특히 1970년대 이후 세계화·지방화·정보화 시대를 맞이하여 많은 지역에서는 과거에 경제적 기반이었던 제조업이 쇠퇴함에 따라 첨단산업인 지식정보산업을 비롯하여 금융, 서비스산업 및 문화관광산업 등이 지역경제 활성화의 핵심 산업으로 등장하기에 이르렀다. 이를 계기로 여러 지역에서는 자연환경을 시작으로 역사적·문화적 기반과 관련된 장소자산을 발굴하는 한편, 또 일부 지역에서는 해당 지역과는 무관한 새로운 자산까지도 인위적으로 창출하는 상황을 보이고 있다.

장소자산에 대한 연구는 1990년대 후반부터 장소마케팅이라는 개념을 바탕으로 다양한 사례연구가 진행되고 있다. 그러나 대부분의 연구가 지역별 장소자산을 사례로 장소마케팅이 해당 지역에 끼친 효과나 마케팅 과정 자체에 대한 서술적 분석이 지배적이다. 따라서 지금까지의 연구에서는 장소마케팅에서 장소가 지닌 포괄적이고 문화적인 성격을 간과하거나 제대로 이해하지 못한 채, 장소를 마케팅 상품구성의 한 요소로 대상화하는 데 급급함으로써 장소마케팅에 대한 본래의 목적을 달성하는 데 미흡한 점을 많이 드러내고 있다(이무용, 2006).

여기에서는 제주 돌담의 장소자산으로서 지니는 가치를 구체적으로 논의하고 그에 따른 활용방안을 모색해 보고자 한다. 제주 돌담은 아직까지도 장소자산으로서 가치가 크게 부각되지 않고, 단순히 잠재적 가치가 있는 정도로만 인식되고 있는 것이 사실이다. 그러나 제주 돌담은 도민들의 오랜 생활 속에서 의도적으로 혹은 의식적으로 만들어 온 지역의 경관요소이자 도민들의 사고체계가 담겨있는 기능체(functional object)라 할 수 있다.

최근 세계문화유산 중 자연과 인간의 교감 속에서 형성된 문화경관이 새롭게 평가됨에 따라 많은 농어촌 문화경관이 해당 지역의 장소자산으로 재조명되고 있다. 예를 들면 2005년에 남해도 가천마을 다랭이 논이 명승 제15호로 지정되었고, 또 2006~2007년에는 전국의 아름다운 돌담길 18개소[1]가 등록문화재로 지정되기도 하였다. 이러한 시류 속에서 제주 돌담은 역사성이나 지역문화의 특성을 고려할 때, 인간과 자연의 교감이라는 인류 보편적 사상과 지역적 스케일을 뛰어넘는 문화유산적 가치를 지니고 있다. 더불어 제주 돌담은 아직도 제주도 농어촌지역을 중심으로 대거 남아 있기 때문에, 활용 여부에 따라서는 제주도민들에게 매우 소중한 상품자산으로 자리잡을 수 있는 지역자원이라 할 수 있다.

현재 제주는 다양한 장소자산을 보유하고 있는 지역으로 널리 알려져 있다. 이는 제주의 자연과 역사·문화적 특성이 시대적 흐름에 잘 부합되어 장소자산의 발굴과 함께 상품자산으로 판매하기 위해 적극적으로 마케팅을 시도한 결과이다. 이러한 배경을 뒷받침하는 제주지역의 장소자산 연구를 살펴보면, 크게 장소자산의 유형과 마케팅 관련 연구(이용균, 2005; 오승남, 2008) 그리고 특정 관광지의 장소마케팅 전략을 통한 활성화 방안 연구(이진희, 2001; 현갑출, 2006; 최석, 2008; 이진희, 2009)로 압축할 수 있다. 이용균과 오승남의 연구에서는 제주의 장소자산을 유형화하여 장소마케팅 전략의 분석과 전망을 논의하고 있으나 장소자산의 활용적 측면에서는 구체적인 방안에 대해 언급하고 있지 않다. 또 이진희, 현갑출, 최석 등의 연구 등에서는 장소자산을 문화관광시설로 접근하여 그것들의 마케팅을 통한 관광활성화에 초점을 두고 있어서, 장소자산을 근간으로 한 장소마케팅의 진정한 목적을 달성하는 데는 많은 한계점을 지니고 있다.

이처럼 제주의 장소자산에 관한 기존의 연구에서는 자연적 요소나 문화적 요소, 역사성이 반영된 장소자산의 활용방안에 대한 논의가 충분치 않았으며, 따라서 현실적으로 지역주민들이 체감할 수 있는 지역경제의 활성화 방안으로도 이어지지 못하는 상황에 있다.

따라서 이 글에서는 장소마케팅의 개념을 바탕에 두고 장소자산으로서 제주 돌담의 가치를 다양한 측면에서 논의함과 동시에 현재까지 거의 시도되지 않은 제주 돌담의 활용방안을 구체적으로 제시하고자 한다. 궁극적으로 이러한 논의는 돌담을 제주의 새로운 장소자산으로 부각시키고 지속 가능한 지역발전 방향을 모색하는 데 일조할 수 있을 것이다.

2. 장소마케팅에서의 장소자산과 제주 장소자산

1) 장소마케팅에서의 장소자산

장소자산은 한 장소가 갖고 있는 유·무형의 자산으로, 여기에는 제도·정치·문화·사회적 관계 등의 연성요소(soft factor)와 건조환경, 자연환경, 물리적 시설 등 경성요소(hard factor)가 있다(이용균, 2005). 그렇기 때문에 장소자산은 비복제성, 장소정체성, 비대체성, 영역 배태적 특징을 지닌다(김현호, 2002). 따라서 장소자산은 자연스럽게 장소마케팅의 개념과 함께 논의되어 왔다. 왜냐하면 장소마케팅에서는 상대적으로 경쟁력을 지닌 장소를 중요한 자산으로 설정해 왔기 때문이다.

장소마케팅 전략이 등장하게 된 배경에 대하여 이무용(2006)은 지역발전 전략의 핵심수단으로서 문화와 장소 간 관련성이 보다 중요해졌기 때문이라고 지적한다. 그 이유는 크게 세 가지 관점에서 정리하고 있다. 첫째로는, 세계화·정보화·지방화시대가 진전됨에 따라 지역의 개성과 역사성, 장소성이 지역발전의 주요 콘텐츠로 자리매김되고 있고, 둘째로는 문화적 삶과 자아정체성 확립의 수단으로서 문화와 장소성이 중요해졌으며, 셋째로는 지방자치시대를 맞이하여 여러 지방정부의 지역정책이 문화·환경 지향적으로 전환하게 되었다는 점이다. 이처럼 장소마케팅은 지역마다 지역경제를 활성화하고, 지역문화 및 정체성 확립과 지역사회 통합을 목적으로 추진되고 있지만, 정작 현재까지 진행된 장소마케팅의 사례를 살펴보면 장소자산에 대한 핵심적인 연구가 부족한 상태이기 때문에 장소마케팅의 목적을 제대로 달성하지 못한 사례가 빈번하게 발생하고 있다(김현호, 2002: 71; 이용균, 2005: 56; 백선혜, 2005: 71-72).

한편, 1995년 지방자치제가 부활한 이후부터는 지방정부들이 기업가적인 정부로 변화하면서 지역의 고유한 문화역사자원을 상품화하는 장소마케팅 전략을 다투어 내놓기 시작했다. 그 결과 특정 지역 내에서뿐만 아니라 지역 간 유사한 장소자산들이 쏟아져 나오면서, 그것들은 오히려 지방재정의 지출과 함께 지역발전을 저해하는 애물단지로 전락하고 있다. 더불어 장소마케팅이 지역발전에 있어 반드시 공공의 이익으로 귀결되지 않는다는 점도 부각되고 있다. 이 배경에는 장소마케팅이 소수의 부유한 엘리트들을 위한 전략이 되기 쉽고, 반대로 많은 사람들의 요구도가 무시되고 있다는 현실적 배경이 내재되어 있기도 하다. 나아가 장소마케팅을 통한 지역활성화의 성공적인 프로젝트들도 많은 지역의 사회적·경제적 문제의 실상을 숨기고 있는 것도 사실이다(김형국, 2002: 308-309; Harvey, 1989: 15-16). 이런 점들에 대해 이무용(2006)은 장소마케팅의 전략수립 과정에서 시민참여와 합의, 고객의 요구에 맞춘 상품정비 그리고 장소마케팅 혜택의 계층적 분배라는 차원에서 통합성을 강조하였다. 이것은 말 그대로, 장소마케팅 전략이 배타적 전략이 아닌 사회 통합적 전략이라는 것을 인식해야 한다는 것이다.

이와 같이 장소마케팅의 개념을 전제할 때 장소자산은 두 가지 특성을 지니고 있음을 발견할 수 있다. 첫째로, 장소자산은 지역의 자연과 역사·문화를 기반으로 형성되어야 가치를 발휘할 수 있다는 점이다. 간혹 지역에 따라 인위적으로 형성된 장소자산의 활용도 있지만, 지역의 자연과 역사·문화에 기반을 둔 장소자산은 전통성과 인지도, 타 지역과의 경쟁에서 한층 더 자산적 가치를 높일 수 있고, 또 장소마케팅의 목적인 지역문화의 고취는 물론 정체성 확립과 더불어 지역사회의 통합을 추진하는 데 유리하다는 점이다. 둘째로, 시대변화의 흐름에 부응하여 적용할 수 있는 장소자산이 필요하다는 점이다. 예를 들어 관광적 측면을 전제할 때는 최근 문화관광 트렌드에 걸맞은 생태관광이나 녹색관광 등 현실적인 적용이 가능한 장소자산 발굴이 필요하다는 것이다. 다시 말해, 시대의 흐름을 제대로 반영하는 장소자산은 일정 지역의 경제 활성화뿐만 아니라 도농 간 지역균형 발전에도 밑거름이 될 수 있다는 것이다.

2) 제주의 장소자산 현황

한 지역이나 국가의 문화가 한층 더 중요해지는 21C를 맞이하여 제주의 지역정체성을 대표하는 삼다(三多), 삼무(三無), 삼려(三麗), 삼보(三寶)[2]의 가치는 점차 우리나라를 넘어 전 세계적으로 확산되고 있으며, 제주에 분포하는 많은 장소자산의 특성을 살리는 기반이 되고 있다. 그렇지만 일부의 장소자산은 제주의 지역정체성과는 전혀 상관없이 인위적인 것들도 있는데 몇몇 사립박물관[3]과 국제관악제가 그런 사례라 할 수 있다. 이러한 제주의 현실적 상황은 자연과 역사·문화를 중심으로 형성된 장소자산에다가 인위적인 장소자산까지 더해지면서 그 어느 지역보다 다양한 장소자산을 보유하는 결과를 가져왔다.

〈표 1〉은 제주의 장소자산들이 각기 부각되는 세 시점을 기준으로 구분한 후, 자연환경, 문화, 사회경제, 제도 부문 등의 유형으로 분류한 것이다. 여기서 장소자산의 분류 시점은 지방자치 부활 이전과 이후 그리고 특별자치도 승격 이후로 설정하였는데, 그 배경은 각 시기별로 장소자산의 마케팅 강도가 다르고 그에 따라 유형별 장소자산을 찾는 방문객 수도 현저한 차이를 보인 사실에 근거한 것이다.

먼저 장소자산의 유형 중 자연환경 부문을 살펴보면, 지방자치 부활 이전에는 한라산, 해수욕장, 해안절경, 동굴, 폭포, 도서지역 등으로 대표되는 장

장소자산 유형		시기별 대표적 장소자산 사례		
		1995년 6월 이전 (지방자치 부활 이전)	1995년 7월 ~ 2006년 6월 (지방자치 부활 이후~정착 시기)	2006년 7월 ~ 현재 (제주특별자치도 시기)
자연 환경 부문	화산 지형	한라산, 해수욕장(협재, 중문, 곽지 등), 해안절경(외돌개, 용두암, 성산일출봉 등), 동굴(만장굴, 쌍용굴 등), 폭포(천지연폭포, 정방폭포, 천제연폭포 등), 도서지역(마라도, 가파도 등)	오름(아부오름, 다랑쉬오름, 사라봉, 별도봉, 노꼬메오름 등)	거문오름 용암동굴계(벵뒤굴, 만장굴, 김녕굴, 용천동굴, 당처물동굴)
	그 외			곶자왈(한경-안덕 곶자왈, 조천-함덕 곶자왈), 습지(물영아리습지, 물장오름습지, 1100고지습지, 동백동산습지)
문화 부문	문화 유산	관덕정(1963), 삼성혈(1964), 제주항파두리항몽유적(1976), 제주목관아(1993)	제주고산리선사유적(1998), 제주삼양동선사유적(1999), 일제군사시설물(2002)	추사적거지(2007), 돌담(2007, 대한민국 100대 민족문화상징), 돌담밭(2013, 국가중요농업유산)
	무형 유산	삼다, 삼무, 삼려, 삼보	해민정신, 제주신화, 제주신앙	해녀(2007, 대한민국 100대 민족문화상징), 제주칠머리당영등굿(2009, 유네스코 인류무형문화유산)
	문화 축제	탐라문화제(1962), 제주감귤축제(1981), 제주유채꽃큰잔치(1982), 제주왕벚꽃축제(1991), 제주억새꽃축제(1993), 성산일출제(1994), 한라산청정고사리축제(1995)	제주국제관악제(1995), 표선해변백사대축제(1996), 정월대보름들불축제(1997), 탐라국입춘굿놀이(1998), 서귀포유채꽃국제걷기대회(1999), 제주레저스포츠대축제(2000), 최남단방어축제(2001), 제주도새기축제(2003), 제주마축제(2003)	제주해녀축제(2008), 추자도참굴비대축제(2009), 제주올레걷기축제(2010), 탐라대전(2012), 제주다문화축제(2012), 칠성대(오작교)축제(2012), 탐라개벽신화재현축제(2012)

장소자산 유형		시기별 대표적 장소자산 사례		
		1995년 6월 이전 (지방자치 부활 이전)	1995년 7월 ~ 2006년 6월 (지방자치 부활 이후~정착 시기)	2006년 7월 ~ 현재 (제주특별자치도 시기)
사회 경제 부문	문화 관광 시설	제주민속박물관(1964), 성읍민속마을(1984), 민속자연사박물관(1984), 제주민속촌박물관(1984), 퍼시픽랜드(1986), 제주조각공원(1987), 한림공원(1987), 생각하는 정원(1992)	정석항공관(1998), 신영제주영화박물관(1999), 국립제주박물관(2001), 오설록티뮤지엄(2001), 테디베어뮤지엄(2001), 서귀포월드컵경기장(2002), 소인국테마파크(2002), 이중섭미술관(2002), 초콜릿박물관(2002), 소리섬박물관(2004), 돌하르방공원(2005), 서귀포감귤박물관(2005), 아프리카박물관(2005), 제주돌문화공원(2006), 제주해녀박물관(2006)	자연사랑미술관(2007), 제주현대미술관(2007), 휴애리자연생활공원(2007), 김영갑갤러리미술관(2008), 제주옹기박물관(2009), 트릭아트뮤지엄(2009)
	자연 활용 시설	여미지 식물원(1989), 한라수목원(1993), 서귀포자연휴양림(1995)	제주절물자연휴양림(1997), 행원·월정·신창리 풍력발전단지(1998~2005)	노루생태관찰원(2007), 한라생태숲(2009), 행원·김녕·가시·수산·삼달·월령리 풍력발전단지(2006~현재)
제도 부문	내부 노력	외국인 무사증 제도(1980) 제주도 개발 특별법(1991)	국제자유도시(2002) 세계평화의섬(2005)	세계환경수도 (2012년부터 추진 중)
	외부 인지		유네스코생물권보전지역(2002)	람사르협약습지(2006), 세계자연유산(2007), 세계지질공원(2010)
기타		해안도로(1989)		제주4·3평화공원(2008), 사려니숲길(2009), 유배길(2011), 한라산둘레길(2011), 머체왓 숲길(2012), 순례길(2012), 숨비소리길(2012), 올레길(2007~현재)

주: 자연환경 부문은 장소자산이 부각되는 시기를 중심으로 분류함.
자료: 이용균(2005), 국토지리정보원(2004), 제주도청(2006) 등의 자료를 토대로 수정 보완.

소자산이 화산섬이라는 장소성을 배경으로 1960년대 이후 줄곧 제주 관광 산업을 견인하는 관광자원으로 자리 잡아 왔다. 이들 장소자산과 더불어 지방자치 부활 이후~정착 시기에 이르면, 여가시간의 증가와 건강한 삶이 중요한 사회적 이슈로 등장하면서 기생화산인 오름이 중요한 장소자산으로 부각되기 시작한다. 따라서 한라산과 오름에 대한 정보지와 연구물이 많이 출판되었고, 사이버 공간상에서는 오름에 대한 정보 공유가 활발해지면서 많은 동호회가 조직되기도 하였다. 제주특별자치도 시기에는 거문오름에서 분출된 용암에 의한 용천동굴과 당처물동굴이 새롭게 발견되어 국내뿐만 아니라 해외에까지 제주자연의 특이성과 도서성을 인정받게 되었다. 또한 지질과 식생의 독특성과 더불어 제주도민의 삶의 한 단면을 보여주는 곶자왈 지역은 생태적·경관적 측면에서 가치를 크게 인정받게 되었으며, 곳곳에 산재해 있는 습지들도 독특한 생태 환경적 측면이 부각되면서 새로운 장소자산으로 주목받게 되었다.

문화 부문의 유형을 살펴보면 지방자치 부활 이전시기에는 삼성혈, 관덕정 등과 함께 지역축제로서 탐라문화제와 성산일출제, 제주유채꽃큰잔치 등이 큰 주목을 받아 왔으나, 지방자치 부활~정착 시기에는 삼양동선사유적지가 새롭게 정비됨과 동시에 그동안 부정적인 이미지로 작용하던 일제군사 전적지가 새로운 장소자산으로 부각되었다. 또한 제주의 정체성으로 새롭게 정립된 해민정신과 함께 1만 8,000여 신들의 존재로 '신들의 섬' 혹은 '신화의 섬'이라는 이미지가 추가되면서 여러 마을의 신당들도 새로운 장소자산으로 편입되었다. 1990년대 중반부터 2000년대 중반까지는 제주의 경우도 다른 지역과 유사하게 많은 지역축제가 우후죽순처럼 생겨났는데 대표적으로는 최남단방어축제, 정월대보름들불축제, 탐라국입춘굿놀이, 제주도새기축제, 제주마축제 등이 많은 사람들의 이목을 사로잡게 되었다. 제주특별자치도 시기에는 제주의 다양한 문화가 새롭게 조명되었는데 특히 2007년 대한민국 100대 민족문화상징으로 선정된 돌하르방과 해녀, 돌담이 중요한 장소자산으로 부각되었다. 2009년에는 해녀와 깊게 관련되는 제주칠머리당영등굿이 유네스코 세계무형유산으로 등록되었고, 2016년에는 제주해녀문화가 유네스코 인류무형문화유산에 등재되어 새로운 장소자산으로 적극적으로 마케팅되고 있다. 또한 이 시기에도 장소성에 기반을 둔 지역축제가 더욱 추가되었는데 제주해녀를 소재로 한 제주해녀축제, 올레걷기 열풍을 반영한 제주올레걷기축제, 그리고 지역정체성을 강조하는 탐라대전 등이 생겨났다.

이어서 사회경제 부문은 어떠한지를 살펴보자. 지방자치 부활 이전에는 표선과 중문을 중심으로 한 관광단지 주변 지역에 다양한 박물관과 식물원이 조성되었고, 또 한라수목원과 서귀포자연휴양림이 개장되었다. 지방자치 부활~정착 시기에는 제주 전 지역에 문화관광시설이 주로 조성되는데 제주의 장소성에 기반을 둔 시설들은 대부분 중앙정부나 지방정부에서 주도한 장소자산들이다. 대표적인 사례로는 국립제주박물관을 시작으로 서귀포감귤박물관, 이중섭미술관, 제주돌문화공원, 제주해녀박물관 등을 들 수 있으며, 이와는 반대로 민간사업체가 주도한 문화관광시설로서 제주의 장소성과는 거리가 먼 소리섬박물관, 아프리카박물관, 소인국테마파크, 테디베어뮤지엄, 초콜릿박물관도 들어섰다. 또한 자연활용 시설로는 제주절물자연휴양림이 개장되었으며, 행원·월정·신창리에는 제주의 강한 바람을 이용한 풍력발전단지도 조성되었다. 제주특별자치도 시기에는 문화관광시설의 범위가 미술관 등으로 확대되어 더욱 다양해졌으며, 자연활용시설에서는 노루생태관찰원과 한라생태숲의 조성, 풍력발전단지로는 행원·김녕·가시·수산·삼달·월령리에 연계적 사업을 토대로 더욱 확대되었다.

제도 부문의 유형을 정리해 보면, 지방자치 부활 이전 시기에는 외국인

무사증 제도와 제주도 개발특별법이 특히 중요한 제도로 작용했으며, 지방자치 부활~정착 시기에는 제주가 국제자유도시와 세계평화의 섬으로 지정·선포됨과 동시에 한라산을 중심으로 한 일부 지역이 유네스코생물권보전지역으로 지정되기도 하였다. 제주특별자치도 시기에는 2006년 물영아리오름을 시작으로 물장오리, 한라산 1100고지, 동백동산 등 산지습지가 차례로 람사르협약 습지로 지정되었고, 2007년에 제주 화산섬과 용암동굴이 세계자연유산으로, 2010년에는 한라산을 포함한 대표명소 9곳이 세계지질공원으로 인증받기에 이르렀다. 그리고 현시점에서는 세계환경수도로의 추진을 서두르고 있다.

이상 부문별 유형 외의 장소자산으로는 길과 관련된 것들이 있다. 1990년대 초부터는 제주 해안지역의 경관을 감상할 수 있는 해안도로가 개설되었고, 2007년부터는 올레길, 사려니숲길, 유배길, 한라산둘레길, 순례길, 숨비소리길, 머체왓 숲길 등 제주 전 지역의 자연과 문화를 중심으로 한 '길' 조성 열풍에 휩싸이기 시작했다. 이들 장소자산의 특징은 공간적인 분포범위가 더욱 확대되는 가운데 길과 걷기라는 사회적 트렌드를 통해서 새로운 지역발전의 장소자산으로 등장하고 있다는 점이다.

이상과 같이 시기별·유형별로 살펴본 제주 장소자산의 특징은 크게 네 가지로 요약·정리할 수 있다. 첫째로, 제주의 장소자산은 기존의 한라산과 해안절경 등을 근간으로 하여 최근에는 오름과 곶자왈, 습지 등이 추가되면서 더욱 다양해지고 있다는 점이다. 특히 이들 장소자산은 주변의 자연환경을 활용함으로써 사람들의 유인성을 크게 높이는 데 기여하고 있다. 둘째로, 시기적으로 볼 때는 지방자치 부활~정착 시기에 매우 다양한 장소자산이 형성되었다는 점이다. 과거에는 자연 환경적 요소가 가장 인지도가 높은 장소자산이었다면, 최근에는 문화와 사회경제 부문의 유형을 중심으로 많은 장소자산이 형성되었다는 점이 서로 대비된다. 셋째로, 제주는 지리적 위치로 인하여 조선시대에는 유배지로, 일제강점기에는 전쟁기지로 이용당하면서 그동안 부정적인 이미지가 크게 자리 잡아 왔다. 더불어 강한 바람조차도 도민들에게는 부정적인 이미지로 각인되어 왔지만, 현시점에서는 이들이 적거지(유배인 거주지)나 유배길로, 또는 풍력발전의 최적지로 부각되는 사회적·문화적 배경에 힘입어 소중한 장소자산으로 자리매김되고 있는 것이다. 넷째로, 제주의 장소자산은 결과적으로 자연환경과 문화가 국내외로 가치를 크게 인정받는 전기가 마련됨으로써 국제적인 경쟁력도 갖추게 되었다는 점이다. 이에 따라 제주를 찾는 관광객 수도 매년 급증하여 바야흐로 천만 명 관광객 시대를 바라보게 되었다.

3. 장소자산으로서의 제주 돌담의 특성

제주 돌문화의 여러 요소 중 현재까지도 가장 넓은 분포를 보이면서도 기능을 제대로 담당하는 것이 바로 돌담이다. 제주 돌담은 해안지역은 물론 중산간 지역에도 분포한다. 이로 보아 제주의 토착민들은 일찍부터 주거지와 농경지를 보호하고, 어류를 포획하며 또 봉천수와 용천수를 보호하기 위하여 돌담을 쌓기 시작한 것으로 추정할 수 있다. 이후에 돌담은 종류와 기능이 다양해지고 분포지역도 넓어졌는데, 오늘날에 이르러서는 제주의 지역성을 보여주는 대표적인 경관 요소로 자리 잡게 되었다. 또한 돌담은 다치모토(立本成文, 2012)가 제시한 인간과 환경의 지속 가능한 시스템의 한 축으로서, 오늘날까지도 한 지역에서 축적한 지혜 중에서도 인간과 환경의 지속 가능한 시스템적 기능을 담당하고 있다고 말할 수 있다.

제주 돌담은 앞에서 살펴본 바와 같이 많은 고문헌 속에서도 자주 등장하는데, 이 중 대표적인 문헌 세 편을 중심으로 살펴보면 다음과 같다. 먼저 《신증동국여지승람》(1530)의 내용을 보면 "동문감에 의하면 그 땅에 돌이 많고 건조하여 본래 논은 없고 오직 보리·콩·조가 생산된다. 그 밭이 예전에는 경계 둑이 없어서 강하고 사나운 집에서 날마다 차츰차츰 먹어 들어가므로 백성들이 괴롭게 여기었다. 김구(金坵)가 판관이 되었을 때에 백성의 고통 되는 바를 물어서 돌을 모아 담을 쌓아 경계를 만드니 백성들이 편하게 여기었다."라고 적고 있다. 이는 돌담을 쌓게 된 배경이 《동문감》이라는 문헌에 기록되어 있으며 고려시대 김구 판관이 제주의 자연환경을 이용하여 백성들의 고충을 지혜롭게 해결한 점을 엿볼 수 있다.

임제의 《남명소승》(1577~1578)에서는 "산에는 짐승, 들에는 가축이 있다. 천백 마리씩 무리를 이루어 다니는 까닭에 밭을 일구려는 사람들은 반드시 돌담을 둘러야 한다. 사람이 사는 집 또한 으레 돌을 쌓아 높다란 담장을 만들어서 이에 돌담으로 골목이 이루어진다."라고 하였다. 이는 제주가 육지와는 다른 방목형 목축문화와 관련하여 돌담의 기능을 설명한 것이라 할 수 있다.

김성구의 《남천록》(1676)에는 "밭과 들판을 바라보니 모든 집이 유지처럼 담벼락이 종획되어 있다. 당초 사람이 없을 때는 모두 어지럽게 돌을 쌓아서 무더기를 이루고 있었는데, 후에 차차 땅을 논이나 밭으로 일구면서 밭두둑과 이랑으로 개척하므로 멀리까지 전답을 만들지 못하고 단지 밭머리에다 돌을 모아 쌓은 것이 담장을 이루게 된다. 무덤이 밭 속에 많이 있고 무덤 사면에 돌을 쌓았는데 이는 소와 말이 들어가서 밟는 것을 막기 위함이다."라고 기록하고 있다. 이는 밭담과 산담의 형성 배경을 설명해 주고 있는데, 결과적으로 당시 사람들이 경작지 조성 시에 첫 작업으로 돌을 정리하면서 밭담을 만들었음을 알려주는 대목이라 할 수 있다.

이렇게 고문헌 속 돌담에 대한 내용에서는, 제주 돌담이 특별한 목적에 의해 형성되었다는 사실을 확인할 수 있다. 더불어 제주 돌담은 특히 육지에서 온 관리와 유배인들에게는 제주의 독특한 경관요소로 강한 인상을 심어 주고 있음을 알 수 있다. 제주 돌담은 이러한 역사성을 지니고 있음에도 불구하고, 이와 관련된 연구는 최근에 들어서야 여러 연구자들에 의해 연구되기 시작했다.

<표 2>는 제주 돌담의 장소자산으로서의 특성에 대해 SWOT 분석을 행한 것이다. 우선 돌담이 갖는 장소자산의 강점은 제주도 전 지역에 분포하고 있다는 점과 위치하는 장소에 따라 그 종류가 매우 다양하다는 사실이다. 또한 제주의 수많은 돌문화 요소 중에 거의 유일하게 박제화되지 않은 상황 속에서 기능을 담당하고 있으며, 곡선과 직선으로 이어지는 선적 경관미는 물론 주변 경관과 조화를 이루어 미학적인 가치도 탁월하다. 따라서 제주의 자연환경과도 잘 어울리며 도민들의 전통적인 생활양식을 제대로 드러내는 대표적인 경관요소라는 점에서 2009년에는 제주문화상징 99선에 선정되기도 하였다. 제주 돌담이 갖는 기회적 요인은 최근 경관적 가치가 있는 문화유산들이 부각되는 시대적 흐름에 잘 부합되며, 또 관광 트렌드의 변화로 녹색관광 혹은 생태관광의 관점에서 관광자원화 가능성이 높다는 점이다. 이 점은 최근 "유적 중심에서 생활문화로" 혹은 "점(点)에서 선(線)으로"(권숙인, 2003: 21)라는 문화관광 트렌드와도 제대로 부합되기 때문에 활용가치가 높다는 사실과 연관된다. 그리고 농촌지역에서는 경관보전직불제나 돌담 관련 농산물을 브랜드화하여 경제적 수익을 창출할 수 있는데, 이와 관련된 돌담밭이 2013년 1월에 국가중요농업유산으로 지정된 바 있다.

반면 제주 돌담이 갖는 약점으로는 무엇보다도 돌담이 지닌 다양한 가치에 대한 도민 인식이 부족하다는 점, 돌담을 경관지구로 지정하고자 할 경우

Strength		Weakness	
1. 도내 전 지역에 다양한 종류가 분포 2. 고유성과 경쟁력이 탁월 3. 경관미가 탁월	1.1 2011년 지적통계 상 농경지(전·과수원) 532.7㎢에 걸쳐 존재할 뿐만 아니라 대지, 임야, 묘지 일부분에도 있음. 2.1 돌담에 대한 고문헌이 다수 존재(신증동국여지승람 등) 2.2 대한민국 민족문화상징으로 선정(돌담은 제주 이외에도 있으나 철저하게 돌담으로 집담·밭담·원담(갯담)에 이르기까지 돌담문화를 이룬 곳은 세계적으로 찾기 힘듦) 2.3 '제주문화상징'(99선)으로 선정('제주다움'을 만들어 내는 일차적 상징물) 3.1 강동언 외(2008)는 우도 지역의 예를 통해 돌담이 방문객들에게 내면의 감성을 이끌어 낼 수 있는 미학적 우수성을 언급 3.2 이상영(2006)은 돌담에 대한 인상을 조사(전체 방문객 403명 중 346명 (85.3%)이 아름답다고 응답)	1. 돌담 가치에 대한 도민 인식 부족 2. 돌담 경관보전지구 선정 곤란	1.1 최용복(2006)의 연구에서 최근 5년간 6개 농업지역의 돌담 훼손율을 약 11.7%로 추정 1.2 고성보 외(2009)의 연구에서는 읍면별 8개 지역 밭담 소유 농가 조사 시 '경지정리나 밭담을 훼손할 의향'이 2개 마을에서 10% 이상, '잘 모르겠다'라는 의견이 평균 16%에 달하는 것으로 조사 2.1 마을 단위로 다양한 돌담들이 혼재하여 분포하기 때문에 경관보존 및 보호지구 선정에 신중해야 함
Opportunity		Threat	
1. 문화유산의 시대적 흐름에 부합 2. 관광자원화 가능성이 매우 높음 3. 경제적 수익 창출 효과	1.1 유네스코는 문화유산의 의미를 경관적 가치를 지닌 범위까지 확대하여 지정하는 추세 2.1 최근 관광 트렌드인 녹색관광·생태관광에 잘 부합하여 활용 가능성이 높음 3.1 밭담이 국가중요농업유산으로 지정됨에 따라 제주도청에서는 밭담 활용에 대한 정책방향을 농산물을 통한 경제적 수익을 창출하는 방향으로 유도 중	1. 농업지역의 도시화 (택지개발·도로개설 및 확장 등) 2. 농업환경의 변화 (기계화와 상품작물화)	1.1 도심권 신도시 조성(연동 신시가지 지구, 삼화지구 등)으로 기존의 경작지가 대지로 변환 사례 급증 1.2 읍면 마을을 중심으로 택지 개발과 도로개설 및 확장 사례 급증 2.1 1973년~2000년대 초에 걸친 대규모 경지정리사업 2.2 농민들이 보유한 9종의 농기계가 약 3만여 대(2011년)

주: 각 요소별 좌우 번호가 대응하며, 우측의 번호는 관련 근거 또는 관련 사례임.
자료: 고성보 외(2009), 정광중(2012) 등에 의해 작성.

에 지구선정이 쉽지 않다는 점 등을 들 수 있다. 그리고 제주 돌담이 갖는 위협적 요인으로는 최근 농업환경의 구조적인 변화 등으로 돌담의 필요성이 크게 약화되고 있다는 점, 도시화로 인해 택지개발, 도로 및 공원 등 도시기반시설 조성과정에서 쉽게 변형되거나 소멸될 수 있다는 점 등을 들 수 있으며, 이미 1973년 이후부터 2000년대 초에 일부 지역에서 경지정리사업으로 제주 밭담이 대거 사라지는 사례도 있었다.

이상과 같이, 장소자산으로서 가치가 뛰어난 제주 돌담을 활용하여 지역경제의 활성화나 지역발전이라는 목표를 달성하려면, 앞에서 논의되었던 약점과 위협적 요인들을 타개할 수 있는 마케팅전략이 필요하다고 지적할 수 있다.

4. 제주 돌담의 활용방안

제주 돌담의 활용방안은 앞에서 논의한 돌담의 가치에 대한 SWOT 분석 내용을 근거로 크게 세 가지 관점에서 접근하여 제시하고자 한다. 우선 제주 도민과 관광객들에게 돌담의 가치를 인식시키고자 하는 관점에서는 돌담 지도(분포도) 및 핸드북 제작 활용을 구안하였다. 돌담의 훼손을 막고 보전하는 관점에서는 경관보전직불제와 같은 보수·보전에 대한 정책 추진을 제시하고자 한다. 이어서 지역별로 돌담을 활용하는 관점에서는 돌담을 주제로 한 축제 개최, 지상과 상공(기내)에서 돌담경관을 감상할 수 있는 기회 제공, 돌담 경관지구의 지정 및 조망 구조물 조성 활용, 돌담을 테마로 한 농산물 브랜드화에 초점을 맞추어 제안하였다. 마지막으로, 중앙과 지방정부가 밭담을 중심으로 다양한 종류의 돌담에 대한 세계문화유산으로서의 등재 추진 작업은 제주 돌담을 세계화 수준으로 한 단계 더 끌어올릴 수 있는 계기가 될 것이기에 세 가지 관점을 모두 만족시키는 중요한 방안이 될 것으로 생각한다.

1) 돌담 지도(분포도) 및 핸드북 제작 활용

영국에서는 농경지의 돌담(drystone wall)을 중심으로 전문 핸드북을 발간·보급하고 있다. 이러한 사실과 관련해서는 농경지를 소유한 영국의 국민들이 행정기관으로 하여금 일상적으로 돌담을 관리할 수 있는 다양한 편의를 제공하고 있다는 사실이 중요하다(임종현 외, 2012: 19). 영국에서 발행하는 돌담 관련 전문 핸드북은 영국의 모든 국민은 물론이고 영국을 찾는 많은 방문객들에게 중요한 문화 정보를 제공하는 기능을 담당하고 있다. 제주 돌담에 대해서도 제주도가 돌담의 종류와 기능, 분포지역, 축조방법, 문화 유산적 가치 등과 함께 돌담 핸드북을 소책자 형태로 발간하여 보급할 수 있을 것으로 판단된다. 특히 돌담 핸드북에는 다양한 형태의 제주 돌담을 지역별로 수록한 '제주 돌담의 분포지도'를 첨부하여 배포한다면, 제주 돌담의 홍보효과는 물론이고 제주 돌담을 바라보는 인식도 한층 더 높아질 것으로 생각된다. 이미 제주 올레길에 대한 분포지도와 그 관련 정보는 소책자 형태로 제작하여 제주국제공항은 물론 인터넷 웹사이트(www.jejuolle.org) 등에서 제공하는 사례가 있기 때문에 돌담 분포지도와 핸드북 제작 활용은 충분히 현실성 있는 제안이라 할 수 있다.

2) 돌담 경관보전직불제의 시행 추진

제주 돌담은 그것이 지니는 온전한 기능이 지속될 때 훼손 없이 존재할 수 있다. 최근 도시화와 상품작물의 재배 확대 등으로 돌담의 필요성이 점차 낮아지고 있는 현실에서, 돌담경관을 지속적으로 보전하려면 과거의 농업활동 측면에서만 필요성을 찾을 것이 아니라 다양한 측면에서 세부적인 방법을 강구할 필요성이 있다. 경관보전직불제는 일본을 비롯한 프랑스나 영국의 경우 농촌지역의 전체적인 경관요소와 관련하여 정부정책으로 추진되고 있는 데 반해, 우리나라의 경우는 주로 경관작물을 대상으로 시행되고 있다(고성보 외, 2009). 외국의 선진 사례를 참고하자면, 제주에서도 돌담이 잘 남아 있는 특정 지구를 중심으로 경관보전직불제를 시행할 수 있다. 더욱이 농어촌지역 주민의 자발적인 참여에 의한 경관자원으로 변화시켜 나갈 수 있으며, 그 대가로 지불되는 농가 보조금은 농외 소득증대와 함께 농어촌지역의 활성화에도 부분적으로 기여할 수 있을 것이다(강문규, 2008: 58). 이와 함께 현재 중앙과 지방정부에서 부문별로 추진 중인 다양한 농촌연계사업[4]과 연계해서도 제주 돌담의 보전방법은 얼마든지 강구해낼 수 있다.

3) 돌담을 주제로 한 축제 개최

장소자산에 대한 활용적 측면에서 가장 많이 기획되는 것이 바로 지역축제와 이벤트이다. 돌담은 지역축제의 중요한 자원이 될 수 있다고 판단되며, 현시점에서 볼 때는 제주시가 서귀포시에 비해 상대적으로 다양한 종류의 돌담이 폭넓게 분포하고 있기 때문에 제주시가 주최 측이 되어 축제를 개최하는 것이 바람직하다. 아울러 초기 시점에서는 돌담이란 주제만을 토대로 축제를 개최하기보다는 기존의 축제와 연계하여 돌담 관련 프로그램을 추가하는 방안을 고려해 볼 필요가 있다.

먼저 제주돌문화공원에서 개최되는 '설문대할망 축제'와 연계된 프로그램의 하나로서, 돌담 쌓기 프로그램을 도입할 수 있다. 이것은 말하자면, 돌담 쌓기 장인의 지도 아래 일정 구역을 설정한 후 특정 구간에 그려진 선을 따라 참가자들이 돌담을 쌓는 체험 프로그램이다. 두 번째 사례로는 '제주올레 걷기축제'와 연계하는 방안이다. 올레꾼들은 26개의 제주 올레코스에서 다양한 돌담을 볼 수 있는데(제주올레, 2011), 그중에서도 특히 전형적이고 특징적인 돌담을 볼 수 있는 코스에서 체험 프로그램을 도입할 수 있다. 가령 올레 제13코스에는 한경면 낙천리(아홉굿 마을)에서 용선달이까지 886m 구간에 잣질을 포함하고 있어서 올레꾼들이 쉽게 잣질 체험을 시도할 수 있다. 또 올레 제14코스에는 한림읍 월령리 무명천 산책길 주변으로 선인장과 돌담이 잘 어우러진 밭담경관을 감상할 수 있으며, 올레 제15코스에 포함된 애월읍 하가리는 돌담길 걷기 체험을 하는 데 안성맞춤의 장소이다. 하가리는 최근 마을 단위로 돌담을 새롭게 조성하고 있어서 과거와 현재의 돌담을 동시에 감상하며 체험할 수 있는 마을이다.

4) 돌담 경관지구의 지정 및 밭담 감상용 구조물 조성 활용

돌담 경관지구의 지정은 물론 밭담 감상용 시설물의 조성을 통해서도 제주 돌담의 가치를 인식시키고 보전·활용하는 전략을 마련할 수 있다. 밭담 감상용 구조물은 일차적으로 밭담이 잘 남아 있는 지역이나 지구를 선정하여 밭담경관을 감상할 수 있도록 돌담으로 구조물을 높게 쌓아 활용하는 방안이다. 아무리 밭담경관이 뛰어나다 하더라도 해당 지역에서 높은 구조물이 없으면 넓은 밭담지역을 감상하는 것은 절대 불가능하다. 즉, 밭담경관을 파노라마처럼 전체적으로 조망하려면 높게 조성된 상공 지점이 훨씬 효과적이라는 것이다. 이러한 상황을 고려하여 특정 마을의 밭담 경관지구를 선정하여 밭담과 같은 재질의 현무암으로 전망대처럼 높은 구조물을 세운다면, 방문객들이 훨씬 감상하기에 편리하다. 아울러 밭담 감상용 구조물을 설치하는 데는 주변 지역의 다른 경관과 조화를 이룰 수 있도록 디자인하여 조성하는 것이 바람직하다.

5) 기내에서 돌담경관 감상의 기회 활용

사람들이 돌담길을 걷는 것이 근거리적 돌담경관의 감상법이라면 원거리적 돌담경관의 감상법은 상공(비행기 내)에서 내려다보는 것이다. 최근 상공에서 제주를 촬영한 사진들을 보면 돌담이 가진 직선과 곡선, 그리고 주변 작물이나 방풍림과의 조화가 마치 한 폭의 풍경화처럼 다가온다〈사진 1〉. 이런 돌담경관을 볼 수 있는 방안으로 여러 항공사와 연계하여 추진할 수 있다. 즉, 기내에서 제주 돌담을 감상하게 하는 것이다. 이를 위해 항공사 측에서 비행기가 착륙하기 전에 기내 승객들에게 간단한 안내멘트를 해 준다면 많은 사람들이 상공에서 제주의 돌담경관을 감상하는 기회를 갖게 될 것이다. 가령 기내에서의 안내 멘트는 다음과 같이 정리할 수 있으며, 우선적으로 제주도가 공동으로 출자하고 있는 (주)제주항공(jeju air)과 연계하여 추진할 수 있다.

제주 돌담을 소개하는 기내 방송 사례

잠시 후 여러분들은 세계자연유산 제주에 도착하겠습니다. 우리 비행기는 제주시 한림읍과 애월읍을 차례로 지나갈 예정입니다. 여러분들은 비행기 아래로 화산섬 제주 사람들이 오랫동안 가꾸어 온 돌담경관을 감상하실 수 있으며, 하늘에서 내려다보는 제주 돌담은 한 폭의 풍경화처럼 보일 것입니

〈사진 1〉 비행기에서 바라본 제주 돌담

다. 우리 비행기가 착륙하기 전까지 잠시 제주의 돌담을 감상해 보시기 바랍니다. 감사합니다!

- 자료: 필자들이 가상적으로 구성.

6) 돌담을 테마로 한 농산물 브랜드화

제주 돌담은 관광자원뿐만 아니라 특정 농산물의 브랜드명으로 활용하여 농가수익의 창출에도 일조할 수 있다. 대표적인 예로 2009년부터 제주시 한경면은 돌담에서 자라는 호박으로 '제주돌담호박즙'이라는 상품을 브랜드화하여 지역주민들의 소득증대에 기여하고 있다. 여러 종류의 돌담 중 밭담은 호박 외에도 제주 대부분의 농산물과 같이 존재하기 때문에 타 농산물에도 '돌담'이라는 명칭을 브랜드로 활용하여 선점할 수 있다.

제주 돌담을 브랜드명으로 활용하는 방법은 우선 제주에서 많이 생산하는 밭작물 중 감자, 마늘, 양배추, 수박, 당근, 양파 등에 적용할 수 있으며, 농가들이 모여 마을별 또는 일정 지구별로 작목반을 구성하여 활용할 수 있을 것으로 판단된다. 특히 돌담을 테마로 한 농산물 브랜드화는 제주의 청정한 이미지와 결합시킬 경우에 상품 경쟁력이 한층 더 높아질 것으로 생각된다. 최근 제주 올레길이 전국적으로 부각됨에 따라 '올레'에 대한 상표나 서비스표 등록이 급증하고 있듯이, 머지않아 제주 돌담의 가치인식이 보편화된다면 상품판매를 위한 상표나 서비스표 등록 등 지식재산권에서 제주 돌담이 갖는 브랜드 가치도 한층 높아질 수 있다.

7) 돌담의 세계문화유산 등재 추진

제주의 돌담을 가리켜 흔히 '흑룡만리'라 표현하기도 한다. 이는 제주의 검은색 돌담이 만리에 이를 정도로 길이가 끝이 없음을 표현한 것이다. 고성보 외(2009)는 제주 돌담의 길이에 대해 1㎢로 구획한 6개 지역을 표본 삼아 추정한 결과 약 22,108km라 제시하였다. 이는 1995년 문화경관으로는 처음으로 세계문화유산으로 지정된 필리핀 코르디레라스의 '다랭이 논' 길이 (22,400km)와 비교되는 수치이다. 이처럼 제주 돌담은 역사성을 비롯하여 경관적 가치나 지속 가능성 그리고 인간과 자연과의 관계적 측면에서 유네스코가 추구하는 보편적 가치에 잘 부합되는 문화유산이라 할 수 있다. 따라서 앞으로 제주 돌담을 세계문화유산으로 등재하는 작업을 진행해 나가야 할 것으로 판단된다.

이와 관련하여 제주 돌담의 핵심요소인 제주 밭담이 2013년 1월에 전남 청산도의 구들장 논과 함께 국가중요농업유산으로 선정되었고, 2014년 4월에는 세계식량농업기구(FAO)가 주관하는 세계농업유산으로 등재되었다. 이러한 상황은 앞으로 제주 돌담이 세계문화유산으로 등재되는 데 호기가 될 것이 분명하다. 제주 돌담을 세계문화유산으로 등재하려면 우선 체계적인 관리를 할 수 있는 기관으로, 현재 운영되고 있는 '세계자연유산관리단'과 같은 적극적인 운영 조직체가 필요하다. 이 조직체에서는 돌담에 대한 연구물을 지속적으로 수집하고, 향후 등재 추진을 위한 연구계획과 방향을 단계별로 설정하여 수행해가야만 한다.

만약에 제주 돌담이 세계문화유산으로 등재가 추진된다면, 세계자연유산과 세계지질공원의 지정으로 제주 자연환경의 특수성과 가치가 재조명된 것처럼, 제주 돌담의 가치에 대해서도 제주도민들과 제주를 찾는 많은 방문객들에게 인식의 폭이 확산될 것은 자명하다. 아울러 제주 돌담이 어떠한 형태로든 세계문화유산으로 지정된다면, 핵심지구의 선정과 함께 그에 따른 문화재 보호와 지역주민들의 활용이 전제되어야 한다. 따라서 국가와 지방 정부의 협력 하에 부분적인 토지매입이나 환지조성은 물론 사유지에 대한 재산권 행사를 담보하는 제도적 장치가 마련되어야만 한다.

5. 나오며

본 글에서는 장소자산으로서 제주 돌담의 가치를 논의하고 그 결과 얻어진 내용을 토대로 활용방안을 구체적으로 강구하였다.

먼저 장소자산으로서 제주 돌담이 지니는 가치는 다음과 같이 확인할 수 있었다. 첫째로, 제주 돌담의 분포지역은 전도적으로 매우 넓고 그 종류도 다양하며 특히 현시점에서 볼 때 제주에 남아 있는 돌문화 요소 중 거의 유일하게 박제화되지 않은 문화 유산적 특징을 지니고 있다는 점이다. 둘째로, 제주 돌담이 지닌 직선과 곡선은 특이한 경관미를 갖고 있는 동시에 주변 지역의 경관과도 조화를 잘 이룬다는 점이다. 셋째로, 제주 돌담은 장소자산으로서 타 지역에 비해 역사적 전통과 도서성 및 경쟁력이 탁월하다는 점이다. 넷째로, 제주 돌담은 최근 경관적 가치가 부각되는 시기와 맞물려 관광 트렌드와도 잘 부합된다는 점이다. 다섯째로, 농어촌지역에서는 농가 외 소득을 창출할 수 있는 소중한 자원이라는 점이다.

이상과 같은 제주 돌담의 가치를 바탕으로 돌담의 활용방안에는 세 가지 관점에서 정리할 수 있다. 첫째로, 제주 돌담의 가치를 인식시키는 관점에서는 돌담 지도(분포도) 및 핸드북 제작 활용을 제시할 수 있으며, 둘째로, 제주 돌담의 보전적 관점에서는 돌담 경관보전직불제와 같은 보수·보전에 대한 정책 추진과 중앙과 지방정부에서 추진하는 농촌연계사업과도 연계하는 방안을 제시할 수 있다. 셋째로, 지역별로 다양한 제주 돌담을 활용하는 관점에서는 돌담을 주제로 한 축제 개최를 비롯하여 돌담 경관지구의 지정 및 밭담 감상용 구조물 조성 활용, 기내에서 돌담경관 감상의 기회 제공, 돌담을 테마로 한 농산물 브랜드화를 제시할 수 있다. 더불어 중앙과 지방정부가 제주 돌담을 세계문화유산으로 등재하기 위한 추진 작업은 제주 돌담의 보존과 활용적 측면에서 볼 때 매우 중요한 사안이 될 것으로 판단된다.

지금까지의 논의에서 충분히 입증된 바와 같이, 제주 돌담은 그동안 장소자산으로서 잠재적 가치만 인식되어 왔을 뿐, 실재적 가치를 긍정적으로 파악함과 동시에 활용방안에 대해서는 그다지 높게 평가하지 못하는 수준에 머물러 있었다. 그러나 자연환경과 역사성, 문화특성이 강조되는 시대적 흐름 속에서 제주 돌담은 제주를 대표하는 또 하나의 장소자산으로 충분히 가치를 인정받을 수 있으며, 그에 따른 활용 가능성도 한층 높아질 수 있음을 다양한 논의를 통해 확인할 수 있었다. 따라서 앞으로 제주 돌담의 활용방안에 대해서는 다양한 시각과 지역적 상황을 고려한 관심과 노력이 지속적으로 진행되어야 할 것으로 판단된다.

제2부

제주 돌문화 요소와
지역에서의 모습

돌문화 요소의 존재적 가치와 장소적 특성

해안 마을의 돌문화 특징

중산간 마을의 돌담 특징

돌문화 요소의 존재적 가치와
장소적 특성

1. 들어가며

　본 주제에서는 사례로 선정한 개별 돌문화 요소의 존재적 가치를 검토하는 동시에 그것들이 입지하는 장소적 특성을 살펴보고자 한다. 더불어 다양한 돌문화 요소들이 집합적으로 모여 있는 한정된 장소나 공간의 성격에 대해서도 검토하고자 한다. 여기서 다루는 돌문화 요소는 방사탑(防邪塔)을 시작으로 도대불(道臺-), 연대(煙臺) 및 진성(鎮城)이다. 그리고 제주도 내에서 확인할 수 있는 요소들을 한 장소에 복원하여 조성한 제주돌문화공원과 북촌돌하르방공원, 그리고 현실세계 속 하가리의 사례를 통해 돌문화 요소들의 실태와 특징을 살펴보고, 특정 장소를 구성하는 요소로서 존재적 가치를 확인하고자 하였다. 결과적으로 이처럼 제한된 장소와 공간이라는 제약성은 돌문화 요소의 특성과 존재적 가치를 탐색하는 데 아주 적절한 기회를 제공할 것으로 판단하였다.

　개별적인 돌문화 요소의 존재적 가치를 파악하고 그것들이 입지하는 장소적 특성을 검토하는 것은 돌문화 요소에 대한 또 다른 의미를 파악할 수 있는 시사점을 제공할 것으로 판단한다. 본 장에서 논의를 위해 선택한 개별적인 돌문화 요소, 그리고 돌문화 요소들을 집합적으로 감상할 수 있는 테마공원과 마을은 어디까지나 필자가 임의적으로 선정한 것임을 밝혀둔다. 필자의 의도는 돌문화 요소들을 좀 더 가깝고 구체적인 형태로 실체에 접근함으로써, 그것들이 입지하는 장소적 특성과 더불어 자원적 활용 가능성을 살피기 위함이다.

2. 개별 돌문화 요소의 존재적 가치와 장소성

1) 마을의 수호신 방사탑(인성리, 용수리, 신촌리)

방사탑은 단어 그대로를 해석하면, '사악한 것을 막는 탑'이라는 의미를 갖는다. 제주도에는 오래전부터 마을의 자연지형이 허(虛)하다고 생각되거나 살(煞: 사람을 해치는 기운)이 강하게 비치는 장소를 선택하여 돌탑을 쌓고 염원하는 풍습이 전해진다. 다시 말해 마을 입구를 중심으로 허하다고 생각되는 장소에 돌탑을 쌓아 올림으로써 마을 내부로 들어오는 사악한 기운(살)을 막고 마을 주민들의 평안을 기원하고자 하는 것이다. 이처럼 돌탑을 쌓은 지점이나 장소는 중요한 성소(聖所)로 여겨지기도 한다(강정효, 2008: 24-26). 방사탑은 마을에 따라 거욱대, 답, 탑, 액탑, 돌하르방, 가마귀동산, 가막동산, 거오기, 매조자귀 등 매우 다양하게 부른다(정은선, 1998: 1).

실제로 제주도의 마을을 탐방해보면, 방사탑을 쌓아 올린 마을이 의외로 많다는 사실을 확인할 수 있다. 최근 행해진 연구에 따르면, 제주도에는 32

개 마을에 총 63개의 방사탑이 잔존하는 것으로 확인되었다. [1] 이러한 사실만 보더라도, 제주도 마을에서 방사탑의 존재적 가치는 충분히 이해할 수 있다. 말하자면 방사탑은 우연히 쌓아 올린 여분의 산물이 아닌 마을 공동체의 염원과 희망을 담은 의미 있는 돌탑이라는 배경이 부각된다. 오늘날 많은 방사탑 중에서도 이호동 골왓마을 방사탑 5기를 시작으로 도두2동 몰래물 마을 2기, 한경면 용수리 2기, 조천읍 신흥리 2기, 대정읍 무릉1리 4기 및 인성리 2기 등 총 17기가 지방문화재(1995년 8월 지정)로 지정·보호되고 있다(제주특별자치도·제주문화예술재단, 2009: 443).

인성리는 서귀포시 대정읍에 위치하는 한 마을로서 서쪽의 보성리, 북쪽의 안성리와 더불어 조선시대 대정현성(大靜縣城)이 입지한 마을이기도 하다. 인성리의 농촌가옥들은 주로 마을 북쪽에 자리 잡고 있으며, 동남쪽에는 단산(바굼지오름, 158.1m)이라는 기생화산이 위치한다. 마을 주택가와 단산 사이는 주로 마을 주민들이 밭농사(감자, 마늘 등)를 행하는 지구인데, 이 밭농사 지구 한쪽에 방사탑이 위치해 있다. 방사탑 2기의 위치는 마을 중심부에서 보면 동남쪽이 되고, 단산을 기준으로 보면 서쪽이 된다. 마을 주민들은 바다 방향인 북동쪽이 지형적으로 매우 허하다고 느꼈던 것이다.

방사탑은 모두 3기인데, 탑 위에는 사람의 얼굴 형태만을 갖춘 석상(2기)〈사진 1과 사진 2〉과 팔을 배 앞으로 모은 상반신 형태의 석상(1기)〈사진 3〉이 세워져 있다. 방사탑의 전체적인 형태는 상부의 폭이 다소 작아지는 원탑형을 취하며, 탑의 높이(탑신)는 약 2~2.3m이다(강정효, 2008: 297-298). 이들 3기 중 농업용 수로에서 멀리 떨어져 있는 좌우 2기가 현재 지방문화재(민속문화재 제8-16호, 8-17호)로 지정되어 있다.〈사진 1, 사진 2〉

용수리는 제주시 한경면에 속해 있는 15개 마을 중 하나이다. 용수리는 어업을 겸하는 해안마을로 마을 포구 앞에는 '절부암(節婦岩)'이라 새긴 큰 바

〈사진 1〉 인성리 방사탑 1호

〈사진 2〉 인성리 방사탑 2호

위가 하나 있다. 이 절부암이라 새긴 바윗돌이 있는 장소는 조선시대 말 이 마을에 살았던 한 여인의 슬픈 전설이 전해지는 곳이다. 방사탑과 함께 꼭 한번 탐방해볼 만한 곳이다.

용수리 방사탑은 마을 포구를 사이에 두고, 2기가 바다 쪽을 향해 서로 마주 보는 형태로 세워져 있다. 탑 위에는 새 부리 모양의 돌을 각각 한 개씩 올려놓았다.〈사진 4, 사진 5〉마을 주민들은 2기의 방사탑 중 북쪽의 것을 '새원 탑'(사진 4, 민속문화재 제8-8호), 남쪽의 것을 '화성물탑'(사진 5, 민속문화재 제8-9호)이라 부르는데, 그 이유는 가까운 장소에 '새원'이라는 원담(갯담)과 '화성물'이라는 용천수가 위치하기 때문이다. 마을 내의 작은 지명을 잘 활용한 흔적이 돋보인다. 이들 방사탑이 위치한 장소는 용암류가 두껍게 쌓인 곳으로서 주변 지역에 비해서는 다소 높고 평평한 특성을 보인다. 2기의 방사탑은

〈사진 3〉 인성리 방사탑 3호

〈사진 4〉 용수리 방사탑 1호(새원탑)

〈사진 5〉 용수리 방사탑 2호(화성물탑)

용암류 암반을 토대로 하여 쌓아 올렸는데, 탑의 형태는 상부로 갈수록 비율이 감소하는 원뿔형으로 북쪽의 새원탑(1호)은 높이 2.1~2.7m, 화성물탑(2호)은 2.7m를 보인다(김순이·양종렬, 2007: 745).

신흥리는 제주시 조천읍에 속하는 해안마을이다. 인근 마을인 조천리에서 해안선을 따라 말끔히 단장된 해안도로를 따라가면, 초록색 바다와 함께 전망이 뛰어난 신흥리 포구와 방사탑을 만날 수 있다. 신흥리에는 방사탑이 5기나 있다. 방사탑이 많은 마을이라는 사실도 특이하지만, 더욱 흥미를 끄는 것은 5기 중 3기가 바닷물이 들고나는 얕은 수변공간에 위치해 있다는 사실이다.〈그림 1〉

신흥리 방사탑은 원래 〈그림 1〉과 같이 동서남북과 중앙에 각각 자리 잡고 있었다. 즉, 중앙에 위치하는 큰개탑을 중심으로 북쪽에는 오다리탑, 남쪽에는 개몰탑, 동쪽에는 다발탑, 서쪽에는 다릿개탑이 위치하고 있었다. 그러나

〈그림 1〉 **신흥리 방사탑(5기)의 원 방향과 위치**
자료: 정은선, 1998, p.53을 일부 수정.

〈사진 6〉 오늘날 신흥리 방사탑 5기의 위치

〈사진 7〉 지방문화재로 지정된 방사탑(2기)

원인이 무엇인지 확실치 않지만, 큰개탑과 오다리탑 2기만 남겨져 있다가 2000년대에 들어온 이후에 나머지 3기를 복원하였다. 예전처럼 5방위에 완벽하게 방사탑이 자리를 잡게 된 것은 최근의 일이지만, 아쉽게도 방사탑의 원래 방향과는 다소 틀어진 상태로 복원되었다.〈사진 6〉신흥리 주민들은 동북쪽으로 열린 바다 쪽에서 악귀나 사악한 기운이 들어온다고 생각했던 것이다. 신흥리 방사탑은 모두 원뿔형을 취하고 있으나, 얕은 수변공간에 세워진 좌우 2기는 밑변이 매우 넓게 복원되었다(사진 7의 가운데 방사탑 참조). 또 4기의 방사탑 꼭대기에는 다소 길쭉한 돌을 올려놓고 있는데, 여성(신)을 의미하는 방사탑(음탑, 큰개탑)에는 얹어놓은 돌이 없고 상부가 살짝 패여 있다. 오늘날 지방문화재(민속문화재 제8-10호, 8-11호)로 지정된 2기는 마을 포구에서 가까운 큰개탑과 가장 북쪽에 위치하는 오다리탑이다(사진 7의 두 화살표 참조).

2) 근대기의 마을 등대: 도대불(고산1리)

한경면 고산1리 해안가에는 현무암으로 멋지게 쌓아 올린 옛날식 등대가 있다. 이것은 다름 아닌 제주도에서만 볼 수 있는 도대불이다〈사진 8 ~ 12〉. 도대불이란 명칭은 원래 등대의 일본어인 '도우다이(とうだい, 灯台)'에서 온 것으로 알려지고 있다. 제주도 도대불의 존재와 실태에 대해서는 선행연구에서도 이미 확인된다(정광중, 2011: 56-57).

도대불은 기본적으로 현대식 등대가 도입되기 이전 시기에 제주도 어민들의 협력 하에 세워진 재래식 등대이다. 도대불의 존재적 가치는 물질문명의 혜택을 입지 못하던 근대기에 궁여지책의 산물로서, 제주 어민들에 의한 지혜의 결과물이라는 사실에서 찾을 수 있다. 도대불의 규모나 기능은 오늘날의 등대와 비교할 수 있는 수준은 되지 못한다 할지라도, 적어도 1970년대 이전까지 제주도의 해안가에 축조되어 저녁 늦게 고기잡이에서 돌아오는 어민들의 소중한 안내 기능을 담당했다는 사실만큼은 충분히 인식해 둘 가치가 있다. 그 이유는 제주도 해안에 산재한 도대불도 제주 어민들의 해양문화를 이해하는 데 소중한 자원이기 때문이다.

1990년대 후반까지도 제주도의 해안에는 17기의 도대불이 서있거나 혹은 일부 흔적이 남아있었던 것으로 보고되고 있다(이덕희, 1997). 그러나 2000년대로 들어서면서 제주시 용담동 도대불(2기)이나 애월읍 구엄리 도대불(1기) 등과 같이 원형이 완전히 사라져버린 사례도 있으며, 더불어 애월읍 신엄리나 성산읍 온평리 등 일부 마을에서는 새롭게 도대불을 복원하는 사례도 있다〈사진 8〉.

〈사진 8〉 온평리 도대불

〈사진 9〉 북촌리 도대불

도대불의 기원은 일제강점기 초기로 거슬러 올라갈 수 있는데, 최근까지 원형의 일부를 유지하고 있는 조천읍 북촌리 도대불은 1915년 12월에 축조된 것으로 확인된다. 북촌리 도대불은 현존하는 것 중에서는 가장 오래된 것으로 알려지고 있다.〈사진 9〉 그러나 대부분의 도대불은 1920~40년대에 축조하여 사용했던 것으로 파악된다.

고산1리 도대불은 속칭 자구내 포구라 부르는 고산1리 포구 서쪽에 위치하고 있으며, 도대불 북쪽 해안에는 눈섬(와도)과 차귀도가 자리 잡고 있다. 고산1리 도대불은 현재 남아있는 도대불 중 가장 원형을 잘 간직하고 있는 것으로, 〈사진 10~12〉에서 보는 것처럼 몸체는 길쭉한 사다리꼴을 취하게 하고 맨 위쪽에는 호롱불 또는 등피불을 넣을 수 있는 사각형의 점등 공간을 만들었다. 그리고 몸체는 현무암을 잘 다듬어 쌓아 올리고 돌과 돌 사이는 시멘트로 고정시켰으며, 불빛이 퍼져나가는 4면 창에는 다이아몬드 모양의 공

〈사진 10〉 고산1리 도대불(정면)　〈사진 11〉 고산1리 도대불(정면)　〈사진 12〉 고산1리 도대불(후면)
(2006. 11.)　　　　　　　　　　　(2013. 5.)　　　　　　　　　　　(2013. 5.)

간을 만들었다. 이 다이아몬드 형태의 4면 창에는 유리를 끼워 넣었을 것으로 추정된다.

고산1리 도대불의 높이는 285㎝이다. 자구내 포구 선착장은 일제강점기에 축조된 것으로 전해지는데 도대불은 일제강점기 후기인 1941년에 축조·사용하다가,[2] 전기가 들어오는 1970년대 초·중반경에 이르러 수명이 다한 것으로 알려진다(북제주군·제주대학교박물관, 1998: 307). 또한 도대불에 불을 밝히고 끄는 과정에서는 목제나 철제 사다리를 사용한 것으로 전해진다. 현재 제주도의 도대불은 단 1기도 지방문화재로 지정되어 있지 않지만, 앞으로 지정을 추진한다고 한다면 고산1리 도대불은 가장 강력한 후보가 될 것으로 판단된다.

한 가지 아쉬운 점은 10여 년 전에 도대불 하단부의 원형을 잃어버렸다는 점이다. 이 점은 도대불 후면부도 마찬가지다. 과거에는 도대불 하단부도 현무암을 2단으로 쌓고 돌 사이를 시멘트로 고정한 형태였으나〈사진 10〉, 이후에 콘크리트로 단단하게 고정해 버림으로써 더 이상 과거의 운치는 엿볼 수 없게 되었다.〈사진 11~12〉

3) 조선시대 산남지역의 주요 통신시설: 산방연대(사계리)

산방연대는 조선시대 제주도의 해안가에 설치되었던 38기 연대 중 하나로, 안덕면 사계리 3689번지에 위치해 있다.〈사진 13~14〉 연대는 조선시대 때 주로 제주도의 해안가에 축조하여 바다 밖으로부터 들어오는 왜적선이나 표류선 또는 이선(異船) 등의 동태를 관찰함과 동시에 위급한 상황을 알리는 일종의 통신시설이다(김봉옥, 2000: 297). 연대도 기본적으로는 현무암을 활용하여 높게 쌓아 올리는 것이 큰 특징이다.

〈사진 13〉 산방연대

〈사진 14〉 과거의 산방연대와 용머리해안 출처: 제주특별자치도, 2012. 9. 도정뉴스

제주도에는 돌로 쌓은 연대 외에 봉수대(烽燧臺)가 따로 있었는데, 봉수대는 대부분 조망권을 확보할 수 있는 오름(기생화산) 정상부에 흙으로 축조하는 것이 일반적이며 제주 섬을 돌아가며 25개소에 축조되어 있었다. 결국, 조선시대 때 제주도에는 연대 38개소와 봉수대 25개소 등 총 63개소가 지그재그 형태로 연락을 취하며 바다 밖을 감시하고 있었다.[3] 물론, 그 이유는 제주 섬에 들어오는 왜구나 외적으로부터 도민과 재산을 보호하기 위해서이다.

연대와 봉수대의 기능은 조금 다르다. 봉수대에서는 먼 수평선(약 50리 거리)을 관찰하면서 제주 섬에 들어오는 배의 존재와 위치를 파악하고, 연대에서는 배가 제주 섬 가까운 지점에 들어왔을 때 단순히 어선인지, 우군 측 배인지 아니면 적군 측(왜적선, 표류선 또는 이선) 배인지의 여부를 판가름하고 그에 따른 적절한 연락과 행동을 취하게 된다. 따라서 연대와 봉수대에 근무하는 봉군(연군)들은 불이나 연기로 서로 긴밀한 연락을 취하면서 궁극적으로는 관아(제주목, 정의현, 대정현)의 최고 책임자인 목사(牧使)나 현감(縣監)에게 상황 보고를 하게 된다.

보통 연대가 위치하는 장소는 해안가에서도 주변 지형보다는 높은 지점에 축조하는 것이 일반적이다. 이것은 제주 섬 가까이에 들어오는 왜(적)선이나 이선 등을 신속하고 정확하게 판별하기 위함이다. 최근의 연구결과에 따르면, 연대와 해안 간의 거리는 100m 미만이 21개소, 100~200m 사이가 5개소, 200m 이상이 10개소로 확인되었다(김명철, 2000: 80).

이로 보면, 연대나 봉수대가 자리 잡은 곳은 지리적으로도 위치적으로도 상당히 중요하고 의미 있는 장소임에 틀림없다. 만일 연대나 봉수대에서 단 한 번이라도 일을 잘못 처리하면, 그야말로 제주 섬은 쑥대밭이 될 수도 있기 때문이다. 실제로 제주 섬은 명종 7년(1552년)에 천미포로 왜구가 침입하여 제주도민들을 죽이고 재물을 약탈하는 사태가 발생하였고, 그 이후에도 왜구들의 침범은 끊이지 않았다. 결국 이러한 상황을 전제할 때, 조선시대 내내 제주 섬에서는 연대나 봉수대가 매우 중요한 통신시설이었으며 나아가 그것들이 위치하는 장소는 제주도민들의 목숨과 재산을 지키기 위한 일선이었음이 분명해진다.

연대나 봉수대에는 항상 해당 관아에서 봉군을 파견하여 교대로 보초를 서게 했는데, 봉군은 주로 주변 지역에 거주하는 도민들이 담당하였다. 산방 연대는 대정현에 속해 있었는데 동쪽의 당포연대(서귀포시 하예동), 서쪽의 무수연대(대정읍 하모리)와 서로 응수하면서, 동시에 동쪽의 호산봉수(안덕면 감산리, 월라봉 201m)와 서쪽의 저별봉수(대정읍 상모리, 송악산 104m)와도 연락을 취하는 체계를 갖추고 있었다.

산방연대는 산방산 남쪽 사면에 자리 잡고 있었으며, 오랜 세월 방치되는 바람에 1990년대 말까지도 연대를 쌓아 올렸던 기초석만 남아있었다. 〈사진 13〉은 2000년대 초 서귀포시가 원래의 장소에 복원한 모습이며, 〈사진 14〉는 오래전 20C 초까지 남아있던 산방연대의 모습이다. 과거의 자료를 통해 볼 때, 산방연대가 입지한 주변 지구는 돌담을 쌓아 올리고, 초지로 남겨두고 있음을 확인할 수 있다. 이것은 위급 시에 봉홧불을 피워야 하는 이유 때문에 연대와 바로 인접한 주변 지구에서 경작하거나 나무를 심는 등의 행위를 금하고 있었음을 짐작게 한다.

〈사진 13〉에서 확인할 수 있는 것처럼, 복원한 산방연대를 기준으로 보면 남쪽 방향의 중앙부에 상부로 올라가는 계단을 만들고, 좌우측이 거의 같은 높이로 현무암을 쌓아 올렸다. 불이나 연기를 피우는 정상부에는 사각 형태의 공간만 마련되어 있을 뿐 특별히 화덕시설은 설치하지 않았다. 연대나 봉수대의 가치는 시대의 흐름 속에 점차 희미해지기는 했으나, 많은 시간이 흐른 오늘날에는 오히려 관광자원으로서의 존재적 가치가 부각되고 있다. 물

론 현시점에서 볼 때 관광자원으로서 산방연대의 인식도가 그리 높은 편은 아니다. 그러나 산방연대를 포함한 다른 연대나 유사한 기능을 지닌 봉수대도 각별한 활용방안을 모색한다면, 본격적인 활용 시기는 훨씬 빨라질 것으로 판단된다. 오늘날 산방연대는 산방산을 끼고 상모리 - 사계리 - 화순리로 이어지는 해안도로가 이미 오래전에 개설되어 있기 때문에 탐방하는 데 매우 편리한 상황이다.

4) 조선시대 제주 서부지역의 핵심 군 주둔지: 명월진성(명월리·동명리)

명월진성은 조선시대 제주 섬에 쌓은 9개의 진성(鎭城) 중 하나로, 여러 진성 중에서는 가장 규모가 큰 방어요새였다〈사진 15〉. 명월진성이 위치하는 곳은 오늘날 한림읍 명월리와 동명리의 경계를 이루며 해발고도로는 20m를 전후한 지구이다. 그리고 명월진성과 가장 가까운 옹포리 해안과는 직선거리로 약 1.2㎞ 정도 떨어져 있다.

오늘날 잔존하는 명월진성은 1592년(선조 25) 제주목사 이경록(李慶錄)이 석성(石城)으로 축조한 것으로 전해지고 있으나, 원래는 1510년(중종 5) 장림(張林) 목사가 당시 명월포(현, 한림항 내)에 목성(木城)으로 쌓았다고 전해진다(제주특별자치도·제주문화예술재단, 2009: 364). 따라서 오늘날의 명월진성은 해안가인 명월포로부터 남쪽 방향의 내륙으로 다소 떨어진 장소로 이동한 후에 현무암을 이용하여 축조한 배경을 가지고 있다.

명월진성은 둘레 1,360m, 높이 4.2m, 동·서·남쪽 세 군데에 문루(門樓)를 설치했으며 7개소 이상의 치성(雉城)이 설치되었던 것으로 확인된다(제주도, 1996: 104). 명월진성의 형태는 북서~남동 방향으로 기울어진 타원형을 취하기 때문에 성담을 기준으로 볼 때 동서 길이와 남북 길이가 거의 유사하게 나

〈사진 15〉 **명월진성(항공사진)** 출처: 제주고고학연구소, 2011. 4.

타나는 특징을 보인다. 고문헌에는 명월진성 안에 큰 샘(용천수)이 항상 넘쳐 흐른다는 기록이 전해지는데, 이 샘은 오늘날 진성 북쪽에 위치하는 '조물'이 라는 용천수를 일컫는 것으로 보인다. 오늘날 조물은 한림정수장으로 거듭 탄생하여 서부지역의 일부 도민들에게 식수원 기능을 담당하고 있으며, 일 부는 옹포천으로 합류하여 옹포리와 동명리 주변 논농사에도 활용되어 왔다.

명월진성은 제주 섬의 다른 진성보다도 규모가 크기 때문에, 당시 성 내 부에는 진사(3칸)와 객사(3칸)를 비롯하여 사령방(2칸), 공소(2칸), 공수(2칸), 무기고(4칸), 도청(4칸), 진고(4칸), 창대청(3칸), 중화청(2칸), 진졸청(3칸), 창고(8칸, 4동) 등 많은 건물들이 있었으며, 군역을 담당하던 사람들도 시기에 따라 다르나 많았던 시기에는 보통 만호(萬戶: 명월진성의 최고 책임자) 1명을 포함하여 치총 4명, 수솔군 82명, 성정군 330명, 유직군 99명, 진리 22명, 서기 30명, 봉수·연대의 별장 54명, 봉군 132명 등 750명이 넘는 군역자들이 배치되고 있었다(제주특별자치도·제주문화예술재단, 2009: 364).

명월진성이 당시 이 정도의 군 관련 병력이 주둔하거나 혹은 동원할 수 있는 체계를 갖추고 있었다는 배경은 제주 섬 내에서도 명월진성의 위상과 함께 중요성이 대단했었음을 반증하는 것이라 생각할 수 있다. 이러한 상황은 가까운 해안에 위치한 비양도가 왜구들의 활동 거점이 될 수 있다는 배경과 무관하지 않다. 따라서 명월진성이 입지한 장소는 그만큼 각별한 의미를 안고 있으며, 명월진성의 존재적 가치도 다른 진성들과는 차원이 다를 것으로 판단된다. 오늘날 다른 진성들보다도 가장 먼저 복원사업을 추진한 배경도 나름대로 장소적 특성이나 존재적 가치 혹은 위상 등이 함께 부각된 것이라 이해할 수 있다.

명월진성은 규모가 큰 만큼 성벽도 길고 높게 쌓았는데, 대부분은 주변에서 쉽게 얻을 수 있는 현무암 재질의 돌을 활용하여 축성하였으며 태풍이나 강풍에 무너진 후에도 대부분 주변에서 얻은 돌을 활용하여 보수한 것으로 파악된다. 이러한 사실은 당시 쌓아 올린 성담(특히 남동쪽 구간)에서 쉽게 확인할 수 있다. 2001~2003년에 명월진성을 서부지역의 관광자원으로 활용하기 위해 남문을 중심으로 남서쪽 및 남동쪽 일부 구간의 성담과 문루, 치성과 옹성 등을 복원하였다. 4)〈사진 16〉 바꾸어 말하면, 정북~북동쪽 구간에는 조선시대 때 축조한 성담이 다른 구간에 비하여 상대적으로 잘 남아있다. 이 구간이야말로 역사의 숨결을 제대로 느낄 수 있는 지점이라 할 수 있다.

〈사진 16〉에서 보는 것처럼, 오늘날 명월진성의 내부는 대부분 밭으로 이

〈사진 16〉 복원한 명월진성(남문과 주변 성곽)

용되고 있으며, 서~북서쪽 일부 지구에는 사찰과 민가 그리고 정수장이 들어서 있다. 또 명월진성 내부를 거의 양분하듯이 시도(명월성로)가 관통하고 있으며, 따라서 명월진성은 일주도로인 1132번 지방도를 따라 서쪽으로 가다 보면 쉽게 만날 수 있다. 이러한 명월진성은 9개의 진성 중 가장 빠른 시기인 1976년 9월부터 제주특별자치도 기념물 제29호로 지정되어 보호·관리되고 있다.

3. 돌문화 요소의 집합 장소로서 테마공원과 마을

1) 제주돌문화공원

제주돌문화공원은 제주 돌문화의 진수를 엿볼 수 있는 안성맞춤의 장소로, 돌을 주제로 한 테마공원 중에서는 가히 국내 최대라 할 만하다. 제주돌문화공원은 제주시 조천읍 교래리 산 119번지에 위치하는데, 주변 지역은 제주의 자연 생태계가 잘 유지되고 있는 교래 곶자왈(Gotjawal) 지구를 이룬다. 이로 보면, 제주돌문화공원은 자연 생태계의 신비함과 돌 자원의 기묘함을 겸비한 테마공원이라 할 수 있다. 〈사진 17〉

제주돌문화공원은 민관(民官) 합작으로 조성된 공원으로 2006년 3월에 1차로 개원하였다. 총 부지면적 3,269,731㎡(100만 평)에 약 1,952억 원이 투

〈사진 17〉 제주돌문화공원 입구의 거석

자될 예정이며, 따라서 일부 공원지구는 2020년 말 완공 예정으로 지금도 조성 중에 있다. 이처럼 제주돌문화공원은 광대한 부지에 제주의 자연과 돌문화의 진수를 보여주기 위한 거대 프로젝트를 단계적으로 실행해가고 있다.

이러한 제주돌문화공원이 조성 이후에 제주 화산섬을 이해하고, 다종다양한 돌문화 요소를 통하여 제주의 지역성과 제주도민의 정체성을 널리 알리는 데 크게 일조할 것이라는 사실은 의심할 여지가 없다. 이 점은 바로 제주돌문화공원의 존재적 가치를 묻는 시점과도 연결될 수 있다. 다시 말해, 민관협력 투자로 완성되는 제주돌문화공원은 단순히 이윤추구만을 목적으로 조성되는 것은 아니라는 점이다.

제주돌문화공원은 사람과 역사와 문화가 만나는 만남의 장소이다. 제주돌문화공원은 제주에서 살아가는 제주도민들은 물론이고 제주를 찾는 모든 사람들에게 일상생활에서 돌의 쓰임새를 시작으로 경제활동과 문화활동 등 다양한 부문에서 탄생한 제주의 돌문화 요소를 만남으로써, 제주의 자연 환경적 특이성과 역사적인 맥락 그리고 생활 문화적인 특성을 흥미롭게 이해할 수 있는 아주 소중한 장소이기 때문이다. 따라서 제주돌문화공원에서 모든 방문객들이 제주 화산섬의 혹독한 환경과 제주도민들의 역사와 문화를 음미하고 학습하는 데서 그 존재적 가치는 더욱 커질 수 있을 것이라 여겨진다.

제주돌문화공원은 크게 실내 전시관과 야외 전시장으로 나뉘는데, 실내 전시관은 주 전시관인 '제주돌박물관'을 비롯하여 '돌문화 전시관(8동)', '설문대할망 전시관(지상 1층, 지하 2층)', '오백장군 갤러리(지하 1층, 지상 2층)' 등으로 구성되고, 야외 전시장은 '제주 전통초가', '제주 전통마을 재현 공간', '돌문화 야외 전시 공간', '교래 자연휴양림', 그 외 '부대시설(원두막 12동, 휴게소, 관리소 4동, 화장실 7동)' 등으로 구성된다(제주특별자치도 돌문화공원 관리 사무소, 2011: 4).

이들 실내 전시관과 야외 전시장 중에서 제1단계 사업(1999~2005년)으로 완료·개원한 곳은 제주돌박물관을 시작으로 제주 전통초가, 돌문화 전시관, 돌문화 야외 전시 공간과 기타 부대시설(원두막 동) 등이며, 제2단계 1차 사업(2006~2010년)을 통해 선보인 야외 전시장은 오백장군 갤러리, 제주 전통 마을 재현 공간, 교래 자연휴양림이다. 특히 2단계 사업을 통해 개장한 교래 자연휴양림은 휴양 레크레이션 지구를 포함하여 야영 레크레이션 지구, 삼림욕 지구, 생태관찰 지구, 오름 산책로 등으로 구성되고 있어서 방문객들이 제주 자연을 마음껏 접할 수 있는 자연공원의 특성을 지니고 있다. 아직 삼림욕 지구 등 일부 자연공간이 조성 중에 있으나, 모든 휴양림 지구가 완료된다면, 탐방객의 발길은 한층 더 잦아질 것으로 전망된다.

마지막으로 제2단계 2차 사업(2011~2020년)을 통해 개장할 예정인 실내 전시관은 설문대할망 전시관과 교래 자연휴양림의 일부 지구이다. 이들 중

〈사진 18〉 제주돌문화공원 내 돌하르방군

설문대할망 전시관은 지금까지는 접할 수 없던 독특하고도 신비스런 전시방법을 통하여 제주도민들이 사용했던 민구 등을 포함하여 시대별 민속문화의 진수를 선보일 예정이다.〈사진 18〉

제주돌문화공원은 분명 우리 시대의 원대하고 희망찬 거대 프로젝트임에 틀림없다. 모든 사업이 완료된다면, 제주돌문화공원은 모든 사람들이 자연을 벗 삼아 즐기고 제주 돌문화의 진수를 맛볼 수 있는, 즉 자연과 역사, 문화의 복합공간으로 자리매김할 것으로 전망된다.

2) 북촌돌하르방공원

북촌돌하르방공원은 제주시 조천읍 북촌리에 위치하는 사설공원이다. 제주시 중심부에서 자동차로 20~30분 정도면 닿을 수 있는 거리다. 북촌돌하르방공원은 오래전부터 제주도에 전해오는 대표적 상징물인 돌하르방(돌 할아버지)을 주제로 개원한 테마공원이다. 현재 공원 내부에 전시되고 있는 〈사진 19~20〉을 보면, 북촌돌하르방공원의 특수성을 쉽게 이해할 수 있다.

돌하르방을 주요 테마로 설정하고 있지만, 내부를 들여다보면 나름대로 작지만 독특한 아우라가 두드러진 공간에 예술성을 가미함으로써 자연과 예술이 공존하는 공원 특성을 살려내고 있다. 궁극적으로 이것은 물(질)적 요소 창조에 의한 북촌돌하르방공원의 존재적 가치를 부각시키는 과정이라 할 수 있으며(다무라 아키라, 2005: 62), 더불어 공원 관촉을 위한 자산적 가치를 상승시키는 일련의 노력이라 할 수 있을 것이다.

일단 북촌돌하르방공원은 개인이 돈을 투자하여 설립한 테마공원의 성격을 지니고 있기 때문에, 관광객들의 입장에 따른 수익 창출이 매우 중요하다. 따라서 끊임없이 자산적 가치를 발굴하면서 물적 요소를 새롭게 창조하

〈사진 19〉 모자를 벗은 돌하르방

〈사진 20〉 돌하르방과 다리

는 일이 중요할 수 있다. 이러한 과정은 북촌돌하르방의 장소 이미지를 고양시키는 일인 동시에 제주도내의 다른 테마공원들과 차별화하는 수단으로 작용할 수 있다는 것이다.

북촌돌하르방공원은 에코뮤지엄(Eco-museum)의 실험장이라 해도 좋을 듯하다. 야외 전시장을 중심으로 돌을 소재로 한 돌하르방 석상만을 모아놓은 것 같지만, 나무를 소재로 또 다른 인간상을 가미하는 독특한 구성까지 보여준다. 아울러 딱딱한 돌과 나무를 소재로 사람에 포인트를 두면서도, 다른 한편으로는 제주 용암 숲인 곶자왈을 배경 삼아 자연의 숨결을 느끼게 하고, 또한 물을 소재로 정원 조성을 통해 자연의 포근함마저 느끼게 하는 다양성을 지향하고 있다. 따라서 공원 면적은 19,000㎡ 정도에 지나지 않지만, 그 안에서 탐방객들의 마음을 사로잡을 수 있는 요소들은 의외로 많다는 점에 놀라게 된다.〈사진 21~22〉

북촌돌하르방공원을 실내공간과 실외공간으로 나누어 보면, 공원 내부에서의 탐방활동이나 관찰 및 체험활동 등이 가능한 공간들도 쉽게 확인된다. 먼저 실내공간으로는 하늘갤러리, 체험공방 및 아트샵·찻집으로 구성되어 있으며, 실외공간으로는 재현전시 공간(섬사람의 얼굴)을 비롯하여 기능전시 공간(섬땅 지킴이), 창작전시 공간(다시 새긴 몸짓) 등 감상과 관찰활동을 행할 수 있는 전시물 위주의 공간, 그리고 곶자왈 숲길과 제주 정원 산책 등 명상활동 공간, 나아가 소원(所願) 자리와 지구별 평화여행단

〈사진 21〉 대검 찬 돌하르방

등 체험과 행위유도 공간으로 구성된다.

물론 '돌하르방공원'이라는 이름에 부합하는 주요 전시물은 재현전시 및 기능전시 공간에 배치하고 있는데, 작은 공간 안에서도 다양한 형상의 돌하르방을 압축적으로 감상할 수 있는 전시 구성은 이 공원만이 추구하는 장점이다. 아울러 창작전시 공간에 전시된 새로운 형태의 돌하르방은 북촌돌하르방공원이 아니면 결코 감상할 수 없는 해학적인 웃음을 자아내게 하며, 모든 방문객들에게 인증 샷(Shot) 없이는 그대로 지나치지 못하도록 하는 친근감으로 다가온다. 이러한 해학적 요소 또한 북촌돌하르방공원의 존재적 가치를 높이는 유효한 방향타(方向舵)로 작용하고 있다.

북촌돌하르방공원은 한 예술가의 열정적인 노력과 집념에 의해 탄생한 공원이다. 공원 내의 모든 전시물은 많은 사람들이 '너무나 흔하다'고 여기는 돌하르방을 소재로, 20년 이상의 세월을 홀로 고민하고 싸움하며 얻어낸 예술작품들이다. 따라서 돌하르방공원의 실내와 실외에 전시된 다양한 전시물은 오로지 개인의 한없는 노력에 의해 얻어진 새로운 생명체라는 사실을 염두에 두어야 한다. 그것이야말로, 한 예술가가 추구하는 '숲, 만남 그리고 평화'의 메시지를 듣는 일이기도 하다.

3) 애월읍 하가리

하가리(下加里)는 제주시 애월읍에 속해 있는 중산간 마을로서, 2011년 4월 현재 185세대 434명(남: 219명, 여: 215명)이 거주하는 아담한 농촌이다. 마을 주민들은 감귤을 비롯하여 양배추와 브로콜리, 수박, 보리 등 주로 밭작물을 생산하며 생계를 잇고 있다.[5] 하가리는 돌담과 연꽃마을로 도내 외로 널리 알려진 마을이지만, 이 외에도 전통초가, 돌담길과 올렛길, 봉천수(물통), 연화못 등 비교적 과거의 생활유적이 많이 남아있는 마을이기도 하다. 〈사진 23~24〉이러한 영향으로, 2011년 10월에는 일본 중앙지의 하나인 아사히신문(朝日新聞)에도 크게 보도되었는데, 그 이후부터 일본인의 방문도 많아지는 것으로 알려진다.

하가리는 그만큼 제주의 중산간 마을과 관련하여 장소 이미지나 장소성이 빼어난 농촌으로 평가할 수 있으며, 전통마을로서의 이미지도 매우 강하다. 궁극적으로 하가리는 제주 돌문화를 현장에서 직접 피부로 느낄 수 있고, 더불어 탐방의 의미와 가치를 고취시킬 수 있는, 제주도 내에서도 몇 안 되는 전통마을임에 분명하다. 따라서 하가리는 제주도민들이 현실세계에서 창조한 돌문화 요소의 활용성을 충분히 확인할 수 있는 장소적 특성을 보여준다. 말하자면, 하가리에서 확인할 수 있는 다양한 돌문화 요소들은 특별히 관람을 위해 일정한 장소에 가두어지거나 박제화된 것이 아닌 실제생활에서 기능하며 작동하는 것들이다.

하가리에서 주로 확인할 수 있는 돌문화 요소들은 축담과 울담, 통싯담과 올렛담, 마을길 돌담과 봉천수 돌담, 밭담과 산담 등 다양하다. 〈사진 23~24〉이들 돌문화 요소 중에서도 하가리에는 특히 설촌 당시의 마을길 돌담(옛 돌담길)이 잘 보전돼 있어서, 2006년 10월 문화재청이 문화재로 지정하고자 하는 움

〈사진 23〉 올레와 올렛담

〈사진 24〉 전통초가(문형행 가옥)와 울담

직임이 있었다. 〈사진 25〉 그러나 마을 주민들이 문화재 지정을 강력히 반대함으로써 결국 하가리의 마을길 돌담은 대상에서 제외되었다. 그 이후부터 하가리에서는 마을 주민들의 독자적인 방식으로 여러 형태의 돌담과 밭담을 보전하자는 운동이 전개되었다. 마을 리더와 주민들이 서로 손을 잡고, 마을 살리기와 농촌마을 관광을 위한 운동을 자발적으로 전개한 것이다. 이것은 다름아닌 중산간 마을의 부가가치를 한층 높이면서 돌문화 요소의 집합적 특성을 보이는 하가리의 장소성을 부각시키기 위한 전초전이라고 말할 수 있다.

이 운동을 전개하는 과정에서 유달리 큰 변화를 가져오게 된 계기는 2010년 4~6월 사이에 전개된 '돌담마을 만들기 사업'이었다. 하가리는 주변 다른 마을에 비해서는 상대적으로 마을길 돌담이나 밭담 등이 잘 남아있는 편이지만, 마을 주민들은 오래전부터 도로가 확장되고 현대식 가옥이 하나둘씩 늘어가는 과정에서 울담과 마을 돌담길, 밭담 등이 많이 훼손된 것으로 인식하였던 것이다.

결과적으로 2009년부터 본격화된 마을 내 돌담 복원 사업은 2010년 봄에 이르러 새로운 국면을 맞게 되었으며, 당시 중점적으로 추진한 사업내용은 연화못 주변 돌담 정비를 비롯하여 콘크리트 및 시멘트 건물 담장의 돌담 복원, 밭담 복원, 마을 중심길 돌담 꽃길 조성, 봉천수 돌담 정비, 정자목 쉼터의 돌담 정비 등이었다. [6] 〈사진 26〉 이들 돌담 복원과 정비 사업이 완성됨에 따라 설촌 당시의 마을길 돌담을 포함하여 이미 마을 내에 존재하는 국가지정 문화재(중요민속자료) 잣동네말방아와 지방문화재(민속문화재) 전통초가(문형행 가옥 및 변효정 가옥, 〈사진 24〉) 등이 함께 어우러져, 하가리는 한층 더 옛 정취가 풍기는 마을 이미지를 창출해낼 수 있었다. 이것은 하가리가 마케팅할 수 있는 최고의 장소자산을 극대화시킨 형국이라 볼 수 있다.

하가리로 들어서면, 마을 중심 길을 따라서 좌우로 조성된 돌담 꽃길이

〈사진 25〉 마을길 돌담(주택가)

〈사진 26〉 마을길 돌담(대로변)

눈에 들어온다. 돌담 꽃길은 도로변 건물(창고 등)과 가옥 등의 출입구를 제외한 구간에 일정한 간격을 두고 약 60㎝의 높이로 조성되었다〈사진 26〉. 건물이나 가옥이 없고 주로 밭이 이어지는 일부 구간에는 허물어진 밭담을 복원하고, 연화못(보전용 습지)으로 이어지는 도로 구간에는 연못과 도로의 경계선 기능을 하는 돌담 꽃길을 조성함으로써 과거에 사용했던 습지 보전과 돌담의 운치를 동시에 살리는 지혜를 발휘하였다.

가옥들이 밀집해 있는 마을 내부는 마을길과 개별 택지로 연결되는 올렛길이 이어지고, 사이사이에는 자그마한 밭과 밭담이 마주하면서 거칠지만 곡선미와 직선미가 더해지는 현무암 돌담길의 숨결이 되살아나도록 했다. 그리고 정자목이 있는 쉼터는 상단부는 목재로 단장하고 하단부에는 돌담을 보수하여 과거와 현재가 공존하는 듯한 분위기를 살려냈다.

나아가 문화재로 지정된 연자마나 전통초가 등은 지붕을 새로운 재료(띠)로 교체하여 말끔하게 단장함으로써, 돌담을 키워드로 설정한 마을 전체의 이미지와 상징성을 한층 더 부각시켰다. 장○○ 이장의 인터뷰에 따르면, 하가리가 돌담 마을로 정착해나가기 위한 노정은 아직도 끝나지 않았고, 앞으로도 마을 주민들과 함께 계속해 나갈 것이라며 향후의 사업 실천에 대한 강한 의욕을 내보였다.

4. 나가며

본 장에서는 먼저 제주 돌문화를 구성하는 개별적 경관요소에 대한 존재적 가치와 함께 장소적 특성을 파악하였다. 이어서 돌문화 경관요소들이 제주도 내에서도 함축적으로 집합되어 있는 테마공원과 마을을 사례로 장소와 공간이란 개념을 염두에 두고, 그것들의 존재적 가치와 자원으로서의 활용 가능성 여부에 대하여 검토하였다.

제주 돌문화를 구성하는 경관요소들은 사실 너무도 많다. 그러나 그것들 중에서도 몇 가지 사례만을 선정하여 구체적으로 접근한 것은 나름대로 지역성과 장소적 특성을 찾기 위한 일종의 모험이라 할 수 있다. 본장에서 검토한 인성·용수·신촌리의 방사탑, 고산1리 도대불, 사계리의 산방연대 및 명월리·동명리의 명월진성은 나름대로 제주 돌문화를 구성하는 각별한 의미와 가치를 지니고 있으며, 그런 만큼 또 개별 요소마다 본래의 기능을 전제한 장소성을 함축하는 것으로 평가할 수 있다.

먼저 방사탑은 제주도의 마을 입구에 축조되는 상징성이 강한 건축물이자 경관요소이다. 방사탑은 제주의 해안마을은 물론 중산간 마을에도 축조되는 공통점을 지닌다. 제주도에서도 산간지역에 마을이 입지하는 비율은 압도적으로 낮기 때문에, 방사탑은 과거 제주도의 어느 마을에나 축조되었던 보편성을 띠는 돌문화 요소이다.

방사탑과는 달리 도대불은 해안마을에만 나타나는 경관요소로서, 상대적으로 과거로부터 어업활동이 활발했던 마을에 입지했던 특성을 지닌다. 따라서 등대가 설치되지 않았던 1920~1970년대 사이에 많은 해안마을이 도대불을 축조하여 어업활동에 활용했을 것으로 판단된다. 그렇지만 역할을 마친 도대불은 이제 몇 기 남아 있지 않은 상황이어서, 희귀성과 상징성이 점점 더 강해지는 돌문화 요소이기도 하다.

연대와 진성은 모두 조선시대 때 군사시설인 동시에 지역방어에 중추적 역할을 했던 요소로서, 일반 민간에서 축조하여 사용했던 방사탑과 도대불과는 규모와 입지에서 현격한 차이를 보이는 돌문화 요소들이다. 더불어 관(官)에서 운영하던 군사시설인 만큼 당시에는 상당히 보호·관리가 잘 되었으며, 동시에 역할을 다한 이후에도 상당 기간 동안 유지 존속돼 왔다. 나아가 연대와 진성은 탐방객들을 끌어들이는 흡인력이 방사탑과 도대불보다 높게 나타나기 때문에, 현실적인 활용도에서는 큰 차이를 보이는 것이 사실이다.

이들 네 가지 돌문화 경관요소는 본래의 기능이 다른 만큼 입지하는 장소에도 차이를 나타낸다. 방사탑은 마을을 기점으로 주변이 확 트인 장소에, 도대불은 포구 주변이나 포구가 내려다보이는 장소에 주로 입지한다. 연대는 바다를 넓게 조망할 수 있는 장소인 해안가 언덕에 그리고 진성은 마을 중심부나 도내의 주요 포구가 위치해 있는 장소에 주로 입지한다. 물론 이들 돌문화 요소의 장소도 동일 유형 간 입지성을 비교하면 해당 장소를 지향하는 배경적 요인은 미묘하게 차이를 보인다. 예를 들면 명월진성이 제주 서부지역 군사시설의 교두보라 한다면 별방진성은 동부지역의 교두보라 할 수 있다. 그러나 두 진성이 입지한 장소에도 서로 차이가 있으며, 그 배경적 요인은 다를 수밖에 없다는 것이다.

제주돌문화공원과 돌하르방공원 그리고 애월읍 하가리는 다양한 돌문화 경관요소들을 집합해 놓은 장소 또는 공간이라 할 수 있다. 이들은 공설공원, 사설공원 그리고 현실적인 생활공간이라는 특성과 맞물린다. 이들 장소나 공간에 존재하는 돌문화 경관요소들은 원래의 자리를 이탈한 실물일 수도 있고, 부분적으로는 복제품일 수도 있으며, 동시에 매우 귀한 예술작품일 수도 있다. 더 나아가 현실 생활 속의 소중한 실체일 수도 있다.

보통 제주도 하면 바로 돌문화를 연상해낼 수 있지만, 제주도 내에서도 다양한 돌문화 요소를 떠올리거나 찾아보려 생각할 때는 정녕 마땅한 장소가 떠오르지 않는다. 바로 그런 상황에 맞닥뜨렸을 때, 여기에 소개한 장소나 공간은 다소 도움이 될 수 있을 것이다.

해안 마을의 돌문화 특징

-조천읍 북촌리를 사례로

1. 들어가며

　제주도의 마을은 저마다 독특한 설촌(設村) 배경과 문화적 특성을 지니고 있다. 그것은 제주도에서 사람들이 한 장소에 모여들어 공동체를 이루고 마을을 만들기 시작한 근원이 제각기 다르다는 것을 의미한다. 따라서 해안지역의 마을을 비롯한 중산간 지역이나 산간지역의 마을들도 역사적으로 마을이 형성된 시기가 다르며, 최초 단계에서 특정 성씨들의 마을 공간 점유와 정착과정 등은 다를 수밖에 없다. 이와 같은 상황을 전제로 하면, 제주도의 마을을 개별적으로 연구한다는 것은 상당히 의미 있고 흥미를 느낄 수 있는 일이라 지적할 수 있다.

　필자는 이상과 같은 시각을 토대로, 지금까지 제주도의 몇몇 마을에 대한 지리적 환경이나 문화적 특성, 공간 구조적 특성 등을 연구한 바 있다(정광중, 2003; 정광중, 2005; 정광중, 2007). 이상의 몇몇 마을연구를 진행하는 과정에서 느낀 소감은, 앞으로 제주도에서는 마을 단위의 지역연구가 지리적 현상이나 문화적 현상을 새로운 관점에서 이해할 수 있고 나름대로 지역의 특성(지역색)을 밝혀낼 수 있다는 데 매우 유효하다는 결론에 이르게 되었다(정광중, 2007: 14).

본 연구에서는 이상에서 정리한 마을 단위 지역연구의 필요성을 토대로, 북촌리의 지리적 환경을 바탕으로 돌문화 관련 자원의 특징과 형성배경에 대한 지역적 특성이 무엇인지를 밝혀보고자 한다. 본 연구를 진행하는 과정에서는 문헌연구와 현지답사, 마을 주민들로부터의 청취조사 방법을 주로 활용하였다. 특히 현지답사와 청취조사는 2007년 5~6월과 11~12월 사이에 주로 행하였으며, 현장확인이 필요한 경우에는 마을 주민의 도움으로 직접 현장까지 안내받아 이루어졌음을 밝힌다.

2. 북촌리 주민들의 거주환경과 생활기반

1) 위치와 지형적 조건

북촌리는 <그림 1>에서 보는 것처럼, 제주도의 동북쪽에 위치하는 해안마을이며, 행정구역상으로는 제주시(구, 북제주군) 조천읍에 속하는 12개 행정리(법정리로는 10개) 중 하나이다. 북촌리의 동쪽은 구좌읍 동복리와 접하고 서쪽은 같은 조천읍 내의 함덕리와 연접한다. 그리고 동복리 남쪽은 선흘1리가 자리 잡고 있고 북쪽은 바다와 접해 있다.

북촌리의 마을 형태(윤곽)는 북쪽 해안선의 굴곡이 다소 두드러져 보이기는 하나, 전체적으로는 거의 사각형 모양을 취하고 있다. 북촌리가 속해 있는 조천읍을 전체로 보면, 북촌리를 비롯한 함덕리, 조천리, 신흥리 및 신촌

〈그림 1〉 **북촌리와 주변 마을의 위치** 자료: 제주특별자치도 홈페이지(http://www.jeju.go.kr)

리 등 5개 마을이 해안마을의 성격을 띠고 있다면, 와흘리를 비롯한 대흘1·2
리, 와산리, 선흘1·2리 등 6개 마을은 중산간 마을의 성격을 띠고 있다. 또한
교래리는 마을 중심부가 해발 450m 정도에 위치해 있어, 산간마을의 성격이
아주 강하다고 지적할 수 있다.

북촌리의 면적은 8.9㎢(890ha)로 조천읍 소속 12개 마을 중에서는 6위를
점하며, 또한 조천읍 내에서 차지하는 면적의 비율은 5.9%로 확인된다. 이
런 정황으로 볼 때, 북촌리의 면적은 그렇게 넓다고 할 수는 없다. 그 이유는
북촌리의 생활공간이 1132번 지방도인 해안일주도로를 중심으로 해안가에
치우쳐 있기 때문이다. 그러나 읍 소재지인 조천리나 같은 해안마을인 신흥
리와 신촌리보다는 다소 넓은 면적을 차지한다는 점에서 다소나마 위안을

느낄 수 있는 배경이 되고 있다. 조천읍의 면적과 관련해서는 산간마을이라할 수 있는 교래리가 가장 압도하는 상황을 보인다. 이 배경은 교래리가 조선시대 때부터 주로 목축을 행하면서 산간지역의 넓은 면적을 소유해온 데서 비롯된 것이다. 말하자면, 조선시대 때부터 목마를 위해 넓게 사용하던 목장용지가 그대로 마을 내의 공간으로 귀속된 것이다.

북촌리는 1동, 2동, 3동, 해동, 한사동 및 억수동 등 6개의 자연마을로 구성되는데, 이들 중 억수동을 제외한 5개의 자연마을이 자리 잡은 해안 저지대는 해발 30m 이하이며, 특히 가옥이 가장 많이 밀집해 있는 1동, 2동, 3동및 해동지구는 해발 15m 이하의 저지대를 이루고 있다. 억수동은 해안에 위치한 다른 자연마을들과는 달리 해발 50m를 전후한 들녘에 자리 잡고 있으며, 마을 동쪽으로는 크라운컨트리클럽이 개발되어 있다.

이처럼 북촌리가 위치하는 공간적인 범위는 해발고도로 볼 때 전체적으로 약 90m 이하의 비교적 평평한 지역이다. 다시 말해, 한라산 방향에서부터 북촌리 방향으로 지형이 완만하게 전개되는 가운데, 북촌리 지역 내에는그다지 높은 고지(高地)나 악지(惡地)가 존재하지 않는 것으로 나타난다. 이것은 다시 말해 북촌리 지역은 사람들의 생활권을 유지하는 데 지형적으로는 큰 불편함이 없다는 것이다. 굳이 고지나 악지를 지적한다면, 서쪽의 함덕리와 경계를 이루고 있는 오름인 서우봉을 들 수 있으며, 그 외에 마을 내를 가로지르는 건천(乾川)도 없다. 이와 같은 지형적 특징은 〈그림 2〉의 지형도에서도 쉽게 확인할 수 있다. 북촌리의 지형조건은 토지이용 상의 특징으로도 나타난다. 마을의 공간적인 범위 안에서도 가옥들이 가장 많이 밀집하고 있는 해안 저지대에는 주로 밭이 분포하여 마늘과 파 등 밭작물을 재배하는 전작지대를 이루고 있다. 그리고 마을 사람들의 실질적인 거주공간을 벗어난 들녘에서는 대략 동쪽 경계를 이루는 동복리 방면으로는 초지가 발달

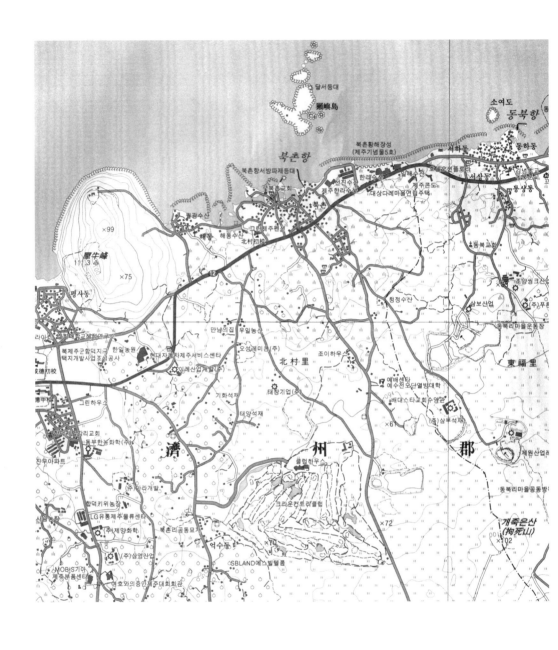

〈그림 2〉 북촌리 주변의 지형 자료: 1 : 25,000 지형도(2004년 편집, 국토지리정보원)

하여 방목지로 활용되고 있고, 서쪽 경계를 이루는 함덕리 방면으로는 감귤을 재배하는 과수원이 전개되고 있는 상황이다.

이와 같이 북촌리의 동서 들녘은 크게 구분하여 초지와 과수원으로 쓰임새가 다르다. 그 배경을 살펴보면, 동서 들녘이 지형적인 영향에 따른 경사도의 차이는 그다지 없지만, 마을 중심부에서 보면 골프장인 크라운컨트리클럽의 주변부에 펼쳐지는 초지대가 다소 지질적인 특성이 다르기 때문인 것으로 보인다. 이러한 사실은 북촌리의 남쪽 경계를 이루는 선흘리의 동쪽 지구가 곶자왈이라는 특이한 지형을 이루고 있는 것으로 보아, 북촌리의 들녘에 해당하는 크라운컨트리클럽 주변부의 지하공간에도 곶자왈을 형성하는 특이한 용암류(선흘리 현무암질안산암)가 깔려 있어서, 일반적인 경작지로 활용할 수 없다는 배경이 존재하기 때문이다. 다시 말해, 함덕리와 북촌리 주변은 중산간 지역의 교래 부근에서부터 흘러 들어온 곶자왈용암류가 넓게 분포하고 있는 것이다(제민일보곶자왈특별취재반, 2004: 52-53).

한편, 서우봉(犀牛峰: 일명, 서모오름 또는 서산)[1]은 2개의 봉우리를 가진 오름으로 두 봉우리는 오름의 중심부에서 다소 서쪽으로 치우쳐 있다. 그리고 작은 봉우리(99m, 망오름)의 주변부는 오늘날 공동묘지로 사용되고 있으며, 과거 조선시대에는 서산봉수(西山烽)가 설치되어 서쪽으로는 원당봉수(원당봉), 동쪽으로는 입산봉수(입산봉)와 서로 교신하였다. 오름의 최고봉은 해발 111.3m(이 남쪽 정상부를 보통 '남서모'라 함)로 함덕리의 마을 경계에 속하며, 정상부 바로 아래쪽으로는 신당(神堂)인 함덕 서모오름 탈남밧당, 함덕 서모오름 정의ᄃᆞ릿본향, 함덕 서모오름 사라우조상당, 함덕 서모오름 문두낭당 등이 입지하고 있다. 아울러 서우봉은 오름의 정상부와 남사면과 북사면에는 소나무 숲이 조성되어 있고, 그 외 경사가 완만한 산록부 대부분은 밭으로 개간돼 있거나 묘지로 활용되고 있다.

서우봉은 남북이 다소 긴 타원형의 분석구(噴石丘)로서 서~북서 사면은 경사가 매우 급한 절벽과 낭떠러지를 형성하고 있고, 동~남쪽 사면은 경사가 아주 완만한 산허리를 형성하고 있다. 서우봉의 면적은 약 835,758㎡, 둘레는 3,493m, 저경(低經)은 1,284m이다. 오름의 형태는 원추형(圓錐形)으로서 구성물질은 분석구(噴石丘)이기 때문에, 분석 즉 송이(scoria)가 주를 이루며 하단부의 일부가 용암류(서우봉현무암)이다(제주도, 1997: 299). 오름의 절반은 해안 쪽으로 돌출되어 있다. 서우봉의 소유 관계에서는 정상부의 봉우리를 중심으로 동쪽 사면은 북촌리, 서쪽 사면은 함덕리 소유로 확인되는데 오름의 3/4 정도는 북촌리가, 그리고 1/4 정도는 함덕리가 소유하는 것으로 나타난다(북촌초등학교총동창회, 2003: 279). 서우봉의 북동쪽 사면 말단부에는 일제강점기 때 일본군에 의해 조성된 방공호 및 갱도진지가 남아있다.

북촌리의 지리적 공간 내에서도 특이한 지형은 해안지형을 들 수 있다. 북촌리 해안에는 많은 용암류가 흘러 들어가 크고 작은 수중 암초인 여(礖)를 형성하고 있을 뿐만 아니라, 비교적 큰 용암류에 의해 형성된 달여도(獺與島)가 위치해 있다. 북촌리와 동복리로 이어지는 해안가에는 비교적 넓고 평평하게 흐른 파호이호이 용암류(pahoehoe lava flow)의 흔적을 엿볼 수 있는데, 오늘날의 해안선은 원래의 용암류 표면이 많이 파식(波蝕)되어 전체적으로 평평한 암반 조간대를 형성하고 있다(강순석, 2004: 280-281). 북촌리 해안의 일부 구간에서는 용암류에 의한 투물러스(tumulus)나 용암류 단위가 잘 발달되어 있음을 확인할 수 있다.

한편 달여도는 파호이호이 용암류에 전형적으로 발달하는 투물러스 지형으로서, 얕은 바닷속까지 용암류가 연결돼 있기 때문에 크고 작은 어류들이 많이 서식하는 환경이 되고 있다. 따라서 최근에 원앙들이 집단적으로 도래하고 있다(강순석, 2004: 281).

2) 마을의 형성과정에서 본 북촌리의 특징

북촌리는 여러 가지 문헌자료에서 보는 내용과는 달리 속칭 '고두기엉덕'이라 불리는 용암동굴형 바위그늘 선사유적지(약 3,000년 전)가 존재하고 있어서, 이미 오래전부터 선사인들이 북촌리 주변에 거주했던 것으로 추정할 수 있다. [2] 다만, 역사시대로 접어들어선 이후 특히 탐라국시대와 고려시대를 잇는 시기의 마을형성 과정은 아직 북촌리 주변 지역에 대한 유적발굴 작업이 많이 부족하고, 또한 관련 기록의 부재로 인하여 일목요연하게 설명하기가 어려운 상황이다.

그러나 《북촌향토지》(북촌국민학교, 1986)나 《북촌초등학교 60년사》(북촌초등학교총동창회, 2003), 《조천읍지》(김문규 편, 1991) 등의 내용을 종합해 볼 때, 북촌리를 중심으로 한 주변 지역에는 양질의 식수(食水)와 해산물이 풍부한 데다가 또 가까운 거리에 위치하는 서우봉으로부터는 생활에 필요한 여러 가지 자원을 조달할 수 있는 이점 등이 작용하여, 일찍부터 사람들이 거주해 왔을 것이라는 배경을 이해할 수 있다. 물론 이들 자료에서 지적하는 북촌리와 그 주변 지역에 대한 주거지로서의 최적 요인은, 주로 자연 환경적 요소들의 이점을 배경으로 삼고 있다는 사실을 쉽게 이해할 수 있다.

북촌리와 그 주변 지역의 마을형성 과정은 앞으로 다양한 문헌자료의 발굴과 여러 유적지의 발굴을 통해서 보다 더 심층적으로 이해할 수 있을 것으로 판단된다. 단지, 여기서는 북촌리의 마을형성 과정이 문헌자료의 내용들이 전해지는 조선시대 이후로 한정할 수밖에 없다는 맹점을 가지고 있다. 그러한 배경은 당시에 사람들이 어느 한 장소에 얼마나 많이 모여들어, 집단적인 공동체의 삶을 누리기 시작했는가 하는 원초적인 질문과 맞물려 있다고 볼 수 있다.

김상헌(金尙憲)의《남사록(南槎錄)》(1601~1602년)에는 북촌리가 북질포(北叱浦)로 기재되어 나타난다. 오창명의 연구(2004)에 따르면, 북질포도 뒷개의 한자차용 표기로서, 북질포에 보이는 '질(叱)'은 한글음인 '뒷'의 말음인 'ㅅ'에 해당하는 음가자 표기이다. 이 외에 이원진(李元鎭)의《탐라지(耽羅志)》(1653년)와 이형상(李衡祥)의《탐라순력도(耽羅巡歷圖)》(1702년) 내〈한라장촉(漢拏壯矚)〉에는 '북포(北浦)'로 나타나며,《탐라지도(耽羅地圖)》(1709년),《제주삼읍도총지도(濟州三邑都摠地圖)》(1770년경) 및《해동지도(海東地圖)》내《제주삼현도(濟州三縣圖)》에는 '북포'와 '북포촌(北浦村)'으로,《제주읍지(濟州邑誌)》(방리, 좌면)에는 '북촌리(北村里)'로 나타난다.

이상에서 검토한 것처럼, 북촌리는 마을 형성이 이루어진 최초 시점의 이름은 정확히 알 수 없다고 하더라도, 16C 중반 이후부터는 '북포', '북질포', '북포촌' 및 '북포리'로 불려왔음을 이해할 수 있다. 여기서 확인할 수 있는 중요한 사실은, 조선시대 중반경부터는 '뒷개' 혹은 '뒷개무을'로 불리면서 거의 한가지로 통일된 이름으로 자리 잡아 왔다는 점이다. 다시 말해, 고문헌에 나타나는 '북포', '북질포'는 '뒷개'의 한자차용 표기이고, '북포촌'이나 '북포리'는 마을을 뜻하는 '촌(村)'과 '리(里)'가 첨가되었을 뿐이다(오창명, 2004: 242).

이와 같이 고문헌 상의 내용을 바탕으로 한다면, 북촌리의 마을형성 과정에서는 오늘날 마을 북쪽에 위치하는 포구, 즉 뒷개(北浦)가 아주 중요한 역할을 했다는 사실을 알 수 있다. 뒷개의 '뒤'는 '북(北)'을 의미하는 퉁구스어로, 옛날 우리 조상들이 자주 사용하던 단어로 알려져 있다(좌승훈, 1996: 122). '뒷개' 즉 '북포'는 오늘날 북촌리 주민들이 '큰성창'이라 부르는 포구 이름이다(고광민, 2003: 60). 북촌리는 근세에 이르러 장(張)씨, 이씨(李氏) 및 윤씨(尹氏) 등이 집단적으로 거주하기 시작했으며 그 이후에 인구가 증가하면서 마을이 확대된 것으로 전해진다(북촌국민학교, 1986: 12; 북촌초등학교총동창회,

2003: 278). 1780년대의 《제주읍지(濟州邑誌)》(방리, 좌면)에는 북포리의 민호(民戶)가 84호, 인구가 571명으로 확인된다. 따라서, 18C 말의 북촌리는 이미 상당한 인구규모를 지닌 마을로 성장·발전해 있음을 이해할 수 있다.

북촌리의 인구를 연도별로 살펴보면 다음과 같다. 전체적으로 볼 때, 1970년대 이후의 북촌리 인구는 작은 폭의 변화를 동반하면서 최근까지 이어지고 있다. 2006년 12월 현재 북촌리의 인구는 1,570명으로, 이 중 남자는 805명(51.3%), 여자는 765명(48.7%)으로 확인된다. 이와 같은 북촌리의 전체 인구는 같은 해 조천읍 전체 인구(20,928명)의 7.5%, 또 같은 해의 제주도 전체 인구(561,695명)의 0.3%를 차지하는 것으로 나타난다. 나아가 2006년도 조천읍 12개 마을의 인구 평균치는 1,744명으로 파악되는데, 북촌리의 인구는 이 평균치에 이르지 못하지만, 12개 마을 내에서는 함덕리(6,218명), 조천리(5,186명), 신촌리(4,166명)에 이어 4위에 해당한다. 이러한 사실은 그만큼 상위 3개 마을의 인구규모가 크다는 사실을 반증하는 것이기도 하다.

1970년대의 북촌리 인구는 대략 1,600명 이내의 범위에서 증감이 교차하는 것으로 확인되나, 1981년에 보이는 북촌리 인구는 1,614명으로, 1972년 시점과 대비해 볼 때는 매우 낮은 수준으로 증가(실수로 76명)한 것으로 나타난다. 1980년대 북촌리의 인구는 대략 1,600명을 초과하는 범위에서 증감변화가 나타나고 있지만, 1982~84년 시점만큼은 1,600명 대 이내의 인구를 유지하는 것으로 파악된다. 아울러 1980년대의 10년간 평균 인구수는 1,608명으로 파악된다.[3]

1990년대 들어서면, 인구수는 1,400여 명 수준으로 감소하기 시작한다. 1990년대부터 나타나기 시작한 인구감소 현상은 비록 북촌리에 한정되는 것이 아니라 판단된다. 1980년대부터 나타나기 시작한 농어촌 지역의 인구감소는 전국적인 현상으로서, 제주도의 농어촌 지역에서도 예외 없이 반영되어 나타난 것이다. 1991년 북촌리 인구는 1,414명으로 10년 전인 1981년과 비교하면, 200명이나 감소한 것으로 파악된다. 그리고 1991년부터 1,400명 대로 떨어지기 시작한 북촌리 인구는 1997년까지 다소의 증감을 보이다가 1998년에 이르러서는 1,500명 대를 넘어 상승하는 국면을 보이기 시작했다.

그런데 북촌리에는 1996년도에 '열방대학(University of the Nations)[4]'이라는 기독교 교육기관이 문을 열면서 마을 인구도 조금씩 증가하는 상황을 맞았다. 그리고 마을 관계자에 따르면, 앞으로도 열방대학에 근무하거나 재학하는 사람들이 매년 많아지고 있어 북촌리의 인구증가에도 크게 한몫 할 것이라고 한다.[5] 열방대학의 개교로 북촌리의 인구증가는 1998년부터 크게 반영되어 기여하기 시작하였다. 그 결과 1998년에 1,537명, 1999년에 1,631명으로 증가하면서 1980년대 중·후반에 1,600명 대를 초과하던 상황과 비슷한 국면을 보였다.

2000년대에는 전체적으로 1,600명을 계속 넘는 수준을 유지하다가 2006년 시점에 이르러서는 1,500명대로 떨어지는 상황을 맞고 있다. 북촌리 인구가 가장 많은 연도는 2003년으로 1,679명으로 확인되며, 그 이후부터는 계속 감소하는 단계로 접어들고 있다. 그러나 앞에서 지적한 바와 같이, 열방대학의 영향력이 커지는 상황이 된다면, 북촌리의 인구는 재차 증가할 가능성도 없지 않다. 아울러 또 한편으로는 북촌리의 경우도 최근 제주도내의 여러 농어촌 지역과 마찬가지로 특수한 인구감소 요인이 작용할 수도 있다는 점은 염두에 둘 필요가 있다.

3. 북촌리 돌문화 관련 자원의 구성적 특징

1) 돌문화 관련 자원의 일반적 상황

제주도는 대한민국 내에서도 전형적인 돌문화 관련 자원의 특성을 보여주는 대표적인 지역이라 할 수 있다. 전도 어디를 가더라도 눈에 보이는 밭담을 비롯하여 밭과 들에 자리잡은 잣담과 산담, 해발 200m를 기점으로 하여 중산간 지역에 엄청난 길이로 뻗어있는 잣성(하잣성, 중잣성, 상잣성)도 남아있다. 그리고 해안 가까이에는 삼별초의 입도(入島)와 왜구를 막기 위해 쌓아올린 환해장성(環海長城)을 비롯하여 고기를 잡는 데 이용하는 원담(갯담), 포구를 축조하는 과정에서 쌓은 축담용 돌담, 용천수의 물 주변을 둘러싼 돌담, 또 마을과 집 안팎에는 집담을 비롯하여 올렛담, 통싯담, 마을길 돌담 등등이 산재해 있다.

제주도의 돌문화 관련 자원의 흔적은 이 정도로 그치지 않는다. 조선시대에 각 읍(邑)과 진(鎭, 방호소)을 에워쌌던 읍성(邑城)과 진성(鎭城), 통신수단으로 사용하던 연대(煙臺), 마을의 한쪽 방향에 재앙을 막기 위해 세웠던 방사용(防邪用) 돌탑, 각 읍성 앞을 지키던 수호장인 돌하르방, 설촌과 함께 중요한 신들을 모신 신당(神堂) 주변 돌담 등도 존재한다. 나아가 전통사회가 지속되던 1970년 이전에 집안이나 마을 단위로 사용하던 거의 모든 생활용구 또한 대부분은 돌을 재료로 한 것들이다(김종석, 1998; 고광민, 2006). 이러한 상황에 이르다 보니, 예전부터 제주도에는 널린 돌담에 대한 표현으로 흑룡만리(黑龍萬里)라고도 했다. 이러한 사실은 오래전부터 제주도가 돌의 세상이었음을 지적하고 있는 것이라 말할 수 있다.

2) 북촌리 돌문화 관련 자원의 구성적 특징

북촌리 돌문화의 근간을 보이는 구체적인 관련 자원은 많지만, 여기에 모두 나열하여 설명할 수는 없다. 일단 본고에서는 북촌리 마을 주민들의 일상생활과 관련지어 볼 때, 돌문화 관련 자원을 가장 보편적이고 일반적인 사례와 일부 특수한 사례로 구분해 볼 수 있다.

여기서 말하는 돌문화 관련 자원의 보편적이고 일반적인 사례라 함은 제주도 내의 어느 마을에서도 접할 수 있는 사례이며, 일부 특수한 사례는 북촌리가 해안마을의 특성상 혹은 마을의 입지적(지형적) 특성상 나타나게 된 사례를 의미한다. 따라서 후자의 경우는 제주도 내의 모든 마을에서 공통적으로 확인할 수 있는 사례는 아니다. 그렇다고 해서, 제주도 내에서도 북촌리에만 특수하게 존재하는 사례는 아니며, 북촌리와 같은 해안마을의 경우에는 동일한 성격의 돌문화 관련 자원을 찾아볼 수도 있다. 결국 조사시점에서 볼 때, 북촌리에는 상대적으로 다양한 돌문화 관련 자원이 잘 보전돼오고 있다는 배경을 강조할 수 있다. 더불어 북촌리 돌문화 관련 자원의 사례는 일반적 사례와 특수한 사례로 분류하면서 주민들이 평소 거주하며 활동하는 공간, 즉 마을 내를 출발점으로 하여 농업활동이 이루어지는 마을 주변의 들(경작지)과 어업활동이 이루어지는 연안바다로 연결하여 살펴볼 것이다.

먼저, 〈사진 1〉은 북촌리의 가옥과 가옥을 둘러싼 집담의 모습으로, 돌문화 관련 자원의 가장 일반적인 사례라 할 수 있다. 아담하고 나지막한 단층집 가옥이 전개되는 모습으로, 제주도의 농어촌 마을에서는 흔하게 접할 수 있는 경관이다. 많은 가옥들 중 슬레이트 지붕은 1970년대 새마을운동의 일환으로 초가를 대신한 가옥들에 많으며, 일부 양옥형 가옥들은 1980년대로 접어든 이후에 새롭게 건축한 것들이라 할 수 있다. 북촌리의 가옥들도 1980

〈사진 1〉 가옥과 주변 돌담(2동 지구)

년대 이후 많은 신·중축과 내부개조가 진행되었으나, 집 울타리인 집담만큼은 아직도 전통적인 현무암 돌담이 많이 남아있는 상황이다. 집담의 높이는 각 가옥마다 1.5~1.8m 사이로 다소간 차이를 보이나 돌담을 쌓는 방식은 일부를 제외하곤 전통적인 막쌓기(허튼층쌓기)[6] 방식이 지켜지고 있다. 따라서, 제주도 내에서도 흔히 볼 수 있는 것처럼 돌과 돌 사이에 구멍이 숭숭 나 있는 형태를 취한다.

북촌리는 1~3동 지구에 해당하는 본동은 해안가에 바로 가까운 곳에 위치하면서도 집담의 높이는 그다지 높은 편이 아니다. 이것은 같은 제주도 내의 해안마을이라 할지라도 바람의 영향을 덜 받는 것으로 이해할 수 있다. 제주도 내의 일부 해안마을(가령, 제주시 화북동, 애월읍 하귀1리, 서귀포시 대정읍 가파리 등)의 경우는 바람과 파도의 영향으로 2m를 훨씬 넘어 처마 부근까지 집담을 쌓는 경우도 허다하다.

〈사진 2〉는 1동 지구에 위치하는 정자목과 '댓돌' 경관으로 일반적 사례에 속한다. 댓돌은 정자목을 중심으로 원형이나 타원형 또는 사각 형태의 모양으로 돌을 2~3단 높이로 쌓아 올려서 여름철에 주민들이 휴식을 취하고 담소를 나누는 공간이다(강정효, 2000: 110). 제주도의 마을 내에는 '댓돌'이라 불리는 노천 휴게소가 적어도 5~7군데 존재한다. 특히 초여름에서 늦가을에 걸쳐서는 이곳에서 일시적인 휴식을 취함은 물론 마을 어른들이 마을의 중요한 행사나 문제를 논의하는 장(場)으로도 활용된다. 특히 정자목은 일부 마을에서 후박나무나 멀구슬나무, 푸조나무 등도 사용되지만, 대부분은 팽나무(제주방언으로는 흔히 '폭낭'이라 함)가 주를 이룬다.

청취조사에 의하면, 북촌리에는 정자목으로 활용되던 것은 자연마을별로 1군데 이상 있었던 것으로 확인되나, 1980~1990년대에 걸쳐 주로 마을길 확장과 주차공간 확보 등으로 인해 많이 사라져 버렸다.[7] 현재 1동 지구

〈사진 2〉 마을 정자목과 댓돌

에는 이 외에도 정자목이 3군데가 더 있으며, 모두가 팽나무로 수령은 약 200~300년 정도이다. 〈사진 2〉의 댓돌은 자연석(현무암)을 2~3단으로 쌓아 올리고, 팽나무를 중심으로 하여 뿌리와 줄기가 연결되는 하단부는 원형으로 흙이 드러나도록 남겨져 있는 상태이다. 현재 댓돌 면적은 약 5평 정도인데, 이것도 마을길 확장으로 많이 줄어든 것이다.

〈사진 3〉은 북촌리 마을 신당(神堂)의 하나로 '당팟당'('작은 당'이라고도 불림)이라 불리는 신당이며, 일반적 사례라 할 수 있다. 이 '당팟당'은 북촌리 3개의 신당 중 하나로 속칭 '당쿠들'이라 불리는 다소 높은 언덕에 자리 잡고 있다. 신당 안에는 신목(神木)인 멀구슬나무가 있고 또 당신(堂神)을 모시는 장소인 속칭 '궤'라 불리는 작은 공간이 잘 다듬은 돌로 사각 형태로 만들어져 있다〈사진 4〉. 그리고 '궤' 앞에는 직사각형의 제단이 설치되어 있으며, 신당 주변은 돌담을 쌓아 주변과 분리하고 있다. 말하자면, 돌담을 쌓아 구분함으로써 돌담 안은 신(神)이 좌정(座定)하고 거주하는 신성한 공간으로, 돌담 밖은 속세의 인간들이 활동하는 공간으로 성격을 달리하고자 하는 의도가 깔려있다.

신당을 둘러싼 돌담은 주민들이 필요시에 출입하는 출입구를 제외하고 3~5단으로 쌓아 올리고 있다. 돌담 자체는 비교적 낮게 쌓아 올린 상태인데, 이것은 당이 위치하는 곳이 평소에는 사람들이 거의 출입하지 않는 곳이고, 지형적으로도 주변보다는 다소 높은 곳에 위치하기 때문인 것으로 풀이된다. 아울러, 이 '당팟당'에 모시는 신은 '당팟하르방신'과 '당팟할망신'으로 이 두 신은 주로 어업을 관장하는 신으로 알려져 있다(북제주군·제주대학교박물관, 1998: 75).

〈사진 5〉는 현재 북촌리에 남아있는 비석군(碑石群)의 일부로, 물론 재료는 현무암이며, 일반적 사례로 포함할 수 있다. 이들 비석이 있는 장소는 1132

〈사진 3〉 당팟당 전경

〈사진 4〉 당팟당 내부: 신이 좌정한 '궤'

〈사진 5〉 속칭 '정지폭낭' 부근의 비석군

번 지방도(2007년 7월 1일 이전에는 국도 12호선)와 북촌리 1동과 2동으로 나뉘는 마을길이 만나는 지점이며, 정확하게는 북촌리 639-6번지이다. 아울러 비석군 반대편에는 팽나무 정자목 5그루가 있는데, 주민들은 이 주변을 보통 '정지폭낭'이라 부른다. 따라서 주민들 사이에서는 비석의 위치를 말할 때 지번(地番)보다는 '정지폭낭'이라는 속칭이 더 잘 통한다. '정지폭낭' 부근에 위치하는 비석군은 총 7기인데, 거의 모두가 19C 초·중반(조선시대 말기)에 만들어진 것으로, 당시 제주도 지방 행정관으로 부임했던 목사(牧使)들의 비석이다. 사진상의 비석은 좌측에서부터 김영완(金永緩) 목사(1841년 건립), 장인식(張寅植) 목사(1851년 건립), 윤구동(尹久東) 목사(1817년 건립) 및 불명 목사(건립연대도 불명)[8]의 치정(청덕비, 추사비, 영세불망비)을 기린 것이다.

북촌리에 분포하는 비석군은 '정지폭낭' 부근에 7기 외에도 북촌초등학교 교정에 9기, 리사무소 부지 내에 6기, 그리고 북촌초등학교 근처에 1기, 리사무소 근처에 1기 등이 더 존재한다(북촌초등학교총동창회, 2003: 312-326; 북제주군, 2001: 665-677). 이들 비석의 공통점은 마을의 발전이나 초등학교의 교육·장학사업을 위해 토지나 경비를 기부한 사람들의 비석으로, 대부분은 1960~70년대에 세워진 것들이다.

〈사진 6〉과 〈사진 7〉은 북촌리의 밭담 경관을 보여주는 사진자료로서, 제주도 내에서는 가장 일반적인 사례 중 하나이다. 원래 밭담의 기능은 경작지별로 소유 경계를 나타내는 것은 물론이고, 우마가 드나들며 농작물을 훼손하는 것을 막으며 또한 태풍이나 강풍으로부터 토양침식을 막기 위한 것이라 할 수 있다. 또한 밭을 경운하는 과정에서도 크고 작은 돌은 불필요한 존재

〈사진 6〉 주택가 주변의 밭담 전경

이기 때문에, 어떤 방법으로든 돌을 치워야만 했다. 이러한 사실도 결과적으로는 밭담이 생겨난 배경과 연관되는 것이다. 밭담은 기본적으로 어느 한 시기에 한꺼번에 쌓아 올려진 것이 아니라 시기를 달리하며 오랜 세월 속에 점진적으로 쌓아 올리는 가운데, 전 도내로 확산되었다고 말할 수 있다.

북촌리의 농경지인 밭은 크게 1132번 지방도를 중심으로 북쪽인 해안지구와 남쪽인 한라산 방면지구로 분리되어 분포한다. 그러나 대부분의 밭은 남쪽 방향에 치우쳐 분포하고 있으며, 분포패턴도 연속적으로 연결되어 전개된다. 따라서 밭담의 분포도 북쪽지구보다는 남쪽지구에 밀도 높게 분포한다고 말할 수 있다. 북쪽지구는 상대적으로 가옥과 밭이 혼재하는 형태로 분포하고 있어서 밭담도 길게 연속성을 띠지는 못한다.

〈사진 6〉의 경우는 주택가 주변의 밭담 경관이다. 이처럼 마을 주변의 밭담은 그다지 높지 않은 것이 특징이다. 그 이유는 마을 주변에 위치하는 밭은 소나 말이 밭 안으로 들어가 농작물을 훼손하는 것을 쉽게 발견해낼 수 있어그다지 높게 쌓지 않아도 되기 때문이다. 아울러 최근 큰 도로를 끼고 있는 밭의 경우는 상품작물의 대량생산을 꾀하기 위해 밭과 밭이 이어지는 중간지점의 돌담을 없애버리는 경향이 자주 나타나고 있다. 이것은 기존에 2~3 필지로 구성된 밭을 1필지로 넓혀서 한꺼번에 많은 상품작물을 생산하고자하기 때문이다. 물론 이 경우는 서로 연결된 밭이 어느 한 개인이 소유하거나 혹은 어느 한 개인에게 밭이 모두 팔렸을 때 일어나는 현상이라 할 수 있다.

〈사진 7〉은 서우봉 사면을 개간하여 쌓은 밭담 경관을 보여준다. 그리고 개간한 밭 위쪽으로는 묘지 주변을 에워싼 돌담을 볼 수 있는데, 제주도에서는 이를 흔히 '산담'이라고 부른다. 이와 같이 기생화산인 서우봉 사면까지도 경작지와 묘지 등의 인위적인 토지이용이 이루어지고 있음은 그만큼 해안지역에서는 경지확장이나 특수한 목적을 해결하기 위한 공간확보가 어렵다는 배

〈사진 7〉 서우봉 주변의 밭담 전경

〈사진 8〉 경작지 내의 '머들'

〈사진 9〉 북촌리 포구인 뒷개 모습

경을 시사하고 있는 것이다. 서우봉 사면의 밭담은 일반 평지의 밭담과는 다소 다른 형태를 보인다. 즉, 경사면을 깎아 밭을 조성하다 보니, 돌담 자체는 사면 아래로 흙이 밀려 내려오는 것을 방지할 수 있어야만 한다. 결국 밭담은 경사가 바뀌는 바깥쪽 방향으로 쌓아야 하는 상황이 되고 있다.

〈사진 8〉은 경작하는 밭에서 나온 돌을 한 장소에 모아놓은 것이다. 제주도에서는 이처럼 경작지에서 나온 돌을 일정한 장소에 쌓아놓은 것을 '머들'이라 한다. 그리고 이러한 '머들'은 해안지역의 농경지든 중산간 지역의 농경지든 어디서나 흔하게 볼 수 있다. 따라서 일반적 사례의 돌문화 관련 자원이라 할 수 있다. 기본적으로 '머들'은 경작하는 과정에서 나오는 크고 작은 돌멩이로서 경작이 불가능한 장소에 쌓아두게 되는데, 그 크기는 직경 약 4~5cm의 것에서부터 약 20cm의 것까지 매우 다양하다. 최근에 이르러 이들 '머들'은 제주도민들의 험난한 자연환경을 극복하는 과정에서 출현한 경관요소로서 주목되고 있다.

이상은 북촌리 돌문화의 근간을 마을 내의 주거 관련 경관요소와 들판의 농업생산활동 관련 경관요소를 중심으로 살펴본 것이다. 이어서 해안에서의 어업생산활동과 관련되는 경관요소를 중심으로 살펴보고자 한다. 바다는 해안마을인 북촌리 주민들의 생계를 꾸려나가는 데 없어서는 안 될 또 하나의 소중한 공간이다.

〈사진 9〉는 북촌리의 중심포구인 뒷개(북포)의 최근 모습으로, 안쪽 선착장으로 들어가는 길목의 중간 방파제가 크게 클로즈업되어 있다. 과거 제주도 내의 모든 포구는 대부분 현무암을 이용하여 선착장과 방파제를 쌓았기 때문에, 일반적 사례에 포함시킬 수 있다. 현재 북촌리 포구인 뒷개(북포)는 방파제나 선착장 주변의 하부에 현무암으로 큰 틀을 다지고 그 위를 콘크리트로 마감을 한 상태이지만, 1960~70년대에는 동서 방파제(선착장)로 나누

<사진 10> 1972년 당시의 뒷개 모습 자료: 북촌초등학교총동창회, 2003, 272.

어 부분적으로 축조하며 오늘에 이르렀다. 물론 1960년대 이전에는 마을 주민들이 돌을 하나씩 지어 나르면서 포구를 정비해 왔으며, 그 이후에는 중앙과 지방정부의 보조금을 바탕으로 현대식 축조기술을 활용하여 정비하는 과정을 거쳤다. <사진 10>은 1972년 뒷개의 선착장을 촬영한 사진자료이다. 이를 통하여 과거 포구정비의 근간은 현무암의 활용에 있었음을 알 수 있다. 특히 현재의 포구 주변은 콘크리트화가 두드러져 있지만, 현실적으로 그 하부에는 모두 현무암 자재를 활용하고 있음은 틀림없는 사실이다.

　<사진 11>은 포구 서쪽 속칭 '구짓ᄆ루' 동산에 세워져 있는 과거의 등대로서, 돌문화 관련 자원의 특수한 사례로 분류할 수 있다. 이 과거의 등대는 '도

대불' 또는 '등명대' 등으로 불리고 있으며(이하, 도대불로 통칭, 도대불의 어원은 등대의 일본어식 발음 '도우다이'에서 채택됨), 1960~70년대 초까지도 제주도 내 많은 해안마을에는 1개소 정도 갖추고 있었던 야간 통신수단이었다. 이덕희 (1997)의 조사에 따르면, 조사 당시 제주도에 남아있는 도대불은 제주시 외도 동, 용담동(2개소), 조천읍 신촌리, 북촌리, 구좌읍 김녕리, 하도리, 애월읍 애 월리, 하귀리, 구엄리, 한경면 고산리, 두모리, 한림읍 귀덕리, 서귀포시 보목 동, 강정동, 대포동, 안덕면 대평리 등 17기였다. 그러나 1년 후 북제주군·제 주대학교박물관(1998)의 조사에서는 19기로, 우도면 조일리와 제주시 삼양 동 도대불 2기가 추가되었다.

북촌리 도대불은 일제강점기 초기인 1915년 12월에 축조되어 사용해오 다가 1973년 마을에 전기가 들어온 이후부터 폐쇄되었다(북제주군·제주대학 교박물관, 1998: 312). 도대불의 전체적인 형태는 상자 모양으로 현무암을 쌓아

〈사진 11〉 도대불(옛 등대)

올리고 가운데 부근은 불의 점등과 소등 시 오르내리는 계단이 만들어져 있다. 또한 정면 우측에는 건립할 당시의 작은 비석이 세워져 있다. 북촌리 도대불은 현재 남아있는 도대불 중 한경면 고산리, 구좌읍 김녕리, 서귀포시 보목동 등과 같이, 형태가 특이한 데다가 보존상태도 비교적 양호하여 제주 도민들의 어촌문화를 이해하는 데 중요한 자원이 되고 있다. 따라서 이들에 대한 지방문화재로의 지정과 함께 학습자원으로서의 활용이 기대되고 있는 상황이다.

〈사진 12〉는 포구 서쪽에 위치하는 마을 해신당으로 흔히 '가릿당'('큰 당'으로도 불림)이라 불린다. 이 해신당도 일반적 사례에 해당한다. 당 안에는 북촌리 주민들이 모시는 해신이 모셔져 있고, 당 밖에도 제단이 설치돼 있다. 제주도 내의 해신당은 해신을 모시는 장소로 볼 때, 크게 해안가의 노천변이

〈사진 12〉 해신당(가릿당)

나 북촌리처럼 가옥형으로 구분할 수 있다. 그러나 가옥이라고 하더라도 북촌리처럼 기와지붕을 한 가옥 내에 해신을 모시는 사례는 제주도 내에서도 매우 드물다.[9] 동일한 사례로서는 제주시 화북동 해신당을 들 수 있을 정도이다. 해신당의 벽체도 현무암을 활용하여 쌓아 올렸으며, 그 주위를 다시 사각 형태로 돌담을 쌓아서 주변과 분리하고 있다. 당 주변은 경사지를 이루고 있기 때문에, 돌담은 지형이 높은 가옥 뒤쪽(서쪽)은 낮게 쌓고 지형이 낮은 가옥 앞쪽(동쪽, 출입구 방향)은 높게 쌓고 있다. 이 돌담은 겹담이며 높이는 높은 곳이 약 1.6~1.7m(출입구 방향), 낮은 곳은 약 50~70cm(북쪽 측면의 일부 구간) 정도이다. 돌담으로 활용한 돌은 극히 부분적으로만 각(角)을 제거한 것들이다.

　〈사진 13〉은 북촌리의 마을 중심부(2동)에 위치하는 '사우니물'과 물을 중

〈사진 13〉 용천수(사우니물) 주변 돌담

심으로 주변부에 쌓아 올린 돌담을 나타낸 것이다. 이러한 돌담도 제주도의 해안마을에서는 흔하게 접할 수 있는 돌문화 관련 자원의 일반적 사례라 할 수 있다. 용천수인 '사우니물'은 2동 지구의 포구 바로 남쪽에 위치하며, 포구와 불과 20여m의 거리에 있다. 그리고 이 용천수는 용암류 경계면에서 흘러나오는 것으로 표고로는 3.2m의 위치를 보인다. 북촌리에는 이 '사우니물' 외에도, 과거에 마을 주민들이 식수로 사용하던 용천수인 '검석(섯)개물', '정짓물', '도와치물', '궷물', '고냥물', '용물', '알물', '우왕물' 등 10여 군데가 있다 (북촌초등학교총동창회, 2003: 298-299; 제주도, 1999: 136-137). 이로 볼 때, 북촌리는 비교적 물이 풍부한 마을이라 할 수 있다.

'사우니물'은 주택가로부터도 가깝게 위치하고 있기 때문에, 2동 지구의 주민들이 사용하기에 상당히 편리하다. 그런 만큼 용천수 주변에 돌담을 쌓아 주변의 오염원으로부터 오염되지 않도록 철저하게 보호하고 있는 것이다. 용천수 주변에 돌담을 두른 것은 근본적으로 오염을 방지하고 우마를 비롯한 가축들의 출입을 막기 위한 것이다. 따라서 평소에 돌담이 허물어지면, 즉시 보수해야 하는 것이 용천수의 돌담이라 할 수 있다. '사우니물'은 물이 솟는 지점을 일차적으로 원형의 돌담을 쌓아 보호하고, 다시 물이 흐르는 물 주변을 이차적으로 사각 형태의 돌담으로 보호하고 있다. 외부 돌담의 높이는 도로 쪽에서는 70~80cm 내외이다.

〈사진 14〉는 북촌리의 해녀들이 1980년대 초까지도 사용했던 해녀탈의장이다.[10] 이 해녀탈의장도 바닷가의 일시적인 거주지 기능을 담당하고 있기 때문에, 돌을 건축용 재료로 본다면 일반적 사례에 포함시킬 수 있다. 제주 해녀들 사이에서는 보통 '불턱'이라 하는데, 해녀들이 잠수작업에 들어가기 전에 평상복을 해녀복(대개 '물옷' 또는 '소중이'라 함)으로 갈아입거나 혹은 잠수작업 도중에 얼어있는 몸을 따뜻하게 하기 위해 불을 지피고 쬐던 공간이

〈사진 14〉 해녀탈의장(불턱)

다. 지금은 지붕이 덮여있고 내부에는 온수가 나오며 또한 온돌시설이 갖춰져 있는 온전한 집의 형태를 띠고 있지만, 1980년대 초까지만 해도 돌담으로만 사방을 두른 채 안에는 아무런 설비가 갖춰지지 않은 돌담 해녀탈의장이 대세였다. 해녀들이 잠수작업을 행하는 해안마을에는 해녀탈의장인 '불턱'이 최소한 2~4개 정도가 있었다.

해녀탈의장의 돌담은 원형이나 타원형 또는 사각 형태를 띠는 것이 가장 일반적이었으며, 높이는 1.5~2m 내외 정도였다. 그리고 돌담의 쌓기 방식으로는 외담의 형태가 많았다. 물론 돌담의 재료는 바닷가 주변에 널려있는 자연석을 다듬지 않고 그대로 사용하였다. 해녀탈의장의 돌담은 최근에 많이 파괴되며 사라지는 상황에 놓여 있다. 그러나 한 가지 분명한 사실은 해녀탈의장의 돌담도 해녀들의 생활문화를 이해하는 데 빼놓을 수 없는 요소라는 사실이다.

〈사진 15〉는 제주도의 전통적인 어로시설인 원담(갯담)이다. 이 원담(갯담)도 도내 해안마을에서는 쉽게 접할 수 있는 일반적 사례이다. 원담(갯담)은 비교적 수심이 낮은 연안에 원형이나 타원형 등 일정한 형태로 쌓아놓은 돌담을 말한다. 즉 원담(갯담)은 밀물 때 조류를 따라 가까운 연안으로 들어온 어류가 썰물이 되면서 미처 빠져나가지 못하고 얕은 물속에 갇히도록 설치하는 돌담 어로시설이다. 원담(갯담) 안에서는 썰물 때 수심이 낮은 물속에서 주민들이 '뜰체'나 '족바리'라 부르는 간단한 어로용 도구를 이용하여 손쉽게 고기를 잡을 수 있다.

북촌리 원담(갯담)은 1동 연안에 위치하고 있는데, 조간대 암반을 의지 삼아 2개의 원담(갯담)을 조성한 것이다. 속칭 '맹개통'이라 불리는 이 원담(갯

〈사진 15〉 원담(갯담)

담)은 위의 것이 36m, 아래의 것이 26.5m로 면적은 2개 모두 30여 평 정도이다(북제주군·제주대학교박물관, 1998: 220). 이 원담(갯담)은 마을 주민들의 공동소유이기 때문에, 원담(갯담) 안에 고기들이 갇히게 되면 누구든지 잡아다가식단에 올릴 수 있다. 따라서 원담(갯담)시설이 있는 제주도의 해안마을에서는 가령 본격적으로 어업에 종사하지 않더라도, 1년에 몇 차례 정도는 바닷고기를 반찬으로 사용할 수 있는 기회가 생긴다. 북촌리에는 '맹개통' 외에도'용물개', '삭수구믯개', '검석(섯)개', '똥개'라 불리는 원담(갯담)이 있다(고광민, 2003: 344).

〈사진 16〉은 북촌리의 1동 해안 가까이에 쌓아놓은 환해장성(環海長城)으로, 돌의 활용도에서 볼 때 특수한 사례로 주목할 수 있다. 이원진(李元鎭)의《탐라지(耽羅志)》(1653년)나 김석익(金錫翼)의《탐라기년(耽羅紀年)》(1918년) 등

〈사진 16〉 환해장성

여러 고문헌에 따르면, 환해장성은 고려 원종 때(1270년) 삼별초의 입도와 관련하여 당시 정부군인 고려조정에서 파견한 장수들과 군졸들이 먼저 쌓았고, 삼별초가 제주도로 들어온 이후부터는 반대로 고려 정부군을 막기 위한 방어시설로 더욱더 길고 견고하게 쌓았다고 전해진다. 삼별초의 난이 진압된 이후에 환해장성은 조선조에 이르기까지 왜구(倭寇)와 적선(賊船)의 침입을 막는 역할을 담당하며 보호·관리돼 왔다. 1990년대 이후 환해장성은 해안지역의 개발로 인해 많이 파괴되어 극히 부분적으로만 남게 되었다. 이러한 상황 속에서 환해장성의 중요성이 크게 인정되어 일부 지역에 남아있는 구간 성담은 1998년 제주도기념물 제49호로 지정하기에 이르렀다. 현재, 제주도내의 환해장성은 제주시 지역의 화북, 삼양, 북촌, 동복, 행원, 한동, 애월, 고내리에 그리고 서귀포시 지역의 온평, 신산, 태흥리 등지에만 일부 보전되고 있다.

북촌리 환해장성은 속칭, '검석(섯)개'에서 '고지곳', '창곰', '소노리'라 불리는 지경에 걸쳐 겹담으로 쌓여 있다(북촌초등학교총동창회, 2003: 294). 현재 남아있는 구간 길이는 약 250m 정도이고, 높이는 지점에 따라 1.6~2.2m, 너비는 약 70~80cm이다. 북촌리 환해장성은 마을 해안에서도 비교적 한적한 곳에 위치하고 있으나, 현 보전구간에서도 부분적으로 무너져 내리는 곳이 발견되고 있어서 좀 더 치밀한 보호대책이 요구되고 있다.

〈사진 17〉은 북촌리 1267번지에 부분적으로 남아있는 4·3 성담의 일부이다(제주도·제주4·3연구소, 2003: 367). 이 4·3 성담도 특수한 사례로 분류할 수 있다. 제주4·3사건은 1947년 3월 1일 경찰의 발포사건을 계기로, 1948년 4월 3일 남로당 제주도당 무장대가 무장 봉기한 이래 1954년 9월 21일 한라산 금족지역이 전면 개방될 때까지 전도(全島)에 걸쳐 3만 명 이상의 선량한 도민들이 무장대와 토벌대에 의해 희생당한 사건이다. 따라서 제주 현대사

〈사진 17〉 4·3 성담

에 제1순위로 기록·보존돼야만 할 역사적인 대사건이다. 북촌리는 제주4·3 사건의 광풍이 처절하게 스쳐간 마을로, 한동안 베일에 싸였던 사실이 소설가 현기영 선생의 '순이삼촌'이란 작품으로 세상에 알려지게 되었다.[11] 다시 말해 현기영의 '순이삼촌'이란 소설을 통해 4·3사건 당시 북촌리의 선량한 주민들이 떼죽음을 당한 역사적 진실이 세상에 밝혀지게 된 것이다.

〈사진 17〉은 속칭 '북촌리성'이라 불리고 있으며, 밭과 밭 사이를 연결하는 밭담의 형태로 높게 쌓여 있다.[12] 1947년 1월 17일 북촌 마을이 불타고 주민들 수백 명이 희생된 이후 같은 해 3월부터 마을 주민들은 1차로 성담을 쌓고 성안에서 주로 생활하게 되었다. 마을 외곽에 성담을 쌓는다는 것은, 말하자면 비상시를 대비하여 전략촌(戰略村)을 건설하는 것이었다(한라일보, 2008년 1월 11일자, 기획기사). 1차로 성담을 쌓은 후에는 무장대를 토벌하기 위

한 경찰이 주둔하기 시작하였는데, 3년여 시간이 흐르는 과정에서 재차 피해를 줄이기 위해 2차, 3차에 걸쳐 축성(築城)하게 되었다. 〈사진 17〉은 마을 주민들이 3차에 축성한 성담으로, 길이 약 25m, 높이 4m, 하폭 2m, 상폭 50cm의 규모를 보이며 겹담의 형태로 쌓았다. 북촌리 주민들은 3차례에 걸친 축성과정에서 삶 자체가 극도로 피폐해질 수밖에 없었다. 당시 성담의 재료는 주변의 밭담, 산담(묘지를 둘러싼 돌담)을 비롯하여 바닷가의 돌까지 활용하였으며, 1950년 6·25 동란이 끝나면서 현재의 일부 성담만 남기고 대부분의 성담은 해체하게 되었다(제주도·제주4·3연구소, 2003: 367-368). 성담은 사진에서도 확인할 수 있듯이, 웬만한 물리적인 힘을 가하더라도 무너지지 않을 정도로 매우 견고하게 쌓았음을 알 수 있다.

4. 북촌리 돌문화 관련 자원의 형성배경과 그 의미

이상에서는 북촌리를 사례로 돌문화 관련 자원의 일반적 사례와 특수한 사례를 소개하고, 그와 관련되는 생활 문화적 특징과 역사적 사실 등을 정리하였다. 이 장에서는 앞서 소개한 돌문화 관련 자원들의 형성배경과 그 의미를 정리해 보고자 한다.

먼저, 북촌리의 돌문화 관련 자원은 북촌리 주민들이 모질고 거친 섬 지역의 자연환경을 극복하는 과정에서 탄생된 유산이라는 것이다. 예를 들어, 제3장에서 평가한 〈사진 1〉의 가옥과 돌담, 〈사진 6〉과 〈사진 7〉의 밭담, 〈사진 8〉의 '머들', 〈사진 9〉의 북촌리 포구인 뒷개, 〈사진 13〉의 용천수('사우니물') 돌담, 〈사진 16〉의 환해장성 등은 바로 자연환경을 극복하는 과정에서 탄생한 북촌리 주민들의 작품이다. 이들은 강하고 차가운 바람과 파도를 막고 먼지나 쓰레기가 날려드는 것을 막으며, 섬 지역을 강탈하는 왜적의 무리를 막기 위해 일정한 높이로 쌓은 돌문화 관련 요소들이다. 다시 말해, 이들 요소는 바람과 파도와 왜적이라는 이질적인 존재가 섬으로 들어와 생활에 절대적으로 불필요한 상황이 발생하는 것을 막고 이겨내기 위해 주민들이 꾸준하게 쌓아 올린 것들이다. 이처럼 제주도는 근본적으로 본토와는 지리적으로 멀리 떨어져 있는 데다가 거센 바람이 자주 불어와, 주민들이 생활하는 데 매우 불편하다는 환경적인 불리성이 배경에 깔려 있다고 말할 수 있다.

두 번째는, 북촌리의 돌문화 관련 자원은 한마디로 오랜 세월 동안 주민들의 일상생활을 영위하고 생활영역을 확대해 가는 과정에서 창조된 생활문화적 유산이라는 점이다. 북촌리는 앞에서 살펴본 여러 가지 고문헌과 고지도를 토대로 유추해 볼 때, 조선시대 중기에 마을이 형성되어 마을세가 커지기 시작했다고 볼 수 있다. 따라서 북촌리는 적어도 400~450년 전에 설촌된 역사를 가지고 있으며, 또 한편으로는 북촌리의 환해장성이 740여 년 전의 역사로 거슬러올라가게 한다. 이러한 관점에서 보면, 북촌리의 돌문화 관련 자원은 북촌리에 사람들이 거주하면서 비로소 창조되기 시작했고, 마을세가 더욱 커지기 시작한 조선시대 중기부터는 한층 더 본격화되면서 다양한 형태와 기능을 가진 돌문화 관련 요소들이 곳곳에 자리 잡기 시작했다고 추정할 수 있다. 가령, 가족들의 건강과 안정된 생활을 유지해 나가기 위해서는 소와 말을 비롯한 개, 돼지, 닭 등 다양한 가축들을 사육할 수밖에 없는 상황이 되었을 것이다. 그러므로 이들 가축들이 집 안이나 경작지로 들어가는 것을 막고, 신당 내부나 용천수 안으로 드나드는 것을 막기 위한 조처는 당연히 필요한 조치일 수밖에 없었다고 하겠다. 결과적으로, 오늘날 북촌리에 남아있는 다양한 돌문화 관련 자원은 자원요소별로 볼 때 어느 한 시기에 완성된 것이 아니라, 오랜 세월을 두고 주민들의 생활권 확대와 생활의 질(質)을 높여나가는 과정에서 탄생된 결과물이라는 해석이 가능하다. 예를 들어 〈사진 2〉의 댓돌, 〈사진 3〉과 〈사진 4〉의 당팟당, 〈사진 5〉의 비석군, 〈사진 11〉의 도대불, 〈사진 12〉의 해신당('가릿당'), 〈사진 14〉의 해녀탈의장('불턱'), 〈사진 15〉의 원담(갯담), 〈사진 17〉의 4·3 성담 등은 오랜 세월을 거치면서 창조된 북촌리 주민들의 생활 문화적 유산으로서, 마을 내외의 공간은 물론이고 바다와 해안 지구 등을 잘 활용하여 주민들이 휴식과 정신적인 위안을 얻으면서 마을의 역사와 문화를 잘 보전하려는 삶의 지혜가 깃든 소중한 자원이라 할 수 있다.

여기서 한 가지 주지해야 할 사실은 북촌리의 다양한 돌문화 관련 자원들이 생활에 필요한 필요조건의 성격을 띠고는 있지만, 그렇다고 해서 반드시 충분조건의 성격을 띠는 것은 아니라는 점이다. 말하자면, 북촌리의 다양한 돌문화 관련 자원은 주민들의 일상생활에서 일정한 필요성에 의해 만들어진 것으로, 개별적인 자원의 형태나 기능이 최고의 효율성을 보장하는 것은 결코 아니다. 다시 말하면, 북촌리의 돌문화 관련 자원은 자연으로부터 얻어진 돌(주로 현무암)을 재료로 일정한 장소에 특별한 목적을 위해 쌓은 것이지만, 마을 주민들이 바라는 대로 최고의 효과를 내거나 혹은 최대의 효율성을 안겨다 주지는 못했을 수도 있다는 것이다. 그렇지만 돌은 주변지역에서 원하는 만큼 손쉽게 얻을 수 있고 시간적인 절약을 꾀할 수 있으며, 내구성(耐久性)에서 아주 뛰어나다는 점, 그리고 제주도라고 하는 섬 지역에서는 돌 이외의 강한 재료를 얻을 수 없다는 배경도 있었기 때문에, 지역 주민들은 단지 자신들이 돌로 건축한 돌문화 관련 자원이 최고의 효과나 최대의 효율성을 발휘해줄 것을 기대하거나 기원할 수밖에 없었다.

이상과 같은 시점에서 고려한다면, 북촌리의 돌문화 관련 자원은 나름대로 특별한 의미를 띠는 의미체(意味體)로 우리 앞에 다가온다. 즉 북촌리의 돌문화 관련 자원은 개별적인 자원들이 언제부터라고 하는 역사성을 명확히 규명하지는 못한다고 하더라도, 북촌리에 주민들이 거주하면서 쌓았다고 하는 사실만큼은 불변하다. 다시 말해, 북촌리 주민들이 언제 어떤 과정을 걸쳐 쌓았건 간에 그들의 땀과 노력이 처절하게 스며있는 작품임에는 틀림없는 것이다. 결국, 북촌리의 다양한 돌문화 관련 자원은 구체적인 필요성에 의해 탄생된 문화 유산적 가치를 지닌다고 평가해도 무리는 없을 것이다.

아울러, 북촌리의 돌문화 관련 자원은 제주도를 상징하는 미학적 요소로도 손색이 없다는 점을 강조할 수 있다. 북촌리를 포함하여 제주도에는 다양한 기능을 지닌 새까만 돌담이 줄기차게 얽혀서 이어지고, 그런 가운데 직선과 곡선이 교묘하게 어우러지면서 자아내는 아름다움이 있으며(정광중, 2005, 제주일보 시론 기사), 또한 일정한 장소를 차지하는 개별적인 돌문화 관련 자원들은 궁극적으로 주변부에 현무암이 흔하게 존재하기에 그에 부합하는 형태로 자연스레 배치된 듯한 느낌을 준다. 이들의 조화로운 미학적 특성은 오늘날 관광적 가치를 지닌 자원으로 더욱 부각되고 있는 것도 부인할 수 없는 사실이다.

5. 나오며

지금까지 제주시 조천읍 북촌리를 사례로, 지리적 환경을 바탕으로 형성된 돌문화 관련 자원의 구성적 특징을 논하고, 그에 따른 돌문화 형성의 구체적인 배경과 의미에 대해 검토하였다. 북촌리는 해안지역에 위치하면서 오랫동안 농업과 어업을 중요한 생활기반으로 삶을 영위해 왔기 때문에, 이와 관련되는 돌문화 관련 자원이 비교적 많이 보존돼 왔다. 본고에서는 북촌리의 돌문화 관련 자원의 구성적 특징을 살펴보기 위해 우선 주민들이 거주하는 마을 내를 기점으로 하여 농업 경제활동이 이루어지는 마을 주변의 농경지(들), 그리고 어업 경제활동이 행해지는 연안바다 쪽으로 연결하여 논의하였다. 그리고 북촌리의 돌문화 관련 자원을 크게 제주도내 여러 마을에서 살필 수 있는 일반적 사례와 일부 해안마을에서만 찾아볼 수 있는 특수한 사례를 바탕으로 접근하였다.

먼저 본고에서 다룬 돌문화 관련 자원의 일반적 사례로는 북촌리 주민들이 거주하는 가옥과 주변 돌담을 비롯하여 마을 내 댓돌, 신당인 당팟당, 마을 비석군 밭담과 머들, 포구 돌담, 해신당, 용천수 돌담, 해녀탈의장 및 원담(갯담)을 들 수 있고, 특수한 사례로는 도대불, 환해장성 및 4·3 성담을 주목할 수 있다. 물론 본고에서 구분한 일반적 사례와 특수한 사례의 판단 근거는 연구자에 따라 달라질 수 있다고 본다. 본고의 목적은 북촌리 돌문화 관련 자원의 이용적 구분에 있는 것이 아니라, 특정한 마을을 하나의 연구 단위로 삼을 때 돌문화 관련 자원의 종류와 그것들의 형성배경과 의미를 살펴보는 데 있다.

북촌리의 돌문화 관련 자원은 각 자원별 기능에 따라 형성시기가 다르다고 하더라도, 제주도 내의 많은 돌문화 관련 자원과 마찬가지로, 마을 주민들이 오랜 세월 혹독한 자연환경을 극복하며 삶을 이어가는 과정에서 형성된 요소라는 점은 분명하다. 북촌리에도 예외 없이 여름에는 남동계절풍, 겨울에는 북서계절풍이 불어오는데 때에 따라 그 강도는 인간이 감당할 수 있는 한계를 벗어나는 경우가 많았고, 여름과 가을에 주로 찾아오는 강수현상도 매년 도가 지나칠 정도의 엄청난 양이 쏟아지는 경우가 많았다. 또한 해를 거르면서 가뭄에 시달리는 일도 다반사였다. 따라서 흙(토양)과 먼지는 바람 부는 대로 이리저리 날리기가 일쑤였고, 높은 파도로 인해 바닷물이 거주지나 농경지 안으로 침범하는 경우가 많았다. 이러한 자연환경 속에서 북촌리 주민들은 안전하고 풍요로운 생활을 영위하기 위한 목적으로 거주지인 집담과 올레(진입로) 돌담을 비롯한 밭담, 신당 주변 돌담, 포구 돌담, 도대불, 원담(갯담), 환해장성 등 다양한 형태의 돌문화 관련 자원들을 창조해낼 수 있었다.

더불어, 북촌리의 돌문화 관련 자원은 마을 주민들이 생활영역을 공간적으로 확대함과 동시에 그들의 삶의 질을 높여나가는 과정에서 형성된 배경을 지닌다. 한 집안을 근간으로 보면, 많은 가족의 부양은 생산량을 높이거나 동물성 지방분을 섭취하기 위해서도 소와 말, 돼지와 닭, 개 등의 가축을 사육해야만 했다. 따라서 어쩔 수 없이 가축들의 침입을 막아야 하는 상황도 발생했기 때문에 밭담을 비롯한 가옥 주변의 울타리인 집담, 신당 주변 돌담, 용천수 주변 돌담 등은 그러한 용도로도 상당한 효과를 거둘 수 있었다. 이와 같은 상황을 전제한다면, 북촌리에 현존하는 돌문화 관련 자원은 마을 주민들의 땀과 노력이 서려 있음은 물론, 삶의 지혜가 잘 녹아들어 있는 문화 유산적 가치를 지닌다는 점에 주목할 필요가 있다. 나아가 오늘날에는 그것들이 독특한 미학적 요소로서 관광 자원적 기능을 띠고 있다는 사실도 중요하다. 궁극적으로 북촌리의 돌문화 관련 자원은, 마을 주민들의 삶의 지혜와 사고가 깃들어 있는 중요한 의미체로 평가할 수 있다.

끝으로, 북촌리의 돌문화 관련 자원은 본고에서 다룬 것 이외에도 다양하게 존재한다. 앞으로 이들에 대한 평가도 반드시 이루어져야 할 것으로 생각된다.

중산간 마을의 돌담 특징

-조천읍 선흘 1·2리와 구좌읍 덕천리를 사례로

1. 선흘1리의 전통돌담에 대한 소고

1) 제주도 전통돌담에 대한 단상(斷想)

제주도에 분포하는 돌담은 기능과 장소에 따라 다양한 종류가 있다. 이들 돌담은 단순히 일정한 지점에 놓여 있는 것이 아니라 개별적으로 모두 특별한 의미를 안고 있음은 물론, 제주도민의 정체성과 상징성을 내포하고 있다. 또한 제주도의 돌담은 나름대로 존재적 가치를 띠고 있기 때문에 보존적 가치도 매우 높다(정광중, 2005). 이제 제주도 돌담은 제주도의 소중한 문화유산이자, 제주섬을 더욱 빛나게 하는 유형의 지역자원으로 이해해야 하며, 나아가 제주도를 대외적으로 알리는 상징적 존재로 활용되어야만 한다.

선흘1리는 행정구역상 조천읍에 속하며, 위치적인 특성에서 볼 때 중산간 마을의 성격을 띤다. 제주도 중산간 마을의 특성은 과거로부터 밭농사와 목축을 중심으로 하는 농업체계가 정착돼 왔다는 점이 부각된다. 그리고 중산간 지역에는 비교적 넓은 들녘이 전개되기 때문에, 제주도민들에게는 영혼의 안식처로도 많이 이용돼 왔다. 따라서 중산간 들녘에는 밭담을 비롯하여 산담(묘지 보호용 돌담), 잣담(잣성이라고도 함. 소와 말 방목을 위해 쌓은 돌담, 또는 경작지의 돌을 제거하기 위해 밭 한쪽에 쌓아놓은 폭이 넓은 돌담) 등이 많이 분포하는 특성을 보인다. 물론 중산간 마을 안으로 들어가면, 마당을 포함하여 택지 주위를 에워싼 집담, 올렛담(집 안쪽으로 들어가는 골목길의 돌담), 통싯담(변소 주위를 에워싼 돌담), 우영밭담(택지 내의 작은 채전을 에워싼 돌담) 등도 있다. 이들 모두는 제주도민들이 오랜 세월 동안 쌓아 올린 높이만큼 시간의 역사를 보여준다.

선흘1리에 분포하는 전통돌담은 어떤 형태로 남아 있으며, 어떤 특징을 지니고 있을까. 이 물음에 대한 답변을 구하는 데는 최소한 몇 가지 전제가 있어야 할 것으로 생각된다. 먼저 중요한 것은 선흘1리에 포함되는 행정구역의 범위를 어떤 관점에서 스크린하여 조망할 것인가 하는 문제이고, 또 다른 전제는 전통돌담의 특징을 어떤 관점(기능적 관점 또는 경관적, 건축적, 예술적 관점)에 근거해서 살필 것인가 하는 문제이다. 첫 번째 전제는 기본적으로 마을 주민들의 인터뷰를 통해 전형적으로 잘 보존된 지구나 대략적인 범위를 추천받는 방법이 있다. 그리고 두 번째 전제는 돌담이 분포하는 지구나 장소를 다소 조작적으로 설정하여 접근하는 방법이 있다.

먼저 선흘1리의 전통돌담이 분포하는 공간적인 범위를 파악하기 위한 수단으로, 선흘1리 주민들이 오랫동안 어떤 농업활동을 행해 왔는지 개략적으로나마 스케치해 보자. 선흘1리는 그동안 밭농사와 목축업 중심의 농업체계를 유지해 왔다. 밭농사의 경우는 해방 이전이나 이후부터 1970년대 초까지만 해도 보리와 조, 콩, 고구마 등과 같은 식량작물과 구황작물 위주의 생산을 해왔지만, 1970년대 중반경부터는 감귤재배에 보다 많은 정열을 기울이기 시작하여 현시점에서는 감귤재배에 의존하는 농가가 상당히 많아졌다. 또 하나는 과거로부터 현재까지 이어지고 있는 목축업이다. 목축업은 선흘1리와 선흘2리의 생업 부문의 핵심을 이룰 정도로 그동안 농가생계의 중요한 한 축을 담당해 왔다. 그렇기 때문에, 마을의 1차적 생활공간을 떠난 농경지에는 목초지가 조성되어 넓게 분포하는 경관을 보이고 있다.

이상과 같이 선흘1리 주민들의 생활기반을 떠받쳐온 주요 농업활동과 연관시켜 생각해보면, 전통돌담은 주택과 그 주변의 경작지를 중심으로 하는 1차적 생활공간(집과 우영[채전], 마을회관 등의 문화시설, 학교·유치원·어린이집 등의 교육시설, 상점, 택지와 아주 가깝게 인접한 밭과 과수원, 이들을 연결하는 마을길 등 주민들의 일상생활에서 가장 필수적이고 기본적인 활동이 이루어지는 마을 공간)과 밭이나 과수원, 초지(草地) 등 농경지가 위치하는 2차적 생활공간(주로 생업활동이 이루어지는 농경지 공간)에 주로 분포하는 것으로 미루어 짐작할 수 있다. 따라서 전통돌담의 실태와 특징을 파악하기 위해서는 마을의 공간적인 범위를 크게 두 지역으로 나누어 접근하고자 한다.

2) 주택가 내(1차적 생활공간) 돌담의 실태와 특징

우선 주민들의 1차적 생활공간 안에서 볼 때, 주택지를 둘러싼 집담, 우영담 및 올렛담(마을길에서 개별 택지로 이어지는 골목길 돌담) 등은 과거로부터 활용해온 전통돌담은 많이 남아 있지만, 부분적으로 많이 훼손되거나 현대식 재료인 블록 등을 활용한 곳도 더러 발견되고 있다.〈사진 1, 사진 2〉 그리고 남아있는 전통돌담도 재료는 현무암을 사용하고 있지만, 쌓는 방식에서는 많이 변형된 형태를 취하는 사례가 늘고 있다. 다시 말해, 돌담을 쌓는 방식이 제주도 전통방식의 하나인 막쌓기(허튼층 쌓기)가 아니라 다이아몬드 형

〈사진 1〉 선흘1리 주택가 돌담(1)

〈사진 2〉 선흘1리 주택가 돌담(2)

식을 취하는 곳이 상당히 많이 발견된다. 돌담의 다이아몬드식 쌓기 방식은 일제강점기 때 도입됐다는 설이 유력한데, 오늘날 제주도 전역에서 흔하게 볼 수 있는 돌담 쌓기 방식으로 자리 잡아가고 있다.

한 가지 분명한 사실은 이 돌담 쌓기 방식은 원래 제주도 주민들이 쌓아왔던 전통적인 쌓기 방식과는 큰 차이를 보인다는 것이다. 결국 최근 들어 시멘트 블록을 사용하거나 혹은 동일한 현무암이라도 다이아몬드식 쌓기 방식이 널리 유행함으로써, 중산간 마을 내에서도 전통적인 돌담 조성은 점점 약화되어 제주도의 농촌다움을 크게 떨어뜨리고 있다.

주택가 내의 집담이나 올렛담 및 우영담 등의 돌담구조는 보통 홑담(외담) 형태를 취하는 것이 일반적이며, 따라서 전통돌담을 헐어내고 그 자리에 현대식 시멘트 블록을 활용하여 쌓는 경우에도 대동소이하게 확인된다. 그러나 〈사진 3〉에서 보는 것과 같이, 기능적 측면에서 중요성이 부각될 때에는 겹담으로 쌓는 경우도 얼마든지 있다. 물론 기본적으로 겹담구조는 바람의 방향이나 세기를 한층 완화시키고 재배하는 농작물(특히 감귤)을 보다 효율적으로 보호하려는 기능을 가지고 있으며, 또한 우마나 사람이 지나다니다가도 쉽게 걸려서 허물어지지 않도록 하기 위한 견고성이 전제된 것이라 생각할 수 있다.

겹담구조의 돌담은 쌓아 올리는 과정에서 상대적으로 돌이 많이 필요하고 또 시간과 경비가 많이 드는 단점이 있는 반면, 외담의 높이에 비해 훨씬 높게 쌓을 수 있다는 장점이 있다. 따라서 구조적으로 외담보다 훨씬 단단한 구조를 취하기 때문에 강풍이나 태풍이 불어와도 쉽게 무너지지 않으며, 또 소와 말이 택지나 경작지 내로 쉽게 뛰어넘지 못한다. 나아가 우마차나 손수레에 다양한 농작물이나 나뭇가지 등을 싣고 지나다가 걸렸을 때도 쉽게 허물어질 위험성은 없다. 그만큼 외담보다는 겹담이 기능적 측면의 효용성이

높은 것이 사실이다. 〈사진 3〉에서 보는 겹담의 높이는 〈사진 1〉과 〈사진 2〉의
외담보다는 훨씬 높게 확인된다. 선흘1리에서도 〈사진 1〉과 〈사진 2〉처럼, 주
택을 둘러싼 집담의 경우는 보통 1.2~1.5m 내외로 쌓아서 외부로부터 사람
들의 시선을 차단하고 바람과 함께 흙먼지가 집 안 내부로 들어오지 않도록,
그리고 소나 말 등 가축이 함부로 택지 내로 들어오지 못하도록 하고 있다.

　　그러나 〈사진 3〉의 겹담은 한층 높이를 더하여 거의 2m에 가깝게 쌓아 올
림으로써 특별한 기능을 부여하고 있다. 그것은 다름 아닌 과수원 안에 심은
감귤을 보호하는 기능이다. 다시 말해, 강풍이나 태풍이 과수원 안으로 불어
와 불필요한 낙과(落果)의 손실을 막으려는 의도가 전제되어 있으며, 가축의
침범에 의한 피해도 막으려는 지혜가 숨어있다. 더욱이 한번 쌓은 돌담은 오
랫동안 보수를 하지 않아도 될 정도로 견고하게 쌓음으로써, 경지 소유자는

〈사진 3〉 선흘1리 내 겹담구조의 돌담(길과 과수원 사이의 경계 돌담)

나름대로 효율적이고 합리적인 농업경영을 고려하고 있다. 〈사진 3〉의 겹담 구조를 잘 살펴보면, 하단부인 아래쪽에는 몇 개의 돌을 지면에 깔아서 너비를 어느 정도 확보한 다음 점차 상부로 올라가면서 돌담의 너비를 줄여나가고 있다. 말하자면, 일정한 높이를 고려하여 하단부 돌담의 너비를 미리 정하는 형태를 취하고 있다. 만약 2m 이상의 더 높은 돌담을 쌓는다고 가정한다면, 하단부 돌담의 너비는 더 넓게 확보해야만 한다. 특히 겹담의 경우에는 하단부가 튼실하지 못하면, 상부로 돌담의 높이를 더해가기가 어려운 상황이 된다. 그렇다고 겹담의 장점들을 살리기 위한 목적으로 무조건 돌담의 너비를 넓게 확보할 수만도 없다. 그 이유는 한 치의 땅조차도 확보하기 어려운 제주도의 자연환경을 고려할 때 돌담이 차지하는 면적은 곧 경지면적의 축소와도 관련되기 때문이다.

한편 1차적 생활공간인 주택가 내의 돌담도 경작지와 경작지 사이를 연결하는 돌담은 마을길과 경작지를 구분 짓는 돌담과는 그 형태가 다르게 나타난다. 이것은 구태여 지적하자면, 돌담의 기능과 더불어 쌓는 지점에 따라서 돌담구조가 다르다는 사실을 말해주는 것이다. 〈사진 4〉의 돌담은 경작지(과수원)와 경작지 사이에 조성된 돌담인데, 지면에서 40~50cm 정도까지는 겹담, 그 이상은 외담의 형태를 취하고 있다. 이러한 돌담의 형태는 경작지와 경작지 사이에 쌓은 돌담으로서, 대개는 경작지의 소유관계를 나타내거나 혹은 과수원을 조성하는 과정에서 방풍효과를 얻기 위한 것이기 때문에 구태여 돌담 전체를 겹담의 형태로 쌓을 필요가 없는 것이다.

〈사진 4〉에서는 또 다른 한 가지 사실을 확인할 수 있다. 즉 돌담이 겹담+외담의 복합 형태를 취하면서도 아래쪽에는 아주 작은 돌들을 모아 겹담으로 쌓고, 일정한 지점부터는 큰 돌을 활용하여 외담으로 쌓고 있는 것이다. 여기에는 보이지 않는 제주주민들의 지혜가 숨어들어 있다. 제주도의 밭농

〈사진 4〉 경작지 사이를 연결하는 돌담

사는 밭 가운데에 나뒹구는 크고 작은 돌(자갈)을 골라내는 일에서부터 시작된다. 그만큼 농작물을 심고 거두기 위한 작업과정에서 자갈은 불필요한 경우가 많았다. 따라서 제주도민들은 어떤 농사를 짓건 간에 맨 먼저 자갈을 골라내어 한쪽으로 쌓아두거나, 아니면 밭과 밭 사이의 경계선에 경계용 돌담재료로 활용하는 지혜를 발휘하게 된 것이다. 돌의 세계에서 사는 사람들이 아니면 결코 짜낼 수 없는 지혜의 소산이다.

　마을 내의 돌담을 유심히 살펴보면, 돌담의 재료로 사용한 돌은 〈사진 3〉과 〈사진 4〉와 같이 자연석 그대로를 활용한 경우도 있고 〈사진 1〉이나 〈사진 2〉와 같이 자연석의 모난 부분을 일부 잘라내어 사용한 경우도 있다. 물론 이왕이면 돌의 모난 부분을 잘라내어 쌓는 돌담이 가지런하게 보이기 때문에 일견 멋있게 보일 것으로 생각할 수 있지만, 자연친화적인 쌓기 방식이나 자연미라는 관점에서는 자연석 그대로를 활용한 돌담을 훨씬 더 높게 평가할 수 있다. 이처럼 자연석의 모난 부분을 잘라내어 쌓는 방식은 1차적인 생활구간(주로 마을길 구간의 돌담이나 주택가의 집담)에서 주로 볼 수 있으며, 밭담이 넓게 펼쳐지는 2차적 생활공간에서는 거의 확인할 수 없다. 더불어서 돌의 모난 부분을 잘라내어 돌담을 쌓는 방식은 시기적으로 보면, 1970년대 이후부터 많이 채택된 방식이라 말할 수 있다. 따라서 주택가 내의 돌담은 처음 단계에서는 자연석을 그대로 활용하다가 다소 경제적인 여유가 생기면서 자연석을 다듬은 돌을 사용하기에 이른 것으로 이해할 수 있다.

3) 농경지 공간 내(2차적 생활공간) 돌담의 실태와 특징

선흘1리의 농경지는 대략적인 주택가를 배경으로 하는 1차적 생활공간을 중심으로 하여 주로 서쪽과 남쪽지구에 위치한다. 선흘1리의 행정경계상 오른쪽은 선흘곶자왈에 속하는 동백동산(제주도기념물 제10호)이 넓게 펼쳐지면서 자연환경보전지역 및 문화재보호구역으로 지정돼 있으며 북쪽은 관리지역인 임야가 넓게 분포하고 있다. 선흘1리의 밭과 과수원, 목장과 초지의 분포실태를 보면, 밭이나 과수원은 1차적 생활공간과 바로 연결되는 서쪽지구와 남쪽지구 일부에 주로 분포하며, 초지와 목장은 1차적 생활공간과 그 주변부의 밭과 과수원의 분포가 희미해지는 지구에 주로 전개된다. 그리고 임야는 밭과 과수원이 분포하는 지구에도 일부 점상(點狀)으로 산재하고 있지만, 주로 오름(알밤오름, 윗밤오름, 우진제비, 부대악, 민오름 등)을 비롯하여 그 밖에 초지와 목장이 펼쳐지는 지구에도 섞여서 분포하는 특성을 보인다.

이상과 같이 선흘1리의 농경지의 개략적인 분포상황을 전제로 생각하면, 특히 밭담이 많이 분포하는 지구는 초지나 목장 또는 임야가 분포하는 지구보다는 밭과 과수원이 분포하는 지구에서 많이 확인할 수 있다는 배경이 성립된다. 그리고 산담은 어느 한 종류의 농경지로 압축할 수 없을 정도로 불규칙적인 분포를 보이나, 특히 알밤오름 주변을 비롯하여 밭과 과수원, 임야 내에 집중 분포하는 경향성을 보인다.

먼저, 선흘1리에서 확인되는 밭담도 기본적으로는 제주도내 다른 지역에서 볼 수 있는 돌담의 형태와 구조, 쌓기 방식 등에서 유사하다. 〈사진 5〉는 선흘1리에서 가장 보편적으로 관찰할 수 있는 밭담의 한 사례이다. 이 사례의 밭담에서 보는 것처럼, 선흘1리의 밭담의 기본형태도 외담구조를 취하는 것들이 가장 일반적이며, 따라서 밭담의 높이는 1.3~1.5m 사이를 이루는 것이 보통이다. 그러나 경작지의 위치나 혹은 경작지 내에 보호하고자 하는 작물의 특성에 따라 밭담의 높이는 다소 높낮이를 달리할 수도 있는 것이 사실

〈사진 5〉 과수원 보호용 밭담

이다. 특히 감귤 과수원의 경우는 일정한 높이로 주위에 돌담을 두른 후, 돌담 안쪽으로는 다시 삼나무를 조림하여 이중적인 방풍효과를 노리는 경우가 대다수이다. 이런 상황 속에서는 돌담의 높이를 필요 이상으로 높일 이유가 없어진다.

한 가지 주목해야 하는 사실은 선흘1리의 과수원 지구에 분포하는 돌담은 기본적으로 과수원이 조성된 시기와 맞물리기 때문에 대부분은 1970년대 중반 이후에 쌓았다는 것이다. 다시 말해 선흘1리의 많은 농가에 감귤재배가 도입된 것은 1970년대 중반 이후이기 때문에, 이와 시기를 같이하여 과수원 주위에 방풍용 돌담을 쌓게 된 것으로 제주도 전역에 분포하는 일반적인 밭담과는 조성시기가 상대적으로 늦은 특성을 보인다. 따라서 그런 필연성에 의해 쌓아진 돌담이기 때문에, 일부 과수원 돌담의 석재는 각(角)을 많이 제거한 형태로 활용된 특징도 보인다. 나아가 과수원이 조성될 당시에는 단기간 내에 많은 양의 돌이 주변 지역에서부터 조달되었다는 사실이나 그리고 속칭 '돌챙이'라 부르는 석수장이의 땀과 노력이 집중적으로 뒤따랐을 것이라는 점도 이해할 수 있다.

최근 제주도의 과수원용 밭담은 상당히 실용성을 잃어가는 국면을 맞고 있는데, 선흘1리에서도 동일한 상황을 많이 목격할 수 있다. 〈사진 6〉은 바로 그런 상황을 절실히 대변하는 모습을 보여준다. 이 배경에는 과거 자연환경에 의존도가 높았던 영농에서 과학적인 영농으로 탈바꿈하면서 상대적으로 돌담의 효과만을 노리는 상황에서 탈피하려는 농가의 사고가 많이 작용하고 있기 때문이다. 더욱이 1990년대에 들어오면서부터는 제주도의 연간 감귤 생산량이 지나치게 많아 매년 적절한 판매가격을 유지하지 못하는 폐단이 나타나기 시작했다. 따라서 행정기관은 물론이고 생산농가에서는 수익성을 고려한 판매가격을 유지하기 위해 생산량을 조절해야 했고, 이러한 상황에서 생산량 증대의 한 수단이었던 과수원 돌담은 그야말로 퇴보의 길을 걸을 수밖에 없었다. 1980년대까지만 하더라도 무조건 생산량을 높이려던 감귤 생산 농가는 특별한 일이 없는 한, 단 한 개의 낙과(落果)도 생각할 수 없었고 더욱이 소나 말이 지나가다가 과수원으로 침입하여 과수농사를 망치는 일은 더더욱 용서할 수 없는 일이었다. 따라서 과수원용 돌담은 단 한 개라도 쉽게 허물어져서는 안 되는 소중한 존재였다.

한편, 선흘1리의 2차적 생활공간 내에 많이 분포하는 무덤을 에워싼 산담은 형태적으로 볼 때 외담과 겹담형식이 혼재(混在)돼 있는 것이 특징이다. 제주도의 산담을 축조하는 배경은 근본적으로 사자(死者)의 생활공간이라는 음택풍수(陰宅風水)의 풍수지리적 사상이 깔려 있음은 물론이거니와 제주도의 자연 환경적 특성이 잘 반영된 결과로도 해석할 수 있다. 궁극적으로, 제

〈사진 6〉 과수원용 밭담이 해체돼가는 모습

주도의 산담은 주변 지역의 화재에 따른 무덤 보호나 우마의 침입을 방지하기 위한 대응책이라 할 수 있다. 결국 이 점은 제주도가 바람이 자주 부는 기후적 특성과 과거로부터 소와 말 중심의 목축업이 번창했다는 농업 경제적 특성에서부터 취해진 제주선민들의 지혜의 소산에 다름 아니다.

산담의 형식은 외담과 겹담으로 구분되는데,〈사진 7〉두 형태의 산담 중 어떤 형태가 먼저 나타난 것이라고 단정 지을 수는 없다. 오히려 산담의 형태로 조성시기를 논하기보다는 두 형태의 산담이 출현하는 배경을 살피는 것이 더 중요하다고 할 수 있다. 산담의 형태가 외담인지 겹담인지는 특히 집안 내의 경제적인 사정이 우선시되며, 특수한 경우에는 무덤이 조성되는 위치나 장소적 특성에 따라 결정되는 경우도 다반사라 할 수 있다.

산담을 겹담으로 조성하는 일은 경제적인 여유가 없는 집안에서는 그리 쉬운 일이 아니다. 그만큼 산담 축조에는 경비가 많이 들고, 시간적으로도

〈사진 7〉 본동지구 내의 무덤군

하루 이틀 사이에 쉽게 끝낼 수 없기 때문이다. 한 집안에서 장례를 치르고 난 후, 간단하게 외담으로 산담을 축조하는 경우에는 장례에 참여한 가까운 친척만으로도 당일에 충분히 산담을 축조할 수 있지만, 겹담의 산담은 무덤의 기본적인 공간설정은 물론 무덤 내의 여러 필요한 시설물 즉 상석이나 계절석(제절돌)을 비롯한 비석, 토신단, 동자석(또는 문인석), 망주석, 신문(神門) 등의 위치를 세밀히 점검한 후에 산담을 축조해야 하기 때문에, 풍수사(제주도에서는 흔히 '정시'라고도 부름)의 조언과 함께 충분한 시간을 확보한 후에 산담의 축조작업에 들어가는 것이 보통이다. 따라서 겹담의 산담을 축조하는 경우에는 마을별로 또는 한 마을에서도 자연마을 단위(적어도 20~30가구 정도)로 '산담접(산담계)'을 조직하여 상부상조하는 풍습이 있었다. 이런 사실을 근거로 할 때, 과거에 겹담의 산담 축조는 한 집안의 경비나 인력만으로는 도저히 해결할 수 없었음을 이해할 수 있다.

풍수적으로 길지(吉地)에 조상을 모시려는 관습은 궁극적으로 후손들의 발복(發福)을 염원하는 행위에 다름 아니다. 따라서 제주도민들은 아무리 험악한 오지(奧地)라 할지라도 길지라고 판단되면 묘지로 선택하는 데 주저하지 않았다. 이러한 경우에는 묘지 주변에서부터 산담으로 사용할 돌 확보가 크게 문제될 수 있다. 따라서 조상의 묘지가 길지로 선택되었다 하더라도 쉽게 산담의 재료를 확보할 수 없을 때에는 겹담이 아닌 외담으로 산담을 축조하는 사례도 종종 있다.

산담은 기본적으로 타계한 한 사람의 생활공간(무덤)을 중심으로 축조하는 것이 일반적이지만, 경우에 따라서는 〈사진 8〉과 같이 두 사람의 생활공간을 하나의 생활공간으로 가정하여 넓고 크게 쌓는 사례도 있다. 말하자면 쌍묘(雙墓)나 합묘(合墓)에 둘러진 산담이다. 물론 이 경우에는 부모나 조부모, 증조부모와 같이 타계한 조상의 남녀를 한 공간 안에 모시는 사례가 압도적으로 많다. 어떻든 타계한 두 선조를 모신 분묘의 산담은 겹담으로 쌓든 외담으로 쌓든 한 사람을 모신 분묘의 산담보다는 상대적으로 커질 수밖에 없지만, 산담의 형태는 보편적으로 겹담인 경우가 많다. 나아가 분묘가 2기(쌍묘) 이상 즉 3~4기나 혹은 그 이상의 수가 한 장소 안에 있는 경우에는 산담이 규모도 더 커질 수밖에 없으며, 이러한 사례는 한 집안 내에서도 가장 윗대 선조들의 영혼을 모신 사례가 많다.

산담의 전체적인 모양새는 겹담은 부등변 사각형, 직사각형이 많고 외담인 경우에는 원형이나 타원형(전방후원형)을 이루는 경우가 대부분이다(김유정·손명철, 2007). 그리고 산담의 높이는 외담과 겹담에 따라 다소 다르기는 하나 보통 1m 내외인 경우가 많으며, 겹담의 경우 산담의 너비도 1m를 전후한 것이 가장 일반적이라 할 수 있다.

선흘1리 내에 분포하는 산담은 밭담보다도 더 집단적인 연출을 보이고

〈사진 8〉 본동지구 내 어느 무덤의 산담

있기 때문에, 상대적으로 경관적 가치나 자원적 가치는 높게 나타난다. 그리고 산담의 형태로 볼 때도, 비교적 겹담구조를 취하는 것이 많아 축성시기가 다분히 오래된 것들로 구성된 특징을 보인다. 그러기에 선흘1리의 산담만큼은 집단적인 분포를 보이는 지구를 바탕으로 하여 제주도의 전통적인 산담 문화의 특성을 담을 수 있는 프로그램을 개발한다면, 매우 유의미하게 활용할 수 있을 것으로 여겨진다.

2. 선흘2리의 돌담 문화고(文化考)

조천읍 선흘2리는 표고 220~350m 주변에 자리 잡은 중산간 마을이다. 마을 내의 더 작은 가구 단위로 구성되는 자연마을은 본동(本洞)과 선인동(善仁洞)으로 나뉘며, 다시 본동은 제1차 양잠단지, 제2차 양잠단지 및 우진동으로 구분된다. 이들 중 본동에 속하는 3개의 자연마을은 표고 약 310~350m를 전후한 지점에, 선인동은 약 220m를 전후한 지점에 자리 잡고 있다.

마을의 개략적인 역사를 참고해 볼 때, 선흘2리 안에서도 표고가 낮은 선인동은 이미 오래전부터 사람들이 정착하여 마을이 형성돼 있었으며, 본동의 1·2차 양잠단지나 우진동은 1960년대 후반에 북제주군이 시행한 양잠산업의 육성정책에 의해 의도적으로 입주한 사람들이 거주하면서 마을을 이룬 것으로 알려져 있다. 따라서 선흘2리의 전통돌담도 선인동 지구에서는 그나마 흔적을 찾아볼 수 있지만, 본동지구에서는 거의 찾아볼 수 없는 상황이다.

제주도에서 집담이나 밭담이 나타나게 된 배경은 오래전부터 이어져 온 도서지역의 자연환경과 주거환경 그리고 농·목축업적 생산활동과 밀접하게 관련된다. 그렇다고 한다면, 오랜 역사를 반영해온 전통돌담은 마을의 역사와 궤도를 같이하는 것은 두말할 여지가 없을 것이다. 동시에 일상생활이나 영농활동에 미치는 불리한 자연 환경적 요인도 시간이 흐르면서 점차 다양한 방법으로 극복하는 지혜를 얻게 된 것도 중요한 사실이다.

이러한 관점에서 보면, 선흘2리의 전통돌담의 존재형태와 분포특성은 어느 정도 수긍할 수 있는 상황이 된다. 다시 말해, 선흘2리에서는 제주도의 여느 중산간 마을과는 달리 전형적인 집담이나 밭담을 찾아보기가 어려운데, 이 배경에는 토지 소유의 경계는 물론 경작지 안으로의 가축(우마) 침입 방지, 강풍이나 태풍 등으로부터의 실내 보호 등과 관련해서도 돌담보다는 삼나무로 대체되었거나 또는 토지 이용적인 측면에서도 우마 등을 위한 초지가 많이 조성돼 있어서 구태여 돌담 자체가 필요하지 않았다는 사실이 깔려 있다.

여기서는 선흘2리를 두 개의 자연마을인 본동지구와 선인동지구로 나누어 돌담의 존재형태와 분포특성을 살펴보고자 한다. 궁극적으로 두 개의 지구에서 어떤 차이점을 발견해낼 수 있을지를 알아보기 위함이다.

1) 본동지구 전통돌담의 존재형태와 분포특성

본동지구는 현재 마을회관과 선흘초등학교 선인분교가 있는 1차 양잠단지가 마을 남서쪽에 자리 잡고 있고, 노인회관(구, 마을회관)과 함께 최근 거문오름 방문센터가 들어선 2차 양잠단지가 1차 양잠단지와는 약 600m의 거리를 두고 동쪽에 자리 잡고 있다. 또한 마을 서쪽에 위치한 오름(기생화산)인 우진제비 남쪽 사면에는 우진동이 자리 잡고 있다. 그러나 이들 마을은 모두가 1960년대 후반에 정책적으로 조성된 마을이기 때문에, 마을 안이나 마을을 벗어난 외곽지구에서도 제주도 전통돌담의 실태는 제대로 확인하기가 어렵다.

〈사진 9〉와 〈사진 10〉은 본동지구 내 마을 풍경과 일정한 범위 내의 농경지를 촬영한 것이다. 이들 자료에서 확인할 수 있듯이, 본동의 마을 안이나 그 주변의 농경지에서는 전형적인 집담과 밭담을 찾아내기가 어려운 상황이다. 이러한 배경은 앞에서 지적한 것과 같이, 일단 선흘2리의 설촌 역사가 짧다는 사실 하나로 대변할 수 있다. 다시 말해 1960년대 중반까지만 해도 지금의 선흘2리 본동 주변 지역은 사람이 살지 않았으며, 동시에 주변 지역은 목장과 목초지 등이 전개되는 상황이었다. 이러한 흔적은 아직도 〈사진 9〉와 〈사진 10〉에서 그대로 확인할 수 있다. 선흘2리의 본동지구는 1969년에 1·2차 양잠단지에 15가구씩 입주해 들어오면서 본격적인 마을의 형태가 갖추어지기 시작했으며, 1970년대 이후에는 우진동에도 가옥들이 들어서면서 작은 마을의 형태가 갖추어졌다. 따라서 마을의 공간적인 범위는 그다지 넓게 형

〈사진 9〉 본동지구의 마을 주변 경관

〈사진 10〉 본동지구의 농경지 경관

성하지 못한 채, 3개의 작은 마을이 일정한 거리를 두고 삼각 모양을 이루며 자리 잡는 형국이 되었다.〈그림 1〉 결과적으로 가옥들이 일정한 범위 내에 모이면서, 그 외의 공간에는 밭과 목초지 등 농경지가 전개되는 특징을 가지게 되었다.

특히 1·2차 양잠단지에 입주하는 농가는 그 당시 가구별로 9,000평(29,682.4㎡)의 농경지를 30년 분할상환이란 조건으로 임대받아 양잠업에 종사할 목적으로 정착하였다. 그러므로 당초의 농경지는 대부분 뽕나무밭으로 전용할 목적이었지만, 입주 후 5~6년 정도 지나자마자 양잠업은 사양길에 접어드는 급격한 사회적 변환기를 맞게 되었다. 이런 상황에 이르게 되자, 처음에 입주했던 농가들은 마을을 떠나기 시작했고 그 자리를 다른 농가

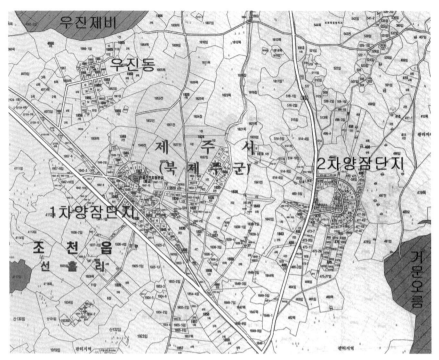

〈그림 1〉 선흘2리 본동지구의 지적도

가 메우면서 들어오게 되었는데, 결과적으로는 넓은 농경지들이 일시적으로
뽕나무밭(桑田)이 되었다가 일반적인 밭작물을 재배하는 보통의 밭으로 전
환할 수밖에 없었다.

　이런 상황 속에서 뽕나무나 일반작물을 재배하던 밭 주변에는 시간적으
로나 경제적으로도 돌담을 쌓을 만한 여력이 없었을 것으로 여겨진다. 〈사진
9〉와 〈사진 10〉에서 보는 것처럼, 일부 농가에서는 돌담보다는 오히려 삼나무
를 농경지의 둘레에 심어 농작물을 보호하거나 경계의 의미를 확인시키려는
의도를 지니고 있었던 것으로 보인다. 더욱이 양잠업이 생활기반에서 멀어
지자, 목축업에 의존하는 농가들이 늘어나게 되었다. 그렇지만 이미 이 지역

은 웃밤오름과 알밤오름을 비롯하여 우진제비, 거문오름, 부대오름 및 민오름 등 오름들이 주변에 많이 산재하는 중산간 지역이어서 소와 말을 사육하는 데는 거의 불편함이 없었다. 따라서 농경지에 소나 말이 들어와 훼손하는 것도 그다지 크게 걱정할 필요가 없었다.

나아가 본동지구 주변에서는 돌담의 재료인 자연석 돌을 얻는 데도 한계가 있었을 것으로 판단된다. 실제로, 본동지구를 이곳저곳 돌아다녀 보아도 돌담으로 활용할 만한 큰 자연석은 찾아보기가 어렵고, 자잘한 돌멩이만 경작지 주변에 쏠려 있는 경우가 많았다. 더불어 밭 한가운데나 모서리에는 경작과정에서 튀어나온 작은 돌멩이를 한데 모아 쌓아놓은 경우도 있었다. 이것은 말하자면, 주민들이 '머들'이라 부르는 것으로, 농사를 짓는 과정에서 나온 자잘한 돌멩이를 먼 장소로 이동시키지 못하고 경작이 불가능한 밭 한가운데의 암반지점이나 경작지의 가장자리에 돌탑처럼 쌓아두는 것을 말한다.

아무튼 본동지구에서도 주거지나 농경지를 중심으로 한 돌담의 축조는 주민들의 입주시기와 생계기반인 농목업적 경제활동과 맞물리면서, 큰 필요성을 느끼지 못한 채 극히 부분적이고 제한적으로 이루어진 것으로 판단된다. 따라서 현재 돌담의 분포는 지극히 부분적으로 일부 경작지와 주택가 주변에서 확인할 수 있지만, 그것도 결국은 역사가 오랜 마을이나 그 주변의 농경지에 쌓아 올린 전통돌담과는 달리 높이나 축조 형태에서는 왠지 모르게 색다른 분위기를 느끼게 한다.

이상과 같은 마을 내의 집담이나 주변 경작지의 밭담과는 달리, 무덤을 에워싸고 있는 산담만큼은 본동지구에서도 쉽게 확인할 수 있다. 물론 이들 산담도 만들어진 시기를 유추해 보면, 이미 오래전에 만들어진 것이 분명하다. 적어도 이들 산담의 축조 시기는 1970년대 이전으로 거슬러 올라간다고 말할 수 있다. 1980년대로 접어들면서부터는 개인적으로 묘지를 확보하는 일은 제도적으로도 매우 어려웠거니와 또 산담을 축조하는 행위 자체도 이미 사회적·경제적 관점의 풍토가 크게 변화함으로써 현실적으로는 어느 한 쪽의 의사에 의해서만 결정할 수는 없게 되었다.

본동지구를 포함하여 선흘2리에 분포하는 무덤 속 주인공들도 모두가 선흘2리에 거주했던 사람들이라고는 단정할 수 없다. 오히려 개인적으로 묘지를 확보하던 1970년대 이전 시기를 고려하면, 선흘2리 외에도 조천읍이나 구좌읍에 속하는 여러 마을에서 타계한 사람들이 묻혔을 가능성이 매우 높다. 그렇지만 묘지 한 기 한 기를 전부 확인할 수는 없기 때문에, 더 이상 사자(死者)들의 출신 마을이나 산담의 조성시기 등에 대해 언급하는 것은 피하고자 한다.

단지 돌담문화 요소의 하나인 산담과 관련하여 무엇보다도 중요한 것은 1980년대로 들어오면서부터는 마을 단위나 읍면 단위로 또는 가문(문중) 단위로 공동묘지를 조성하여 시신을 모시는 경향이 강해졌기 때문에, 개별적인 묘지 조성에 따른 산담 축조는 거의 사라졌다고 하는 사실이다. 현실적으로 선흘2리의 주민들도 조천읍공동묘지에 시신을 주로 안치하고 있으며, 이 경우 개별적인 산담 축조는 사실상 필요하지 않다. 따라서 현재 선흘2리에서 관찰할 수 있는 무덤의 산담도 한정될 수밖에 없으며, 앞으로 도로확장이나 기타 개발사업 등에 의해 묘지 이전이 지속적으로 이루어진다면, 그 수가 훨씬 감소하게 될 것은 분명하다.

한편 선흘2리에 분포하는 무덤은 비교적 면적이 넓고 산담의 폭도 상당히 넓은 모습을 보여준다. 이러한 사실은 이들 무덤의 조성이 상당히 오래전에 이루어졌음을 반증하는 것이라 할 수 있으며, 또한 이 지역의 농업경제 활동과도 깊은 관련성을 맺고 있는 것으로 해석할 수 있다. 다시 말해, 1개의 묘지면적이 큰 것은 과거 조상들이 사후에 대한 음택풍수를 중요시했던 흔적으로 지적할 수 있으며, 산담의 너비도 1m 이상이 되는 것들은 소와 말 방목에 따른 화입(火入)으로부터 안전을 기하기 위한 나름대로의 궁리라 할 수 있다. 이처럼 1970년대 이전까지만 해도, 제주도에서는 조상을 잘 모셔야 한다는 관념이 묘지 확보나 산담 축조 등에도 그대로 반영되어 나타났다고 말할 수 있다. 특히 산담의 축조는 한 집안의 인력으로는 해결할 수 없었고, 일가친척은 물론이고 마을 내의 조직 즉 몇 개의 반(班)을 모태로 한 조직이나 자연마을(예를 들면 상동과 하동, 동동네와 섯동네, 동카름과 서카름 등)을 모태로 한 조직 구성원들의 힘을 빌려야만 가능한 일이었다. 산담을 축조하는 데는 돌을 캐거나 돌을 나르는 사람, 산담 하나하나를 껴 맞추며 쌓아 올리는 석수장(전문가), 한꺼번에 많은 양의 음식을 준비하는 사람 등 상당히 많은 인력과 노력이 동반되어야 하며, 한 집안의 입장에서 보면, 적어도 1~2주일 내에 집중적으로 축조해야 했기 때문에 경제적으로도 큰 지출을 감수해야만 가능한 일이었다.

2) 선인동지구 전통돌담의 존재형태와 분포특성

선흘2리에서도 선인동지구는 350여 년 전부터 속칭 '내생이', '엉도(일명 백화동)', '말무왓', '정여숙굴'이라는 지경에 사람들이 모여 살았다는 구전이 있는 것으로 보아, 본동지구와는 달리 거주 역사가 매우 오래된 것으로 추정된다(金玟奎, 1991: 244-255). 이러한 사실은 주택가 내의 돌담(집담과 밭담)이나 농경지 주변의 밭담 등을 살펴보면 충분히 이해할 수 있다. 물론 일부 주택가 내의 집담이나 농경지의 밭담이 쌓아 올린 지 그다지 오래되지 않은 것처럼 보이는 것들도 존재한다. 그것들은 대략 1970년대 이후에 사람들이 새로 이사해 오거나 새로 택지와 농경지를 조성하는 과정에서 쌓은 돌담으로 추정할 수 있지만, 그 외에 돌담들은 축조방식이나 돌담에 낀 이끼 등으로 볼 때 훨씬 이전부터 존재했던 것임을 쉽게 납득할 수 있다.

〈사진 11〉은 선인동지구에서도 비교적 가옥들이 밀집된 주택가의 돌담으로, 집담을 비롯하여 밭담, 마을길 돌담(집담과 마을길과의 경계돌담, 농경지·우영(밭)과 마을길과의 경계돌담) 등이 잘 남아있어, 과거의 생활모습을 살피는 데 중요한 요소로 작용하고 있다. 사진자료에서 나타는 돌담은 곡선형 마을길을 따라 일반농가와 밭과 우영(밭)이 연결되어 나타나고 있으며, 지목별(地目別)로 경계가 필요한 지점에 돌담을 쌓음으로써 마을길이 확연히 드러나는 상황이 연출되고 있다. 그리고 돌담의 높이는 지점에 따라 다르지만 보통 1.5~1.8m까지 나타난다. 이들 돌담은 제주도 돌담 쌓기의 가장 일반적인 방법인 막쌓기 방법을 채택하고 있지만, 돌과 돌 사이의 공극을 최대한 줄이

〈사진 11〉 선인동지구의 주택가 돌담 경관

면서 촘촘하게 쌓은 것이 특징이다. 또한 일부 농경지에는 〈사진 11〉의 왼쪽 돌담에서 보듯이 안쪽으로는 삼나무를 조림하여 바람의 영향을 최대한 줄이려는 지혜를 발휘하고 있다. 이들 삼나무의 식재 시기는 대략 1970년 초중반 정도로 볼 수 있다. 현재 삼나무가 식재된 농경지에는 일반 밭작물인 옥수수와 콩 등이 심어져 있지만, 이전에는 뽕나무 밭이나 과수원으로 활용되었을 것으로 여겨진다. 말하자면, 삼나무의 조림효과를 톡톡히 보기 위한 작물이 재배되었을 것임에 분명하다.

〈사진 11〉에서 보는 마을길 돌담은 돌과 돌 사이의 구멍을 막기 위한 작은 돌 이외에는 거의 일정한 크기를 활용하여 일정한 높이까지 쌓아 올리고 있다. 그리고 모든 돌담은 다듬지 않은 자연 상태의 것을 그대로 활용하고 있다. 그렇기 때문에 대개는 주변의 오름이나 들판 또는 곶자왈 지역에서 얻어진 돌들을 운반한 후 그대로 쌓아 올린 것이라 할 수 있다. 여기서 한 가지 주목해야 할 것은 돌담을 높게 쌓기 위하여 돌담 재료는 보통 크기 이상의 것을 사용하고 있다는 점이다. 즉 크기가 작은 돌을 사용하면, 보통 1m 이상으로 높이를 더해가면서 쌓아 올리기가 어렵기 때문에 돌담 재료는 적어도 가로 세로의 크기가 20cm 이상의 것을 사용해야만 도중에 돌담이 허물어지지 않고 어느 정도 원하는 지점까지 쌓아 올릴 수 있는 것이다.

한편 〈사진 12〉는 선인동지구의 농경지에 쌓아 올린 밭담의 일부를 촬영한 것이다. 이처럼 선인동지구에 분포하는 대부분의 농경지에는 본동지구의 농경지와는 달리 밭담들이 연결되어 나타난다. 그러나 밭담의 높이나 쌓아 올린 형태에 있어서는 다소 불규칙적인 경관을 보여준다. 다시 말해, 밭담이 일정한 높이로 계속 이어지지 않고 중간 지점에서 무너져 내리거나 혹은 밭과 밭 사이의 경계선을 중심으로 양쪽 가에서 돌을 끌어 모은 형태를 취하고 있다. 이러한 상황은 돌담 재료의 확보와 깊은 관련성이 있는 것으로

〈사진 12〉 선인동지구의 밭담 경관

판단된다. 선인동지구에서도 농경지가 많이 분포하는 주변지구는 경작지 안에서 작은 돌들이 많이 출현함으로써 처치하기가 매우 곤란한 사정이 있다. 따라서 어느 한 곳에다 모아놓아야 하는데, 농가의 입장에서는 특별한 이유가 없는 한 이미 쌓아 올린 밭담 가에다 밀어붙여 놓거나 겹담 형태로 쌓으면서 안쪽에다 작은 돌들을 채워놓는 방법이 가장 손쉽게 해결할 수 있는 방법 중 하나이다. 따라서 밭담 자체를 높게 쌓아 올리기보다는 양쪽 가에서 쌓아올린 결과 비교적 높이가 낮은 역 V자 모양을 취하는 곳이 많다. 아울러 중간중간에 무너져 내린 지점의 밭담은 강풍이나 태풍의 영향을 받기도 했지만, 작은 돌을 쌓아 올리다 보니 특정 구간이나 일정한 지점에서는 불안정하여 비교적 약한 바람의 영향을 받은 배경도 무시할 수 없다.

　〈사진 12〉의 경작지 안을 자세히 살펴보면, 아직도 자갈과 같은 작은 돌들

은 여전히 남아 있다. 이들은 속칭 '지름자갈'이라 불리는 것으로 제주도의 농사법에서는 오히려 필요한 크기의 자갈성 돌멩이라 할 수 있다. 즉 주로 화산회토로 이루어진 제주도 중산간 들녘의 농경지에서는 바람에 의한 흙(표토층)의 날림 현상을 막는 데 이것들이 중요한 역할을 하고 있는 것이다. 따라서 어린아이들의 주먹 크기만 한 돌멩이들은 농경지 안에 그대로 보전하는 것이 중요한 농경지 관리방법이기도 하다.

선흘2리에는 중산간 지역에 위치하는 마을이기 때문에 해안마을과는 다른 돌문화의 요소가 존재하는 특이성을 보인다. 그것은 다름 아닌 조선시대 때 국영목장의 일부분으로 활용했던 목마장용 경계 돌담이다〈사진 13〉. 선흘 1·2리 주민들 사이에서는 흔히 '곱은장(曲場)'으로 알려지고 있는데, 이곳은 조선시대 때 흑우(黑牛)를 길러 중앙에 진상하던 국영목장이다. 곡장이 들어

〈사진 13〉 곡장(曲場) 경계에 쌓았던 잣성 자료: 강만익

섰던 목장의 위치는 선흘리 산 585번지 일대로서 지도에서 보면 알밤오름(알바메기오름)과 웃밤오름(웃바메기오름) 사이의 넓은 지역이다(제주학연구소, 2006: 358-360). 따라서 곡장에는 〈사진 13〉에서 보는 것과 같이 혹우의 안전한 관리를 위해 쌓아놓은 잣성(잣담)이 남아있다. 이것을 마을 주민들은 보통 '잣' 또는 '잣담'이라 주로 부른다.

물론 오늘날까지 남아 있는 것은 일부 구간에 불과하지만, 1970년대까지만 해도 선흘1·2리의 농가에서 사육하던 소나 말들이 많이 있었기 때문에, 주위를 돌아가면서 길게 쌓은 잣성은 몇백 년이 지난 후에도 유용하게 활용돼 왔다고 지적할 수 있다. 선흘2리에 남아있는 곡장 관련 잣성은 현재 겹담으로 1.2~1.4m 정도의 높이를 보이며, 이용된 돌들은 표면이 매우 거칠고 각(角)이 진 형태를 보여주고 있다. 따라서 잣성의 돌담 재료는 말 그대로 자

〈사진 14〉 최근에 새로 등장한 조경용 집담

연으로부터 바로 채취하여 사용하였음을 알려준다.

잣성과 같이 몇백 년 전부터 돌을 목축업에 활용한 사례도 있지만, 최근에는 조경용 돌담 재료로 활용하는 사례가 늘고 있어서 선흘2리의 현대식 돌담문화의 형성과 출현이 기대되고 있다〈사진 14〉. 최근 선흘2리에는 예술과 문화활동에 종사하는 전문가들이 정착하면서 자신들의 창작활동에 전념하려는 움직임이 날로 커지고 있다. 조사시점에서는 약 25명의 예술가 또는 문화인들이 한적하고 조용한 선흘2리에 둥지를 틀고 있는 것으로 확인되었으며, 이들이 거주하는 주거지와 작업장 주변은 〈사진 14〉와 같이 현대식 조경과 예술의 개념을 도입한 돌담이나 돌탑 등을 쌓음으로써 새로운 이미지와 정취를 자아내고 있다. 이것은 말하자면 선흘2리의 새로운 발전과 변화를 가져오는 데 크게 기여할 수 있는 성장 동력이라 해도 좋을 것이다.

3) 나오며

선흘2리의 돌담문화는 본동지구와 선인동지구로 나누어 특징을 살펴볼 수 있는데, 그 배경은 두 마을의 설촌 역사와 깊게 관련된다. 결과적으로 볼 때, 본동지구는 설촌 역사가 짧아서 집담과 밭담으로 대표되는 돌담문화의 특징이 제대로 나타나지 않고 있고, 비교적 설촌 역사가 깊은 선인동지구에는 다소 부분적이지만 집담과 밭담이 중산간 마을의 특성을 반영하면서 나름대로 중요한 경관요소로 자리 잡고 있다.

집담이나 밭담과는 달리 산담은 설촌 역사와는 다소 무관하게 두 지구에 모두 나타나며, 제주도 중산간 지역의 자연환경과 산업 경제적 특성이 반영된 상태로 분포한다. 아울러 일부 지구에는 조선시대 때 국영목장의 경계용으로 둘러쌓은 잣성이 남아있는 반면, 최근에 이르러서는 조경과 예술개념을 도입하여 의미 있고 아름답게 장식미를 구사한 현대식 돌담도 나타나고 있다. 이들 모두는 오늘날 선흘2리의 돌담문화를 구성하는 중요한 요소로 평가할 수 있다.

3. 덕천리의 돌담문화에 대하여

덕천리(德泉里)는 구좌읍에 속하는 전형적인 중산간 마을이다. 덕천리는 크게 2개의 자연마을 즉 상덕천(웃덕천)과 하덕천(알덕천)으로 나뉜다. 2개의 자연마을인 상덕천과 하덕천 사이는 약 4㎞ 정도 떨어져 있으며, 표고로는 거의 50m의 차이를 보인다.〈그림 2〉하덕천의 마을복지회관(리사무소)이 들어서 있는 중심부나 상덕천의 마을회관이 들어서 있는 중심부에 들어서면, 오랫동안 주민들의 쉼터 역할을 담당하던 팽나무 정자목이 방문객을 정겹게 맞이한다. 이들 팽나무 정자목은 적어도 100년 이상 늘 같은 자리를 지키면서, 마을의 모든 희비사(喜悲事)를 관장해온 마을신과도 같은 존재이다.

덕천리는 마을 내에 가장 먼저 들어와 거주하기 시작했다는 일부 성씨(상덕천은 고씨가 15대, 하덕천은 조씨가 12대에 걸쳐 거주)의 거주 연혁을 근거로 할 때, 적어도 450년 이상의 설촌 역사를 가지고 있다(오창명, 2007: 281). 따라서 주택가를 형성하고 있는 마을 내부와 주변부를 비롯한 경작지 주변에서도 전통적인 돌담문화가 어느 정도 보전되어 전수되는 상황을 확인할 수 있다.

그렇다고는 하나, 덕천리에서도 과거 1970~1980년대와 같이 소와 말을 많이 기르던 당시와는 달리 돌담의 기능은 많이 저하되었고, 또한 마을 주민들도 보전의 필요성을 느끼지 못한 채 일상생활에만 전념해 왔다. 결과적으로 덕천리에서는 집담은 물론 우영담(집 안에 딸린 텃밭의 돌담)이나 밭담 등이

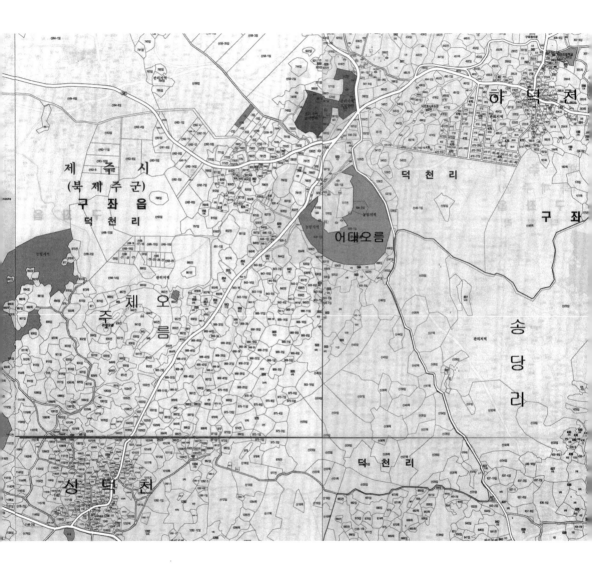

〈그림 2〉 덕천리의 2개 자연마을과 주변의 농경지 공간(축척 1 : 5,000)

조금씩 훼손되는 과정에서 전통돌담은 많이 훼손되었고, 동시에 주택가 등지나 마을길 주변에는 현대식 블록을 많이 활용하는 상황이 이어져 왔다. 아울러 1990년대로 들어서면서부터는 도로변이나 경작지 주변에 돌담이 허물어져도 소나 말을 사육하지 않는 상황이 되었기 때문에 다시 제대로 쌓는 일은 점차 소홀하게 되었다. 또 오늘날에는 필요에 의해 돌담을 쌓는다 하더라도, 주로 현대식 중장비를 동원하여 비교적 큰 돌로 쌓는 방식을 많이 볼 수 있게 되었다.

특히 최근에는 덕천리에서도 오랜 옛날부터 전통적으로 쌓아왔던 돌담 쌓기 방식(막쌓기)이 아니라 정원수와 같이 돌담을 정비하는 조경의 개념을 도입한 쌓기 방식을 취하거나 혹은 일제강점기 때 도입된 다이아몬드식 쌓기 방식을 채택함에 따라 여러 형태의 돌담문화가 나타나는 계기가 되었다. 따라서 오늘날까지 대대로 전수돼온 전통돌담 문화는 오히려 퇴색된 듯한 배경을 띠게 된 것도 사실이다. 더욱이 이러한 특징은 최근 제주도의 거의 모든 마을에서 나타나는 새로운 돌담문화의 한 단면이어서, 앞으로 제주도민 모두가 고민해가야 할 과제라고도 여겨진다.

여기에서는 덕천리의 돌담문화에 대한 단상을 정리해 보고자 한다. 덕천리의 주택가와 경작지 주변 돌담의 특징을 열거하면서, 더불어 마을 주민들의 생활과 연관된 역사와 문화의 한 실마리를 풀어보고자 한다.

1) 주택가 주변의 돌담문화

덕천리의 농촌주택들이 밀집돼 있는 주택가는 여느 중산간 마을의 풍경처럼, 집담과 올렛담과 마을길 돌담 등이 여러 개의 선(線)을 구성하듯이 엮어져 있지만, 특이한 점을 찾아낼 만한 분위기를 자아내는 곳은 아니다. 그런 가운데서도 부분적으로 개별 택지로 이어지는 올레 돌담〈사진 15〉이나 마을길 돌담〈사진 16〉이 1970~1980년대의 분위기를 느낄 수 있을 정도로 고즈넉한 정감을 간직한 곳이 있다. 이 점은 덕천리가 중산간 마을이라는 지리적 위치의 특이성이 반영된 것이라고도 생각할 수 있다. 그만큼 덕천리는 택지나 마을길의 변형이 덜 이루어진 채 존속돼 왔다고 할 수 있다.

〈사진 15〉와 〈사진 16〉은 덕천리 안에서도 흔히 볼 수 있는 올레의 돌담(올렛담)과 또 몇 채의 주택을 끼고 연결돼 있는 마을길 돌담이다. 이들 사진자료는 모두 마을의 핵심지를 이루는 하덕천에 흔하게 보이는 것으로서, 특별한 사례를 제시한 것이 아니다. 가령, 한라산 방향으로 가까운 곳에 위치하는 상덕천에도 이와 유사한 올렛담과 마을길 돌담은 얼마든지 많이 남아있다.

먼저 〈사진 15〉부터 찬찬히 들여다보자. 올렛담은 올레를 만드는 과정에서 필연적으로 등장하는 보조시설이자 매개체이다. 올레는 보통 제주도 농촌주택의 중요한 구성요소로서, 하나의 택지로 이어지는 작은 길이다. 올레의 형태는 대개 일자(一) 형과 S자형으로 구분된다. 일자형의 경우에는 올레의 끝부분이 다소 구부러져 있거나 또는 택지 안의 집(안거리 또는 밖거리) 자체가 올레의 끝부분과는 방향을 달리하여 들어선 경우가 많다. 따라서 올렛담도 일자형인지 S자형인지에 따라 2개의 돌담이 대칭적으로 이어질 수밖에 없다. 주인의 의사결정에 의해서는 한쪽 가장자리를 따라서 징검다리 형태로 띄엄띄엄 디딤돌을 놓아두고 비가 내릴 때 사용하기도 한다. 말하자면 다우지역(多雨地域)인 제주도에서는 비가 내리면 땅이 질퍽거리고 발자국이 깊게 패이기 때문에, 땅이 마른 후 지면이 보기 흉한 요철(凹凸) 상태가 되는 것을 방지하기 위한 조치이다.

그러나 최근에는 농가의 올레에도 대부분의 지면을 시멘트로 발라 나름

〈사진 15〉 어느 택지로 들어가는 올렛담

대로 편리성을 추구하고 있는 것이 일반적이다. 그런 가운데 원래 올레의 전통적인 경관미는 더 이상 바랄 수 없는 환경이 되고 말았다. 〈사진 15〉에서 보는 것처럼, 덕천리 어느 농가의 올레는 아직도 지면을 시멘트화하지 않은 채 사용하고 있다. 그리고 올레의 형태가 완벽한 일자형으로 보이지만, 사실은 사진 앞쪽 부분에서 왼쪽으로 완만하게 구부러져 있으며, 택지 내의 안거리도 훨씬 안쪽으로 들어가 있다. 이처럼 올레는 그저 단순한 형태로 존재하는 부속시설이 아니다.

지금까지 잘 알려져 있는 것처럼 올레의 기능은 다양하다. 제주의 건축학자들이 주장하는 것처럼, 제주초가의 큰 특징 중 하나는 올레와 정낭에서 찾을 수 있다고 한다(신석하, 2008: 306). 그만큼 올레는 택지 내로 드나드는 과정에서 거를 수 없이 중요한 부속공간으로 자리 잡고 있는 것이다. 올레의 실질적인 기능은 외부인들의 시선을 차단하여 사적인 생활공간을 확보함과 동시에 세찬 바람과 함께 흙먼지나 다른 이물질이 집 안 내로 들어오는 것을 방지하는 것이다. 또한 나쁜 기(氣)를 막고 좋은 기를 집 안으로 들여오게 하는 주술적인 기능도 있다고 지적한다(신석하, 2008: 306-308).

다시 덕천리 농가의 올레와 올렛담에 주목해 보자. 이 올레를 끼고 있는 농가는 하덕천의 마을회관에서 가까운 곳에 위치하고 있다. 마을회관에서부터 하덕천의 상징인 '모(못)산이물'(과거 주민들의 식수와 우마용 가축수 겸용 물통)로 향하는 중간 지점에 위치한다. 이 올레는 마을길에서 농가의 택지까지의 거리가 40여m로 상당히 긴 형태를 띠고 있다. 특히 한 농가가 사용하는 통행로로서의 폭은 매우 넓은 편이라 할 수 있다. 동시에 올렛담은 올레를 끼고 바로 다른 농가가 인접하는 관계로 다소 높게 쌓아 올려져 있다. 이처럼 올레의 돌담을 높게 쌓는 경우에는 서로 인접한 농가 식구들의 사적인 생활공간을 보호하고자 하는 배려가 숨어 있다.

〈사진 15〉의 올렛담은 가장 흔한 막쌓기 방식을 취하면서 재료는 엇비슷한 크기의 돌을 주로 사용하고 있다. 올렛담은 마을길 부분에서 낮게 쌓고 택지 안으로 들어올수록 높게 쌓고 있는데, 이것은 지형적인 조건을 반영한 결과이다. 즉 올렛길의 지형이 마을길에 가까운 지점이 높고 택지 안쪽으로 들어올수록 낮아지고 있기 때문이다. 그리고 왼쪽에 쌓은 올렛담은 부분적으로 겹담의 형태를 취하고 있으며, 마을길에서 바로 이어지는 일부 구간에서는 벽돌 블록도 사용하고 있다. 또한 오른쪽 올렛담의 일부 구간에서는 돌과 돌 사이에 시멘트를 발라 한층 더 견고함을 추구하고 있지만, 제 역할을 하고 있는지는 가늠하기 힘들다. 오히려 이질적인 재료를 곁들임으로써 전통적인 올레의 이미지에 흠집을 내는 결과를 가져오지 않았나 생각된다.

이어서 마을길 돌담을 살펴보자. 〈사진 16〉은 하덕천 내의 마을길 돌담으로 비교적 과거의 운치를 엿볼 수 있는 돌담이라 할 수 있다. 마을길의 폭은 1.5~2.5m 사이를 보이며, 안쪽에 위치한 농가 쪽으로 들어갈수록 좁게 만들어져 있다. 이 마을길은 3개의 농가와 연결되어 있으며 또 오른쪽으로는 1개 농가의 택지와도 경계를 이루는 상황이다. 마을길은 안쪽으로 연결된 세 농가의 위치에 따라 왼쪽으로 휘감아 도는 형태를 취하고 있으며, 돌담의 높이는 양쪽 모두 택지를 끼고 있는 구간에서 다소 높고 농경지와 경계를 이루는 구간에서는 다소 낮게 나타난다. 구체적으로 보면 낮은 구간에서는 90~110㎝ 전후이고, 높은 곳은 150~160㎝ 전후를 보인다.

　마을길의 돌담은 택지를 끼고 있는 구간에서는 양쪽 모두가 일차적인 손질을 가하여 각(角)을 제거한 돌을 사용하고 있다. 그만큼 택지를 둘러싼 구간의 돌담은 집담(울타리)을 겸하고 있기 때문에 신경을 많이 썼다는 증거이기도 하다. 마을길 돌담은 보통 집 울타리(집담)나 경작지인 밭과 과수원의 경계를 이루는 부분이 많기 때문에, 돌담 재료 자체를 손질하여 쌓는 경우는 그리 흔하지 않다. 따라서 〈사진 16〉의 덕천리 마을길 돌담은 비록 일부 구간이긴 하지만, 농가 주인들의 정성과 노력이 담겨 있다고 말할 수 있다. 그럼에도 불구하고 택지를 벗어난 일부 농경지와의 경계구간에서는 손질하지 않은 재료의 돌을 사용함으로써, 직선과 곡선으로 연결되는 라인(line)성 돌담은 전체적으로 조화롭지 못한 단면을 보여주고 있다.

　마을길은 여러 농가를 잇는 근본적인 역할 외에도 주변에 거주하는 사람들과의 사회적인 교류와 소통(대화)의 장소로 이용되기도 하고, 또한 다양한 농작물을 말리거나 타작하는 일터로서도 중요한 공간이라 할 수 있다(정광중, 2007: 88-89). 특히 최근에 들어와서는 농촌지역에도 농·작업용 트럭이나 승용차가 널리 보급되면서 마을길은 대부분 시멘트 포장이나 아스팔트 포장이 되어 농촌 마을길의 이미지는 많이 퇴색된 상황이다. 덕천리의 마을길도

〈사진 16〉 마을길 돌담

대부분은 〈사진 16〉과 같이 시멘트로 포장되어 사용되고 있다.

　〈사진 17〉과 〈사진 18〉은 덕천리 내의 마을 중심부에 위치해 있는 팽나무 쉼터이다. 이들 자료와 관련해서는 제주도 마을 주민들의 본격적인 사회적 교류의 장으로 또는 소통의 장으로 활용되는 작은 공간에 주목하고자 한다. 물론 이야기의 핵심은 팽나무 주변을 감싸며 일정한 높이로 쌓아져 있는 낮고 작은 돌담을 논의하는 데 있다.

　먼저 〈사진 17〉은 하덕천 마을회관 근처에 위치한 팽나무 쉼터로 속칭 '물동산 폭낭'이라 부르는 쉼터이다. 굳이 풀어쓰자면, '물이 있는 옆 동산의 팽나무(폭낭)'라 할 수 있다. 제주도에서는 이런 쉼터를 마을에 따라 '댓돌'이라 부르기도 하고, 또 일부 마을에서는 '잣멘디'(또는 '잣 메운디': 작은 돌로 메운 곳이라는 의미)라 부르기도 한다(강정효, 2000: 110-112; 정광중, 2008: 12-14). 덕천리

〈사진 17〉 하덕천의 팽나무 쉼터

에서는 특별히 팽나무 쉼터를 지칭하는 표현은 없는 것으로 확인된다. 단지, 과거로부터 식수와 우마용 물통을 사용하는 '모산이물'이 근처에 자리 잡고 있고, 또한 팽나무 쉼터 자체가 평지보다 다소 높은 언덕에 있었기 때문에 물동산 폭낭이라 했다.

물동산 폭낭 주변은 현재 한 그루의 팽나무를 중심으로 반달형 모양의 쉼터가 조성돼 있다. 쉼터로 사용하는 장소는 돌을 낮게 쌓아 올리고, 그 위를 시멘트로 평평하게 해서 주민들이 앉아서 대화를 하거나 혹은 바둑과 장기 등을 두며 간단한 오락을 즐길 수 있도록 되어 있다. 과거에 일부 농가에서는 나무와 대나무 등을 이용하여 '편(평)상'을 만들고 나무 그늘 아래 두어 여름철 휴식을 즐기곤 했는데, 제주도의 팽나무 쉼터가 바로 그것과 같다. 말하자면 일반적인 나무 편(평)상은 이동식 쉼터이고, 팽나무 쉼터는 고정식 편(평)상이라 할 수 있다. 물동산 폭낭은 쉼터 공간에 돌을 2~6단으로 쌓아 올린 후, 그 윗면에는 편평하게 하기 위하여 시멘트를 바르고, 측면에는 돌이 쉽게 허물어지지 않도록 시멘트로 고정하고 있다. 결국 쉼터는 돌을 쌓아 올려 만든 일정한 공간으로, 현재 남아 있는 쉼터의 면적은 약 12~13평 정도이다. 도로를 넓히기 전에는 훨씬 더 규모가 컸다고 동네 어른들은 이야기한다.

물동산 폭낭의 나무(팽나무)는 현재 약 150년의 수령을 자랑하고 있는데, 이전에 있었던 것은 훨씬 더 수령이 높아 250년 정도의 것이었다 한다. 현재의 팽나무는 가장 굵은 아래쪽 줄기 부분의 둘레가 약 2m이고 전체 높이(樹高)는 약 7~8m 정도이다. 그리고 지면에서 약 2.2m 되는 부분에서 2개의 큰 줄기가 좌우로 갈라지고, 다시 작은 줄기들이 사방으로 뻗어나가는 형국이다. 쉼터의 공간을 떠받치는 돌담은 지형적으로 높은 지점은 다소 큰 돌로 2단 쌓기를 했고, 낮은 지점은 작은 돌로 5~6단 쌓기로 마무리하고 있다. 따라서 전체적으로는 쉼터의 위쪽 부분을 편평하게 하기 위해 큰 돌과 작은 돌을 이용하여 평형상태를 맞추고 있는 상황이다.

〈사진 18〉은 상덕천의 중심지인 마을회관 입구에 자리 잡은 팽나무 쉼터이다. 주민들 사이에서는 이 쉼터를 마을회관 격인 공회당(일제강점기 때의 명칭) 앞에 자리 잡고 있어서 '공회당 폭낭'이라 부른다. 이 팽나무 쉼터는 마을회관으로 들어가는 출입구를 사이에 두고 좌우측으로 길게 조성되어 있다. 팽나무는 마을회관을 마주 보는 상태에서 좌측이 4그루, 우측이 2그루 총 6그루가 심어져 있으며 이들 나무를 끌어안은 형태로 쉼터공간이 마련돼 있다. 팽나무 4그루가 식재돼 있는 곳의 면적은 14평 정도이고 2그루가 식재된 곳은 7평 남짓이다.

팽나무의 수령은 가장 오래된 2그루(마을회관을 향해서 좌측 편 4그루 중 2그루)가 200~250년, 그리고 그 외의 것은 100~150년 정도의 것들이다. 팽나무의 둘레는 모두가 1m 내외이고 키(樹高)도 그리 높지 않다. 마을 주민들에게 물었더니 그 해답은 바로 나왔다. 주민들은 이 주변을 보통 '너럭빌레' 또는 '넙적빌레'라 부르는데, 그 이유는 땅속을 조금이라도 파면 용암의 암반지대가 넓게 나타나기 때문이다. 바로 이러한 상황이기에, 나무들이 자유롭게 성장할 수 없는 환경이 되고 있는 것이다. 이것이 수령에 비해 나무들의 굵기가 얇고 수고가 그리 높지 못한 까닭이다.

쉼터 공간을 떠받치는 돌담은 3~4단으로 쌓아 올려 상부는 편평하게 시멘트를 발랐고, 측면에는 돌담이 흔들려서 어그러지거나 무너지는 것을 방지하기 위해 돌과 돌 사이에 시멘트를 발라 고정하였다. 시멘트화 작업은 1970~1980년대에 새롭게 단장하면서 행해진 것이다. 더불어 쉼터공간의 조성에 이용된 돌은 주로 어른의 머리 크기만 한 것들을 선택적으로 사용하고 있다.

오늘날 상덕천에는 전체 28가구가 모여 있으며, 이들 중 약 15가구는 외

〈사진 18〉 상덕천의 팽나무 쉼터

지로부터 이주해 온 사람들이다. 이런 상황이다 보니, 팽나무 쉼터는 1970~
1980년대에 비해 휴식과 대화의 장으로서 혹은 교류의 장으로서의 기능은
많이 퇴색돼 있다. 그러나 오랫동안 상덕천 마을 주민들이 가꾸면서 애용해
온 공동의 쉼터는 오늘날에도 상덕천 마을을 상징하는 중요한 요소로 자리
잡고 있음이 분명하다.

2) 농경지 주변의 돌담문화

덕천리의 농경지는 크게 과수원과 밭과 초지로 구분된다. 과수원은 감귤
재배에 주로 활용되고 있는데, 덕천리의 경우는 1970년대에 일부 농가에 의
해 재배되기 시작하다가 1980년대로 들어오면서 많은 농가들이 참여하기 시
작하였다. 그러나 감귤재배도 표고 150m 이하에 농경지가 주로 분포하는 하
덕천의 농가에 한정되고 있으며, 표고 200m 이상 되는 주변에 농경지가 분
포하는 상덕천의 농가는 콩(대두)을 비롯하여 정원수(조경용), 나이그라스(소
사료용) 등의 밭작물을 주로 재배하는 상황이다.

밭에서는 하덕천과 상덕천 모두 풀무원과 계약재배를 하는 콩(대두)이 대
표적이며, 이 외에도 서리태(흑대두), 보리, 메밀, 유채 등을 재배한다. 그리
고 초지에서는 소 사료용 나이그라스를 재배하는데 이것들은 소 사육을 하
는 농가에서는 자가 소비하기도 하고, 그렇지 않은 농가에서는 판매용으로
내놓는다. 특히 초지는 상덕천 주변에 넓게 분포하고 있는데, 초지 주변에서
는 밭담을 발견하기도 그리 쉽지 않다.

덕천리 농경지 주변의 돌담문화는 여느 중산간 마을과 마찬가지로 밭담
과 산담, 잣담을 대표적인 것으로 지적할 수 있는데 형태나 구조, 기능 등은
거의 똑같다고 말할 수 있다. 한 가지 주변 마을과 다소 차이가 있다면, 그것

은 덕천리 주변 지역이 제주도에서는 흔히 거론되는 '곶자왈(또는 자왈)'이 전개되는 곳이기 때문에, 용암 암반이 지표면 부근까지 연속적으로 이어져 솟아오른 곳이 많다는 점이다. 따라서 밭담을 쌓으려고 해도 재료를 구하기가 쉽지 않은 배경을 지니고 있다. 설령, 돌담 재료가 있다고 하더라도 지형적으로 접근하기가 어려운 지구 내에 뭉쳐져 있는 경우가 많아서 손쉽게 운반하기가 어려운 상황이라 할 수 있다.

〈사진 19〉와 〈사진 20〉은 하덕천의 마을공간을 다소 벗어난 지구에서 콩 재배(2009년 7월 말)를 하는 밭을 촬영한 것이다. 앞에서 정리한 것과 같이, 덕천리 부근에서는 돌담의 재료를 얻기가 그렇게 수월하지 않다. 바로 그러한 사례를 보여주는 자료가 〈사진 19〉라 할 수 있다. 서로 인접하는 두 개의 밭 경계선에 밭담을 쌓았지만, 단순히 경계의 표식 정도로만 인식하는 기능에

〈사진 19〉 밭담 경관(1)

〈사진 20〉 밭담 경관(2)

머무르고 있다. 어떻게 보면, 해안지역에서 강조되는 강풍에 의한 흙의 날림 방지나 씨앗의 불림 방지 또는 우마의 침입 방지 등은 그다지 염두에 두지 않은 듯한 것처럼 보이기도 한다. 밭담의 높이가 한층 낮은 것은 물론이고, 일부 구간에서는 지면에서 2~3단 정도의 높이로만 쌓아 올려 본래의 밭담 기능은 소유 경계의 연속성만을 강조하는 듯한 형태로 이어지고 있다.

그러나 최근 제주도의 중산간 지역에는 노루와 들개, 산토끼 등 야생동물들이 밭작물을 훼손하는 사례가 늘어나고 있다. 이러한 배경은 1980년대 중반 이후 모든 도민들이 자연환경을 보전하고 야생동물을 보호하고자 하는 적극적인 배려와 관련된다는 사실을 전제할 때, 이율배반적이라 하지 않을 수 없다. 어떻든, 오늘날에 이르러서는 돌담의 기능이 나름대로 새롭게 부각되는 상황임에도 불구하고 돌담은 과거에 비해 더 이상 농민들의 눈길을 사로잡는 존재로 자리 잡지 못하고 있는 듯하다.

〈사진 20〉은 그러한 배경을 충분히 짐작게 하는 자료라 할 수 있다. 〈사진 20〉의 돌담은 이미 기존의 밭담이 비교적 높게 쌓여 있는 사례이다. 그리고 사진에 나타난 밭의 경우는 면적이 주변의 다른 것들보다 훨씬 넓어서 덕천리 농가의 입장에서는 어떠한 밭작물도 대량생산이 가능할 정도이다. 대략 눈짐작으로 보더라도 밭 면적은 1,600~1,700평(5,290~5,620㎡) 정도는 돼 보인다. 밭 1필당 면적이 이 정도의 크기를 가질 수 있는 배경은 중산간 지역에 위치하기 때문이기도 하다. 그래서 그런지는 몰라도, 농가 주인은 밭작물의 보호에 상당히 신경을 많이 쓴 듯한 노력을 엿볼 수 있다. 주변의 다른 밭에 비해서는 밭담이 상대적으로 높게 쌓아져 있음은 물론, 오랫동안 어느 한 구간이 허물어지는 일 없이 잘 보전돼 온 것으로 판단된다. 밭담의 높이는 구간에 따라 낮은 곳은 약 1m 정도이고, 높은 곳은 1.5m 정도로 확인된다.

그러나 중산간 지역에 자리 잡은 밭들은 위치적인 영향 때문인지, 최근에 밭작물을 재배하고 생산하는 과정에서 들짐승들의 피해가 끊이지 않고 있다. 다시 말하면, 기존의 밭담만으로는 날쌘 들짐승을 막아내기에는 역부족인 셈이다. 결국 농가 주인들은 〈사진 20〉에서 보는 것과 같이, 전기 펜스를 설치하여 들짐승들의 피해를 막아보자는 묘안을 짜내게 되었고, 행정기관에서는 전기 펜스의 설치에 적극적으로 보조금을 지원하는 형국이 되었다. 전기 펜스는 밭담 안쪽으로 약 50㎝ 정도의 간격을 두고 설치하였는데, 전기선은 지면에서 상하로 약 30㎝ 정도의 간격을 두고 3단으로 엮은 후 밭 주위를 돌아가며 두르고 있다.

이러한 상황이 되면, 노루나 들개 등과 같은 큰 짐승은 밭담을 넘다가 전기 펜스에 걸려 감전당하게 되는 것이다. 긍정적으로 평가하면, 전기 펜스가 새롭게 돌담의 기능을 떠맡은 격이다. 오늘날 덕천리뿐만 아니라 밭작물을 적극적으로 재배하는 중산간 지역의 밭에서는 전기 펜스를 도입하는 곳이 점차 많아지고 있다. 더불어, 이러한 추세는 당분간 지속될 것으로 보인다. 이 점과 관련하여 한 가지 사실을 지적해 두고자 한다. 제주도 중산간 지역에 분포하는 밭담은 나름대로 중산간 지역의 경관을 특징짓는 경관구성 요소 중의 하나라는 사실이다. 따라서 설령 과거에 비하여 기능은 많이 떨어져 있다손 치더라도, 중산간 지역의 밭담은 제주도의 농촌다움을 알리고 농촌의 아늑함과 포근함을 전달하는 매개체로서 존재 가치는 여전하다고 할 수 있다.

3) 나오며

중산간 지역에 자리 잡은 덕천리의 돌담문화를 주택가 주변과 농경지 주변으로 나누고 주로 생활문화와 관련시켜 정리하였다. 덕천리는 제주도 동부지역 중산간 지역에 위치하는 마을이지만, 주변에 곶자왈이란 특수한 지형이 넓게 분포하면서 돌담 쌓기 문화는 다소 소극적인 모습으로 자리 잡은 이미지가 강하다. 그 배경에는 제주도 내의 다른 지역에 비해 돌담의 재료인 현무암의 돌을 구하기가 쉽지 않은 사정이 존재한다.

그러나 돌담의 재료를 구하기 어렵다는 것은 어디까지나 다른 지역과의 상대적인 비교에서 나오는 것이다. 그러기에 마을 주민들은 필요한 곳에 필요한 만큼의 돌담을 지속적으로 쌓아왔다. 궁극적으로 덕천리의 돌담문화는 상대적으로 주택가 주변에 잘 남아 있다고 말할 수 있으며, 농경지 주변에서는 다소 비정형적이고 소극적인 형태로 전수되고 있음을 알 수 있다.

제3부

문화경관으로 보는
제주의 밭담

제주 밭담과
유럽의 보카쥬 경관 비교

1. 들어가며

지역을 잘 이해하기 위해서는 대상 지역의 지역성을 형성하는 데 중요한 역할을 하는 구성요소들이 어떤 관계를 맺고 있는가에 대해서 살펴보는 것이 중요하다. 이를 위해서 지역 간의 비교방법이 효과적인데, 이는 다양한 학습방법 중 지역 학습에서 여러 지역 중 의미있는 곳을 선정해 서로의 유사점과 차이점을 통해서 대상지역의 지역성을 형성하는 데 중요한 역할을 하는 구성요소들의 관계를 살펴보는 것이다.

사람들은 자기가 살고 있는 환경에 적응하기 위해 그 지역의 위치와 영역의 영향을 받아 다양한 문화유산들을 만들어냈기 때문에 지역별로 유사한 문화유산을 비교해 보면 자신이 살고 있는 지역에 대해 보다 체계적으로 이해할 수 있을 것이다.

전 세계적으로 문화유산은 굉장히 다양하다. 최근 들어 일반 서민들이 생활 속에 배어있는 보통성을 독특한 문화유산적 가치로 인식하게 되었는데 그 대표적인 것이 바로 문화경관이다. 문화경관은 자연과 인간이 만나서 만들어낸 가시적·정신적 상호관계를 나타내며, 자연 속에서 인간이 생존해 온 자취를 가장 잘 보여주는 특징을 지니고 있기 때문에 학습할 가치가 있다.

제주도의 문화경관에는 오름 주변에 자연과 어우러져 산재한 무덤을 둘러싸고 있는 산담, 취락경관으로 초가집과 올레길, 해안가에는 용천수를 중심으로 이루어진 취락과 원담(갯담), 그리고 경작지를 둘러싸고 있는 밭담 등이 있다. 이 중에서 본 글은 밭담에 중점을 두고자 한다. 그 이유는 밭담이야말로 제주 사람들이 오랜 세월 동안 그 지역의 자연환경과 적응하면서 만들어낸 대표적인 문화경관이고, 전 세계적으로 보았을 때도 이렇게 집단적으로 볼 수 있는 경관이 드물기 때문이다. 유라시아 대륙을 두고 서쪽 끝에서 볼 수 있는 유럽 보카쥬(Bocage)[1] 경관도 제주 돌담 경관처럼 토지를 분할해서 경계를 만든 지 오래되었으며, 첨단기술이 발달한 현재에도 유지되고, 유지하기 위해 노력하고 있다는 점은 문화경관으로서의 가치를 소중히 하고 있음을 보여주는 것이다.

이런 점에서 제주 돌담 경관과 유럽 보카쥬 경관은 비교 지역으로서의 의미를 가질 수 있다. 더욱이 유럽 보카쥬 경관은 많은 연구자들에 의해 그 가치를 인정받아 국가별로 법으로 파괴를 금하고 있는 반면, 제주 돌담 경관은 너무 흔해서 그 가치에 대해서 제대로 된 평가를 받고 있지 못하기 때문에 사라져가는 속도도 빨라지고 있다. 따라서 이 글에서는 제주의 대표적인 문화경관인 밭담을 유럽 보카쥬 경관과 비교를 통해서 지역을 이해함에 있어 비교 지역 관점의 중요성을 확인하고, 밭담 경관이라는 제주의 대표적인 문화유산의 가치를 제시하고자 한다.

2. 문화경관 이해를 위한 지역 비교 관점의 유용성

지역을 잘 이해하기 위해서는 대상 지역의 지역성을 형성하는 데 중요한 역할을 하는 구성요소들이 어떤 관계를 맺고 있는가에 대해서 살펴보는 것이 중요하다. 이를 위해서 각 지역별로 지역성이 잘 드러나는 것을 학습 소재로 하는 것은 굉장히 중요하며, 이런 모습이 가장 잘 드러나는 것이 바로 경관이다.

경관이란 보통 풍경이나 경치를 의미하며, 지리학에서는 "그 외관 및 그곳에서의 현상들 간의 상호관계에 의해, 또 내부적·외부적 위치관계에 의해 주변공간과는 확실히 식별되는 일정한 특징을 갖는 있는 지표의 한 구획"으로 정의되고 있다.

경관은 크게 자연경관과 문화경관으로 구분된다. 자연경관은 현재의 기후를 기초로 모든 문화를 배제한 무기적·유기적 자연력만이 작용한다고 생각한 경우의 가상적 경관을 의미하며, 인간이 등장하기 이전부터 존재했다고 생각할 수 있는 경관을 말하는 경우도 있다.

반면 문화경관은 인류의 탄생 이래 인간과 자연의 삶 속에서 만들어진 경관이다. 문화경관은 자연환경이나 문화 차이를 반영하므로 각 지역의 위치와 영역에 의해 차이가 날 수 있다. 또 조건이 같은 때 유사한 경관이 출현하는 경우도 있겠지만, 다른 한편으로는 표면적으로 달라도 형성의 메커니즘은 같은 원리로 해석되는 경우도 있다.

문화경관에 대한 연구는 특히 취락, 토지이용, 토지구분방법, 유형문화가 중심적으로 취급되어 왔다. 이 중 경관연구에 관한 성과가 축적되어 있는 것이 바로 농촌경관이다. 농촌경관을 통해 그 지역의 자연, 경제나 문화·사회적 특징, 개발된 시대나 지역의 진행상황을 이해할 수 있다(나카무라 카즈오 외 2명, 2001: 56-58).

경관은 특정한 풍토성에서 나타나는 고유한 현상이다. 그런데도 우리는 그것이 보편적인 현상이라고 믿음으로써 우리의 세계 속에 갇혀 있는 것이다. 실제로 경관은 세계현상이다. 다시 말해서 하나의 풍토성과 시대성에 따라서 드러나는 그 무엇이다(오귀스탱 베르크, 2001: 98-100).

전 세계적으로 각 지역의 농촌경관을 비교해 보았을 때 제주도의 돌담 경관만큼 지역의 풍토성과 시대성을 잘 드러내는 경관도 없을 것이다. 하지만 제주지역 사람에게는 그것이 그저 보편적인 현상으로 받아들여질 뿐이다. 세계적 시야에서 이런 비슷한 경관이 다른 지역에도 나타나고 있고 그 경관은 소중한 문화적 유산으로 연구되고 보호되고 있다는 점에서 제주의 돌담 경관에 대한 가치를 재조명해 볼 필요성이 있다.

문화적 경관은 자연과 인간이 만나서 만들어낸 가시적·정신적 상호관계를 표상하며, 자연 속에서 인간이 생존해 온 자취를 가장 잘 보여주는 특징적인 가치이기도 하다. 그러므로 각 국, 각 지역은 각기 다른 삶의 양식에 따른 문화적 경관을 형성해 왔다. 그러나 이처럼 일반 서민들이 생활 속에 배어있는 보통성을 독특한 문화유산적 가치로 인식하게 된 것은 최근에 들어서이다. 1993년 유네스코 '세계문화유산 및 자연유산협약'에서는 문화적 경관을 구상하는 회의를 개최하고, 1994년에는 문화적 경관의 개념을 도입, 운영지침을 개정하였다. 문화유산이 예술적·인문적 수월성과 장대함을 지닌 기념물이나 무형유산에, 자연유산이 생태적·자연적 훌륭함과 과학적 가치를 지닌 대상에 치우친 것에 대한 보완으로서 인간과 자연이 결합된 결과를 문화적 경관(cultural landscape)으로 보고, 이에 대한 중요성을 새롭게 인식한 결과였다(양보경, 2008: 25).

1995년 유네스코 세계유산위원회(WHC)는 필리핀의 코르디레라스 다랭이 논(Rice Terraces of the Philippine Cordilleras)을 세계문화유산으로 지정했다. 이곳은 2,000년 동안 높은 산간에서 벼농사의 등고선 경작을 해 오는 곳으로 논둑을 이어 놓으면 그 길이가 자그마치 2만 2,400㎞에 달한다고 하는데, 이러한 농업지식과 신성한 전통, 공동체적 균형이 전 세대에서 다음 세대로 계속 전승되었고, 인간이 환경에 적응하면서 자연과의 보존을 아우르는 조화로움이 표현된 아름답고 경이로운 경관을 형성해왔다. 유네스코는 이를 인정해 '문화적 경관' 제1호 세계유산으로 지정한 것이다. 필리핀의 다랭이논과 제주의 돌담은 그 자체로 인간이 자연에 적응하면서 창조된 경관이다.

제주의 돌담은 필리핀의 다랭이논과 비교해도 손색이 없는 규모와 경관적 아름다움을 지니고 있다. 또한 유네스코 세계유산 위원회의 문화적 경관의 기초적 원칙에 가장 잘 부합되는 우리의 소중한 문화유산인 것이다(박경훈, 2008).

지역의 풍토성과 시대성을 잘 드러나는 문화경관만큼 좋은 문화유산도 없을 것이다. 지역별로 비교가치가 있는 문화경관을 비교해 본다면 첫째, 각지역의 특성을 잘 파악할 수 있어 지역 이해에 도움이 될 것이고 둘째, 지역의 문화유산에 대한 가치도 발견할 수 있을 것이다.

앞에서도 언급했듯이 세계적 시야에서 보면 돌담 경관인 토지를 종획시킨 모습은 유라시아 대륙을 중심으로 동쪽 끝인 제주도와 서쪽 끝인 유럽에서 동시에 볼 수 있다. 각 지역의 지역성을 잘 간직하고 있는 두 경관을 비교해 본다면 제주와 유럽의 지역성에 대해서도 잘 파악할 수 있어 학습자들에게 지역 이해 학습을 좀 더 쉽게 할 수 있다. 유럽 보카쥬 경관은 많은 학자들에 의해 그 가치를 인정받아 역사적 문화유산으로 보호되고 있다는 점을 제주 돌담 경관과 비교한다면 학습자들도 제주 돌담 경관의 가치에 대해 생각해 보고 지역 문화의 소중함도 느낄 수 있을 것이다.

지역을 이해한다는 것은 그 지역에 대해 나열된 사실들을 외우는 것이 아니라 지역의 문화유산을 통해 지역의 모습에 대한 학습으로부터 출발할 수도 있다. 또한 지역 이해는 절대적으로 구분된 지역의 시야로만 보는 것이 아니라 국지적 시야에서 세계적인 시야에 이르는 규모연계(scale linkage)와 비교지역의 시야에서 지역을 볼 수 있을 때 지역 이해가 체계적이며, 좀 더 쉽게 이루어질 수 있을 것이다.

3. 비교 지역 관점에서 본 제주 밭담 경관과 유럽 보카쥬 경관

지역이 갖는 고유한 경관은 그 지역의 위치와 영역에 의해서 결정된다. 그리고 위치와 영역에 의해서 그 지역의 지형은 형성된다. 먼저 제주와 유럽 중 대서양 연안지역을 살펴보면 제주도는 화산지형이며, 대양에서의 강한 바람, 생물적 요소들이 상호작용하면서 제주 밭담 경관을 형성·유지시켜왔다. 또한 대서양 연안지역은 석회암지형 등이며, 대서양에서 불어오는 편서풍의 영향, 그리고 생물적 요소들이 상호작용하면서 유럽 보카쥬 경관의 형성과 유지에 영향을 주었다고 볼 수 있다(오경섭, 2000).

제주 밭담 경관과 유럽 보카쥬 경관은 제주와 유럽이라는 지역에서 볼 수 있는 대표적인 문화경관이다. 이 두 경관이 가진 비교가치는 첫째, 둘 다 토지를 나눈 종획경관으로서 다른 경관과 다르게 도로와 경작지, 경작지와 경작지 사이에 칸막이식의 뚜렷한 경계인 울타리를 만든 유사점이 있고 둘째, 이 문화경관들은 언뜻 보면 현재 첨단기술시대의 농업방식으로 토지이용에 있어 효율성이 떨어지는 것처럼 보이지만 제주와 유럽이라는 지역에서 꽤 오랫동안 지속되어 온 경관으로 비교가치가 충분하다.

여기서는 제주 밭담 경관과 유럽 보카쥬 경관의 형성배경, 경관이 변화되어 온 과정, 오늘날의 모습을 기준으로 비교함과 동시에 지역을 이해함에 있어 중요한 위치와 영역과 관련하여 설명하고자 한다.

1) 형성배경

제주 밭담 경관과 유럽 보카쥬 경관의 공통점은 소규모로 구획된 종획경관의 모습이라고 말할 수 있다. 하지만 두 경관의 형성배경에서는 그 차이점이 뚜렷하다. 제주 밭담 경관은 제주라는 위치와 영역에서 비롯된 환경에 인간이 적응하면서 만들어진 자연스러운 경관이지만, 유럽 보카쥬 경관은 경관형성 당시 사회적 영향으로 만들어진 인위적 요소가 많은 경관이라고 볼수 있다.

(1) 제주 밭담 경관

제주 밭담 경관의 형성배경을 살펴보면 크게 역사적 사료와 자연 환경적 관점으로 확인해 볼 수 있다. 먼저 역사적 사실은 앞에서도 언급하였듯이 《신증동국여지승람》에서의 밭담의 유래이다. 결론적으로 밭담은 당시 경지 경계를 확실히 하기 위해서 조성했음을 알 수 있다.

다음으로 자연환경적 관점으로 제주도는 경사가 완만한 화산섬이라는 사실과 대양과 바로 접해 있는 한반도의 최남단 섬이라는 사실이다. 제주도는 화산활동에 의해 이루어진 섬으로서 화산활동 시 흘러내린 용암이 섬 전체를 덮고 있다. 산과 들은 물론 바다까지도 돌밭이라고 해도 과언이 아니다. 제주도에서 돌은 농사짓는 데 걸림돌이었다. 밭에 씨를 뿌리려면 땅을 갈아엎어야 하는데 돌이 많아서 그만큼 힘들어했다. 이를 단적으로 보여주

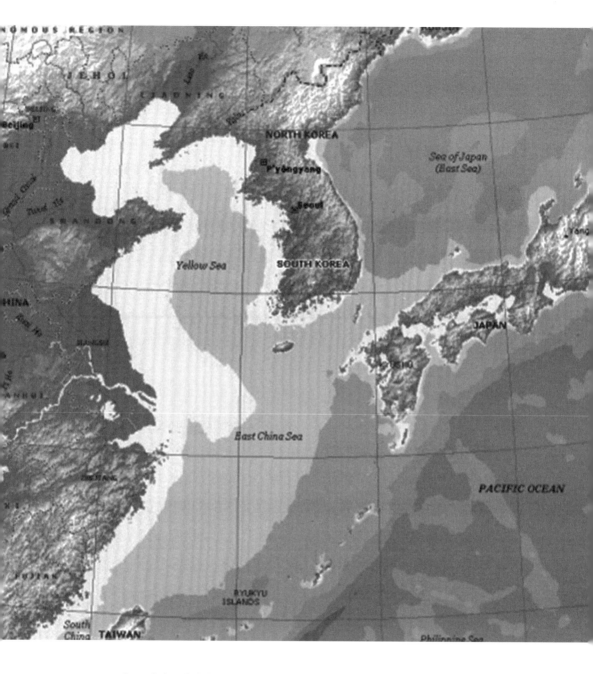

〈그림 1〉 한반도에서의 제주도 위치

는 도구가 있으니 바로 농기구이다. 제주도 농기구들은 한반도의 농기구에 비하여 크기가 상당히 작음을 알 수 있는데 이는 경토의 깊이가 얕고, 자갈 함량이 많은 제주도 경작토의 물리적 조건에 적응한 산물이다(김광언, 1969).

또 다른 점으로는 제주도는 〈그림 1〉과 같이 대양과 접해 있는 한반도의 최남단 섬이라는 사실이다. 대양에 접해 있다는 것은 바람이 강하게 불어올 수 있는 위치라는 의미이기도 하다. 육지는 지표의 기복으로 인해 마찰이 발생하게 되고, 그 결과 바람의 속도는 감소된다.

반면 기복이 없는 대양의 표면은 이동하는 물체나 흐름에 대해 마찰이 없으므로 마치 얼음판의 스케이트가 지나가는 것처럼 속도가 잘 유지된다. 그래서 같은 거리를 이동한다 하더라도 대양에서의 이동은 바람의 속도가 그대로 유지되는 반면 육지에서의 이동은 속도가 많이 감소하게 된다. 이러한 사실로 볼 때, 대양과 접해 있는 제주도는 대양에서 불어오는 바람이 에너지의 손실 없이 그대로 접하는 위치에 있다.

이에 더하여, 같은 바다를 접해 있다고 하더라도 그곳에서 일어나는 자연 현상은 대양과 부속해, 내해에 따라 그 특성을 달리한다. 자연 현상은 자연적인 규모에 비례하여 나타나는 것으로 대양에서의 바람은 부속해나 내해의 바람과는 규모와 정도가 다르다. 대양과 접해 있는 제주도로 불어오는 바람은 동해나 서해와 같은 내해에서 발생되는 바람과는 그 강도와 빈도에서 규모가 다르다.

이런 사실 외에도 〈그림 2〉에서와 같이 제주도의 지표 기복은 유동성이 큰 용암이 형성해 놓은 완만한 형태의 화산섬으로서, 중앙에 커다란 산지 하나를 제외하고는 바람의 이동을 막아줄 어떠한 지표 기복도 존재하지 않는다 (강정희, 2005: 33). 그래서 제주도는 다른 어떤 지역보다 강한 바람에 대비한 생활을 하기 위해 밭담을 쌓기 시작했다.

〈그림 2〉 지표 기복이 없는 제주도의 모습

이상에서와 같이 제주 밭담의 유래는 역사적 사료와 자연 환경에 주민들이 적응하는 과정을 통해 알 수 있다.

(2) 유럽 보카쥬 경관

유럽 보카쥬 경관은 그 당시 사회적 제도인 인클로저 운동에 의해 굉장히 광범위하고 비교적 단기간에 형성된 문화경관이다. 유럽 인클로저 운동(Enclosure Movement)[2)]은 미개간지, 공유지 등 공동 이용이 가능한 토지에 담이나 울타리 등의 경계선을 쳐서 남의 이용을 막고 사유지화하는 일이다. 이 운동은 모직물 공업과 밀접한 관련을 맺고 있다. 모직물 공업은 영국의 가장 중요한 산업이었다. 본래는 양모(羊毛)를 그대로 수출했으나 14세기 중엽부터는 양모를 가공, 모직물을 짜서 이것을 유럽 각지에 수출하여 수입을 올리고 있었다. 그러자 토지 소유자들은 너 나 할 것 없이 목양업(牧羊業)에 뛰어들었다. 농경지는 물론 황무지, 공동경작지까지 판자로 울타리가 둘러쳐 졌던 것이다.

흔히 인클로저 운동을 말할 때 영국에 있어서 근대적 목양업에의 진출만을 취급하는 경향이 있지만 실은 덴마크, 노르웨이, 핀란드 등 북구에서는 오히려 영국보다 철저하게, 대규모로 행하여지고 있다.

원래 공동방목을 행하기 위해 경지의 주변을 에워싸 경작지나 주거 및 채원(菜園)에 가축이 침입하는 것을 방지할 뿐 아니라 겨울이나 야간의 가축보호 때문에 북서독일에서는 생 울타리, 저습지에는 환호(環壕), 빙하퇴적지대에서는 돌담 등 장소에 따라 특색있는 경포(耕圃)의 원초 형태가 형성되어 이들이 공동규제로서 유지되고 있었다(형기주, 2000: 114).

프랑스에서는 종획경관 또는 보카쥬 경관이라고 하는데 이의 성인에 관해서는 경지의 개간과정에서 타의 경지와 구별하기 위한 것, 또는 가축을 보호하고 그 배설물을 일정 장소에 모으기 위한 것 등으로 추측하고 있으며, 브레타뉴(Bretagne) 지방에 많이 남아 있는 경관이다.

2) 변화과정

(1) 형태면

제주 밭담 경관과 유럽 보카쥬 경관을 울타리의 형태를 기준으로 비교해 보면 첫째, 두 경관에서 볼 수 있는 경계선이 직선과 구불구불한 모습을 띠고 있는 것이며, 구불구불한 모습이 직선보다 오래된 모습으로 확인된다. 그 이유는 아무래도 경작 가능한 부분을 먼저 경작하면서 경계를 만들다 보니 직선보다는 구불구불한 모습이 좀 더 과거의 경관이 된 것이다. 밭담을 쌓을 때는 땅을 어느 정도 파서 밭담을 쌓아야 튼튼했기 때문에 돌 위보다는 땅이 있는 공간에 밭담을 쌓았던 것이다.

둘째, 과거 두 경관이 가지고 있는 경계선의 복잡성이다. 제주 밭담 경관은 유럽 보카쥬 경관에 비해 그 역사가 더 깊다고 할 수 있다. 그렇기에 농지 경작과정 등에서 자연적으로 돌들을 처리하면서 경계선은 점점 복잡해지고 밭담의 높이와 너비가 높아지고 넓어졌을 것이다.

하지만 이런 자연적인 원인에 비해 사회적 제도의 영향도 살펴볼 수 있는데 그 대표적인 예가 제주도의 상속제도와 밭담과의 관계일 것이다. 송성대(2001)는 한반도의 관개농업에서 나타나는 관계의 효율을 지향하는 장자우대상속제와는 달리 제주도에서는 중자균분 상속제를 통해 토지를 모든 자식들에게 똑같이 나누어 주고, 제사도 형제들끼리 나누는 풍습이 있다고 밝히고 있다. 이런 풍습 때문에 소유지가 나누어지는 과정에서 토지의 경계를 더욱 복잡하게 만들었을 것이고, 이는 토지 위에 밭담의 모습으로 나타나 점점 밭담의 경계도 복잡해지게 되었을 가능성이 있다. 물론 이 반대로 나누어진 소유지가 합쳐지기도 했지만 과거 기술로는 합쳐진 소유지 때문에 중간에 놓인 밭담을 없애는 것은 쉬운 일이 아니었다.[3] 물론 이것만이 밭담 경계를 복잡하게 만든 점은 아닐 것이다.

반면 유럽 보카쥬 경관은 사회적 제도의 영향이 강했는데 그 대표적인 예가 잉글랜드에서 발생한 18세기 인클로저 운동이다. 이는 그 당시 목축을 목적으로 소유지를 더 작은 단위로 세분시켰다. Rorbert Bake-well(1725~95)은 레스터셔(Leicestershire) 북부 자신의 농가 보유지에 양과 소를 기르는 실험을 한 사람인데, "50에이커(acre)의 초지를 다섯 개의 종획지로 나누어 소를 기르면 60에이커 넓이의 집중된 초지에서 기르는 것 못지않다."는 것을 확신했고 그의 견해는 다른 대규모 목양업자들도 공유했다. 각기 10에이커짜리 초지에서 소들이 풀을 다 뜯어먹은 후에는 가축들을 그 초지에서 다른 초지로 돌려 옮겨 항상 신선하고 새로 돋아난 풀을 먹을 수 있도록 했다는 것이다 (Hoskins, 2007: 272). 경계선의 복잡성은 인간이 자연에 적응하면서 자연스럽게 만들어지기도 했지만, 사회적 제도에 의해서 더 복잡하게 나뉘기도 했다.

셋째, 경계로 사용한 재료가 돌이나 식물, 흙이라는 유사점이 있지만, 돌과 식물의 종류를 보면 차이점을 알 수 있다. 제주 밭담 경관은 화산섬이라는 특징 때문에 경작지에서 주로 나오는 돌을 사용했다. 해안지방에서는 주변에서 쉽게 구할 수 있는 돌인 먹돌을 가지고 밭담을 쌓은 모습을 볼 수 있는데 먹돌은 일반 밭에서 나온 돌들과는 달리 주변 해안에서 나오기 때문에 둥글고 미끄러워 높게 쌓기가 불편했지만 경계를 표시하거나 해풍을 막는

〈표 1〉 제주 돌담 경관과 유럽 보카쥬 경관 형태 비교

구분	유사점	차이점	
		제주 돌담 경관	유럽 보카쥬 경관
경계선과 역사성	옛날 조성된 것일수록 규모가 작고, 곡선임	-	
경계선의 복잡성	시간이 지날수록 점점 복잡해져감	- 경작과정에서 돌들이 많이 생겨남 - 상속과정에서 분할되어 새로운 경계선이 생김	- 18세기 영국의 인클로저 운동에서 목축을 효과적으로 운영할 목적으로 토지를 더 작은 단위로 경계 지음
경계로 사용한 재료	돌, 식물 등	주로 현무암, 삼나무 등	- 잉글랜드의 보카쥬 경관: 아카시아, 산사나무, 석회암 등 - 프랑스의 보카쥬 경관: 흙, 떡갈나무, 밤나무, 너도밤나무 등
토지종획과 경지면적의 변화	-	경작과정에서 돌들을 걷어내어 경작지가 넓어지고 울타리 사이가 넓지 않음(우마차가 겨우 다닐 정도)	- 프랑스 브레타뉴 지역: 울타리 사이가 넓고(차 한 대 다닐 정도), 양쪽 둑의 너비도 넓어 경작지가 좁아짐

역할을 하는 데는 충분했다. 1960년대에는 감귤 재배 확산으로 인해서 밭담의 높이가 높아졌고, 낮은 밭담 옆으로는 삼나무[4], 편백 및 측백나무를 같이 심기도 했다.

반면 유럽 보카쥬 경관을 지역별로 살펴보면 잉글랜드 보카쥬 경관의 생울타리는 주로 아카시아, 산사나무로 되어 있고, 울타리의 양쪽, 또는 한쪽에 도랑을 파서 들짐승의 접근을 막고 동시에 가축의 이탈을 막았다. 또한 석회암지대에서는 돌로 담을 구축하기도 하였다. 프랑스 보카쥬 경관에서는 필지와 필지 사이에 주로 흙으로 쌓아 올려 만든 둑 위에 떡갈나무, 밤나무 및 너도밤나무 등을 심었다(이준선, 1999).

넷째, 토지종획과 경작지면적의 변화를 살펴볼 수 있다. 제주의 밭담 경관은 경작과정에 땅속 돌들을 걷어내면서 밭담도 두껍고 높아진 반면 경작지는 확대된 부분이 있고, 밭담 울타리 사이의 길도 비교적 좁아(우마차가 겨우 다닐 정도) 경작지 면적이 좁아지는 데 크게 영향을 주지 않으나 프랑스 보카쥬 경관이 잘 남아있는 브레타뉴 지방은 울타리 사이를 넓게 만들다 보니 울타리가 경지 면적의 10%까지를 차지하여 그 면적이 좁아지게 되었다(이준선, 1999).

(2) 기능면

제주 밭담 경관과 유럽 보카쥬 경관을 울타리의 기능을 기준으로 유사점, 차이점을 중심으로 비교해 볼 수 있다.

두 경관의 기능상 유사점으로는 첫째, 소유지 경계라는 면에서 유사점이 있다. 경관의 형성과정에서도 살펴보았듯이 역사서《동문선》에서 타인 소유지와의 경계 표시로 경작지에서 나온 돌을 이용했다는 내용은 유럽 보카쥬 경관에서 목양을 위해서 소유지 경계 표시로 울타리를 쌓았던 이유와 비슷하다고 볼 수 있다.

둘째, 바람에 의한 방풍의 역할에서 유사점이 있다. 이 점은 두 경관이 보이는 지역의 위치와 관계해서 설명할 수 있다. 제주도는 대양과 바로 접해 있는 한반도의 최남단 섬에 위치하여 바람의 영향을 많이 받는다. 대표적인 예가 겨울부터 초봄까지 제주도에 부는 북서계절풍이다.

유럽 보카쥬 경관은 대서양연안 쪽에 이를수록 보편적으로 넓게 나타난다. 이 점을 바람과 관련지어 본다면 대서양 연안에서 부는 편서풍의 영향을 생각해 볼 수 있다. 대표적인 지역이 바로 아일랜드와 프랑스의 서부지역인데 아일랜드는 유라시아 서쪽 말단에 위치한 섬으로 대서양으로부터 불어오는 편서풍을 직접적으로 접하게 되는 곳이다. 또한, 바람을 막아줄 자연 방벽도 없는 곳이다. 이러한 바람의 작용에 의해 토양 내부의 수분 증발이 활발하여 씨앗의 발아가 힘들고, 초본류 식물들이 살기 힘든 환경으로 인해 유기물로서의 토양화 과정 또한 잘 이루어지지 않는 자연환경을 지닌 곳이다. 이런 곳에 적응하면서 만들어진 것이 울타리였다. 이 점은 둘 다 지리적으로 대륙과 해양의 점이지대(漸移地帶)에 위치했다는 공통점에서 찾을 수 있을 것이다.

셋째, 두 경관 모두 가축을 보호하고 동물로부터 농작물을 보호하기 위해서 울타리를 만든 점을 발견할 수 있다. 제주도는 동아시아대륙 동쪽의 수륙 점이대(水陸漸移帶)에 위치하여 한반도에서 나타나는 남·북 간 문화 교류의 흔적이 나타나는데 밭담과 관련된 문화가 바로 '말의 문화'이다. 또한 말의 먹이가 되는 초지 조성은 온량지수가 높은 저위도보다는 고위도가 유리한데 위치상 제주도는 위도가 낮기 때문에 말의 먹이가 되는 초지 조성이 어려운 자연적 조건을 이루고 있으며, 말을 이용한 이동력을 절실히 필요로 할 만큼 넓은 공간이 펼쳐져 있는 곳도 아니다. 이에 따라 제주도에서 말과 관련된 경관은 자연발생적이라기보다는 외부에서 유입된 북방문화라는 것을 알 수 있다(강정희, 2005). 조선시대 기록인《남명소승》에도 "산에는 짐승, 들에는 가축이 있다. 천백 마리씩 무리를 이루어 다니는 까닭에 밭을 일구려는 사람들은 반드시 밭담을 둘러야 한다."고 하였다. 유럽 보카쥬 경관도 토지를 이용함에 있어 목초재배와 소의 방목 등을 했기 때문에 가축의 침입 방지를 통한 작물 보호의 측면도 있다.

넷째, 울타리와 생태계와의 연관성이다. 제주 밭담은 생태계들 간의 차단의 의미가 아닌 분리이면서 통합의 의미를 지녔다. 밭담은 경계의 표시일 뿐 미생물의 통로가 되기도 한다. 또한 제주도에서 바람은 원래 식물이 크는데 영향을 주는데 돌담이 바람을 순하게 하여 키가 작은 초본류가 자라는 데 좋은 영향을 주며, 토양의 유실을 막아서 미립질 토양과 밭에 주는 퇴비의 유실을 방지하기도 한다. 말 그대로 제주 밭담은 생태계를 좀 더 풍요롭게 만드는 역할을 하였던 것이다.

이준선(1999)은 유럽 보카쥬 경관에서는 수목으로 에워싸인 일단의 필지가 완전히 목초로 덮인 곳이 대부분이지만 이따금 동일필지에 여러 가지 작물을 대상(帶狀)으로 재배하여 놓은 곳도 발견된다고 했다. 보카쥬 경관이 지배적인 서부 프랑스 전체를 놓고 보면, 숲·경지·목초지·황무지가 교잡하게 분산하여 일률적 개방경지에 비해 다양하다.

다음으로는 두 경관의 기능상 차이점으로는 첫째, 울타리형성에 관계된 인원이 투입된 정도에 따라 그 차이점을 알 수 있다. 제주의 밭담은 그 형성과정에서 개인 또는 가족 단위라는 소규모 공동체에 의해 쌓아져왔다. 개인 토지에서 나오는 돌들을 다른 곳으로 이동시키기 위해서는 많은 노동력이 필요했으며, 이 노동력보다 주변에 쌓는 편이 쉬웠고, 개인 토지가 밭담으로 인해 잠식되는 것을 감수해야 했다. 이렇게 밭에서 나온 돌들은 시간이 지남에 따라 높이가 높아지고, 두꺼워졌다. 반면, 유럽 보카쥬 경관은 장소에 따라 특색 있는 경포의 원초 형태가 형성되어 공동규제로서 유지되고 있다가 인클로저 운동에 의해 비교적 짧은 기간에 형성되었다. 특히 1801년 의회 인클로저 이후 이 법률에 따라 공유지의 종획이 진전되었고, 1836년과 1845년의 개정법에서는 촌락경지 면적의 2/3 이상을 소유한 자가 인클로저를 의회에 신청하면 토지 소유자 수 1/3이 반대하여도 강제할 수 있도록 되니 영국에 있어 개방경지는 산업혁명기를 통해 완전히 해체되어 종획화되고 만다. 이런 점들을 보았을 때 비교적 단기간에 종획을 위해 많은 인원이 투입되어 울타리를 만들었을 가능성이 높다.

둘째, 울타리 안 토지이용 측면에서 제주도는 거의 밭농사를 짓는다. 이 점은 앞에서도 말했듯이 화산섬으로 인해 물이 땅으로 잘 스며들기 때문이다. 반면, 유럽 보카쥬 경관은 목축을 위한 초지 재배나 소의 방목 등 혼합농업이 이 울타리 안에서 이루어졌다.

이 외 두 지역에서 나타나는 울타리경관의 기능을 살펴보면 제주 밭담 경

〈표 2〉 제주 돌담 경관과 유럽 보카쥬 경관 기능면 비교

구분		제주 돌담 경관	유럽 보카쥬 경관
유사점		- 소유지 경계 표시 - 바람의 영향에서 농작물 보호 - 가축 보호와 동물로부터 농작물 보호 - 생태계를 풍요롭게 함	
차이점	울타리 형성에 투입 인원	개인 또는 가족 단위	형성기간이 비교적 단기적이라 많은 인원이 투입될 가능성 있음
	울타리 안 토지를 이용	밭농사가 주를 이룸	목축을 위한 초지 재배나 소의 방목 등 혼합농업
	기타	- 도로를 접한 밭과 맹지의 　지가 차이 - 수확시기 - 농로(農路)의 기능	- 울타리의 사료적 이용가치 - 각 농가들의 고립성을 조장 - 촌락의 산촌화 - 공동체 약화 및 개인주의 발달

관에서는 밭의 경계로 밭담이 생기게 됨에 따라 돌담으로 둘러싸인 밭들도 생겨나기 시작했다. 즉, 도로에 붙은 밭과 다른 밭을 통해서 지나가야 하는 밭이 나타나기 시작했다. 이는 토지가격의 차이와 수확시기에 새로운 풍습, 그리고 두껍게 쌓은 밭담 위로 사람이 다니는 길이 생겨나기 시작했다.

지가는 도로에 붙은 토지가 맹지보다도 더 높다. 수확시기 때는 도로에 붙은 밭의 주인이 먼저 수확을 끝낸 뒤에 그 밭을 이용해서 수확을 해야 할 밭 주인이 그다음으로 수확을 한다. 경작과정에서 특히 돌이 많이 나오는 곳일수록 밭담이 두껍고 높은데 이 두껍게 쌓은 밭담 위를 길처럼 이용해서 사람들이 안쪽 밭으로 들어가는 모습도 생겨나게 되었다.

유럽 보카쥬 경관 중 프랑스 브레타뉴 지방을 중심으로 살펴보면 첫째, 울타리 사이 길은 비 온 뒤 진흙이 많이 쌓이는데 화학비료가 없던 시절엔 파내어 좋은 거름으로 사용하였고, 또한 생 울타리는 겨울에 목초가 부족할 때 가축의 사료로 도움이 되었다. 둘째, 울타리 사이 도로가 그늘지고 습기가 차며 물이 고이곤 하는 특징들이 각 농가들의 고립성을 조장하는 이유 중 하나였고, 이는 촌락의 산촌화로 이어져 그 지역 사람들의 공동체 약화 및 개인주의 발달의 한 원인이 되었다.

3) 오늘날의 모습

(1) 제주 밭담 경관

제주도에서 밭담 경관이 가진 문화유산으로서의 가치 중 하나가 바로 밭담을 제주도 전역에 걸쳐서 볼 수 있다는 것이다. 하지만 1960년대 감귤 재배 확산과 더불어 밭담으로 둘러싸인 농경지 풍경은 조금씩 변하기 시작했다. 밭담의 높이를 높이거나 밭담 주변에 방풍을 위해 나무를 심기 시작했던 것이다. 그리고 농기계의 발달과 함께 농업생산성 극대화를 위해 농지개량 사업을 하면서 밭담은 천덕꾸러기 신세로 전락하기 시작했다.

그러나 농지개량사업이 좋은 점만 있는 것은 아니다. 농지개량사업을 한 바닷가 지역의 밭에서는 겨울철 북서계절풍의 영향으로 해수의 피해가 심해 졌고, 잎이 얇은 농작물 중심으로 그 피해가 심각하다.[5]

최근 제주도 농지면적의 축소로 인해 밭담은 해체와 파괴가 점점 빨라지 고 있다. 반면 최근 들어 지역의 문화에 대한 관심이 높아지면서 밭담의 가 치를 알아보고, 밭담을 문화유산으로 지정해서 보호해야 한다는 여론도 높 아지고 있다.

(2) 유럽 보카쥬 경관

유럽 보카쥬 경관은 대서양 연안지역을 중심으로 여러 지역에서 나타난 다. 프랑스 브레타뉴 지방에서는 1960년대부터 Remembrement[6]가 시작되 었고, 1970년대부터 둑(Talus)과 생 울타리(Haie)가 제거되면서 농기계를 사 용한 농업노동이 용이해졌으며 1인당 하루의 가경면적(可耕面積)이 증대되 는 효과가 있었다. 19세기에 널리 분포하던 황무지와 방목지는 자취를 감추 고, 영구초지도 상당 부분 인공초지로 전환되었다. 하지만 몇몇 지역에서는 기존 동식물의 소멸, 홍수의 발생이나 토양침식 증대 등과 같은 생태적·환경 적 문제를 야기하여 울타리를 다시 조성하는 경우도 발생했다(이준선, 1999).

잉글랜드 보카쥬 경관은 산업혁명을 거치면서 불도저가 광대한 공지(空 地)를 만들기 위해 오래된 생 울타리들을 밀어 뭉개고 철저히 파내어버렸다. 잉글랜드에서는 특히 사회적, 역사적 변동에 의해 인클로저 경관이 오랫동 안 지속되지 못하고, 인간과 자연환경과의 공생관계를 벗어나 많은 변화를 겪게 되었다(Hoskins, 2007).

오늘날 모습	제주 돌담 경관	유럽 보카쥬 경관
유사점	농기계의 발달과 농업생산성 극대화 → 농경지 정리 → 경관의 변화	
	- 제주도: 농지개량사업과 방풍림 조성	- 프랑스: Remembrement

차이점	- 돌담 경관에 대한 문화유산적 가치
	  인식이 필요함
		- 보카쥬 경관이 가진 역사, 경관, 야생 생물 보호
		  측면에서의 가치 인식
		- 유럽연합 규정에 근거해 돌담 보호

하지만 최근 들어 영국에서 돌담은 역사, 경관, 야생 생물 보호의 측면에서 매우 중요한 것으로 인식되어, 돌담 제거를 바라는 사람은 지방자치단체로부터 승인을 받아야 한다. 포르투갈도 돌담과 관련한 경관구조 파괴를 법으로 금하고 있다. 노르웨이에서는 토지 및 문화경관계획이 도입되어 오솔길을 차단 또는 경작하지 않거나, 들판의 돌담, 유적들을 제거하지 않는 농민들에게 보조금이 지불되고 있다. 웨일즈에서는 티르 사이멘(Tir Cymen)이라는 농업-환경 계획을 도입, 주로 돌담 복구를 위하여 농장들에게 보조금을 지급하고 있다. 이 같은 돌담 파괴의 금지들은 유럽연합 규정 2078/92에 근거하여 오늘날 대부분의 유럽연합 국가에서 볼 수 있다(강대선, 2004).

4. 사례로 본 유럽의 보카쥬 경관 모습

유럽의 보카쥬 경관은 대서양 연안 쪽에 이를수록 보편적으로 넓게 나타나는데 지역별로 살펴보면 프랑스에서는 노르망디(Normandie)와 아르모리칸 산지(Massif armorican) 및 프랑스 중앙산지 (Massif central) 지역, 에스파니아 북서부, 잉글랜드와 에이레, 네덜란드, 서부 덴마크, 핀란드 등지에서 볼 수 있다. 여기서는 프랑스와 영국(아일랜드, 잉글랜드) 지역을 중심으로 살펴보기로 한다.

1) 프랑스 보카쥬 경관

프랑스 보카쥬 경관은 센강 하구와 스위스의 제네바 호를 잇는 선을 경계로 남서부에서 주로 나타나는데 특히 브레타뉴 지방에 전형적으로 나타나는 농경지 풍경으로서, 흙을 쌓아 만든 둑과 그 위에 심어진 소관목이나 교목으로 이루어진 생 울타리에 의해서 토지가 구획되고 숲이 많다.

이준선(1999)은 프랑스 브레타뉴 지방의 수도인 Rennes의 북동쪽 지역 촌락의 특징에서 보카쥬 경관에 대해 자세하게 언급하고 있다. 〈그림 4〉에서 보듯이 이 지역은 전형적인 서안해양성 기후의 영향으로 연평균 800~1000mm의 강수량을 보이는데, 평균 15일 중 7일 동안은 24시간 내내 비가 내릴 정도이기 때문에 습기를 모면하기 위해서 촌락들이 중심지나 소촌을 막론하고 대부분 곡지를 피해서 능선 부위를 중심으로 입지하고 있다.

필지들은 북쪽과 남쪽으로 발달한 소규모 하곡을 향해서 긴 형태를 이루면서 분포하는데 이 또한 사면의 자연경사를 이용하여 습기를 피하고 배수의 편의를 도모하기 위한 것으로 추정되고 있다. 필지의 규모는 매우 다양하지만, 소규모 필지가 적지 않게 나타난다. 필지와 필지 사이에는 〈사진 1〉과 같이 주로 흙으로 쌓아 올려 만든 높이 0.5~1.5m, 폭 1~4m의 둑과 그 위에 다시 생 울타리를 조성, 이 두 부분이 결합되어 하나의 울타리를 형성하는데 이 울타리만 농경지 면적의 약 10%를 차지할 정도이다.

이 울타리는 가축과 타인의 침입 방지, 농지 소유권 확인, 사료적 이용가

〈그림 3〉 유럽 대륙 서안지역

치, 방풍 및 수분 흡수 등의 생태적 기능 등 다양한 역할을 하며, 특히 울타리와 울타리 사이에 움푹 파인 곳은 평시에는 도로로 사용되지만, 소나기라도 내리는 날이면 물이 흐르는 도랑으로 돌변하여 깊이 파일 뿐만 아니라 비가 그치면 진흙이 많이 쌓이기도 한다. 이 진흙은 화학비료가 없던 시절에 파내어져 좋은 거름으로 사용하기도 했는데 이 도로가 이와 같이 그늘지고 습기 차며 물이 고이곤 하는 특징들이 각 농가들의 고립성을 조장하는 요인 중 하나가 된다. 1960년대부터 브레타뉴 지방에서

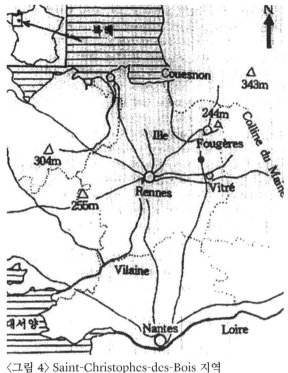

〈그림 4〉 Saint-Christophcs-dcs-Bois 지역
출처: 프랑스와 한국의 농경지 풍경의 비교(이준선, 1999)

Remembrement가 시작되어 둑과 생 울타리가 제거된 부분만큼 실질적인 경지면적이 증가되었다. 하지만 이로 인해 바람과 동결, 토양침식은 증대되었고, 기존 동식물의 소멸, 홍수의 발생이나 토양침식 증대 등과 같은 생태적·환경적 문제로 인해 울타리를 다시 조성하는 경우도 발생했다.

2) 잉글랜드 보카쥬 경관

잉글랜드의 위치적 특징은 아일랜드와 크게 다르지 않다. 대서양에서 불어오는 편서풍의 영향 등 같은 구조 속에서 비슷한 경관을 이루어왔으나, 잉

〈사진 1〉 프랑스 보카쥬 경관(울타리 안)
출처: http://www.skylighters.org/photos/pow08202001.html

〈사진 2〉 프랑스 보카쥬 경관(상공에서 본 모습)
출처: https://chindits.files.wordpress.com/2011/06/bocage-country1.jpg

글랜드의 경우 자연환경에 대한 적응보다는 역사적 사건에 의한 경관 변화가 뚜렷하다.

잉글랜드의 역사 속에서 경관을 이해하기 위해서는 우선 단기적 사건과 계기를 살펴야 한다. 그 중요한 계기로서 정주와 식민, 인클로저, 귀족과 농민층의 주택개량 열풍, 산업화 등이 있다. 오늘날 잉글랜드 자연풍경에서 가장 뚜렷한 인상을 주는 울타리와 인클로저는 전적으로 봉건 지배세력과 지주층의 이해관계 때문에 일어났다. 울타리 치기는 잉글랜드 남부와 미들랜즈(Midlands) 거의 전역에 걸쳐 중세 말 이래 오랫동안 지속적으로 이루어졌는데, 아마 경제적 이유 때문에 인간이 자연을 이와 같이 지속적으로 개조한 사례는 다른 나라에서 거의 찾아볼 수 없다(Hoskins, 1955).

인클로저 운동에 의한 새로운 풍경 중 가장 눈에 띄는 요소는 작은 단위로 울타리를 친 경지이다. 인클로저 운동은 광대한 개방경포를 목축을 목적으로 하는 소규모 경지 단위로 축소시켰을 뿐만 아니라 크기와 형태에 있어 획일화를 하기 시작했다.

특히 〈사진 3〉과 같이 1750년대부터 의회의 개별 입법을 통한 인클로저가 추진된 이래 잉글랜드 풍경 또는 그 상당 부분의 변화는 혁명적인 속도로 진행되었다. 잉글랜드 서쪽 끝에 있는 콘월(Cornwall) 주는 경포와 울타리가 아직까지 손상되지 않은 모습을 볼 수 있다. 〈사진 4〉와 같이 몇 마일씩 화강암 돌벽을 경계로 쌓아 올린 불규칙한 경포망은 일단 그 패턴의 변화가 거의 없다(Hoskins, 1955).

하지만 잉글랜드 보카쥬 경관은 산업혁명 등의 사회적·역사적 변동에 의해서 대부분의 경관이 오랫동안 지속되지 못하였고, 인간과 자연환경과의 공생관계를 벗어나 많은 변화를 겪게 되었다.

〈사진 3〉 레스터셔 킬비(Leicestershire Kilby) 경포

출처: W. G. Hoskins(2007)

〈사진 4〉 콘월(Cornwall) 곶 근처의 켈트인 마을과 경포
출처: W. G. Hoskins(2007)

3) 아일랜드 보카쥬 경관

잉글랜드와 이웃하고 있는 아일랜드에서도 보카쥬 경관을 볼 수 있는데 여기서는 주로 돌담으로 된 보카쥬 경관을 살펴보고자 한다. Aalen Whelan Stout(2011)는 아일랜드의 농촌경관에 대한 연구에서 농경지 울타리에 대한 내용을 정리하고 있다.

아일랜드에 존재하는 경지에서의 다양한 울타리 경계는 그 길이가 약 830,000㎞이고, 이 울타리 대부분은 18세기 농경혁명(agricultural revolution)

시기에 축조된 것이다. 농경지 울타리 기능으로는 원초적으로 소유지 경계, 가축의 이동 장애물, 동·식물의 서식지 벨트 등 아일랜드 생태계의 사회공공 시설로서 중요한 역할을 하고 있다.

이 중 돌담은 약 500,000㎞로 보고 있다. 또한 아일랜드 지역별로 조사한 경지 울타리의 구성물을 보면 석회암 돌담 울타리가 중서부지역인 클레이와 골웨이 주에 집중되어 있으며, 이곳의 농경지 돌담은 유럽에서 가장 두드러지고 온전한 상태여서 중요한 문화경관 중 하나로 인식되고 있다. 또한, 울타리가 돌담인 지역은 대부분 토양이 부족하거나 다량의 바위가 있어 주변의 자연환경을 최대한 이용하였다는 점을 보여주고 있다.

Aalen Whelan Stout는 지역별 농업경관을 크게 얼스터(Ulster) 지방, 렌스터(Leinster), 코노트(Connaught), 먼스터(Munster)[7]로 구분하여 기술하고 있다〈그림 5〉. 여기에서 주목할 점은 돌담이 있는 먼스터와 코노트 지방이다. 왜냐하면, 전술하였다시피 클레이 주는 북부 먼스터에 있고, 골웨이 주는 남부 코노트에 있기 때문이다. 우선 클레이 주는 많은 소를 키우기 위한 목초지를 이용하려고 기반암인 셰일로 산지 사면에 상당한 길이의 돌담을 쌓았다고 한다. 목축업자들이 차지하고 있는 골웨이 주 동부 석회암 저지대에는 넓은 농경지에 일정한 패턴을 지닌 엉성한 돌담을 쌓았다. 이 돌담은 18세기에 대규모 방목에 적합하였고, 그 높이는 사람 머리 정도이다. 또한 이 돌담은 허술한 것 같지만 가축들을 가둬놓기에는 충분한 역할을 한다.

한편, 골웨이 주의 돌담에 대해서는 Laheen(2010)의 연구가 있다. Laheen은 골웨이 주에서 서쪽으로 약 15㎞ 떨어져서 위치하고 있는 아란 아일랜드 섬들의 돌담에 대해서 문화경관적 측면의 연구를 하였다. 아란 아일랜드는 크게 3개의 섬[8]으로 되어 있고 이 섬들마다 돌담의 잔존상태가 매우 양호하다. 이곳은 석회암지대로 돌담의 재료도 석회암이며 주로 회색계열을 띠고

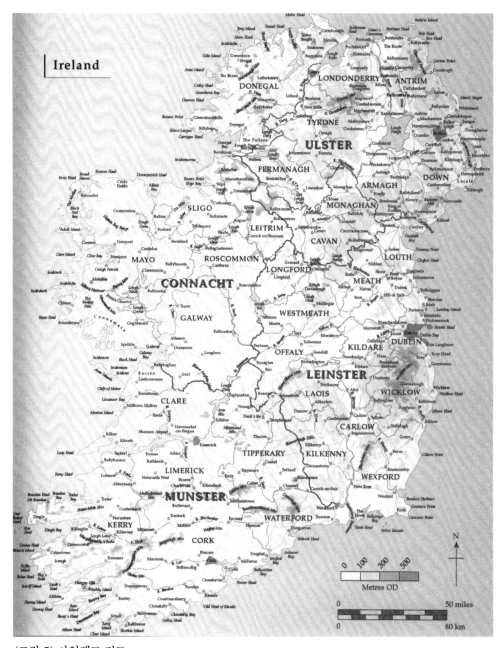

〈그림 5〉 아일랜드 전도

출처: Aalen Whelan Stout(2011)

있다. 현재 대부분의 돌담은 목축을 위한 것이다. 이곳의 돌담 경관에 대해서는 그동안 많은 지리학자들이 '일정한 단위 토지 경계(The Townland Matrix)'를 소재로 탐구해 왔다고 한다. Laheen은 기존 연구 성과인 19세기부터 오늘날까지의 이곳의 토지를 측량한 다양한 자료(지적도, 통계 등)를 토대로 돌담의 시기적 변화를 밝히고 있다. 특히, 돌담의 변화 과정에서는 시기별 자료 비교를 통해서 시기에 따라 돌담의 변화를 지도로 제시하고 있다.

이곳에 돌담을 쌓은 목적은 농경지 사이의 경계를 하기 위함과는 달리 단순히 농경지의 돌들을 정리하고, 집중적으로 가축들을 기르며, 동물과 농작물의 서식환경을 제공하기 위해서이다. 더불어 이 시스템이 유연하며, 내구성이 있어 경지를 정리함으로써 동시에 돌담을 쌓을 수 있다고 한다. 결론적으로 아일랜드에서는 무엇보다도 경제적인 이유로 토지의 효용성을 높이기 위해 시작한 작업이 현재 이 섬의 돌담경관을 만들었다고 볼 수 있다.

또한, Laheen은 이 지역의 두꺼운 담들이 대서양에서 불어오는 강풍을 막으려고 쌓은 것과는 달리 이 섬의 돌담은 바람이 불어올 때 돌들 사이의 마찰 저항에 의존하여 안정감을 유지하고, 돌 틈 사이의 공간이 바람을 통과시키는 구조로 되어 있어 마치 강한 바람이 불어올 때 필터 역할을 하여 바람을 순화시킨다고 하고 있다.

이 섬의 외담 중에는 'fidin wall'이라고 부르는 돌담이 있는데 이 돌담은 그 높이가 약 1.2m이고, 약 1.2m 거리마다 수직으로 세워진 돌[9]을 놓고 그 사이에 작은 돌들을 채워놓는 방식이다.〈사진 5〉특히, 하부 약 0.6m까지는 틈이 없게 돌을 채우고 상부는 공기가 통할 수 있도록 틈 있게 돌을 쌓는 방식이다. 이에 대해서 McAfee(1997)는 이 돌담 형태가 아일랜드에서 유래한 것이 아닌 18세기 스코틀랜드에서 왔다고 밝히고 있다.

평소에 이 섬의 돌담은 경지를 완벽하게 둘러싸고 있어 사람과 가축의 출

〈사진 5〉 아란 아일랜드의 fidin wall

출처: Laheen(2010)

입이 쉽지 않은 것처럼 보이지만 이곳의 주민들은 평소에 사람은 돌계단을 통해서 다닐 수 있게 하였고, 가축의 이동 시에는 특정한 위치의 돌담을 허물고 다시 쌓을 수 있는 통로를 만들었다. 이는 마치 전통농업시대에 제주도 주민들이 경지의 입구 돌담을 허물고 쌓는 작업을 반복했던 것과 유사하다.

결론적으로 아란 아일랜드의 돌담경관은 지질학적, 역사적인 측면에서 인간 거주의 사회적 패턴을 보여주는 문화경관으로서 특징적인 모습을 보여주고 있다. 따라서 현재 아일랜드에서도 이런 돌담 경관을 유네스코 문화유산으로 지정받기 위해서 노력하고 있다.

5. 나오며

지역이라는 공간은 시·공간적으로 아주 많은 요소들이 유의미한 상관관계를 가지는 유기적인 복합체라고 말할 수 있다. 지역 이해에서 비교방법으로 알 수 있는 관계 설정을 떠나서 지역을 제대로 이해했다고 볼 수 없기 때문이다.

비교 지역 관점에서 가장 핵심이 되는 점은 그 지역의 문화이다. 그중 지역의 문화가 가장 잘 나타나는 것은 바로 문화경관이다. 문화경관만큼 지역의 풍토성과 시대성을 잘 드러내는 것도 없다.

이 글에서는 '제주'라는 지역을 이해함에 있어 제주의 대표적인 문화경관인 '밭담 경관'을 '유럽 보카쥬 경관'과 비교를 통해 비교 지역 관점의 중요성을 제시하였다. 우선 화산섬 제주도가 대륙과 대양의 사이에 있다는 영역적 특징과 북쪽 지방과 남쪽 지방의 사이에 있어 두 문화의 모습을 가지고 있다는 위치적 특징들을 통해 제주의 지역성이 이들 구성요소와 밀접한 관계가 있음을 알 수 있었다.

또한 밭담 경관과 유럽 보카쥬 경관을 중심으로 형성배경, 경관이 변화되어 온 과정, 오늘날의 모습을 지역 비교 관점으로 살펴본 결과 그동안 일상적인 경관이었던 제주의 밭담에 대한 문화유산적 가치를 새롭게 발견할 수도 있다. 결론적으로 지역성을 파악함에 있어 비교 지역 관점은 지역의 수많은 문화유산 등에 대해 자기 지역의 고유성과 문화유산적 가치를 발견하는 데 유용하다는 점도 알 수 있다.

제주를 대표하는
문화경관, 밭담

1. 들어가며

최근 몇 년 사이에 제주는 경관이라는 용어가 그 어느 때보다도 많은 관심을 갖는 상황에 있다. 그 이유는 세계에서 가장 아름다운 경관 선정을 위한 세계 7대 자연 경관에 선정되기도 했고, '올레길'로 대표되는 걷기 열풍은 관광객뿐만 아니라 제주도민들에게도 제주의 경관을 느낄 수 있는 절호의 기회가 되고 있기 때문이다. 제주를 대표하는 경관은 화산활동으로 만들어진 한라산, 성산일출봉, 용암동굴 등의 자연경관이 있다. 이들은 우리나라에서도 유일하게 세계자연유산과 세계지질공원으로 선정되었다.

하지만 제주는 화산활동의 모습을 잘 간직한 자연경관뿐만 아니라 다른 지역과는 차별되는 독특한 문화경관도 있다. 제주도의 대표적인 문화경관으로는 오름 주변의 산담, 초가집과 올레길, 해안가 용천수를 중심으로 형성된 촌락 모습, 다양한 유형의 돌담 등이 있다.

최근 들어 문화경관은 인간이 자연을 만나면서 형성되는 가시적·정신적인 의미체로서, 자연 속에서 인간이 생존해 온 자취를 가장 잘 보여주는 특징적인 존재로 인식되고 있다. 1993년 유네스코 세계문화유산 및 자연유산 협약은 문화적 경관을 구상하는 회의를 개최하였고, 1994년에는 문화적 경관의 개념을 도입·운영지침을 개정하였다(양보경, 2009: 23).

이번에 다루고자 하는 제주의 문화경관은 바로 밭담이다. 밭담은 제주에서 볼 수 있는 다양한 돌담 중 밭을 둘러싸고 있는 돌담을 말한다. 이는 제주 도민들이 오랜 세월 동안 지역의 자연과 상호작용하면서 만들어 낸 작품이며, 도시화·산업화 이후 현재까지도 그 역할이 지속되는 특징을 지니고 있다. 세계적으로 밭담을 이렇게 집단적으로 볼 수 있는 지역은 거의 없다고 해도 과언이 아니다. 제주의 밭담보다 역사적 기간이 짧은 영국의 농경지 돌담은 역사, 경관, 야생 생물 보호의 측면에서 매우 중요한 것으로 인식되어, 돌담 제거를 바라는 농민은 지방자치단체로부터 승인을 받아야만 한다. 포르투갈도 돌담과 관련한 경관구조 파괴는 법으로 금하고 있다. 노르웨이에서는 토지 및 문화경관계획이 도입되어 오솔길을 차단 또는 경작하지 않거나 들판의 돌담, 유적들을 제거하지 않는 농민들에게 보조금이 지급되고 있다. 웨일즈에서는 티르 사이멘(Tir Cymen)이라는 농업-환경 계획을 도입하여 주로 돌담 복구를 위한 농장주들에게 보조금을 지급하고 있다. 이같은 돌담의 파괴와 관련된 금지 조항은 유럽연합이 설정한 규정(EEC 2078/92)에 근거하여 오늘날 대부분의 유럽연합 국가에서 실시하고 있다. 하지만 현재 제주의 밭담은 문화유산으로 인정받기는커녕 천덕꾸러기 신세로 전락하여 훼손 속도가 빨라지고 있는 실정이다.

따라서 여기서는 제주의 밭담을 문화경관의 프리즘을 통해 지역성을 대표하는 문화유산으로 재조명하는 데 있어 밭담이 잘 남아있는 지역을 중심으로 그 특징들을 함께 살펴보고자 한다.

2. 문화경관으로서의 제주 밭담

제주의 지역성 논의에 있어 돌담은 많은 연구자들에게 매력적인 대상이다. 이 중 제주도 전 지역에 걸쳐 밭의 주위를 둘러싸고 있는 밭담은 그 독특성으로 인해 많은 연구자들의 연구 대상이 되어 왔다. 경관이란 특정 지역에서의 현상들 간의 상호관계에 의해 혹은 내부적·외부적 위치관계에 의해 주변 공간과는 확실히 식별되며 일정한 특징을 갖는 지표의 한 구획으로서 존재한다. 경관은 모든 문화를 배제한 자연의 형성에 의한 자연경관과 인류의 탄생 이래 인간의 삶 속에서 형성된 문화경관으로 구분된다. 전통적으로 문화경관의 대상은 취락, 토지이용, 토지구분방법, 다양한 유형문화가 있으며 특히 농민들의 다양한 농업활동을 통해 축적된 결과가 농촌경관으로 나타난다. 농촌경관의 요소로는 농가와 부속시설, 도로, 수로, 농경지, 임야, 종교시설 등이 있는데 이들은 자연환경과 사회·문화적 특징 등을 반영함으로써 장소마다 다르게 나타난다(中村和郎·石井英也·手塚 章, 2001: 56).

따라서 문화경관에는 인간 집단의 태도, 가치관, 열망과 기대, 공포 등이 내재되어 있기 때문에 특정 집단의 문화를 이해하려면 무엇보다도 문화경관을 해독하는 것이 필수적이다(테리 조든-비치코프·모나 도모시, 2002: 23).

산업화·도시화 등으로 농촌경관에 대한 관심이 줄었지만, 그렇다고 해서 그 가치가 사라진 것은 아니다. 제주지역은 아직도 동부와 서부지역을 중심으로 기존 촌락의 형태가 많이 남아있고 육지와는 달리 독특한 경관으로서 과거로부터 경작지를 둘러싸고 있는 밭담이 많이 남아 있다.

밭담은 제주도민들뿐만 아니라 타 지역 주민들에게도 과거에서부터 현재까지 제주를 대표하는 경관으로 인식되고 있으며, 최근 문화유산에 대한 관심이 확대되면서 제주지역의 자연적·인문적 특징을 간직하는 소중한 문화유산으로 인식하기에 이르렀다.

문화경관으로서 밭담은 제주도민들이 오랜 세월 동안 지역의 자연과 상호작용하면서 공동체적 삶의 방식과 태도 및 가치관 등을 반영한 요소로서 부각되고 있으며, 더욱이 도시화·산업화가 진행되고 농업이 기계화된 오늘날에도 그 역할을 여전히 지속하고 있다는 특성을 가지고 있다. 더불어 밭담은 제주도 전 지역에 걸쳐 집단적으로 존재하는데, 이것은 타 지역의 경관과는 확실히 구별되는 중요한 기능체로 작용하고 있는 것이다.

3. 제주도 농업지역의 밭담 특징

1) 과거 밭담의 모습을 잘 간직한 한림읍 귀덕1리

귀덕1리는 제주에서도 전형적인 밭농사 지역으로 밭담이 잘 남아 있는 마을 중 하나이다. 귀덕1리뿐 아니라 인근 지역[1]의 밭담은 높이가 비교적 높고, 너비도 넓은 겹담이라는 것을 확인할 수 있다. 이런 사실은 이 지역에서 돌들이 많이 나왔음을 의미하는 것이다. 귀덕1리는 〈그림 1〉에서 보는 것과 같이, 제주도의 화산활동 중 제3 분출기에 분출한 현무암 분포지역에 속하며, 이 당시 분출한 현무암은 제주도 남쪽과 북쪽의 해안지대와 함께 해발 200~500m의 중산간 지역까지 넓은 지역을 덮고 있다.

귀덕1리의 여러 자연마을 중에서도 성로동(城路洞)[2]은 이름 자체에서도 돌이 많은 지역임을 짐작할 수 있으며, 이러한 사실은 〈사진 1〉과 같은 잣질을 통해 확인할 수 있다. 잣질은 잔돌을 겹쳐 쌓아 그 위로 사람이 지나다닐 수 있을 정도로 촘촘하게 쌓아 만든 밭담이다. 잣질은 지역 주민들이 경작과정

1. 제1·2 분출기 화산암 2. 제3분출기 화산암 3. 제4분출기 화산암 4. 응회암 5. 스코리아

〈그림 1〉 제주도 지질분포와 지역별 밭담 조사 지역
자료: 원종관(1975)을 토대로 필자 일부 수정.

에서 불필요한 돌들이 많이 나왔음을 의미하는 것이다. 또한 잣질은 도로에 인접한 밭 소유자와 그렇지 못한 소유자 간의 관계에서 이웃을 배려한 공동체 문화의 흔적이라고도 할 수 있다. 이는 도로에 인접한 밭 소유자는 밭담이 두꺼워질수록 경작지 축소라는 손해를 감수해야 하지만, 도로를 끼고 있지 못한 밭 소유자에게는 농산물의 반출이나 농기구나 비료 등을 반입하는 데에 불편함을 크게 해결해 주는 기능을 한다.

이와 같이 귀덕1리 밭담은 겹담의 형태로 존재하는 것들이 상당히 많다. 특히 잣질 형태로 쌓은 밭담을 인접하는 경작지의 주인들이 양쪽에서 쌓아 올린 것으로 이해할 수 있다. 나아가 귀덕1리뿐만 아니라 제주도 전 지역의 밭담은 기본적으로 밭의 소유자와 그 가족들이 경작과정에서 나온 불필요한

〈사진 1〉 귀덕1리 잣질(밭담 길)

돌들을 활용하여 쌓았다. 이런 점을 감안하면, 제주 전 지역에 걸쳐 형성된 밭담은 시간적으로 볼 때도 매우 오랜 역사를 간직하고 있다.

2) 1970년 이후 밭담의 변화를 살필 수 있는 구좌읍 김녕리와 한림읍 수원리

(1) 구좌읍 김녕리 밭담

제주의 어른들은 '장가는 동쪽으로 가고, 시집은 서쪽으로 가라.'라는 말을 하곤 한다. 이는 과거로부터 서부지역이 토지가 상대적으로 비옥하여 부유했었기 때문에 여성들이 시집을 가더라도 고생을 덜한다는 의미이고, 동부지역은 토질이 척박한 이유 때문에 여성들이 훨씬 더 근면하고 성실할 수밖에 없다는 것을 의미하는 것이다(제주대학교 사범대학 사회교육과, 2003: 69).
이처럼 동부지역의 토질이 척박한 배경은 동부지역인 김녕리와 그 주변 지
역3)이 화산활동으로 인하여 파호이호이 용암이 대량으로 흐른 사실과 깊게
연관되어 있기 때문이며 결과적으로 동부지역은 농사짓기에 상대적으로 좋
지 못한 조건이 되고 있는 것이다.

김녕리의 밭담은 다양한 형태로 존재하는데 그것의 위치와 형태에 따라
서 특별한 의미를 찾아낼 수 있다. 먼저, 김녕리의 밭담 중에는 〈사진 2〉와 같
이 잣질 형태의 밭담이 있다. 이는 귀덕1리와 같이 경작과정에서 돌이 많이
나왔으며. 이를 통해 지역주민들의 공동체적 문화를 엿볼 수 있는 토대가 된
다. 하지만 김녕리의 잣질이 귀덕1리의 잣질과 다른 점은 경작과정에서 자
연스럽게 나온 돌과 더불어 암반을 인위적으로 깬 돌들을 같이 활용하고 있

〈사진 2〉 김녕리 잣질

〈사진 3〉 암반을 깬 후 쌓은 밭담

〈사진 4〉 바람에 의해 운반된 모래

다는 것이다. 이 점은 김녕리 주민들이 농사짓기 어려운 조건을 극복하는 과정에서 자연스럽게 형성된 것이라 할 수 있다. 이와 관련하여 김녕리 주민들은 오래전부터 다양한 도구를 이용하여 암반을 제거하였고, 최근에는 중장비를 이용하여 농사를 지을 수 있는 밭을 조성하고 있다. 따라서 김녕리에서는 〈사진 3〉과 같이 암반 위에 존재하는 밭담의 형태를 곳곳에서 발견할 수 있다.

두 번째로, 김녕리의 밭담 주변에서는 바람에 의해 운반된 모래를 쉽게 볼 수 있다. 김녕리는 겨울과 초봄에 강한 북서풍을 타고 해안에서 내륙 쪽으로 모래나 토양입자들이 이동한다. 이 때문에 〈사진 4〉와 같이 밭담 주위에 모래가 퇴적하는 사례가 많은데 이것은 밭담이 방사(防砂) 역할도 겸하고 있음을 의미하는 것이다. 나아가 김녕리 주민들은 돌담을 〈사진 5〉와 같이 밭 한가운데 쌓아두기도 하는데, 이것은 돌담이 바람의 영향으로 인하여 흙이 한쪽으로 편중되는 것을 막는 기능을 한다. [4] 이와 같은 사례의 밭담은 주로 밭 가운데에 위치하는 암반으로 인해 농사를 지을 수 없는 곳에 주로 쌓는다.

세 번째로, 김녕리의 밭담은 다른 지역에 비해 경계가 매우 복잡하게 나타난다. 이것은 농가 주인들이 소유하고 있는 밭의 크기가 비교적 작기 때문이라 할 수 있는데, 이 배경에는 제주도가 한반도의 장자우대 상속제와는 달리 중자균분 상속제가 널리 시행돼 왔다는 사실이 전제되어 있다. 제주도에서 오랫동안 시행돼온 중자균분 상속제는 토지를 모든 자식들에게 똑같이 나누어 주고, 제사도 형제들끼리 나누어 행하는 풍습이다. 따라서 제주도의 토지는 김녕리의 사례에서 보듯이 자식들에게 상속되는 과정에서 여러 개로 분할됨으로써 밭담의 경계선이 복잡해질 수 있는 배경을 안고 있다.

이처럼 김녕리 밭담의 사례에서 확인할 수 있듯이, 제주도에서는 밭담을 통해 지역적으로 농업환경의 악조건을 슬기롭게 극복한 제주도민들의 삶과 함께 한반도와는 다른 고유한 풍습도 살펴볼 수 있다.

〈사진 5〉 경작지 내 돌담

(2) 한림읍 수원리 밭담

　수원리는 해안가에 돌출된 작은 반도형의 해안마을로서 마을 해안의 대부분은 평평한 파호이호이용암류로 구성되어 있어 해안 전체가 마치 큰 '빌레'를 연상케 한다(강순석, 2004: 48). 수원리는 광복 이전에 제주의 대표적인 곡창지대로 알려져 있으며, 마을 주민들은 '구름드르(雲野)'에서 생산되는 풍족한 잡곡으로 다른 마을에 비해서는 비교적 윤택한 생활을 했다. 특히 1973년에는 전국에서 처음으로 밭 경지정리사업에 착수하여 잣질을 제거하고 농로를 직선화함으로써 〈사진 6〉과 같이 농지를 바둑판처럼 정리하는 성과를 가져오게 되었다(한림읍, 1999: 1051-1052).

　이처럼 수원리는 경지정리사업으로 인하여 제주도에서도 전통적인 밭담이 사라지게 된 대표적인 마을로 부각된다. 제주도에서 경지정리사업으로 인해 100ha 이상의 넓은 면적에서 농업경관이 바뀐 마을은 수원리 외에도 조천읍 신촌리, 한경면 고산1리, 대정읍 인성리가 있다(제주특별자치도, 2010: 59).

수원리 경지정리사업은 1970년대 새마을운동의 일환으로 농업 생산량을 높이려는 계획과 함께 마을 주민들이 곡선 형태의 밭담으로 농기계 사용의 불편함과 또 맹지 소유자들의 불편함을 해결하려는 의도가 동시에 맞물려 시행된 것이라 할 수 있다. 하지만 이 경지정리사업은 농업의 효율성은 가져왔지만, 상대적으로 과거로부터의 유산인 밭담을 사라지게 하는 배경이 되었다.

경지정리사업은 우선적으로 농기계의 사용을 위해 곡선의 밭담을 직선으

〈사진 6〉 수원리 위성사진 출처: http://local.daum.net

로 조성했다. 또한 밭 중간 중간에 농기계가 다닐 수 있는 너비만큼의 농로를 조성함으로써 주위의 모든 경지들이 농로를 접할 수 있게 하였다. 그리고 필요 없는 돌들을 없애는 과정에서 밭담을 완전히 없애거나 또는 일부 남아 있는 밭담마저 높이를 낮추는 결과를 가져왔다. 결과적으로 수원리 밭담은 경지정리의 변화에 보조를 같이하면서 사라지는 운명을 맞이하게 된 것이다.

이러한 밭담의 변화는 그 이후 농작물의 변화에도 영향을 주었는데 과거에 조나 보리 등의 재배에서 현재 양배추, 파, 무, 브로콜리 등의 채소류 재배로 바뀌어 있다. 말하자면 과거에는 밭담의 높이로 1m가 훌쩍 넘는 키 큰 농작물을 재배했다면 현재는 50㎝ 이하의 키 작은 농작물로 변한 것이다. 농작물의 변화는 근본적으로 시대의 흐름에 따라 농민들의 소득과 크게 연관성을 맺는 것으로 이해할 수 있지만, 결과론적으로 밭담 높이의 변화가 농작물

〈사진 7〉 수원리 경지정리사업 후 새롭게 쌓은 밭담

을 선택하는 데 제한될 수밖에 없었다는 사실도 부인할 수 없다. [5]

한편 수원리 밭담과 관련하여 현재까지 변하지 않은 사실도 있다. 그것은 바로 경작과정에서 아직도 많은 돌들이 나온다는 점이다. 이 때문에 새로 조성한 농로의 폭이 좁아져서 또 다시 돌들을 제거해야만 할 정도라는 것이다. [6] 이처럼 경지정리사업 이후에도 어쩔 수 없이 조성되는 밭담이 현시점에서도 〈사진 7〉과 같이 밭의 경계 기능을 하고 있다는 사실은 아이러니하다고 하지 않을 수 없다. 이 점은 제주도 밭담의 가치를 높아주고 있는데 경지정리사업 이후에도 제주도에는 밭담이 존재하고 있다는 것이다. 즉 밭담의 지속 가능한 경관자원으로서의 가치를 확인시켜주고 있는 셈이다.

3) 해안지역의 밭담 – 제주시 내도동

내도동은 내도 알작지 해안으로 유명하다. 이것은 작은 조약돌로 이루어진 역빈(礫濱)해안이다. 이 자갈들은 외도천과 도근천의 중·상류에서 풍화·침식된 역(礫)들이 강우 시에 하구 쪽으로 흘러 내려온 것이며, 하구 부근에서는 다시 연안류에 의해 내도동의 해안에 퇴적하게 된 것이다(외도동향토편찬위원회, 2005: 57). 제주의 하천 하류구간에서는 종종 내도 알작지와 같은 소규모의 역빈해안을 찾아볼 수 있다.

내도동은 해안지역 밭담의 특징을 확인할 수 있는 대표적인 지역이다. 내도동 밭담의 특징은 경작과정에서 나온 돌들도 이용했지만 주로 하천 하류와 바닷가 경계에서 쉽게 얻을 수 있는 둥근 먹돌을 가지고 쌓았다는 점이다. 또한 내도동 밭담은 〈사진 8〉에서 확인할 수 있듯이 전체적으로 높이가 낮은 편이다. 이는 경작과정에서 돌이 별로 나오지 않았다는 사실과 함께 먹돌 자체가 둥글고 매끄러워서 밭담의 높이를 더하며 쌓기가 힘들었기 때문

〈사진 8〉 내도동 밭담

이다. 따라서 내도동의 밭담은 바닷가에서 불어오는 강한 바람을 막는 기능보다는 주로 경작지 경계의 기능을 한다고 지적할 수 있다.

4) 중산간 지역의 밭담 - 제주시 봉개동

중산간 지역의 밭담은 역사적으로 제주의 목축문화와 연관되어 있다. 충렬왕 2년(1276)에 몽골에서 말 160필과 말사육 전문가들인 목호(牧胡)들이 제주로 들어와서 오늘날의 성산읍 수산리 일대에 몽고식 마목장인 탐라목장을 건설한 것이 제주도 목장의 기원이다(제주도문화예술과, 2002: 66). 고려시대부터 전략적 말산업의 요충지 역할을 했던 제주는 목축산업으로 인해 중산간 지역에는 농작물을 재배하기보다는 대규모로 말을 기르기 시작했던 것이다. 그리고 제주도민들은 중산간 지역에 말들을 보호하고 말들로부터 농작물의 피해를 막는 역할을 하는 잣성을 축성하였다. 잣성 중 해발고도가 가장 낮은 곳에 위치한 하잣(下城)은 세종 11년(1429)경에 고득종의 건의에 따라 한라산 중산간 지역(해발 200~600m)에 해안지역의 촌락과 경지를 보호하기 위해 경계용 돌담을 쌓은 것이다. 그 결과 제주의 중산간 지역에는 10개의 목장(10소장)이 설치되었다. 〈사진 9〉는 제주시 봉개동에 위치하는 잣성(하잣)으로 당시 3소장이 있었던 곳이다(제주도문화예술과, 2002: 74-78). 이와 같이 중산간 지역에 목장이 입지함으로써 잣성은 말과 농작물을 보호한다는 점에서 볼 때 기존 밭담의 기능과는 차별화되는 상황을 맞게 되었다. 결국 이로 인하여 제주도의 농경지역은 주로 중산간 지역보다 해발고도가 낮은 지역에서 행해지게 되었다.

〈사진 9〉 봉개동 잣성(하잣)

제주도민들은 19세기에 들어와 목장 내에 경작이 허가되면서 중산간 지역도 부분적으로 농경지로 사용하기 시작하였으며, 따라서 일정한 시기에 이르러서는 중산간 지역에도 밭담이 형성되기 시작한다. 또한 목장이 사라진 곳을 중심으로 잣성은 밭담과 같은 밭의 경계 기능을 띠기 시작한 것이다. 정리해서 말하면, 중산간 지역에 조성된 밭담은 해안지역의 밭담보다는 시기적으로 역사가 짧다고 말할 수 있다.

5) 지질적 차이가 잘 드러나는 밭담: 성산읍 신양리와 안덕면 사계리

(1) 성산읍 신양리 밭담

신양리는 제주의 가장 동쪽에 위치한 마을이다. 신양리의 지질적 특징은 성산일출봉의 형성과 동시에 혹은 그 직후의 침식작용으로 인한 물질들이 파도와 해류에 의해 둥글게 마모되면서 퇴적지층(신양리층)이 형성되었다는 점이다(제주화산연구소, 2009: 69). 신양리층에는 여러 종류의 조개류와 절지류 등의 동물화석이 포함되어 있다.

신양리 밭담은 비교적 높이가 낮은 데다가 〈사진 10〉과 같이 지질적 특성이 내포된 퇴적암임을 알 수 있다. 이 점은 경작과정에서 지하 토양층에서 돌이 별로 나오지 않았다는 사실을 암시한다. 그리고 성산일출봉의 화산재와 화산력들로 이루어진 퇴적층이 풍화작용을 받아 파괴된 암석을 활용하고 있다는 배경을 이해할 수 있다. 맹지 소유의 일부 농가 주인들은 〈사진 11〉에서 보듯이 올레길 형태의 밭담을 조성하기도 하였다. 이러한 밭담의 경우는 농가 주인이 농사활동을 편리하게 하기 위해 기존의 밭담 경계를 변화시킨 것으로 추정할 수 있다. 따라서 신양리 밭담의 사례에서는 지역의 지질적 특징을 파악할 수 있음은 물론 농경지의 경계 변화를 통한 마을 주민들의 토지

〈사진 10〉 신양리 퇴적암(신양리층) 밭담

〈사진 11〉 올레길 형태의 밭담

이용 실태도 확인할 수 있다.

(2) 안덕면 사계리 밭담

사계리와 주변 지역에 분포하는 암석류와 퇴적층은 광해악현무암, 병악현무암질조면안산암, 당산봉응회암, 한라산조면암, 송악산응회암 및 사구층으로 구분할 수 있다. 사계리는 대부분이 광해악현무암으로 덮여 있지만, 산방산에서 화순해수욕장을 지나는 도로상에서는 한라산조면암을 관찰할 수 있다(안덕면, 2006: 133).

사계리 밭담의 일부는 제주도 대부분의 밭담이 검은색 계통의 현무암인 것과는 달리 회색을 띤 조면암의 특징이 보인다. 이처럼 사계리의 일부 지구에서 확인할 수 있는 조면암 밭담은 산방산 주변이 조면암의 지질특성을 기

〈사진 12〉 사계리(산방산 서쪽)의 조면암 밭담

반으로 농경지가 형성되었다는 사실을 대변하는 것이며, 따라서 주민들이 경작과정 중 토양층에서 나온 조면암의 돌을 자연스럽게 활용하면서 나타나게 된 것으로 생각할 수 있다. 이와 더불어 일부 주민들은 주변부로부터 조면암의 돌을 운반하여 쌓았다는 사실도 이해할 수 있다.

4. 나오며

이 글에서는 제주의 밭담을 문화경관의 의미로 살펴보았다. 그 결과 밭담은 다음과 같이 제주의 지역성을 설명할 수 있는 문화유산으로의 의미와 가치를 확인할 수 있었다.

첫째로, 밭담은 화산섬 제주의 형성과정을 이해할 수 있는 요소로서 뛰어난 가치를 가지고 있다. 즉 밭담의 재료인 돌들이 농경지에서 나왔다는 사실은 돌들이 지천에 깔려 있음을 보여주는 것이며, 나아가 제주에 돌이 많다는 사실은 화산활동을 빼고는 설명하기가 어렵다. 둘째로, 밭담은 주민들이 섬이라는 지리적 환경 속에서 강한 바람의 영향에 적응한 삶의 지혜를 엿볼 수 있는 요소이다. 셋째로, 밭담은 시간적으로는 800년[7]에 가까운 역사성과 함께 경지정리사업의 영향 속에서 많은 변화를 거듭했지만, 현시점에서도 농경지의 경계선 기능을 통해 지속 가능한 문화유산으로서의 가치를 확인할 수 있는 존재로 부각된다. 넷째로, 밭담은 고도에 따라 다양한 암석을 활용하는 주민들의 지혜를 확인할 수 있는 요소로서, 해안가에서는 먹돌을 이용한 밭담을 볼 수 있으며, 또한 중산간 지역의 밭담은 이 지역이 오랜 기간 목장으로 활용되다가 19세기에 이르러 밭으로 사용하게 된 역사적 사실과 함께 밭담의 역사가 비교적 짧은 배경을 이해할 수 있다. 다섯째로, 밭담은 제주의 중자균분 상속제를 통해 농경지의 경계가 점점 복잡해질 수 있었던 사회적 배경을 이해할 수 있으며, 또 잣질은 지역 주민들의 공동체적 삶을 엿볼 수 있는 기능체로서 작용하고 있다. 여섯째로, 밭담은 제주지역의 다양한 특징을 보여주는데, 가령 산방산 주변의 밭담은 제주에서도 보기 드문 조면암으로 형성되었고, 신양리 밭담은 퇴적암으로 형성되었음을 확인할 수 있다. 이는 밭담 자체가 각 지역의 지질적 차이를 이해할 수 있는 중요한 지리적 요소로서의 가치를 가지고 있는 것이라 하겠다. 마지막으로, 밭담은 농경지의 경계 기능을 한다는 측면에서 특정 지구의 토지이용의 변화상을 파악할 수 있는 요소로 부각된다는 점이다.

하도리 밭담의
특성과 농업환경

1. 들어가며

　　제주도 대부분의 농업 지역에는 경지 경계 상에 돌담이 존재하는데 제주도에서는 이런 돌담을 밭담이라고 한다. 최근에 밭담은 세계농업기구(FAO)로부터 세계적으로 독특하고 보존과 활용가치가 높은 농업시스템이라는 점을 인정받아 세계중요농업유산에 등재되었다.[1] 이 등재로 인하여 밭담이 지역적 특색과 관련된 농업유산으로 화산섬이라는 척박한 자연환경에서 오랜 기간 동안 농업을 유지해온 가치가 인정된 셈이다. 따라서 밭담의 세계중요농업유산 등재는 제주 지역 주민에게 있어 밭담이 그동안 자신의 주변에 항상 존재해왔던 일상적인 경관에서 소중하고 보전해야 하는 문화유산이라는 인식이 자리 잡게 된 계기가 되었다.

　　그러나 제주 지역 주민의 밭담에 대한 이러한 인식과는 달리 현재 이 순간에도 밭담은 지방정부와 농가의 필요에 따라 제거와 축조 그리고 다양한 형태로 변화되고, 수많은 밭담들이 훼손된 채 방치되어 존재하고 있다. 지방정부에서는 농업지역의 도시화, 도로 개설, 농업정책 등으로 지역의 대규모 밭담을 제거하거나 대도로 주변에 새롭게 밭담을 축조하고, 농가들은 자신들의 필요에 따라서 밭담을 제거하고 또 새롭게 축조하고 있다. 이러한 밭담의 변화는 과거와 다른 새로운 형태의 밭담과 지역성이 사라진 획일적인 밭담을 출현시키고, 더 나아가 밭담 자체가 완전히 사라지는 원인으로 작용하고 있다. 이처럼 밭담의 변화는 최근에 와서 급속하게 진행되고 있으나 이에 대한 원인이나 실태 파악은 매우 미흡한 실정이다. 그렇기 때문에 밭담에 대한 논의에서 중요한 점은 현재적, 현장적 관점과 함께 밭담을 직접 쌓고 활용하는 농가들에 대한 생각을 알아보는 것이다.

그리고 현재 제주도 밭담은 다양한 형태로 존재하고 있다. 이러한 존재 형태에 영향을 주는 원인을 살펴보면 밭담 주변을 둘러싸고 있는 농업환경이 가장 크게 작용하고 있다. 그리고 제주도 농업환경은 지역별로 차이가 나기 때문에 밭담의 존재 형태도 지역별 차이를 전제할 수 있다. 따라서 밭담의 존재 형태는 지역의 농업환경과 관련하여 살펴봐야만 한다. 나아가 지역의 농업환경에서 반드시 검토해야 할 점은 농가의 인식이다.

따라서 본 글에서는 제주도에서 밭담이 잘 남아 있는 대표적인 지역인 구좌읍 하도리를 사례로 농업환경에 따른 밭담의 존재 형태와 이에 대한 농가들의 인식을 살펴보고자 한다. 하도리는 제주도 북동부지역에 위치하고 있으며, 현재까지도 밭농업이 활발하면서 밭담의 보전 상태가 양호하다. 밭농업이 활발하다는 점은 마을 전체면적과 농업면적에서 밭면적이 차지하는 비율이 높은 곳이라고 할 수 있다. 또한, 밭담은 일반적으로 밭의 경계에 위치하고 있기 때문에 마을별 밭의 필지수가 많으면서 한 필지당 밭면적이 작을수록 밭담이 많이 존재할 가능성이 높다. 다음으로 밭담의 보전 상태는 오래 전부터 밭농업을 하면서 쌓은 밭담이 큰 변화 없이 존재하고 있는 곳을 살펴

보았다. 2)

하도리는 〈그림 1〉과 같이 전체적으로 30m 이하의 저평한 지형으로 마을이 북동쪽 해안으로 치우쳐 있다. 그 결과 마을 주민들은 이런 자연환경에 대응하는 다양한 농업경관들을 형성하여 왔다. 대표적인 농업경관으로 밭담과 함께 곳곳에 머들3)(돌무더기)을 조성하였고, 최근에는 토질에 맞는 작물을 재배하는 과정에서 당근과 무을 주력 작물화하였다. 이들 작물들은 월동채소로 전국적인 판매망을 유지하고 있다. 또한, 하도리는 제주도에서 가장 긴 해안선(6.2km)을 기반으로 제주도(濟州島) 단위 마을 중 해녀 수가 가장

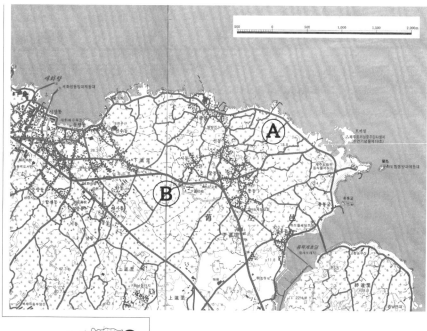

〈그림 1〉 하도리의 지형과 사례 지구(A, B)
자료: 1:25,000 지형도 (국토지리정보원 2012년 수정 발행)
우도(牛島) 및 김녕(金寧) 도폭.

많고, 천연의 좋은 어장을 가지고 있는 것으로도 유명하다(제주특별자치도 해녀박물관, 2009: 310). 결과적으로 하도리는 농업과 함께 어업도 활발하여 제주도에서 대표적인 반농반어촌으로도 손꼽힌다.

2. 하도리 농업환경에 따른 밭담의 존재 형태와 분포 특성

본 글에서는 하도리 농업환경에 따른 밭담의 변화와 함께 현재 하도리 밭담의 존재 형태와 분포 특성을 살펴보고자 한다. 참고로 두 농업 지구(A, B)의 토지이용도는 하도리 밭담의 존재 형태와 분포 특성, 그리고 농업환경을 파악하는 데 있어 중요한 자료라 할 수 있다.

1) 하도리 농업환경에 따른 밭담의 변화

하도리 농업환경에 따른 밭담의 변화는 제주도 전 지역의 농업환경 변화와 유사한 점이 많다. 따라서 농업환경에 따른 밭담의 변화는 하도리 농업환경만의 특징과 제주도 농업환경의 일반적인 변화를 함께 살펴보고자 한다. 하도리 밭담의 변화에 영향을 준 농업환경적 요인은 재배작물의 변화, 목축환경의 변화와 농업의 기계화, 울타리 재료의 다양화와 중장비 도입 등이 있다.

첫째, 하도리에서의 재배작물에 따른 밭담의 변화를 살펴보면 주민들은 1970년대까지만 해도 주로 식량작물인 조, 보리, 고구마 등을 생산하였다. 1980년대부터는 기존 작물과 함께 상품작물인 유채와 당근을 생산하기 시작하였으며, 유채는 얼마 재배되지 못한 반면, 당근 재배는 점차 확대되었다.[4] 그 후 2000년대 중반에 들어와서 무가 본격적으로 재배되기 시작하였다. 그 결과 현재 당근과 무가 하도리의 주력작물이 되었다.

주민들은 과거 조와 보리 등을 재배할 때 바람에 의한 작물 피해를 우려하여 밭담에 대한 관리를 철저히 하였다. 그러나 최근에는 재배작물이 당근과 무 등의 근채류로 전환되면서 주민들은 바람에 의한 작물 피해가 덜하여 밭담에 대한 중요성을 낮게 인식하게 되었다. 이와 관련하여 농가 중에는 보리에서 당근으로 재배작물을 전환함에 따라 밭담은 아니지만 경지 안에 방풍용으로 조성했던 돌담(사잇담)[5]을 제거한 후 인근 축사를 조성하는 데 사용하였다.[6]

둘째, 목축환경의 변화와 농업의 기계화에 따른 밭담의 변화를 살펴보면 과거 제주도에서는 집집마다 우마를 방목하였다. 때문에 경지 내 우마의 출입을 막기 위해 주민들은 밭담을 철저히 쌓았고, 더 나아가 경지 출입구에도 돌담을 쌓았다. 그러나 최근에는 목축환경이 중산간 지대에서 집중적으로 이루어지고 있고, 농업활동에 있어 주민들은 우마를 대신하여 농기계를 주로 이용한다. 따라서 밭담의 기능이 축소됨에 따라 밭담에 대한 중요성도 낮아졌다. 그 결과 주민들은 예전에는 출입구에도 돌담을 쌓아 경지 경계를 철저히 둘렀으나 최근에는 출입구에는 돌담을 쌓지 않고 대부분 터놓거나 나무와 차광막 정도를 걸쳐 놓고 농기계 등의 출입을 용이하게 하고 있다.

셋째, 울타리 재료의 다양화와 중장비 도입에 따른 밭담의 변화를 살펴보면 주민들은 오래전부터 경지 경계 상에 경작 과정에서 출토된 돌을 이용하여 밭담을 쌓았다. 그러나 최근에는 울타리 재료가 시멘트, 철재 등으로 다양해지면서 제주도 농업지역에는 국지적으로 돌이 아닌 다양한 재료로 설치된 울타리를 조성한 곳도 있다. 그리고 주민들은 건설업체에서 주로 사용하는 중장비들을 필요에 따라 밭담의 제거와 축조에 이용함으로써 기존의 밭담을 쉽게 변화시킬 수 있게 되었다. 게다가 지방정부는 제주도 농업지대에 도로를 신설하면서 도로 주변에 밭담을 새롭게 쌓는데 이때의 밭담은 중장비로 운반해 온 돌을 주로 사용함으로써 제주도 전 지역에서 획일적으로 변하고 있다.

2) 하도리 농업 지구의 농업환경 특징

하도리 밭담의 존재 형태와 분포 특성은 두 농업 지구의 토지이용도를 통해서 살펴볼 수 있다. 여기서는 밭담의 존재 형태와 분포 특성의 이해를 돕기 위해 두 농업 지구에 대한 일반현황과 함께 토지이용도를 통한 농업환경의 특징을 알아보고자 한다.

우선 A지구는 하도리에서 북서쪽인 해안가에 인접하고, B지구는 남서쪽인 해안에서 1km 정도 떨어진 내륙에 위치한다. 두 지구의 경지면적과 필지 수를 살펴보면 A지구가 132,416㎡에 71필지이고, B지구가 288,585㎡에 59필지이다. 따라서 A지구의 필지당 평균면적은 1,865㎡이고, B지구의 필지당 평균면적은 4,891㎡로 필지당 평균 면적은 B지구가 A지구보다 넓다〈표 1〉.

하도리 농업 지구별 토지이용도를 살펴보면 A지구가 〈그림 2〉이고, B지구가 〈그림 3〉이다. 두 농업 지구의 농업환경 특징을 재배작물과 농업경관으로 살펴보면 다음과 같다. 먼저 A지구에는 대부분 무와 함께 소규모로 감자, 마늘을 재배한다. B지구에는 대부분 무, 당근과 함께 소규모로 감자와 쪽파를 재배한다. 두 농업지구의 농업경관에는 불규칙한 경지와 머들(돌무더기), 빌레(암반), 빌레 상의 머들[7], 산담(묘지), 산담 터[8] 등이 있다. 그리고 밭담 중에는 기존의 밭담과 달리 시멘트와 돌로 이루어진 시멘트 밭담[9]이 있다. 두 농업 지구에는 현장조사를 통해서만 살필 수 있는 농업환경적 특징이 존

농업 지구		A지구	B지구
위치		하도리 북서쪽 일대, 해안 인접 지역	하도리 남서쪽 일대, 해안에서 1km 떨어진 지역
면적		132,416㎡(40,056평)	288,585㎡(87,296평)
필지 수		71	59
필지 당 평균 면적		1,865㎡(564평)	4,891㎡(1,479평)
주 재배작물		무, 감자 등	당근, 감자, 무 등
농업 및 기타 경관 요소	유사점	불규칙한 경지, 머들, 산담(묘지), 산담 터(묘지 터), 빌레(암반), 밭담(돌, 시멘트+돌), 사잇담, 휴경지 등	
	차이점	-	임야지, 종교시설

자료: 현지조사에 의해 작성.

재한다. 즉 경지 내에 사잇담을 쌓아 한 필지가 여러 필지로 구분된 것처럼 보이는 경지[10]가 있는 반면, 주민들은 두 필지 경계 사이에 존재해야 할 밭담을 제거하여 한 필지처럼 이용하기도 한다. [11] 이 점은 밭담이 반드시 필지 경계를 따라 존재하지 않으며, 필요에 따라서 사잇담이 밭담처럼 인식될 수 있음을 보여준다.

3) 하도리 밭담의 존재 형태

하도리 밭담의 존재 형태[12]는 겹치는 정도, 선적 유형, 쌓는 방식 등을 중심으로 살펴보면 다음과 같다. 하도리 밭담은 토지이용도에서도 알 수 있듯이 대부분 외담이다. 반대로 하도리에서 겹담을 거의 볼 수 없다는 점은 경작 과정에서 산출된 돌이 많지 않거나 토양 내에 암반이 많아 산출되는 돌의

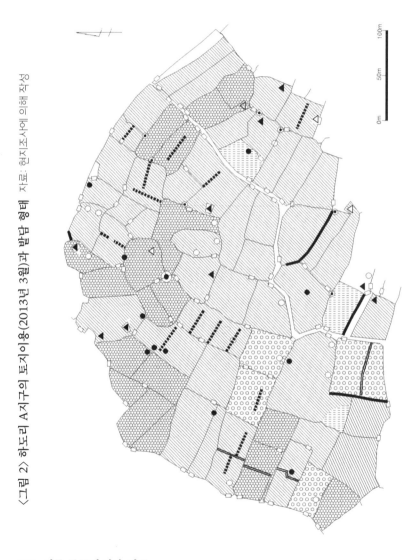

〈그림 2〉 하도리 A지구의 토지이용(2013년 3월)과 밭담 형태 자료 : 현지조사에 의해 작성

범례

- 머들
○ 빌레
◉ 빌레+머들
— 외담
▬ 시멘트담
┅ 사잇담
▬ 밭담 없던 것

▨ 무
▨ 무 수확
▥ 마늘
▦ 감자
☐ 휴경지
▣ 밭입구
◀ 산담
◁ 산담터

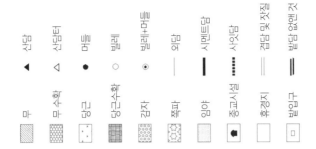

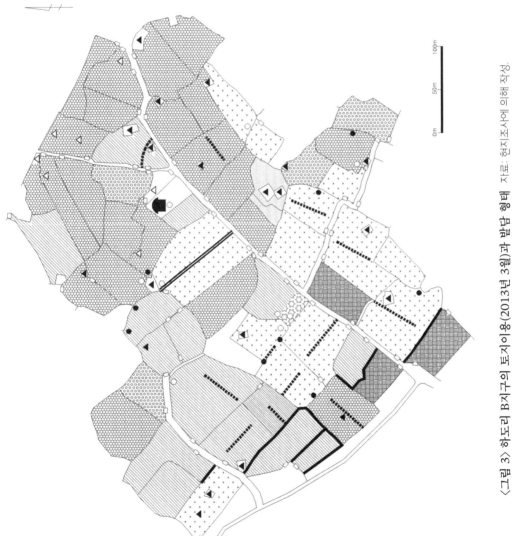

〈그림 3〉 하도리 B지구의 토지이용(2013년 3월)과 밭담 형태 자료: 현지조사에 의해 작성.

〈사진 1〉 겹담(B지구)

양이 비교적 적은 농업환경이라고 할 수 있다. 겹담은 외담에 비해 분포하는
정도가 매우 미미하다. 겹담은 A지구에는 없고, B지구에서만 1군데에서 확
인되는데 그 길이는 37.4m이다. B지구의 겹담은 지면에서 80cm까지는 겹
담으로 쌓았는데 원래 외담이었으나 추후 경작과정에서 지속적으로 출토되
는 돌을 외담에 의지하여 쌓으면서 하단부만 겹담이 된 것으로 판단된다〈사
진 1〉.

　　다음으로 하도리 밭담 형태를 선적 유형으로 살펴보면 전체적으로 곡선
형이 압도적으로 많다.〈그림 2, 3 참고〉이는 과거 경지 경계를 설정하면서 경
작이 가능한 공간을 중심으로 경계를 설정하였기 때문이다. 결론적으로 밭
담의 선적 유형은 과거 주민들이 자연환경에 적응하는 과정에서 결정된 것
이다. 반면에 밭담처럼 인식될 수 있는 사잇담은 전부 직선형이라는 점이다.

〈사진 2〉 시멘트 밭담(B지구)

즉, 자연적으로 형성된 경지 경계는 불규칙하고 곡선형이 많지만 그 이후 주민들이 다양한 원인으로 쌓은 사잇담은 직선형을 보인다. 또한 사잇담이 축조된 방향을 살펴보면 A지구에서는 대부분 동서 방향으로 되어 있는데 이 점은 해안가에서 불어오는 북서풍으로부터 토양과 재배작물을 보호하기 위함이다. 반면, B지구의 사잇담은 축조 방향이 일반적이지 못하다.

　추가적으로 하도리 밭담의 형태에서 살펴봐야 할 점은 최근에 새롭게 출현하는 시멘트 밭담이다. 시멘트 밭담은 과거와는 전혀 다른 밭담의 형태이다〈사진 2〉. 시멘트 밭담은 지면에서 70~100cm 정도까지는 시멘트로 담을 조성한 후 상단부에 약 50~60cm 정도로 돌을 올려놓아 외담 형태를 취하고 있다.

4) 하도리 밭담의 분포 특성

하도리 밭담의 분포 특성은 A지구의 특정 밭담 높이와 두 농업 지구의 밭담 길이를 중심으로 살펴보고자 한다. 밭담의 높이는 A지구 내 농로 양옆의 밭담을 측정하였다〈그림 4〉. 밭담의 높이는 평탄한 지형에서 하나의 수치로 측정되지만, 지형의 높낮이가 있을 때는 측정 방향에 따라 그 값이 달라진다.

먼저, 해발고도별로 살펴보면 A지구는 해안도로 주변이 최저 4m에서 내륙으로 갈수록 높아져 최고 14m까지 이어진다. [13] 〈표 2〉는 A지구 밭담의 높이를 고도에 따라 측정한 수치이다.

A지구 농로 주변에서 측정한 밭담 높이[14]는 다음과 같다. 첫째, 고도가 4~6m 구간 남북 방향에서 측정한 밭담의 높이 차는 0~75cm이다. 여기서 0cm

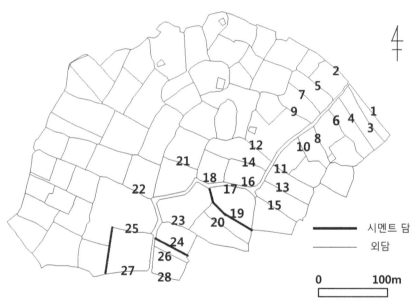

〈그림 4〉 A지구 밭담의 높이
주: 숫자는 높이 측정한 순서를 밭담에 부여한 것임. 자료: 현지조사에 의해 작성.

〈표 2〉 A지구 고도에 따른 밭담 높이

단위: cm

고도 / 밭담번호	4~6m 북쪽	남쪽	고도 / 밭담번호	6~11m 북쪽	남쪽	고도 / 밭담번호	11~14m 북쪽	남쪽
1	105		10	122	100	19	110	40
2	225		11	185	80	20	160	60
3	118		12	168	103	21	172	134
4	83		13	140	97	22	183	103
5	182	160	14	149	93	23	176	103
6	122	100	15	154	122	24	140	80
7	143	82	16	118	64	25	133	100
8	170	95	17	128	162	26	50	45
9	142	121	18	175	108	27	120	75
						28	160	90

주: '북쪽'은 북쪽 방향에서 측정한 밭담의 높이이고, '남쪽'은 남쪽 방향에서 측정한 밭담의 높이임.
자료: 현지조사에 의해 작성.

는 평탄한 지형에서의 밭담을 의미하며, 75㎝는 남북 방향에서 측정한 밭담 높이 차의 최대치이다. 특히 7, 8번 밭담은 측정 방향에 따라 높이 차가 크다. 여기서 주목할 점은 2번 밭담 높이가 225㎝로 바로 동쪽에 인접한 1~3번의 높이보다 약 2배 높다는 점이다. 2번 밭담은 해안도로에 인접해 있어 해풍에 의한 농작물의 피해를 최소화하기 위해서 높게 축조된 것이다. 둘째, 고도가 6~11m 구간 남북 방향에서 측정한 밭담의 높이 차는 22~105㎝이다. 특히, 11번 밭담은 전체 밭담 중에서 가장 큰 차이가 있다. 또한 17번 밭담은 유일하게 남쪽에서 측정한 높이가 북쪽에서 측정한 것보다 높다. 이는 농로가 경지보다 높게 조성되면서 일반적인 밭담이 자연적인 지형에 따라 축조된 것과는 달리 남쪽의 높이가 낮아진 것이다. 셋째, 고도가 11~14m 구간 남북 방향에서 측정한 밭담의 높이 차는 21~61㎝이다. 특히, 26번 밭담은 높이 차가 거의 없고, 주변의 밭담보다 매우 낮다. 그 이유는 26번 밭담이 맹지 소유 농가의 필요에 의해 주변 밭담보다 추후에 축조되었기 때문이다. 그 결과 26번 밭담은 현재 지적도에는 존재하지 않는 곳에 위치하고 있고, 주민들은 과거와 달리 높게 쌓을 필요성이 없어 주변의 밭담보다 낮게 축조한 것이다. 그러나 하도리에 있는 소규모 농로 주변 밭담 중에는 26번 밭담과 달리 그 높이가 1m 내외인 것도 있다.

이를 토대로 A지구 밭담의 높이를 살펴본 결과 다음과 같은 특징을 확인할 수 있었다. 첫째, 밭담의 높이는 입지에 따른 특징이 크게 작용한다는 점이다. 즉, 고도가 낮은 해안가이면서 농로에 인접한 밭담은 해풍의 피해 때문에 최대한 높게 축조한다. 그러나 그 외 밭담은 높이가 일반적이지 못하고 제각각인 경우가 많다. 또한 위치에 따라 주민들은 밭담 높이에 대한 인식의 차이가 있다. 예를 들면, 밭담이 남북으로 인접한 경지의 경계 상에 있는 경우 남쪽 경지의 농가(A)와 북쪽 경지 농가(B)가 인식하는 밭담의 높이는 차이 날 수 있다. A농가는 북쪽 경계지점의 밭담을 높여 북풍으로부터 농작물의 피해를 최소화하고자 하지만 B농가는 이로 인해 농작물에 일조 피해를 받으므로 그 높이를 낮추려고 하기 때문이다. 둘째, 입지에 따른 특징과 달리 높낮이를 달리하는 밭담도 있다. 이는 1, 3, 4, 16, 17, 19, 26, 27번 밭담이다. 1, 3, 4번 밭담은 남과 북에서 측정한 높이가 같고, 해안가임에도 비교적 높이가 낮다. 현장 확인 결과 이들 밭담은 특별히 훼손 없이 잔존 상태가 양호하다. 이들 밭담이 해안에 인접해 있음에도 높이가 낮은 이유는 1번 밭담과 북쪽으로 인접한 해안가에 2m의 밭담이 있기 때문이다. 또한 16번과 27번 밭담은 농로 변에 있어 남북 방향에서 측정한 밭담의 높이 차가 많이 발생하고 있다. 이는 시멘트로 포장된 농로가 기존의 농로에 비해서 높아지면서 자연스럽게 농로 변 밭담의 높이가 낮아지게 된 것이다. 셋째, 19번과 26번 밭담은 최근 새롭게 조성된 밭담의 특징을 보여준다. 19번 밭담은 시멘트 밭담으로 남북 방향에서 측정한 높이 차이가 70cm나 된다. 또한 26번 밭담은 높이가 매우 낮은데 그 이유는 새롭게 밭담을 축조하면서 주변의 밭담 높이만큼 쌓을 필요성이 낮아졌기 때문이다. 따라서 이곳의 밭담은 주변보다 낮게 존재하고 있다.〈사진 3〉

제주도에서 밭담 높이는 지역별, 마을 내 경지의 위치 등에 따라 다소 차이가 나는 경우도 있지만 일반적으로 100~120cm이다. 그러나 고산리 일대와 같이 지질적인 영향으로 경지에서 산출되는 돌의 양이 적은 경우는 다른 지역보다 낮다(강성기, 2012: 5). 그리고 해안가에 인접한 밭담은 해풍으로부터 농작물의 피해를 최소화하기 위해서 비교적 높게 축조한다.

이 외에도 밭담의 높이는 우마의 체격, 재배작물, 쌓는 주체, 도로 공사로

〈사진 3〉 24번(왼쪽)과 26번(오른쪽) 밭담　주: 번호는 〈그림 4〉와 대응함.

인하여 다양해진다. 과거에는 밭담이 우마의 경지 출입을 방지하는 기능이 중요했기 때문에 우마의 체격과도 관련되었다. 즉, 소와 제주마(조랑말)의 체격은 최대 125cm(장덕지, 2007: 52)로 농가에서는 농작물을 우마로부터 보호하기 위해 최소한 이 높이까지 축조하였다. 그리고 과거 제주도의 주 작물이 보리와 콩, 조, 고구마였던 시기에는 방풍을 위해서 밭담의 높이도 이들 작물보다 높게 축조하였다. [15] 또한 밭담의 높이는 쌓는 주체에 따라서도 달라졌는데 일반적으로 석공이 밭담을 쌓는 경우는 주인의 요청에 따라 그 높이가 결정되었다. 그리고 대도로 주변 밭담의 높이는 석공들에 의해 1m 높이로 획일화되었다.

다음으로 밭담의 길이는 A, B지구를 중심으로 살펴보았는데 두 지구 내에서도 농업 집중도가 가장 높은 곳 각각 10필지를 선정하여 이들의 길이를 실측하였다. 그 후 실측한 밭담의 길이를 CAD 프로그램를 이용한 수치지적도 상에서의 밭담 길이와 비교하였다. 〈표 3〉은 두 지구의 밭담 길이를 정리한 결과이다.

A지구 내 10필지를 실측한 밭담 길이는 1,296.7m이고, 수치지적도 상에서 살펴본 밭담 길이는 1,319.6m이다. 두 길이의 차는 22.9m이다. 그리고 B지구 내 10필지를 실측한 밭담 길이는 1,787.8m이고, 수치지적도 상에서 살펴본 밭담 길이는 1,793.5m이다. 두 길이의 차는 5.7m이다. 이렇게 두 지구 20필지(55,565㎡)를 중심으로 보면 실측한 밭담의 길이는 3,084.5m이고, 수치지적도 상에서 살펴본 밭담 길이는 3,113.1m이다. 그 결과 밭담을 실측한 길이와 지적 선의 길이에 대한 오차율은 0.92%가 나온다.

수치지적도 상에서 살펴본 두 지구 밭담의 길이는 16,667.7m이다. 이를 실측한 길이와의 오차율 0.92%를 적용하면 조정된 길이인 16,514.3m가 나온다. 결론적으로 A, B지구 전체 면적인 421,001㎡(0.421㎢)의 밭담 길이는

구분		A지구	B지구	두 지구 합계
농업 집중도가 높은 10필지	실측 길이	1,296.7m	1,787.8m	3,084.5m
	지적 선 길이	1,319.6m	1,793.5m	3,113.1m
	면적	22,650㎡ (6,851평)	32,915㎡ (9,957평)	55,565㎡ (16,808평)
	사잇담 길이(개수)	151.7m(5개)	295.2m(5개)	446.9m(10개)
	맹지로 이어진 소규모 농로 주변 밭담 길이(필지)	-	115m(2)	115m(2)
농업 지구 전체 면적		132,416㎡ (40,056평)	288,585㎡ (87,296평)	421,001㎡ (127,352평)
수치지적도 상에서 살펴본 농업 지구 전체 밭담 길이		7,868.6m	8,799.1m	16,667.7m

자료: 현지조사에 의해 작성.

16,514.3m(16.514km)라고 할 수 있다.

이 외에 밭담의 길이와 관련하여 지적 선과는 별개로 존재하는 밭담도 있다. 먼저, 맹지로 이어지는 소규모 농로 주변의 밭담과 사잇담은 지적도 상에는 존재하지 않는 밭담이다. 이와 관련하여 두 지구 내 20필지 중 맹지까지의 소규모 농로 주변에 있는 밭담은 115m, 사잇담은 446.9m이다. 반면에 지적도 상에 존재하지 않는 밭담은 297m가 있다.〈그림 2, 3 참고〉 따라서 밭담은 대부분 지적도 상의 토지 경계에 존재하고 있으나 간혹 맹지로 이어지는 소규모 농로의 밭담과 사잇담 등은 지적 선 외에 추가적으로 존재하고 있다. 이와는 달리 토지 경계 상에 존재해야 할 밭담이 다양한 이유로 제거된 경우도 있다. 그러나 하도리 조사 지구에서는 제거된 밭담보다는 실제 지적과 상관없이 존재하는 돌담이 더 많기 때문에 농업지대의 돌담 길이는 지적도 상의 길이보다 더 늘어난다.

〈표 4〉는 하도리 A, B지구 밭담의 형태에 따른 길이를 정리한 것이다. 참고로 밭담의 형태별 길이 산출은 다음과 같다. 우선 겹담과 시멘트 담은 실측한 길이이고, 두 지구 전체 밭담의 길이는 실측한 자료를 토대로 수치지적도 상의 수치이다. 이 자료들을 토대로 외담의 길이는 전체 길이에서 겹담과 시멘트 담을 제외한 수치를 적용하였다.

그 결과 A지구의 밭담 길이는 7,868.6m인데 이 중 외담이 7,664m, 시멘트 담은 204.6m이다. B지구의 밭담 길이는 8,799.1m인데 이 중 외담이 8,257.9m, 겹담이 37.4m, 시멘트 담은 503.8m이다. 따라서 하도리 두 지구 내 밭담의 형태별 길이를 살펴보면 외담이 15,921.9m(95.5%), 겹담은 37.4m(0.3%), 시멘트 담은 708.4m(4.2%)로 외담이 압도적으로 많이 분포하고 있음을 알 수 있다.

시멘트 밭담은 A지구에 4필지, B지구에 3필지가 나타난다. 시멘트 밭담의 출현배경은 유수에 의한 농작물의 피해 때문이다. 그리고 이 점은 시멘트 밭담의 조성 위치와 관련되어 있다. 우선 A, B지구의 시멘트 밭담의 분포를 살펴보면 A지구의 한 곳을 제외하고는 전부 동서 또는 북서-남동 방향으로

〈표 4〉 하도리 A, B지구 밭담 형태에 따른 길이

단위: m

구분	외담	겹담	시멘트 담	합계
A지구	7,664	-	204.6	7,868.6
B지구	8,257.9	37.4	503.8	8,799.1
합계(%)	15,921.9(95.5)	37.4(0.3)	708.4(4.2)	16,667.7(100)

주: 겹담과 시멘트 담은 실측한 길이이고, 지구별 밭담 전체 길이는 실측한 것을 토대로 수치지적도 상의 수치임. 또한 외담의 길이는 전체 밭담 길이에서 겹담과 시멘트 담을 제외한 수치임.
자료: 현지조사에 의해 작성.

위치하고 있다. 이점은 하도리의 남고북저형의 지형 특징을 잘 반영하고 있다. 일반적으로 시멘트 밭담은 지형상 낮은 위치에 있는 경지 주인이 조성한다. 그렇기 때문에 하도리에서는 경지 경계를 중심으로 북쪽에 위치한 경지 주인이 시멘트 밭담을 조성한다.

더 나아가 제주도에서 시멘트 밭담은 주로 동부 지역에서 확인되고 있다. 이 점은 제주도 서부 지역의 농업환경과 비교하여 두 지역의 재배작물 및 기후환경과 관련성이 있다. 제주도 동부 밭농업 지역을 대표하는 구좌읍에서는 당근과 무를 주로 재배하고 있는데 당근은 여름철 파종 시기와 맞물려 내습하는 태풍 등에 의한 피해가 많은 반면, 서부 지역인 애월읍, 한림읍, 한경면 등에서는 마늘, 양파, 감자, 보리 등의 파종 시기가 여름철 장마와 태풍이 지나가는 시기와 다소 차이가 난다. 다음으로 기후 환경적 측면에서 살펴보면 제주도 동부 지역은 서부 지역에 비해 연간 강수량이 약 800mm가 많아[16] 폭우로 인한 농작물 피해가 자주 발생한다. 따라서 동부 지역 재배작물의 파종시기와 기후환경은 시멘트 밭담 출현에 결정적인 배경이 되고 있다.

여기서 좀 더 살펴봐야 할 점은 현재까지 제주도 밭담의 길이 산출은 최용복(2006)의 연구가 유일하다는 것이다. 그러나 이 연구에서는 위성영상을 중심으로 하였기 때문에 경지 주변 밭담이 아닌 것도 있을 뿐 아니라 경지에서 벗어난 돌담도 포함되어 있다. 그렇기 때문에 밭담의 길이 산출에 있어서 경지를 중심으로 한 수치지적도와 현장조사 방법은 기존의 연구보다는 좀 더 체계적인 수치를 산출할 수 있다. 또한 이런 연구 방법은 제주도 밭담 관리와 보전 측면에서 마을별 밭담에 대한 다양한 정보들을 효과적으로 데이터베이스화할 수 있을 것으로 판단된다.

3. 하도리 밭담에 대한 농가인식

1) 사례농가의 농업현황

〈표 5〉는 하도리 사례농가의 농업현황이다. 농가별로 농사경력을 살펴보면 60대 이상의 15개 농가가 10년에서부터 50년까지 나타나며, 평균적으로는 약 36년 정도이다. 반면, 50대 이하의 10개 농가에서는 2년부터 40여 년까지이고, 평균적으로는 약 11년 정도가 된다.

농가들은 대부분 2000년대부터 농업활동을 시작하였다. 때문에 농가들은 농업이 기계화되고, 하도리의 재배작물도 무와 당근에 주력하게 된 현재와 크게 다르지 않은 환경에서 농업활동을 시작하였다고 볼 수 있다.

또한 농가별로 재배작물을 살펴보면 당근이 21개 농가, 무가 10개 농가, 감자와 콩이 각 5개 농가, 키위와 마늘이 각 1개 농가, 감귤과 양파가 각 1개 농가이고, 3개 농가는 농업활동을 중단한 상황이다. 따라서 사례농가들은 당근을 가장 많이 재배하고 있고, 다음으로 무 재배이다. 이 점은 앞에서도 살펴보았듯이 하도리에서 당근과 무가 주력 작물임이 재차 확인되는 대목이다. 그리고 하도리에서는 밭작물뿐만 아니라 키위와 감귤 등의 과수작물도 재배하는데 이들 작물은 대부분 시설재배를 통해 생산되고 있다. 결과적으로 사례농가들의 농사경력과 재배작물은 밭담에 대한 인식을 살펴볼 수 있는 하나의 기준이 될 것으로 판단된다.

2) 밭담의 훼손현황과 원인

제주도 돌담에 대한 일부의 연구에서는 돌담이 태풍에도 무너지지 않을

〈표 5〉 하도리 사례농가의 농업 현황 및 밭담 훼손 원인과 보수 유무

농가 번호	경작자(나이)	농사경력	재배작물	훼손 원인	보수 유무
농가 1	고○호(68)	30년	-	태풍	○
농가 2	부○균(67)	33년	당근	태풍	○
농가 3	고○임(72)	40년	-	태풍	○
농가 4	송○원(77)	50년	-	태풍	○
농가 5	고○배(67)	20여 년	당근	태풍	○
농가 6	이○철(65)	40년	당근	태풍	○
농가 7	고○천(77)	28년	키위, 무, 당근	태풍, 농기계	○
농가 8	오○철(63)	40년	당근, 감자, 콩	태풍	○
농가 9	고○주(83)	40년	감귤, 당근, 무	태풍, 농기계	○
농가 10	고○인(70)	10여 년	당근, 콩, 키위	태풍	○
농가 11	김○욱(69)	40년	당근, 무	강풍	○
농가 12	김○숙(71)	50여 년	무, 당근	태풍	○
농가 13	부○배(61)	30여 년	무, 당근	태풍	○
농가 14	오○진(69)	45년	감자, 당근	태풍	○
농가 15	오○삼(71)	50년	당근, 무	태풍	○
농가 16	송○주(47)	10년	당근	태풍, 농기계	○
농가 17	고○철(39)	8년	당근, 무, 감자	태풍, 농기계, 노루와 우마	○
농가 18	이○영(가명) (30대 중반)	귀농 3년째	콩, 마늘, 양파	태풍	○
농가 19	한○인(38)	7년, 목장 운영	당근, 초지	강풍, 농기계, 우마	○
농가 20	임○범(44)	2년	당근, 콩	태풍, 농기계	○
농가 21	한○홍(35)	10년	무, 당근, 콩, 감자	태풍	○
농가 22	부○자(55)	30여 년	당근	태풍	○
농가 23	송○엽(41)	12년	당근	태풍	○
농가 24	부○웅(59)	40여 년	무, 당근, 감자	태풍, 농기계	○
농가 25	오○언(50)	25년	당근, 무, 마늘	강풍	○

자료: 현지조사에 의해 작성.

정도로 강하다고 하는데, 실제 농업지역에서 밭담은 과거처럼 일정한 높이를 유지하지 못하고 중간중간 훼손되거나 심지어는 10m 이상 무너진 채 방치되기도 한다.〈사진 4〉 울타리로서 돌은 다른 재료보다 영구적이며 관리가수월하다. 그러나 한번 축조된 밭담은 처음에 축조한 형태로 존재하지는 않는다.

　농가들이 수시로 밭담을 보수한다는 점은 밭담이 수시로 훼손된다는 것을 뜻한다. 밭담이 훼손되는 원인은 강풍(태풍), 농기계, 노루와 우마 등 때문이다. 모든 사례농가에서는 밭담의 훼손 원인을 태풍이나 강풍이라고 한다. 농가들은 강풍이 지난 후에는 농작물을 점검하면서 자연스럽게 밭담의 훼손여부를 확인한다. 이는 하도리뿐만 아니라 제주도 농업지역에서 일반적으로 확인된다.

〈사진 4〉 강풍에 의해 무너진 밭담(A지구)

〈사진 5〉 상단부 일부가 훼손된 밭담(A지구)

　다음으로 7개 농가는 농기계에 의해 밭담이 훼손된다고 한다. 이 점은 주로 40대 이하의 농가에서 확인된다. 그 원인으로는 젊은 층일수록 기계를 직접 이용하여 농업활동을 하기 때문이다. 또한 이들 농가는 토지이용의 효율성을 높이기 위해 농기계(트랙터)를 경운 시 최대한 밭담에 근접시키기 때문에 트랙터의 날이 밭담에 부딪쳐 훼손되는 경우가 많다고 한다. 이와 같이 밭담이 한번 무너지기 시작하면 최대 10m 정도까지 돌들이 훼손되기도 한다.[17] 그렇기 때문에 농기계 숙련자는 경운 시 조심스럽게 기계를 다루어 밭담이 훼손되는 경우가 거의 없는 반면, 초보자는 조작 미숙으로 인해 밭담의 훼손이 빈번하게 발생한다. 이런 점은 농가들이 밭담의 필요성을 과거보다 낮게 인식하는 원인이 되고 있다.

밭담이 훼손되는 또 다른 원인은 노루와 우마 때문이다. 이와 관련해서 2개 농가에서는 과거보다는 빈도가 낮아졌지만 아직도 노루와 우마로 인해서 밭담이 훼손되는 사례가 발생한다고 한다. 특히, 밭담의 훼손은 말보다는 소에 의한 경우가 많다. 이는 주로 채초지에서 우마에 의해 밭담이 훼손되는 경우이다. 일부 우마는 한번 밭담을 무너뜨려 밖으로 나오기 시작하면 지속적으로 이런 행동을 반복하기 때문에 농가에서는 이런 우마의 버릇을 빨리 고치려고 노력한다.

다음으로 모든 사례농가에서는 매년 밭담을 보수한다〈표 5〉. 밭담의 보수는 주로 여름철 태풍이나 강풍에 의해서 밭담이 훼손될 시기에 이루어진다. 농가들은 태풍이 지나간 시기에 밭담을 바로 보수하지 않고, 경지에 물이 어느 정도 빠져 돌에 묻은 흙이 제거되면 보수를 시작한다. 또한 농가들은 상황에 따라 혼자 보수하기도 하지만 동네 친구나 가까운 이웃과 함께 보수할 때가 더 많다.[18]

그러나 사례농가에서 매번 밭담을 보수하지 못하는 경우도 발생하는데 주로 60대 이상의 농가 중에는 밭담을 보수하고 싶어도 기력이 쇠약해져서 무너진 돌을 옮기는 것이 힘들어 기존 밭담 주변으로 옮겨 놓는 정도로 마무리할 때도 있다. 반면, 50대 이하의 농가 중에는 과거와 달리 밭담의 중요성에 대한 인식이 약하여 매번 보수를 하지 않는 경우도 있다. 게다가 경지를 임차한 농가의 경우 임차지의 밭담 보수에 관심이 낮은 것도 밭담이 훼손된 채 방치되는 원인이 되고 있다.

결론적으로 하도리 밭담은 전체적으로 잔존 상태가 양호하지만 이상과 같은 사례로 인하여 밭담이 훼손된 채 방치된 경우도 곳곳에서 발견된다. 하도리에서 훼손된 밭담은 상단에서 하단까지 전부 훼손된 것이 아니라 상단부를 중심으로 일부분이 무너진 사례가 많다〈사진 5〉. 그렇기 때문에 밭담

중 일부는 전체적인 높이가 일정하지 못하고 중간마다 이가 빠진 형태로 확인된다.

3) 밭담에 대한 농가의 인식 변화

앞에서도 잠시 살펴보았듯이 밭담에 대한 농가 인식은 농업환경의 변화에 의해서 다양하게 나타나고 있다. 여기서는 밭담의 기능과 필요성에 대한 사례농가들의 인식을 토대로 전통농업사회에서 현재까지 밭담에 대한 하도리 농가의 인식 변화를 살펴보고자 한다.

밭담은 소유지 경계, 방풍, 토양침식 방지, 경지 내의 돌 처리 등의 기능을 한다. 〈표 6〉은 사례농가들의 인식을 정리한 것이다.

모든 사례농가들은 밭담이 필요하다고 언급하고 있다. 구체적으로 살펴보면 21개의 농가는 밭담이 현재까지도 매우 필요하고, 4개의 농가는 그 필요성을 보통 정도로 인식하고 있다. 특히 밭담의 필요성을 보통으로 인식하는 사례농가는 모두 50대 이하이면서 대부분 농업경력이 10년이 되지 않는다.

우선 모든 사례농가는 밭담의 필요성을 방풍 기능과 관련하여 언급하고 있다. 제주도는 삼다도(三多島)로서 농업활동에서 바람의 영향이 크다. 밭담의 방풍 기능은 계절, 경지면적, 재배작물, 밭담의 분포 위치에 따라 다양하게 나타나는데 첫째, 밭담은 다른 계절에 비해 겨울철 북서계절풍이 불 때와 여름철 태풍이 내습할 때 그 필요성이 높다. 따라서 일부 농가에서는 태풍이 내습할 시기가 되면 누군가 밭담을 더 높게 쌓아 주었으면 한다. 둘째, 경지면적과 밭담 관계에서 검토하면 밭담은 3,305㎡ 미만의 경지보다는 그 이상의 경지에서 필요성이 더 높다. 그 이유는 경지 면적이 넓을수록 작물과 토양이 바람에 의한 영향을 많이 받기 때문이다. 이 점은 하도리 경지 중에 사

<표 6> 밭담의 필요성에 대한 농가인식

농가 번호	기능	밭담의 필요성	농가 번호	기능	밭담의 필요성
농가 1	방풍	○	농가 14	방풍	○
농가 2	경계, 방풍	○	농가 15	방풍, 경계, 토양 침식 방지	○
농가 3	방풍, 경계, 경지 내의 돌 처리	○	농가 16	방풍, 토양침식 방지, 우마 의 경지 출입 방지, 경지 내 의 돌 정리, 경관미	○
농가 4	방풍, 경계, 토양 침식 방지, 우마의 경지 출입 방지	○	농가 17	방풍, 경관미	△
농가 5	방풍	○	농가 18	경관미, 방풍, 토양침식 방 지, 작물재배의 시설물	○
농가 6	방풍, 토양 침식 방지, 경관미	○	농가 19	경계, 방풍, 토양침식 방지	△
농가 7	방풍	○	농가 20	방풍	△
농가 8	방풍, 토양 침식 방지	○	농가 21	방풍, 토양 침식 방지, 친환 경 농사에 이점	○
농가 9	방풍, 토양 침식 방지	○	농가 22	방풍, 경계	○
농가 10	방풍	○	농가 23	방풍, 토양 침식 방지	○
농가 11	방풍	○	농가 24	방풍, 토양 침식 방지	○
농가 12	방풍	○	농가 25	방풍	△
농가 13	방풍, 토양 침식 방지	○			

주: 밭담의 필요성에서 '○'는 필요성이 높음, '△'는 필요성이 보통임을 의미함.
자료: 현지조사에 의해 작성.

잇담의 존재 이유와도 직결된다. 셋째, 밭담의 방풍 기능은 보리와 조와 같은 식량작물을 재배했던 전통농업시기에, 또 경지가 내륙보다는 해안가 주변에 분포할 때 더욱 중요하다.

밭담은 토양침식 방지 기능을 한다. 이 점은 방풍 기능과도 관련되지만 이보다는 밭담이 여름철 집중 강우로 인한 토양침식을 방지해 준다는 것이다. 또한 밭담은 지형적으로 높이 차가 발생하는 지점에서 바람에 의한 토양침식을 효과적으로 방지해 준다.

최근에 많은 사람들은 밭담이 제주도 고유의 경관미를 창출한다고 인식하고 있다. 그동안 제주도 지역 주민은 밭담을 일상적인 경관으로 인식해왔다. 그러나 최근 제주도의 자연과 문화가 새롭게 조명되고 있는 상황에서 밭담은 지역 주민과 관광객 등에게 '제주다움'의 독특한 경관으로 인식되기 시작한 것이다. 이 외에도 밭담은 경지의 경계, 경지 내의 돌 처리, 우마의 경지 출입 방지 기능을 가지고 있다.

더불어 밭담은 콩을 잘 자랄 수 있게 하는 시설물이 되기도 하고, 친환경농업을 할 때에는 농가들의 수고를 덜어준다. 친환경농업에서는 농약 사용에 대한 제한이 있기 때문에[19] 농가들은 잡초를 제거할 때 농약을 사용하지 않고 트랙터로 로터리를 쳐서 해결한다. 따라서 한반도처럼 경지 경계가 둑인 경우에는 이곳에 잡초 등으로 인한 김매기 작업이 쉽지 않아 친환경농업이 힘들다. 그러나 제주도에서는 친환경농업 시 경지 경계가 밭담으로 되어 있어 이곳에서의 김매기 작업이 수월하고 밭담이 주변에서 살포되는 농약의 유입량을 줄여주기도 한다.

사례농가들은 계절에 따른 밭담의 필요성을 다음과 같이 인식하고 있다. 봄철에 밭담은 가장자리에서 달래나 냉이 등을 키워 사람들이 이를 채취할 수 있게 하고, 유채 같은 경관작물과 어울려서 제주도만의 경관미를 창출한다. 여름철 밭담은 방풍 기능이 태풍으로부터 농작물 피해를 줄여주기 때문에 지역 주민들에게 중요하게 인식되고, 집중 강우 시 경지로 유입되거나 경지로부터 유출되는 빗물의 양을 분산시켜 토양침식을 완화시켜 준다. 가을철과 겨울철 밭담은 강풍으로부터 농작물을 보호하여 농산물의 생산성을 향상시켜 준다.

한편 밭담은 제주도 농업환경에서 중요한 기능체로서의 역할을 담당한다는 사실은 분명하지만 농업환경의 변화에 의해 농가들로부터 불필요한 존재로 인식되는 대상이기도 하다. 그 이유로는 첫째, 농가들은 농기계 이용에 있어 밭담을 불편한 존재로 인식하고 있고 특히, 밭담이 농기계의 경지 출입과 경운 시 불편함을 초래한다는 점이다. 또한 비정형적인 경지 형태는 농기계로 농업활동을 할 수 없는 공간을 발생시키는데 이런 공간이 밭담과 맞물

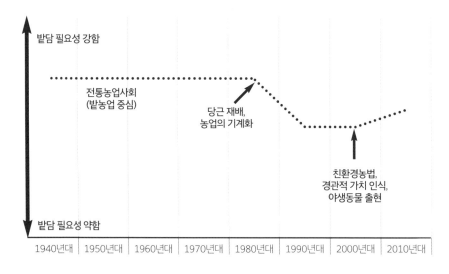

〈그림 5〉 밭담의 필요성에 대한 하도리 농가의 인식 변화
주: ↑: 변화 요인. 자료: 현지조사에 의해 작성.

려서 농가들의 토지이용에 불편함을 주고 있다는 점이다. 둘째, 밭담은 매년 주기적인 보수가 필요한데 고령층의 농민들은 보수가 쉽지 않고, 젊은 층의 농민들은 농업의 기계화로 인하여 좀 더 편리한 농업활동을 하고 싶어 한다는 점이다. 따라서 이러한 상황과 맞물려 밭담은 훼손된 채 방치되는 경우가 과거에 비해 급속도로 늘어나고 있는 것이다.

이상과 같은 사실을 염두에 두고, 밭담의 필요성에 대한 농가의 인식 변화는 〈그림 5〉와 같이 나타낼 수 있다. 하도리 지역 주민들은 과거 전통농업 사회에서는 보리 재배 등과 함께 우마의 출입을 막기 위해서 밭담의 필요성이 높았다. 그러나 1980년대부터는 재배작물이 당근 등으로 변화되고, 농업의 기계화로 인하여 밭담의 필요성은 그 전에 비해 낮아졌다. 그 후 2000년대부터는 친환경농법, 밭담의 경관적 가치 인식 확산, 야생동물 출현 등으로 인하여 밭담의 필요성이 1990년도에 비해서 점차 높아지고 있는 것으로 파악된다.

4. 나오며

본 글에서는 제주도에서 밭담이 잘 존재하고 있는 하도리를 사례로 농업 환경에 따른 밭담의 존재 형태와 농가 인식을 살펴보았다.

이를 정리해 보면 첫째, 하도리 밭담의 존재 형태는 대부분 외담이면서 곡선형을 취하고 있다. 다만, 경지 내 사잇담은 일반적으로 직선형이다. 밭담의 선적 유형은 지역의 자연환경에 영향을 받았다. 하도리 밭담 중에는 최근 제주도 동부지역을 중심으로 시멘트 밭담이 출현하고 있다. 시멘트 밭담의 출현은 하도리 작물재배 및 기후환경과 관계가 깊다.

둘째, 하도리 밭담의 분포 특성을 살펴본 결과 밭담의 높이는 입지에 따른 특징을 보이는데 해안가에 인접한 밭담은 비교적 높고, 맹지로 이어지는 농로 주변 밭담 일부 구간에서는 높이가 낮다. 하도리 밭담의 길이와 관련해서는 실측한 길이와 지적도 상의 길이로는 0.92%의 오차율이 발생하였고, 이를 토대로 한 두 농업 지구의 밭담 길이는 16.514km가 산출되었다. 이런 점들을 토대로 산출한 두 지구 내 밭담의 형태별 분포는 외담이 가장 많고, 다음으로 시멘트 담과 겹담 순이지만 외담을 제외한 두 형태의 분포는 매우 미미한 것으로 파악된다. 이처럼 현장조사와 수치지적도를 통한 밭담의 길이 산출 방법은 기존의 방법보다 좀 더 체계적으로 밭담의 규모를 살펴볼 수 있다.

셋째, 하도리 농가들은 현재까지도 밭담의 필요성을 높게 인식하고 있다. 농가들은 밭담이 방풍, 경계, 우마의 경지 출입 방지, 토양 침식 방지, 경관미 창출, 경지 내 효율적인 돌 처리, 재배작물의 시설물, 친환경농업 등에서 필요성이 높다고 했다. 특히, 농가들은 경지 면적이 넓고, 겨울철이면서, 해안에 인접할수록 밭담의 방풍 기능이 중요하다고 인식하고 있다. 이 점은 전통농업사회 이후 농업의 기계화, 농법의 변화 등 급격한 농업환경의 변화 속에서도 밭담이 제주도 농업환경에서 지속 가능한 가치를 보여주고 있다는 것이다.

이상의 논의를 토대로 밭담의 지속 가능한 보전 방안에 대해 제언해 본다면 지방정부 차원에서는 밭담 친환경적인 농업환경을 조성할 필요가 있고, 마을별 밭담 관련 정보의 데이터베이스를 통한 체계적인 관리가 필요하다. 그리고 밭담의 변형 및 축조와 관련한 조례를 제정하여 주민들이 밭담을 변형하거나 새롭게 축조하는 과정에서 이를 적용한다면 제주도의 전통적인 밭담에 대한 보전이 높아질 수 있을 것이다. 마지막으로 밭담의 보전에서 가장 중요한 점은 지역 주민에게 밭담의 가치를 인식시키기 위한 홍보와 교육이 지속적으로 이루어져야 한다는 것이다.

하도리 사례로 제주도 특정 지역 밭담의 길이 파악에 있어 실질적인 현장 조사와 함께 수치지적도의 적용은 밭담과 관련된 데이터베이스 구축에 있어 매우 의미있다고 할 수 있다. 앞으로 제주도 여타 지역의 밭담 연구가 지속적으로 이루어진다면, 이에 대한 보다 다양한 자료가 구축되는 동시에 좀 더 다양한 논의가 진행될 수 있을 것으로 판단된다.

고산리 무장전과
농업환경

1. 들어가며

제주도(濟州島)의 농업환경은 여러 시기에 걸친 화산활동으로 형성된 토양과 기후요소의 지역적 차이로 인해 다양한 모습을 띠고 있다. 제주도의 토양은 북서쪽 해안가 지대를 중심으로 하는 비화산회토와 북동쪽 및 중산간지대를 중심으로 하는 화산회토로 구분할 수 있으며 기후적으로는 한라산과 쿠로시오 해류 등으로 대표되는 기후인자의 영향으로 동서남북의 기후 차이도 크게 나타난다. 따라서 제주도의 농업경관을 하나의 지역단위로써 이해하는 것은 절대적으로 무리가 있다.

지금까지 제주도의 농업환경(경관)에 대한 지역연구의 사례를 살펴보면 제주시 애월읍의 농업경영에 관한 연구(남석진, 1987), 서귀포시 중문마을의 농업지대 구분에 따른 농업경영 연구(고광민, 2004), 또 제주도 서부지역 고가수조의 형성배경에 관한 연구(김만규·박종철·이성우, 2010) 등이 있을 뿐이다. Meinig(1986)은 한 국가가 강력한 국민국가 체계를 이루고 있다 하더라도, 사람들은 여전히 어느 한 지방이나 한 지역에서 살아가기 때문에 국가 수준의 관점에서만 모든 주제를 설정하는 것은 곤란하다고 지적한다. 이와 같은 시사점을 바탕으로 할 때, 제주도는 비록 협소한 도서지역이지만 토양과 기후에 따른 지역적 차이를 살펴볼 수 있기 때문에 농업환경과 관련된 다양한 주제를 설정하여 소규모 스케일(읍면동리 등)의 관점에서 접근할 필요가 있다.

이 글에서 다루고자 하는 사례지역은 제주도 서부 농업지역을 대표하는 고산리이다. 최근 고산리는 대정읍 송악산, 안덕면 용머리해안과 함께 제주를 대표하는 응회환인 수월봉(권동희, 2012: 4) 일대가 지질공원으로 선정됨으로써 전국적으로 지명도가 높아지고 있다. 그러나 고산리는 수려한 자연경관 못지않게 주민들이 자연환경과 상호작용하면서 형성해 온 다양한 농업경관이 존재하는 마을이기도 하다. 고산리는 흔히 '비전비답(非田非畓)'이라 일컬어지는 경지조건과 함께 제주도에서는 밭담이 존재하지 않는 보기 드문 지역이기도 하다. 또한 기후적으로는 제주도에서 가장 강한 바람과 가장 적은 강수량을 보이는 곳임에도 불구하고, 한경면의 면적 대비 인구가 가장 높고, 농가인구도 높게 나타난다. 이러한 배경 속에서 고산리는 1970년대 중반부터 수차례의 농업환경 변화를 겪을 수밖에 없었고, 그 결과로서 제주도 내에서도 독특한 농업경관을 보이는 지역으로 자리 잡게 되었다.

따라서 본고에서는 고산리를 사례로 농업환경 변화에 따른 농가의 적극적인 대응을 고찰함으로써 고산리 주민들이 열악한 자연환경을 극복하는 과정에서 나타난 다양한 농업경관 요소의 형성배경을 살펴보고자 한다.

2. 고산리의 농업환경의 특징

고산리는 제주도 서부지역 끝자락에 위치하고 있으며, 행정구역상으로 제주시 한경면에 속한다. 현재 한경면은 13개의 법정리로 구성되어 있으며, 이 중 고산리와 조수리가 2개의 행정리로 나누어져 있어 한경면의 행정리는 15개이다. 고산1리는 남서쪽 해안에 위치하고 있으며, 고산2리는 동북쪽 내륙에 위치하고 있다. 고산리의 토지면적(2012년 기준)은 1,169ha이며 이 중 경지면적은 898.6ha이다. 이는 한경면 전체로 보면 전체 21.1%의 경지면적을 차지하는 것으로 확인된다.

고산리 주민들 대부분은 농업에 종사하고 있고, 현재 주로 밭작물 중 봄 감자를 비롯하여 마늘, 브로콜리, 밭벼, 기장, 양파 등을 생산하고 있으며, 이들의 생산 중심 지구는 흔히 '차귀벵듸' 혹은 '고산평야'로 일컬어지는 경지정리 사업지구이다.〈그림 1〉 본 연구에서는 고산리 농업환경의 변화를 고찰하기 위하여 1975~76년에 걸쳐 행해진 경지정리 사업지구에 특히 주목하여 논의를 전개해 가고자 한다. 고산리는 1970년대 중반경에 행해진 경지정리 사업으로 농업환경에 큰 변화가 나타났고, 그 이후 주민들의 적극적인 농업 경영 방식을 도입하는 과정에서 다양한 농업경관 요소들이 출현하게 되었다. 결국, 고산리는 경지정리사업을 통해 제주도의 다른 농업지역과는 달리 독특한 농업경관들이 나타나게 되었다.

고산리는 제주도 서부지역의 대표적인 농촌마을로 주민들 대다수가 농업에 종사하고 있다는 배경은 제주도 서부지역의 대표적인 농업지역의 특성과 농업환경의 단면을 파악할 수 있는 하나의 근거가 될 수 있다. 농업활동은 아직까지도 다른 경제활동에 비해서는 자연환경이나 자연조건에 의존하는 바가 크다. 특히 생산성을 결정하는 재배기술, 품종, 자연환경 중에서 자

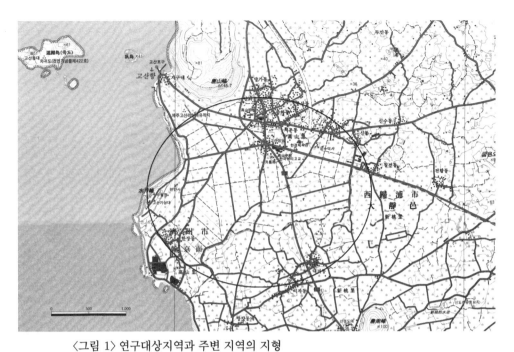

〈그림 1〉 연구대상지역과 주변 지역의 지형

자료: 1:25,000 지형도(2009년 수정 발행) 고산(高山) 및 무릉(武陵) 도폭.

연환경과 관련된 토양과 기후조건은 인위적으로 쉽게 변화시킬 수 없다(정남수·장동호·이세희, 2009: 82). 따라서 특정 지역의 농업활동을 이해하기 위해서는 해당 지역의 자연환경에 대한 이해가 선행돼야만 한다. 고산리의 자연환경은 당산봉과 수월봉 형성과정에서 쌓인 퇴적층이 토양모재로 작용하여 비교적 저평한 지형[1]을 이루면서도 제주도에서는 바람이 가장 강하고, 강수량이 가장 적은 특징을 보인다. 이러한 자연 환경적 특징은 주민들에 의해 형성된 농업경관 요소들을 통해서도 파악할 수 있다. 농업경관은 자연환경과 상호 밀접한 관계 속에서 형성되고 유지되기 때문에, 고산리 농업경관의 해석에도 자연환경과 농업경관 요소들 간의 관계파악이 중요하다(정암 외, 2001: 57).

고산리는 예로부터 무장전(無墻田)[2] 경지와 경지 주변에 배수로가 발달한 지역이다. 나아가 1975~76년에 행해진 경지정리사업은 고산리 농업경관에도 많은 영향을 주었다. 경지정리사업은 제주도 내에서도 보기 드문 장방형의 경지형태, 농업용수로, 관정, 고가배수지가 형성되는 계기가 되었다. 이러한 농업환경의 변화 속에서 주민들은 다양한 농업경영 방식으로 다양한 상품작물을 생산하고 있다. 고산리 주민들의 농업경영 방식은 결국 방풍시설의 도입과 비닐하우스 경영 등으로 이어지고 있어서, 결과적으로 이들은 경지정리 사업지구 내의 또 다른 농업경관 요소로 자리 잡기에 이르렀다.

이상과 같이 고산리 농업환경의 특징은 지역경제에서 농업이 중요한 위치를 차지하는 상황 속에서, 제주에서는 흔치 않은 무장전 경지와 함께 강한 바람과 적은 강수량이라는 열악한 기후요소를 극복하기 위한 결과로써 나타나는 비닐하우스, 방풍시설, 관정과 고가배수지, 농업용수로 및 배수로 등 다양한 농업경관을 살펴볼 수 있다는 점이다.

3. 밭담이 없는 고산리 농업경관의 특성과 형성배경

Lautensach(1988)는 1933년 현지조사를 통해 제주도 지표면에는 도처에 아직도 풍화되지 않은 암석들이 잔존하고 있으며 이러한 돌들은 수백 년 동안 제주도 사람들의 힘든 작업을 통해 제거되면서 작은 구획된 밭 주위에 1~2m의 높이로 쌓였다고 했다. 또한 이들 밭담은 방목되는 가축이 밭에 침입하는 것을 막으며, 폭풍성 바람으로부터 토지와 작물을 보호한다고 하고 있다. 이렇게 형성된 밭담은 최근 제주를 대표하는 문화경관으로 재조명받고 있다(강성기, 2011: 224).

위의 지적에서 알 수 있듯이, 제주도 경지에서는 어디서나 밭담을 볼 수 있는 것이 사실이다. 하지만 현실적으로는 밭담이 존재하지 않는 경지도 있다. 이를 제주도에서는 무장전이라고 한다. 고산리는 제주도에서도 무장전 경지를 볼 수 있는 대표적인 지역이다. 그리고 고산리의 무장전 경지는 주로 경지정리 사업지구에 분포하고 있으며 〈사진 1〉처럼 밭담경관을 거의 찾아볼 수 없다.

경지에 밭담이 없는 이유는 두 가지로 유추해 볼 수 있다. 하나는 밭담이 처음부터 없었다는 점과 다른 하나는 기존의 밭담을 없앴다는 점이다. 연구자는 주민들의 인터뷰를 통해 경지정리 사업지구 내 밭담의 유무에 대해 다음과 같은 사실을 확인할 수 있었다. 우선 고산1리 차귀벵듸 지구(현재의 경지정리 사업지구)에는 처음부터 밭담이 없었고, 고산2리에는 밭담이 많이 존재하였는데, 경지정리사업을 통해서 일부 지구는 기존의 밭담을 정리하였다

〈사진 1〉 무장전 경지경관(고산1리)

는 점이다.

반면 고산리에서도 경지정리 사업지구를 벗어나면 〈사진 2〉처럼 밭담을 볼 수 있는 지구도 있다. 이런 경지는 해안가에서 내륙 방향으로 1km 정도 떨어진 지구에 위치하는데 이들 밭담도 돌을 2~4단으로 쌓았으며 높이는 대략 50cm 내외로 제주의 다른 지역의 밭담보다는 상대적으로 낮다는 사실을 확인할 수 있다.

밭담은 경지 경계에 인위적으로 쌓은 돌담으로서, 주변 지역에서부터 가져오거나 또는 경작과정에서 나오는 돌로 구성된다. 따라서 가까운 주변 지역에서 돌을 얻기가 어렵거나 경지에서 돌이 나오지 않을 경우 밭담을 쌓기가 매우 어렵다. 그래서 고산리 경지정리 사업지구에 밭담이 존재하지 않은 이유를 고산리 주변 지질도인 〈그림 2〉를 통해 살펴보고자 한다.

〈사진 2〉 밭담경관(고산1리)

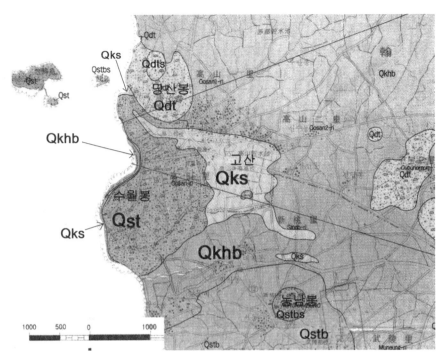

〈그림 2〉 고산리 주변 지질도

Qks 고산층, Qkhb 광해악 현무암, Qdt 당산봉 응회구(s: 분석구), Qst 송악산(수월봉) 응회암(tb: 조면현무암, s: 분석구).

자료: 한국자원연구소(2000), 《모슬포·한림도폭 지질도》에 의함.

고산리를 포함한 주변 지역의 지질은 광해악 현무암, 당산봉 응회구, 송악산(수월봉) 응회암[3], 고산층이라는 퇴적암으로 구성되어 있고, 그 형성순서는 당산봉 응회구, 광해악 현무암, 고산층, 마지막으로 송악산(수월봉) 응회암 순으로 밝혀져 있다(황상구, 1998: 3; 한국지질자원연구소·제주발전연구원, 2006: 140). 이에 따라 경지정리 사업지구 내 토양의 모재는 주로 송악산(수월봉) 응회암으로 〈사진 3〉과 같이 수월봉의 형성 시 화산재가 쌓여 형성된 퇴적층이다. 그 결과 차귀벵듸에 위치한 경지의 경작과정에서는 결코 돌이 출토

〈사진 3〉수월봉 퇴적층과 경지(고산1리)

〈사진 4〉대정읍 상모리 무장전 경지경관

되지 않았고 또한 경지를 벗어난 주변 지역에서도 돌을 쉽게 얻을 수 없었다.

제주도 서부지역의 지질도를 살펴보면 송악산과 수월봉 지역의 지질은 주로 응회암으로 동일한 상황을 보인다. 그렇기 때문에 연구자는 송악산 주변 지역에서도 무장전 경지가 존재할 것이라는 추정 하에 송악산 주변 지역인 대정읍 상모리를 조사하였다. 그 결과 대정읍 상모리의 경우도 대부분 〈사진 4〉와 같이 무장전 경지임을 확인할 수 있었다.

하지만 송악산과 수월봉 응회암 지대에서는 차이점도 있는데 첫째로, 두 응회암 지대의 형성시기가 다르다는 점이다. 송악산의 형성시기는 약 7,000년 전이고, 수월봉의 형성시기는 약 18,000년 전으로 추정하고 있다(제주특별자치도 세계자연유산관리단·제주관광공사, 2011: 24; 한국지질자원연구소·제주발전연구원, 2006: 131). 둘째로, 송악산 응회암 지대는 수월봉 응회암 지대보다 비교적 물 빠짐이 좋다는 사실이다. 마지막으로 송악산 응회암 지대는 지하 약 1~2m 정도의 지하에서 돌이 출토되고 있어 수월봉 응회암 지대보다 퇴적층의 깊이가 얼마 안 된다는 점이다.

차귀벵듸에 위치하는 자연마을인 한장동 주택가에는 무장전 경지와는 대조적으로 집집마다 돌담이 둘러져 있다. 이와 같이 제주도에서는 택지 주변에 쌓은 돌담을 '울담' 또는 '집담'이라고 하는데 한장동의 울담은 마을의 형성과정에서 서쪽 해안가의 돌을 가져와 쌓은 것으로 대부분이 먹돌이다.[4] 즉 한장동 주민들은 울담의 경우 해안가에서 먹돌을 가져와 쌓았지만, 경지의 돌담인 밭담은 쌓지 않은 것이다. 그것은 택지가 차지하는 좁은 면적과는 달리 경지에 밭담을 쌓으려면 훨씬 더 많은 돌과 노동력이 필요하기 때문이다. 게다가 울담은 평소 해풍의 피해를 막고, 외부로부터의 시선을 차단해주는 등 생활상에서의 필요성이 농사활동에서 밭담의 필요성보다는 상대적으로 높았기 때문으로 생각할 수 있다. 만약에 고산리에 분포하는 경지가 토질이나 바람 등으로 인해 농작물 재배가 힘든 지역이었다면, 주민들은 울담과 같이 먼 지역에서라도 돌을 운반하여 밭담을 쌓았을 것으로 판단된다.

고산리에서 행해진 경지정리사업은 사업지구 내에 밭담과 함께 경지에서 출토되는 돌이 없었기 때문에 다른 지역보다 비교적 용이하였다. 이러한 사실은 1973년 제주도에서 가장 먼저 경지정리사업을 행한 한림읍 수원리를 통해 알 수 있는데, 수원리 경지정리사업에서는 밭담이 있어 우선적으로 밭담을 제거하는 과정을 거쳐야만 했다. 하지만 이어서 행해진 고산리는 밭담이 없었기 때문에 경지정리사업의 기본 작업인 평탄화 작업을 곧바로 진행할 수 있었다.

한편 고산2리 경지정리 사업지구는 〈그림 5〉에서 '수덕사지구(G)' 와 '허문밭지구(H)' 농지계가 위치한 곳이다. 이곳에서도 고산1리 경지정리 사업지

〈사진 5〉 기존 밭담의 돌을 재사용한 경지(고산2리)

구와 마찬가지로 밭담이 존재하지 않는다는 사실을 확인할 수 있었다. 하지만 주민들은 고산1리 경지정리 사업지구와는 달리, 과거에 경작과정에서 출토된 돌을 가지고 경지의 경계에 밭담을 쌓았다고 한다. 1984년에 시행된 경지정리사업은 기존의 밭담을 이용하여 배수로 주변과 지형이 낮은 곳을 메웠으며, 〈사진 5〉처럼 경지마다 토양 유실을 방지하는 용도로 재사용하여 현재 고산1리와는 성격이 다른 무장전 경관이 형성되었다.

이렇게 고산2리 경지정리 사업지구에서 기존의 밭담이 사라졌다는 사실은 기능체로서의 역할도 사라진 것으로 볼 수 있다. 밭담의 역할 중 하나가 방풍효과를 통해 바람에 의한 작물의 피해를 줄이는 것이다. 고산리는 제주도에서 가장 강한 바람이 부는 지역이기 때문에 주민들에게는 밭담의 이런 기능을 다른 지역보다도 더 필요로 했을지도 모른다. 하지만 주민들은 밭담이 사라진 후 바람에 의한 작물의 피해가 다소 심해진 점은 있지만, 장방형의 경지구획 등으로 인해 농업환경이 개선됨으로써 오히려 이점은 더 많아졌다고 생각하고 있다.[5]

최근 들어 고산1리 경지정리 사업지구 내에서는 다양한 용도로 이용되는 돌들을 볼 수 있다. 이 돌들은 도로를 새로 조성하거나 배수로 공사 시에 토양의 유실을 방지하기 위해 〈사진 6〉과 같이 토양 측면에 부착하거나 경지의 경계를 확실하게 하기 위해 전부 다른 지역에서 가져온 것들이다. 또한 최근에 한 경지에도 밭담을 쌓았는데, 이것은 한 농가가 바람에 의한 작물의 피해를 줄여 상품작물의 가치를 높이기 위해 쌓은 것이다.

고산리 무장전 경지는 과거로부터 독특한 생활문화와 농업문화를 형성해 왔는데, 가장 먼저 '캐매기' 문화를 들 수 있다. 캐매기는 무장전 경지에 마소의 침입을 막기 위해 마을 내의 일정 지구나 자연마을을 단위로 공동관리 조직을 결성하는 것을 말한다(고광민, 2004: 118). 이처럼 캐매기 조직에서

〈사진 6〉 경지 내 토양 유실 방지용 돌담(고산1리)

마소로부터 경지의 농작물을 지키는 사람을 '캐초간'이라고 불렀다(북제주군 한경면 고산리, 2000: 1199). 캐초간은 마소뿐만 아니라 철새들로부터 차귀벵듸 안의 농작물을 지키는 역할을 했으며 특히 마소를 몰고 다니는 테우리⁶)들의 행동을 예의주시하기도 했다. 두 번째로 주민들은 밭에 소를 몰고 갈 때면 소위 '덩두렁 막깨'라 부르는 나무망치를 차고 가서 항상 소를 메어둘 말뚝을 먼저 박았다. 제주도에서는 평소 소를 매어두는 데 사용하는 돌이 있는데, 이를 '맴돌'이라고 한다. 하지만 경지 주변에는 맴돌이 없기 때문에, 일단 소를 매어두기 위한 과정에서 나무망치와 말뚝이 필요했던 것이었다. 세 번째로 제주도에서는 4·3사건 당시 마을마다 성을 쌓았는데 대부분의 마을에서는 돌로 성을 쌓았으나, 돌이 거의 없었던 고산리 한장동에서는 흙으로 토성

〈사진 7〉 둑으로 된 밭 경계(고산1리)

(土城)을 쌓았다. 따라서 한장동 주민들은 토성을 쌓기 위해 다른 지역 주민보다 더 많은 노동력이 들었다. 마지막으로 경지에는 〈사진 7〉과 같이 흙으로 작은 둑을 쌓아 경지와 경지 사이의 경계를 구분지었다. 이런 둑을 주민들은 두럭 또는 두둑이라 부른다.

이상과 같이 고산리에는 경지의 위치에 따라 애당초부터 지질적 요인에 의해 나타나게 된 무장전 경지와 경지정리사업으로 기존의 밭담을 없앤 무장전 경지가 존재한다. 특히 자연적인 조건에 의해 자연스럽게 형성된 무장전 경지는 제주도에서도 독특한 농업문화를 만들어내고 있다.

4. 경지정리사업과 농업경관 변화

1) 제주도와 고산리 경지정리사업의 흐름

경지정리란 경지의 구획·형질의 변경, 용·배수로, 농로 등의 정비와 환지(換地)에 의한 소유권의 이동 등을 다루는 것을 기본으로 하며, 필요에 따라 경영 단위로서 경지의 집단화나 암거배수(暗渠排水) 등을 병행함으로써 생산성이 높은 범용성 경지를 조성하는 것이다(농촌진흥청, 2008: 432). 경지정리 사업은 시대에 따라 조선 토지개량령, 농촌근대화촉진법 및 농어촌정비법에 의해 전국적으로 시행돼 왔다. 또한 경지정리사업은 주로 논농사지역을 중심으로 이루어져 왔으며, 효율적인 경작방식을 통한 식량증산을 위해 장방형으로 구획된 경지경관의 출현을 가져온다.

제주도의 경지정리사업은 지금까지 〈그림 3〉과 같이 총 10개 지구에 걸쳐 시행되었다. 이 중 고산리의 경지정리사업은, 먼저 1975년과 1976년에 걸쳐 고산1리에서 210ha의 경지면적을 대상으로, 그리고 1984년에는 고산2리에서 61ha의 경지면적을 대상으로 시행되었다. 따라서 고산리에서는 3차례에 걸쳐 총 271ha의 경지면적에서 사업이 행해졌는데, 이 경지정리사업은 제주도에서 가장 넓은 면적에 해당되는 것이다. 1970년대 제주도의 경지정리 사업지구로는 수원리, 신촌리, 인성리 및 고산리가 있는데 이 중 한림읍 수원리를 제외한 3개 지구에서는 육지의 경지정리사업과는 달리 제주도의 미곡 생산량을 증대시키기 위해 밭농사지역을 논농사지역으로 전환하는 사업도 병행되었다. 경지정리사업 이후 고산리 주민들은 보리, 조 및 고구마 등의 생산에서 대부분 쌀 생산으로 전환하게 되었다.

이 외에도 제주도의 경지정리사업은 1981년 내도동과 귀덕리를 시작으

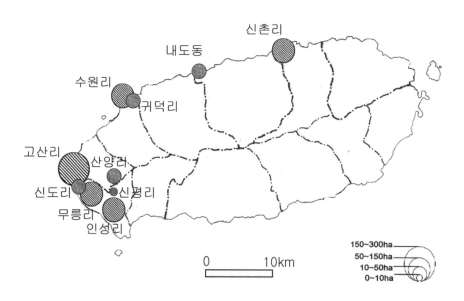

<그림 3> 제주도 경지정리 사업지구의 분포와 사업면적
자료: 제주특별자치도(2010), 《2010 주요 농축산 현황》에 의해 작성.

로 1992년 산양리, 2002년 신평리에서 행해졌다. 그리고 고산리처럼 몇 차례에 나누어 경지정리사업이 이루어진 지구도 있는데, 무릉리는 1981년, 1983년 및 2000년에 걸쳐 이루어졌고, 신도리는 1991년과 2001년에 걸쳐 행해졌다.

2) 경지정리사업과 농업경관 변화

경관이란 우리가 일상적으로 바라볼 수 있는 문화에 의해 영향을 받은 자연적인 풍경으로 사회·문화적인 요소에 의해 지표면이 변형된 내용을 담고 있는 공간이다(이혜은, 2007: 9). 농업경관은 농가, 작물 또는 가축, 경지 이외에 농업도로, 관개시설, 방풍림 등으로 구성된다(정광중, 1995: 18-19). 경지정리사업은 고산리의 농업경관에 많은 변화를 가져왔다. 경지정리사업 전·후의 고산리 농업경관의 변화는 〈표 1〉과 같이 정리할 수 있다.

고산리의 경지정리사업으로 농업경관 중 가장 크게 변한 것은 바로 경지형태의 변화이다. 경지정리사업 이전의 경지형태는 〈그림 4〉와 같이 제주도의 다른 농업지역과 유사하여 경지형태가 일정하지 못하였고, 맹지가 있어 농사짓기에 불편한 경지들이 많았다. 하지만 경지정리사업 이후 사업지구내의 모든 경지는 〈사진 8〉와 같이 다양한 농업활동에 편리한 장방형으로 변하게 되었다.

앞에서도 정리한 바와 같이, 장방형의 경지는 효율적인 경작방식을 통한 생산량 증대를 꾀하기 위해 경지를 장방형으로 새롭게 구획한 것을 말한다. 1970년대 이후부터 본격화된 농업의 기계화는 기존의 불규칙한 경지를 장방형으로 변화시키는 작용을 하였다. 경지정리사업 이후에 조성된 장방형

〈표 1〉 경지정리사업 전·후의 농업경관 변화

구분 ＼ 시기	경지정리사업 이전	경지정리사업 이후
경지형태	직선과 곡선으로 일정치 않음	장방형
재배작물	조, 보리, 밭벼, 고구마 등	대부분 논벼
농업 관련 시설	배수로	관정, 고가배수지, 농업용수로, 농로, 방풍림
경지면적	271ha	270ha
농업환경	• 농업용수의 부족 • 복잡한 경지구획으로 접근성이 떨어지고 기계화가 불편	• 안정적인 농업용수의 확보 가능 • 다양한 농기계 사용과 농산물 운반에 용이 • 실제 경작면적의 증가

자료: 제주시청 내부 자료(1977, 1978, 1984년)와 인터뷰를 중심으로 필자 작성.

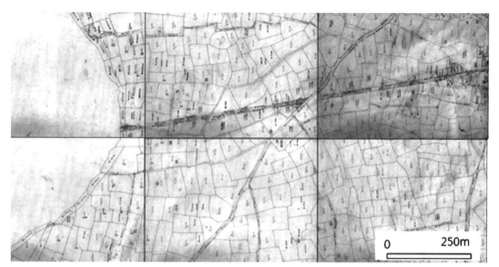

〈그림 4〉 경지정리사업 이전의 경지형태(고산1리)

〈사진 8〉 경지정리사업 이후의 경지형태(고산1리) 출처: 다음지도

경지는 농업활동에 있어 농기계의 사용을 편리하게 했을 뿐만 아니라, 농로에 접하지 못한 경지의 가치를 상승시키는 효과도 가져왔다. 경지는 어디에 위치하느냐에 따라 가치가 결정되며 특히 맹지를 소유한 농민들은 물리적인 불편함과 더불어 심적인 부담을 느끼며 농사활동을 할 수밖에 없다. 결국 고산리의 경지정리사업에서도 해당 지구의 모든 경지를 농로에 접하도록 하여 경지의 가치를 높였을 뿐만 아니라 농산물 운반 등에 있어서도 편리함이 증대되어 주민들의 농업환경은 크게 개선되었다.

고산리 경지정리 사업지구의 경지면적은 사업 이후에 271ha에서 270ha로 1ha가 감소하였다. 경지면적의 감소 원인으로는 많은 농로와 관정 등이 신설되었기 때문이다. 이들 요소는 경지정리사업에서 반드시 동반되는 것이기도 하지만, 이들 요소와는 달리 사업 이전에 배수로로 사용하던 공간이 활용 가능한 공간으로 되살아나면서 사업지구 내의 경작 가능한 면적은 오히려 증가하였다.

제주도에는 과거로부터 비교적 물이 풍부한 지역을 중심으로 논농사를 지었던 지역이 몇 군데 있지만, 대규모의 경지를 전환하여 논농사를 행한 사례는 고산리가 최초라 할 수 있다. 논농사를 짓기 위해서는 여러 가지 조건이 필요한데 그중에서도 토양조건은 무엇보다도 중요하다. 제주도의 토양은 대부분이 물을 제대로 가둘 수 없는 화산회토이기 때문에 논농사를 짓기에는 부적합하다. 하지만 고산리 수월봉 동쪽으로 전개되는 차귀벵듸 지구는 예로부터 비전비답으로 불릴 정도로(북제주군 한경면 고산리, 2000: 406), 일부 지구는 논농사에도 적합한 토양 특성을 지니고 있다. 비전비답을 적극적인 의미에서 해석하면 특정 농작물을 재배하는 데는 뛰어나지 않지만, 농업환경을 개선한다면 밭농사나 논농사가 모두 가능한 경지의 의미를 안고 있다. 이러한 배경 속에서 차귀벵듸의 일부 지구에서는 밭작물뿐만 아니라 쌀

농사를 지어왔으며, 현시점에서도 일부 농가는 소규모이지만 자급용 쌀농사를 짓고 있다.

1970년대 초 고산리 주민들은 비전비답의 토양조건 속에서 밭작물의 생산성을 높이기 위해 경지 주변에 배수로를 조성하였다. 배수로는 물이 흘러나가는 시설이다. 즉 물 빠짐이 좋지 못한 차귀뱅듸 지구의 토양 조건을 배수로 시설을 통해 해결하고자 했던 것이다. 그리고 고산리의 경지정리 사업 지구 내에는 경지의 경계지점마다 〈사진 9〉와 같은 시멘트 구조물을 볼 수 있는데 이것은 경지정리사업과 함께 설치된 농업용수로이다. 이것은 차귀뱅듸가 재차 밭으로 전환되기 이전에 논농사를 위해 관정에서 끌어올린 물을

〈사진 9〉 과거의 농업용수로(고산1리)

기후 요소 관측지점	강수량(mm)	연평균 풍속(m/s)
제주	1469.9	3.6
성산	1840.9	3.1
서귀포	1842.8	3.1
고산	1102.0	6.9

주: 고산은 1988~2009년, 성산은 1973~2009년 평균치임.
자료: 제주지방기상청(2010).

경지로 보내주던 농업시설이었다. 농업용수로는 시멘트 구조물의 홈을 따라서 물이 경지마다 공급될 수 있도록 하였다. 이 농업용수로는 현재 모두 PVC관으로 대체되었기 때문에, 시멘트구조물 자체는 필요성이 사라진 채 경지와 경지 사이의 경계선 역할을 하고 있을 뿐이다.

고산리는 〈표 2〉와 같이 제주도에서 바람이 가장 강한 기후적 특징을 보이는 곳이다. 과거에 주민들은 수월봉과 고산포구를 잇는 지구를 비롯하여 여러 곳에 방풍림을 조성하여 겨울철에 불어오는 북서풍을 막으려고 하였다. 또한 경지정리사업으로 조성된 농로 주변에도 일시적으로 방풍림을 조성했었는데 방풍림이 바람을 막는 효과보다도 재배작물에 피해를 더 주게 되어 하나둘씩 없애버렸다.[7] 당시 여러 지구에 방풍림으로 심었던 소나무 군락은 현재 고산리와 신도리와의 경계지구에 일부분이 남아있을 뿐이다.

제주도는 우리나라에서 대표적인 다우지역이다. 하지만 고산리는 제주도 내에서도 강수량이 가장 적은 지역이다.〈표 2〉 해안가에 위치한 수월봉은 조선시대에 관 주관으로 기우제(祈雨祭)를 지냈던 장소이기도 했다. 이러한 사실은 고산리의 기후적 특징이 그대로 반영된 것으로 이해할 수 있다. 이와 같은 고산리의 기후적 특징을 고려하여 경지정리사업에서는 논농사를 위해 농업용수를 안정적으로 공급할 수 있는 농업환경을 조성하였다. 한반도의 논농사지역에서는 저수지와 보 등을 통해 농업용수를 해결하였지만, 제주도는 반도부와 달리 저수지를 축조할 수 있는 조건이 아니었다. 그렇기 때문에 제주도는 지하수를 이용한 농업용수시설이 발달하게 되었고, 고산리 또한 논농사에 필요한 농업용수를 〈사진 10〉과 같은 관정과 고가배수지[8]를 통해 해결하였던 것이다.

김만규 외(2010)에 의하면, 조사시점에서 제주시에는 총 190개의 관정이 있고, 읍면동별로는 한경면이 64개로 가장 많으며, 또 한경면에서는 고산리

〈사진 10〉 마실땅케지구(D) 관정과 고가배수지(고산1리)

가 15개로 가장 많다고 밝히고 있다. 이 연구에서는 제주도 서부지역 중 고산리에 고가배수지가 가장 많은 이유에 대하여 다른 지역에 비해 강수량이 적은 기후적 환경과 더불어 상품작물의 재배 확대로 인해 계절별 안정적인 농업용수의 공급 때문으로 밝히고 있다.

김만규 외(2010)와는 시기적인 차이가 있으나, 연구자는 2012년 4월 현재 고산리에는 고가배수지가 19개, 관정이 27개가 있음을 확인할 수 있었다〈표 3〉. 이것은 결국 최근 몇 년 사이에 관정과 고가배수지가 증가했다는 사실을 대변한다. 관정은 사용 여부에 따라 폐쇄하기도 하고 또 새로운 곳에 조성하기도 하는데, 최근에 조성한 것으로는 고산2리의 불칸가시 관정(2011년)과 고산1리의 왕지케 관정(2012년)이 있다. 고산리의 고가배수지와 관정은 농지계별로 관리하고 있는데, 각각의 개수와 위치는 〈표 3〉과 〈그림 5〉에서 확인할 수 있다.

고산리에는 농지계가 관리하는 농업지구가 16곳이 있는데 고산1리와 고산2리에 속하는 농지계는 각각 6개와 10개가 조직되어 있다. 우선 고산1리 농지계가 관리하는 농업지구를 살펴보면 한장케지구(A)에는 고가배수지와 관정이 1개와 3개, 뜬밭 유한케지구(B)와 당오름케지구(C)에는 각각 1개와 2개, 마실땅케지구(D)에는 각각 2개와 4개, 왕지케지구(E)에는 각각 1개, 숙꾸메기지구에는 각각 2개와 3개가 있다. 고산2리의 농지계가 관리하는 농업지구에는 수덕사지구(G)에 고가배수지와 관정이 1개와 2개, 허문밭지구(H)에는 각각 2개가 있으며, 칠전동 관정을 비롯하여 언물지구(F), 지방틀, 엉모루, 구분오름 및 불칸가시 관정지구에는 각각 1개씩 자리 잡고 있다.

이처럼 고산리에는 농지계별로 관리하는 고가배수지(1~2개)와 관정(1~4개)이 있다. 고산리의 관정은 1969년 고구마 전분공장에 사용할 목적으로 한장케지구(A)에 처음 조성되었는데, 그 후 점차 관정과 고가배수지 수가 증설되면서 생활용수와 농업용수로 활용범위가 넓어졌으며, 현재는 전부 농업용

구분	관리 지구	농지계(위치)	고가배수지(개)	관정(개)
경지정리사업 지구 내	고산1리	한장케(A)	1	3
		뜬밭 유한케(B)	1	2
		당오름케(C)	1	2
		마실땅케(D)	2	4
	고산2리	수덕사지구(G)	1	2
		허문밭(진밭모기)지구(H)	2	2
경지정리사업 지구 외	고산1리	왕지케(E)	1	1
		숙꾸메기	2	3
	고산2리	칠전동 관정	1	1
		언물지구(F)	1	1
		지방틀	1	1
		엉모루	1	1
		구분오름	1	1
		불칸가시 관정	1	1
		거욱이 관정	1	1
		구시털	1	1
합계			19	27

주: 농지계의 괄호 속 위치는 〈그림 5〉와 대응하며, '케'는 제주어로 공동 경지를 말함.
자료: 현지조사에 의해 필자 작성.

수로 전환하여 사용하고 있다(북제주군 한경면 고산리, 2000: 403-404). 결과적으로, 고산리의 고가배수지와 관정은 1960년대 말부터 현재에 이르기까지 열악한 농업환경을 극복하는 데 필요한 경관요소로서 자리 잡고 있음을 알 수 있다.

제주도에는 마을마다 농업용수 사용비의 차이가 있는데 고산리 주민들은 경지면적에 따라 700평(2,310㎡) 이하는 연간 만 원을 내고, 700평을 초과하면 연간 2만 원을 낸다. 이 금액은 한경면에서도 가장 낮은 농업용수 사용비이다. 이처럼 고산리의 농업용수 사용비가 저렴한 이유는 다른 지역에 비해 농업용 적립금이 확보되어 있기 때문이다.[9] 반면 고산리에서는 다른 지역에 비해 많은 관정과 고가배수지가 있지만, 필지당 농업용 수도시설은 2개까지만 허용함으로써 농업용수의 사용량을 조절하고 있다. 이에 따라 많은 농가에서는 가뭄 시 부족한 농업용수를 해결하기 위해 경지 한 구석에 물웅덩이를 파서 비상시를 대비하고 있다.

경지정리 사업지구 내에 농지계가 관리하는 농업지구는 고산1리에 한장케지구(A)를 비롯하여 뜬밭 유한케(B), 당오름케(C), 마실땅케지구(D)가 있으며, 고산2리에 수덕사지구(G)와 허문밭지구(H)가 있다. 주민들은 경지정리사업 직후 논농사를 짓는 과정에서는 고가배수지 없이 대부분 관정에서 농업용수로를 따라 경지로 바로 농업용수를 공급받았으나, 시간이 지나면서 효율적으로 농업용수를 사용하기 위해서 고가배수지가 조성되었다고 한다.[10]

<그림 5>를 살펴보면 마실땅케지구(D)에 고가배수지와 관정이 2개와 4개로 가장 많은데 이는 농지계 중 경지면적이 가장 넓기 때문이다. 또한 다른 지역의 고가배수지가 전부 100t 정도의 물을 저장할 수 있지만, 마실땅케지구(D)의 고가배수지 중 1개는 200t까지 물을 저장할 수 있도록 특별히 크게 축조되었다. 고가배수지는 농업용수를 효율적으로 분배하기 위해서 주변보다 높은 지형에 축조하는 것이 효과적이다. 실제로 경지정리사업지구 내 고가배수지는 3개가 수월봉과 당산봉 사면을 이용하여 축조하였고, 또 현지조사에서는 허문밭지구(H)의 고가배수지(2개)도 주변보다 지형이 높은 곳에 위치하고 있음을 확인할 수 있었다. 결과적으로 경지정리사업지구 내에 위치하는 총 8개의 고가배수지 중 5개가 주변보다는 높은 지형을 활용하여 축조

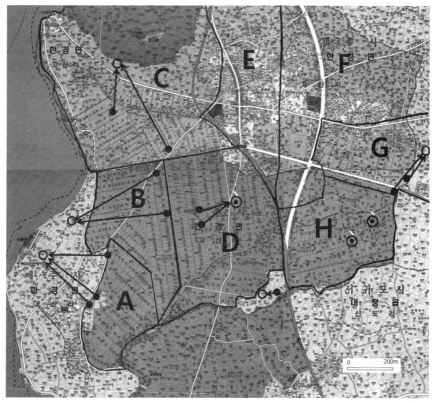

〈그림 5〉 고산(1·2)리 경지정리사업지구 내 관정과 고가배수지 분포(2012년)

○: 고가배수지, ●: 관정, ◉: 고가배수지 + 관정, →: 농업용수 이동 경로(관정→고가배수지)

A 한장케(고산1리), B 뜬밭 유한케(고산1리), C 당오름케(고산1리), D 마실땅케(고산1리), E 왕지케(고산1리), F 언물지구(고산2리), G 수덕사지구(고산2리), H 허문밭(진밭모기)지구(고산2리)

자료: 현지조사에 의해 필자 작성.

했음을 알 수 있었다.

이상과 같이 고산리의 경지정리사업은 시대의 흐름에 보조하면서 고산리의 농업환경을 크게 개선하는 상황을 만들었다. 다시 말해, 초기의 시멘트 농업용수로를 시작으로 경지정리사업 이후의 장방형 경지형태, 관정과 고가배수지 등의 농업시설은 주민들에게 노동력의 절감과 안정적인 농업용수를 제공하였으며, 동시에 농기계의 사용과 농산물 운반을 용이하게 하였다. 나아가 경지정리사업 그 자체는 주민들의 경작면적을 넓히는 직접적인 계기가 되었다.

5. 경지정리사업 이후의 농업환경 변화와 농가의 대응

고산리 주민들은 경지정리사업 이후 논농사로 인해 한동안 농가소득이 향상되었지만, 1980년대 중반에 이르러서는 경지정리 사업지구 내에 논농사를 크게 줄이고, 다시 밭농사로 전환하게 된다. 그 이유로는 당시 육지에서 재배되는 벼의 품질이 향상되어 생산량이 많아졌으며, 교통의 발달로 육지에서 제주도로 공급되는 쌀의 양이 크게 증가했기 때문이다. 그 결과 고산리를 비롯한 제주도내에서 재배된 쌀은 정부 수매율이 낮아지고 시장에서의 판매도 한층 어려워졌다.

현재 고산리 주민들은 경지정리 사업지구 내에서 다양한 상품작물을 재배하고 있는데 그 종류를 살펴보면 봄감자와 가을감자를 비롯하여 무, 참깨, 양파, 마늘, 밭벼(陸稻), 보리, 브로콜리, 양배추, 기장, 잔디 등이다. 4~7월에 걸친 현지조사 시기에는 〈사진 11~13〉과 같이 봄감자와 무, 마늘 및 밭벼 이외에도 양파, 기장, 메밀, 잔디 등의 작물은 물론이고 작물 수확 후 지력회복을 위한 휴경지도 여기저기서 확인할 수 있었다. 특히 〈사진 11〉과 같이 인접하는 경지에 서로 다른 작물의 재배경관은 무장전 경지의 경계를 확인할 수 있는 경관 요소로 작용하고 있다.

〈표 4〉는 고산리의 경지정리사업지구 내에서 재배하는 주요 작물의 농사력이다. 주민들은 1년에 2~3종류의 작물을 재배하고 있으며 시기별로 봄 감

〈사진 11〉 봄 감자와 무 재배 경관

자-참깨-가을 감자, 밭벼-무, 보리-마늘 등을 연작하고 있다. 이곳에서 재배되는 작물의 특징을 살펴보면 여름철에는 재배시기가 비교적 짧은 참깨와 기장 등을 재배하고, 겨울철에는 해풍에 강한 감자, 무, 브로콜리, 양배추 등을 통해 농가소득을 올리고 있다. 또한 보리-마늘 연작 시에는 보리 수확 후 생기는 보릿짚을 마늘 위에 덮어주어 마늘이 여름 더위를 이겨내도록 하는 지혜를 발휘하고 있다. 그리고 주민들은 무 파종시기로 여름철이나 가을철을 선택하는데, 최근에는 여름철 태풍의 영향으로 작물 피해가 심해 주로 가을철에 많이 파종하고 있다. 따라서 주민들은 시기별로 적절한 상품작물의 선택이라는 농업경영 방식을 도입함으로써 자연환경의 불리함을 최소화해 나가고 있다.

〈사진 12〉 마늘 재배 경관

〈사진 13〉 밭벼 재배 경관

〈표 4〉 고산(1·2)리 경지정리사업지구 내 주요 작물의 농사력

월 작물	1월 상	1월 중	1월 하	2월 상	2월 중	2월 하	3월 상	3월 중	3월 하	4월 상	4월 중	4월 하	5월 상	5월 중	5월 하	6월 상	6월 중	6월 하	7월 상	7월 중	7월 하	8월 상	8월 중	8월 하	9월 상	9월 중	9월 하	10월 상	10월 중	10월 하	11월 상	11월 중	11월 하	12월 상	12월 중	12월 하
봄감자									◉	◎	◎	◎																						○		
가을감자																						●		●	○			◎	◎		●	◎	●	●		
참깨			●																◎	◎	◎	●		●												
무1																								○	○				◎				○	◎	●	
무2						●							○			○															○	◉	◉	○		
밭벼										◎		○	○						◉		◉	◉	◉		●	●										
보리						◎				◎			○	●								○				○		◉	◉		○					
마늘		●						◎	◉					●								○		○	◉			◉	◉		●			◉	◉	
양파		◎					◎			◎	●		●																					◉	◉	
기장													○											○	●		●									
브로콜리			●																					○			○			◎		●				

○-○: 파종(달벼·무·참깨·기장), 종자심기(감자·마늘), 옮겨심기(브로콜리·양파),
◎-◎: 농약살포기(1~4회), ◉-◉: 김매기(1~3회), ●-●: 수확기

자료: 현지조사에 의해 필자 작성.

이미 앞에서 정리한 것처럼, 고산리 주민들은 경지정리사업 이전부터 물 빠짐이 좋지 못한 경지조건을 개선하기 위하여 경지 주변으로 배수로 시설을 조성하였다. 그 후에 경지정리사업은 경지 주변 배수로 구간도 경작이 가능한 공간으로 만들었으나, 밭농사로의 대대적인 전환은 다시 배수로를 필요로 하는 상황을 낳았다. 따라서 주민들은 밭농사를 짓는 과정에서 배수로 시설을 점차 확대하지 않을 수 없었다. 또한 다양한 상품작물의 재배면적이 확대되는 과정에서 농업용수의 안정적인 확보가 중요해짐에 따라 관정과 고가배수지도 계속적으로 증설하게 되었다.

이상에서 보는 것처럼, 고산리 주민들은 시대의 변화에 발맞추어 농업환경을 지속적으로 개선해 나가고자 하는 열의와 노력을 쏟아 부은 것도 사실이다. 이러한 상황은 계절에 따른 작물의 선택, 관정과 고가배수지의 축조, 배수로 시설의 확대 등을 통해서도 확인할 수 있다. 결국, 이러한 상황은 불리한 자연환경을 극복하여 피해를 최소화하려는 고산리 주민들의 지혜의 발로이기도 하다.

2) 농가의 인식과 대응

고산리의 경지정리 사업지구에는 농업활동과 관련되는 다양한 경관요소들이 위치하고 있다. 예를 들면, 효율적인 이용을 위한 장방형 경지, 농업용수의 부족을 해결하기 위한 고가배수지와 관정, 배수가 잘 되지 않는 경지조건을 개선하기 위한 배수로 시설 등을 들 수 있다.

그런데 경지정리 사업지구 내에는 강한 바람에 대응하는 경관요소들은 거의 찾아보기 어렵다. 더욱이 경지정리 사업지구에는 제주도의 농업지역에서 흔하게 볼 수 있는 밭담조차 없기 때문에, 주민들이 평소의 농업활동에

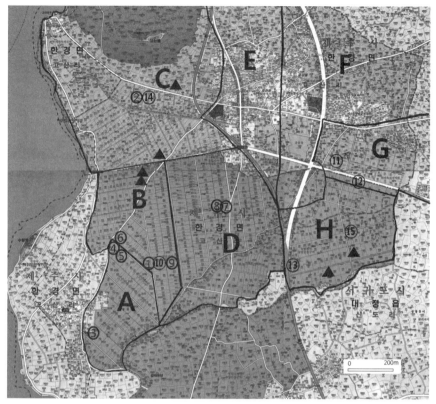

〈그림 6〉 고산(1·2)리 경지정리사업지구 내 사례농가와 비닐하우스의 분포(2012년)
①: 사례농가(농가번호는 〈표 5〉의 농가번호와 대응함) ▲: 비닐하우스
A 한장케(고산1리), B 뜬밭 유한케(고산1리), C 당오름케(고산1리), D 마실땅케(고산1리), E 왕지케(고산1리), F 언물지구(고산2리), G 수덕사지구(고산2리), H 허문밭(진밭모기)지구(고산2리)

있어 바람의 피해에 대한 인식과 대응 정도가 어떻게 나타나는지를 조사하였다. 조사대상은 경지정리 사업지구 내 농지계별로 2~4농가씩 총 열다섯 농가를 선정하였다.[11]

　〈그림 6〉과 〈표 5〉는 15농가의 경지 위치를 포함하여 바람 피해에 관한 주민 인식과 대응 정도를 정리한 것이다. 바람에 의한 작물 피해시기에 대해

농가 번호	경작자(나이)	바람에 의한 작물 피해시기	바람 피해에 대한 대응시설	작물	위치(A-H)
농가 1	고○○(80)	여름철	무	잔디	B
농가 2	고○○(60)	연중	돌담 조성	봄 감자	C
농가 3	강○○(59)	연중	무	봄 감자	A
농가 4	이○○(66)	연중	방풍림 조성	무 수확 종료	A
농가 5	조○○(76)	연중	무	무 수확 종료	A
농가 6	조○○(78)	연중	무	무 수확 종료	B
농가 7	김○○56)	겨울철	무	밭벼	D
농가 8	고○○(75)	여름철	무	마늘	D
농가 9	이○○(62)	여름철	무	밭벼	B
농가 10	이○○(75)	연중	무	밭벼	B
농가 11	유○○(51)	연중	무	마늘	G
농가 12	김○○(37)	여름철	무	기장	G
농가 13	고○○(71)	연중	무	마늘	H
농가 14	강○○(65)	연중	무	밭벼	C
농가 15	김○○(57)	연중	무	양파 수확 종료	H

주: 위치(A~H)는 〈그림 5〉 및 〈그림 6〉의 경지지구와 대응함.
자료: 현지조사에 의해 필자 작성.

주민들은 10명이 연중, 4명이 여름철에, 1명은 겨울철에 크다고 하였다. 이처럼 15농가 중 대부분의 주민들은 경지정리 사업지구에서의 농업활동에 바람 피해가 큰 것으로 인식하고 있다. 이와 함께 〈표 6〉에서는 고산지구 월별 풍속 평균값을 통해 겨울철이 여름철보다도 바람이 강하다는 것을 알 수 있다. 또한 현지조사에서는 '여름 농사는 도박이다.' 혹은 '여름 농사는 운이다.'라는 말을 자주 들을 수 있었다.[12) 이것은 여름철 작물 재배의 고충을 토로 하는 말이다. 그리고 여름철 작물에 직접적인 피해를 주는 것은 다름 아닌 태풍이다. 〈표 7〉은 고산지역의 순위별 최대 순간풍속을 나타난 것으로서, 상위 5순위 중 1~3위에 올라있는 값은 모두 여름철 태풍의 순간풍속으로 확인된다.

이상과 같은 여러 정황을 종합해 볼 때, 고산리 주민들은 평소의 농업활동에서 분명히 바람 피해를 느끼고 있으나, 2농가를 제외하면 특별한 대응책은 없다는 것이다. 더불어 바람 피해에 대해 개별 주민들이 느끼는 정도는 다소간 차이가 있어서, 이에 대한 보다 정밀한 분석은 후일로 미루어 두고자 한다.

고산리 주민들은 연중 또는 여름철에 바람 피해를 많이 인식하고 있지만, 그에 대한 대응시설을 행하는 농가는 2농가밖에 되지 않았다. 〈표 5〉의 내용

〈표 6〉 고산지역 월별 풍속 평균값(1988~2009년)

월 요소	1	2	3	4	5	6	7	8	9	10	11	12	평균
평균 풍속 (m/s)	9.8	9.6	8.2	6.6	5.6	4.7	5.3	5.2	5.5	6.6	7.9	9.4	7.0

자료: 제주지방기상청(2010).

〈표 7〉 고산 순위별 최대 순간풍속(m/s)

순위	1	2	3	4	5
최대 순간풍속	60.0	56.7	52.0	42.7	41.2
일자	2003. 09. 12.	2002. 08. 31.	2007. 09. 16.	2005. 02. 01.	2005. 12. 21.

자료: 제주지방기상청(2010).

상으로는 13농가가 바람 피해에 대해 아무런 대응책을 세우지 않는 것처럼 보이지만, 모든 농가에서는 바람 피해에 대한 대응책을 나름대로 고민하고 있었다. 진보적인 농민이란 기상추이에 대한 싸움에서 현명한 농민이다(형기주, 2000: 33). 고산리에서는 비록 바람 피해를 줄이기 위한 방풍경관을 찾아보기 힘들지만, 주민들은 경험적으로 계절별 기상추이를 항상 인식하면서 농업활동을 하고 있었다.

바람 피해를 적극적으로 막기 위한 대응 방법으로는 첫째로, 주민들이 시기별로 작물의 특성을 고려하여 재배하고 있다는 점이다. 앞에서 기술한 바와 같이, 여름철에는 참깨와 기장 같이 단기간에 수확이 가능한 작물을 재배하고, 겨울철에는 감자·무·브로콜리·양배추 등과 같이 해풍에 강한 작물을 재배하며, 또한 잔디와 같이 연중 바람의 피해를 적게 받는 작물을 재배하고 있다. 더불어 작물의 특성을 고려한 효율적인 휴경시기를 선택하며, 파종이나 묘종을 옮겨 심는 시기를 조정함으로써 바람의 피해를 최소화하고 있다. 이러한 대응방법은 조사농가의 대다수에서 확인되는 방법이다.

두 번째의 대응 방법으로는 2농가의 사례에서 확인되는 것처럼 방풍시설을 행하는 것이다. 농가 2의 경지는 고산에서도 가장 바람이 강한 지역에 위치하고 있다. 그래서 농가 2의 경지에는 〈사진 14〉와 같이 바람의 피해를 줄이기 위해 2년 전에 다른 밭에서 돌을 운반해 와서 농가 주인이 직접 쌓은 밭담을 볼 수 있다. 밭담은 경지 전체를 쌓은 것이 아니라 서쪽과 북쪽 경계에만 쌓았으며, 서쪽은 겹담으로 북쪽은 외담으로 쌓았다. 이렇게 밭담을 쌓은 방향과 형태가 일정하지 못한 이유는 밭담용으로 쌓을 돌이 충분치 못하기 때문에, 바람이 강하게 부는 북서쪽을 우선적으로 쌓은 것이며, 서쪽의 겹담은 농로와 접한 서쪽 경계에서 바람이 심할 때 다른 경지에서 날아오는 토양의 유입을 막기 위한 것이다.

〈사진 14〉 경지정리사업 지구 내 밭담(고산1리)

농가 4의 경지에서는 〈사진 15〉와 같이 7년 전 경지 둘레에 까마귀쪽나무로 조성한 방풍림을 볼 수 있다. 방풍림은 〈표 8〉과 같이 경지 전체에 조성한 것이 아니라 서쪽과 북쪽 방향에만 조성하였고, 높이와 너비는 밭담과 달리 시기마다 차이가 있는데 최근 방풍림을 손질하여 그 길이를 150㎝와 165㎝로 통일하였다. 방풍림은 농가 2와 마찬가지로 서쪽과 북쪽지구에 조성하였는데 그것은 주로 북서쪽으로 강한 바람이 불어오기 때문이다.

방풍시설을 조성한 2농가의 사례는 공통적으로 농가 주인이 재료비를 지출하지 않으면서, 바람이 강하게 불어오는 방향을 중심으로 밭담이나 방풍림을 조성한 공통점을 지니고 있다. 그런데 사실은 2농가 외에도 여러 농가

〈사진 15〉 경지정리사업 지구 내 방풍림(고산1리)

<표 8> 고산1리 경지정리사업지구 내 밭담과 방풍림 도입 농가의 사례

사례 농가 번호(위치)	방풍 재료	방풍 방향(형태)	높이(cm)	길이(cm)	너비(cm)
농가 2(C)	돌 (밭담)	서쪽(겹담)	80	548	50
		북쪽(외담)	70	710	30
농가 4(A)	나무 (방풍림)	서쪽	150	550	165
		북쪽	150	520	165

주: 사례 농가의 위치는 <그림 5> 및 <그림 6>의 경지지구와 대응함.
자료: 현지조사에 의해 필자 작성.

가 방풍시설을 조성하고 싶은 의욕을 가지고 있지만, 농가 주인이 지출해야 할 경제적 비용과 함께 방풍시설의 조성을 좋아하지 않는 일부 농가의 시선 때문이다.

한편, 고산리의 경지정리 사업지구 내에서는 강한 바람의 영향으로 비닐하우스나 과수재배를 하지 않는 것이 일반적이다. 그러나 조사시점에서 경지정리 사업지구에는 비닐하우스 6개동을 확인할 수 있었다. 비닐하우스는 2009년부터 생기기 시작하여 매년 1~2동씩 늘어나는 추세이다. 주민들은 비닐하우스에서 묘종과 씨앗, 수확한 작물(마늘)을 보관하거나 다양한 작물(감자, 적채, 천혜향, 토마토 등)을 재배하기도 하며, 또 일부 농가는 농기계를 보관하는 등 다용도로 사용하고 있다. 또한 비닐하우스는 작물에 따라 안정적인 생산활동과 함께 작물의 재배기간도 단축시킬 수 있는 장점이 있다. 궁극적으로, 일부 농가는 바람의 피해를 줄이기 위한 방법으로 비닐하우스를 설치하여 안정적인 농업활동에 전념하고 있다는 것이다.

이상과 같이, 현 단계에서는 2농가만이 가시적인 경관요소로서 밭담과 방풍림을 조성하여 바람 피해를 줄이고 있으며, 그 외 대다수의 농가에서는 시기별 작물 선택이나 비닐하우스의 도입 등을 통해서 바람 피해를 줄여나가고 있음을 알 수 있었다. 특히, 최근 경지정리 사업지구 내에 비닐하우스가 증가하는 현상은 주민들이 가지고 있던 기존 농사활동의 지식과 통념들이 조금씩 변화하고 있음을 보여주는 것이라 할 수 있다.

6. 나오며

여기서는 제주도에서 드물게 밭담이 존재하지 않는 고산리를 사례로 농업환경 변화를 살펴보았다. 이 점을 정리해 보면 첫째, 고산리는 1970년대에 이르러 커다란 농업환경 변화를 맞게 되는데, 그것은 다름 아닌 271㏊에 이르는 대규모 경지정리사업이다. 이를 통해 고산리는 제주도의 다른 지역과는 달리, 농기계 사용이 자유로운 장방형 경지를 확보하게 되었고, 따라서 농가들의 농기계 구입은 물론이고 농작물의 재배과정이나 수확 후의 농산물 운반에서 한층 자유롭고 편리해지게 되었다.

둘째, 오늘날 고산리는 대단위로 상품작물을 재배하고 있지만, 제주도에서는 가장 강수량이 적기 때문에 농업용수를 안정적으로 확보하기가 매우 어려운 지역이다. 그러나 주민들은 그러한 농업환경을 극복하기 위하여 경지정리사업 이후에도 관정과 고가배수지의 수를 확대 축조함으로써 안정적인 농업용수의 확보에 적극적으로 대응해 왔다.

셋째, 고산리의 경지정리 사업지구는 지질적으로 볼 때 송악산(수월봉) 응회암과 고산층이 자리 잡고 있는 관계로, 하부 경지에조차 돌이 들어있지 않아 결과적으로 배수 상태가 좋지 않은 경지특성을 띠고 있다. 따라서 경지정리사업 이후에도 다양한 상품작물의 특성에 따라 재차 배수로를 확대하는 방안을 강구해왔다.

넷째, 고산리의 농업활동은 강한 바람 때문에 많은 피해를 받고 있는 것이 사실이다. 그러나 제주도 전역에서 볼 수 있는 밭담은 거의 나타나지 않는 대표적인 무장전 지역이다. 그 이유는 농업지구의 지질적 특성과 더불어 상품작물의 생산에 필요한 필요조건, 즉 농업용수의 안정적 확보와 온전한 배수로 시설의 구비, 또 농기계의 이용과 농산물의 반출 등 작업환경이 크게 개선되었을 뿐만 아니라 감자, 무, 마늘, 브로콜리, 잔디 등 비교적 바람의 영향을 크게 받지 않는 상품작물의 선택을 통해 극복하고 있기 때문이다. 이와 함께 농가 주인들은 비닐하우스의 도입과 상품작물의 특성을 고려한 효율적인 휴경시기의 선택을 통해서도 바람의 피해를 최소화하고 있다.

다섯째, 최근 고산리 경지정리 사업지구에는 일부 농가를 중심으로 작물을 안정적으로 생산하고 상품가치를 높이기 위해 비닐하우스의 도입을 통한 농업경영 방식을 모색하고 있다. 이것은 주민들이 열악한 농업환경에 적극적으로 대응하기 위하여 기존의 농업경영 방식을 단계적으로 개선해 나가고 있음을 보여주는 것이라 할 수 있다.

작은 지역 단위의 농업환경에 대한 이해는 자연스럽게 그 지역의 전통문화와도 만나게 된다. 이러한 배경은 미래의 토지이용에 대한 방향성을 탐구하는 근거가 확보될 수 있다는 점에서 매우 중요하다. 연구자는 고산리에서 바로 그러한 가능성을 엿볼 수 있었다.

석공들이 조성한 농업지대 돌담

-서귀포시 위미리를 중심으로

1. 들어가며

과거 제주도민이라면 삶 속에서 돌과의 인연은 필수적이었을 것이다. 더 나아가 제주도민의 유전자 속에는 돌과 관련된 DNA가 이어져 왔다. 이는 제주의 문화를 설명하는 데 있어 돌문화가 자리 잡고 있다는 점에서 알 수 있다. 또한 제주의 돌문화는 전북과 비교해 봐도 알 수 있다. 전라북도문화원 연합회(2015)에서는 전북의 돌문화를 집대성하였는데 대표적으로 고인돌, 석장승, 석탑, 비석, 바위, 부도, 돌미륵, 암각화, 산성, 읍성, 담장 등 주로 신앙과 방어유적적 측면이 주를 이루고 있다. 반면, 제주의 돌문화는 신앙과 방어유적뿐 아니라 건축과 통신, 생산(경제)적 측면까지 그 범위가 넓어 한마디로 다종다양하다고 할 수 있다. 결론적으로 제주의 돌은 도민들의 생활과 밀접한 관계를 이루면서 현재까지도 이어져오고 있는 셈이다.

최근에 들어와서 이러한 제주의 돌문화에 대한 다양한 연구들이 진행되고 있으나 한편으로 보면 제주의 돌문화 또는 돌담에서 중요한 역할을 했던 석공에 대한 조사는 거의 이루어지지 않았다. 그동안 제주도 석공에 대한 조사를 통해 정리된 연구물은 장윤식(2005), 조환진(2019)의 글이 거의 유일하다. 장윤식(2005)은 시기별 돌챙이의 삶을 중심으로 이들의 문화를 조명하였고, 조환진(2019)은 제주도 돌담의 지역별 특성과 축조방식에서 석공들의 돌담을 축조하기 위한 일련의 과정을 정리하였다. 이 외에도 정신지(2018)는 제주시 읍면지역을 중심으로 과거 석공이었던 이들의 삶을 잔잔하게 기술하였다. 이런 점들은 제주 돌문화의 한 축인 석공에 대한 연구가 더욱 필요하다는 것을 보여준다.

일반적으로 과거 석공들은 주로 집담과 산담 등을 쌓았으나 최근에는 장묘문화의 변화에 의해 산담 축조는 사라졌다. 대신 여전히 집담과 새롭게 토지가 구획된 지역에서 도로 및 택지 주변 돌담을 쌓는 일은 많다. 한편 최근 돌담의 형태와 규모는 과거 전통적인 모습과 달리 조경적, 경제적 관점으로 다양한 형태를 띠고 있다.

또한 제주도 농업지대에 대표적인 돌담으로는 밭담이 있다. 밭담은 주로 경지 주인이나 그 가족이 쌓았다. 반면 석공들은 주로 집담과 산담 등을 했기 때문에 농업지대에서는 거의 활동하지 않았다. 다만 제주도 돌담의 역사를 돌아볼 때 농업지대에서 석공들이 활발하게 활동을 한 시기가 있었다. 따라서 본 글에서는 그동안 제주의 돌문화를 돌아봤을 때 잘 조명되지 않은 농업지대에서 석공들의 돌담 쌓기가 활발했던 시기에 초점을 맞추고자 한다.

결론적으로 본 글은 농업지대에 석공들이 왜 돌담을 쌓았고, 이런 돌담은 어떤 특징이 있는지에 초점을 두었다. 연구자는 이런 점을 파악하기 위해서 선행연구와 현장 답사 및 당시 석공 일을 했던 주민들의 인터뷰를 통해서 정리하였다. 이렇게 농업지대에 석공이 축조한 돌담에 대해서 알게 된다면 제주도 돌담에 대한 이해의 폭이 좀 더 넓어질 것으로 생각한다.

2. 제주도 돌담을 조성한 주체

앞에서도 언급하였다시피 제주도 농업지대의 밭담은 경지 주인 또는 가족을 중심으로 쌓았다. 또한 전통농업시대에 다양한 연유로 훼손된 밭담은 철저하게 경지 주인에 의해 보수되었다. 이렇게 밭담은 어느 순간 일정 시기에 한꺼번에 쌓아 올린 것이 아닌 제주의 농경과 함께 오랜 기간의 역사적 배경을 안고 이어져 왔다. 그렇기 때문에 현재까지도 제주의 농민들은 경작과정에서 출토된 돌을 자연스럽게 기존 밭담 위에 쌓거나 그 주변에 놓는다. 다만 제주도 일부 밭담은 석공들에 의해서 쌓여지기도 했는데 대표적으로 집안에 밭담을 쌓거나 보수할 사람이 없는 경우로 이런 경우는 드물었다.

제주도 주민이라면 누구나 밭담을 쌓았다. 이러한 밭담 쌓기는 오래전부터 주민들에 의해서 지속되어 왔고, 그 결과 전통농업시기까지만 하더라도 도민들에게 돌담과 관련된 문화가 생생하게 지속되었다고 할 수 있다. 게다가 제주도에서 돌을 다루는 것은 주민들의 삶에서 숙명이기도 하였다. 그렇기에 제주도 마을에서 돌을 능숙하게 다루는 주민들을 찾는 것은 어렵지 않다.

전통농업시기까지만 하더라도 제주도 대부분의 석공은 돌과 관련된 일을 전업으로 하기보다는 평상시에 주로 농사 등의 일을 하였다. 그러다가 마을에 돌과 관련된 일이 생기면 일정 시기 동안만 석공 일을 겸업으로 하였다. 이들은 평소 동아리를 조직하여 활동하기도 했는데 대표적으로 마을마다 산담계(접)에 속한 석공들은 일정 기간 산담을 조성하는 데 전념하였다. 그리고 마을 내 택지를 조성하게 되면 이들에게 집담(울담) 축조를 부탁하기도 하였다.

반면 해안 마을에서 쉽게 볼 수 있는 원담(갯담)은 마을 주민들이 공동으로 조성했다. 그리고 주민들은 원담(갯담)에서 나오는 수확물을 공동으로 가져갔다. 게다가 원담(갯담)이 파손되면 보수 또한 공동으로 했다. 이는 육지(서해안, 남해안) 및 외국의 돌살 문화와 다른 제주의 공동체 문화를 보여주는 대표적인 사례이다.

이렇게 보면 전통적으로 제주의 석공이 조성한 돌담은 주로 집담과 산담이다. 그리고 해안가의 원담(갯담)은 주민들이 함께 했고, 밭담은 경지 주인이나 그 가족이 쌓아 왔다. 그런데 제주도 농업지대에서 석공들에 의한 돌담 작업이 본격적으로 이루어졌던 시기가 있었다. 이는 1960년대에 상품작물로 재배되기 시작한 감귤이 1970년대부터는 제주도 전역으로 확대되면서 기존의 밭농사 지역에 감귤 과수원이 조성되면서이다.

이와 함께 1960년대 초반 군사정부에서는 제주도에 '자유항 및 자유지역 설정구상'(1963), '특정지역종합개발계획'(1966), '특정지역종합개발계획'(1966) 등 지역개발정책을 발표하였다. 이에 따라 제주도에 도로가 본격적으로 개설되고, 어승생수원지 등 사회기반시설을 갖추기 위한 인력이 필요했다(장윤식, 2005). 당시만 하더라도 오늘날처럼 건설장비가 다양하지 못했기 때문에 이런 사회적 변화 속에서 돌을 캐거나 쌓는 일을 하는 사람들이 많이 필요하게 되었다.

3. 제주도 감귤농업과 밭담의 변화

제주도 감귤은 오래전부터 지역의 대표적인 특산품으로 자리 잡았고, 고려시대부터 제주도는 '귤의 고장'이라 불리었다. 이런 점에서 제주도의 감귤 재배는 그 역사가 매우 오래되었다. 여기서는 제주도 감귤산업으로 인한 밭담의 변화와 관련하여 해방 이후 상품작물로의 감귤에 초점을 맞추어서 살퍼보고자 한다. 해방 이후 제주도 감귤농업은 일본인이 경영하던 과수원 인수를 통해 이어져 나갔으나 기술과 자본의 부족 및 비료와 농약 등의 자재 확보가 힘들었고, 결정적으로 4·3사건으로 인해서 중산간에 입지한 감귤원은 황폐화되었다.

이후 제주 감귤농업의 역사는 1950년대 중반부터 사회가 안정됨에 따라 점차 감귤수요가 생기고, 1954년부터 일본산 묘목이 수입되기 시작했다. 그러면서 1950년대 후반에 국내에서도 묘목을 생산하게 되었다. 농민들은 감귤재배로 인한 소득이 향상됨에 따라 당시 감귤나무는 제주도에서 '돈나무', '대학나무' 등으로 불리게 된 것이다.

1960년대에 정부에서는 제주도종합개발계획수립과 함께 감귤산업을 대대적으로 장려하였다. 특히, 1965년부터 재일(在日)동포들의 감귤묘목 기증과 1968년부터 감귤원 조성자금 지원 등으로 인해 제주도에는 감귤 재식 붐이 본격적으로 불기 시작했고, 이에 따라 재배면적이 급증하였다. 특히, 1965년에 감귤재배면적은 제주도종합개발계획 이후 전년도에 비해서 약 5배, 1969년에는 감귤원 조성자금 지원과 함께 전년도에 비해 약 2배 정도 급증했다. 그 결과 1960년대 말부터 제주 농업의 4대 소득 작물로 유채, 맥주보리, 고구마와 함께 감귤이 떠오르기 시작하였다(한창기 편, 1983: 103).

이와 관련하여 이 시기에 감귤재배가 제주도 전역으로 점차 확대되고 있다는 점을 보여주는 자료가 있는데 바로 〈그림 1〉이다. 〈그림 1〉은 1960~1970년대 제주도 17개 마을에서 (온주)감귤이 본격적으로 도입된 시기를 보여주고 있다. 우선, 立正大学日韓合同韓国済州島学術調査団(1988)은 제주도에 온주감귤 도입시기가 빠른 세 지역으로 1912년 서귀포시 서홍동, 1952년 제주시 애월읍 용흥리, 1953년 서귀포시 토평동을 제시하고 있다. 그리고 지역별 본격적인 감귤재배 시기는 1960년대 초반 서귀포시에 서홍동, 중반이후부터 서귀포시에 토평동, 태흥2리, 신평리, 보목리, 가시리, 난산리, 덕수리가 있고, 제주시에 아라동, 용흥리, 봉개동, 귀일리, 조수리 순으로 제시하고 있다. 게다가 1970년대에 감귤이 본격적으로 도입된 지역은 서귀포시 대천동, 서호동, 하효동, 제주시 청수리가 있다.

1970년대 제주도 감귤농업의 가장 큰 특징은 재배면적의 급속한 확장과 노지감귤의 재배기술이 제주도 전 지역으로 확대되었다는 점이다. 〈표 1〉에서도 확인되듯이 이 기간 동안 재배면적은 7,248ha로 늘어났고, 각종 온주밀감 품종이 도입되어 보급되었다. 1980년대에는 재배면적의 꾸준한 증가와 함께 70년대 조성된 과원에서 감귤을 본격적으로 수확하는 시기로서 생산량의 증가와 함께 조수익이 큰 폭으로 상승하였다(제주도, 2006: 187).

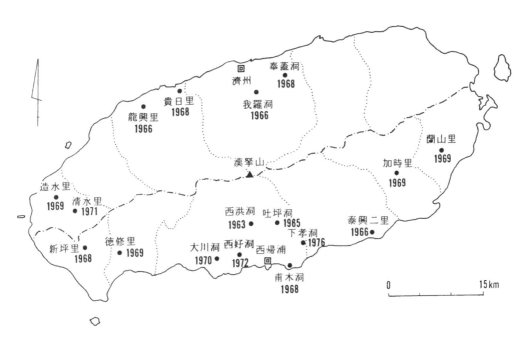

〈그림 1〉 제주도 지역별 (온주)감귤이 본격적으로 도입된 시기
출처: 立正大学日韓合同韓国済州島学術調査団(1988)

이렇게 1960~1970년대 감귤농업 확대는 기존 경지에 존재하고 있던 밭담이 과수원 담으로 변하는 결정적인 원인으로 작용하였고, 이에 따라 많은 농민들은 석공들의 손을 빌려 단기간에 과수원 담을 쌓기 시작했다. 농민들에 의하면 당시 1m 내외의 감귤 묘목을 3~5년 정도 키워서 감귤 수확이 가능한 성목으로 키우기 위해서는 강풍을 막아야 한다고 생각했다. 이에 따라 농민들은 기존 밭담보다 높은 과수원 담을 쌓아야 한다는 인식이 널리 자리 잡고 있었다. 더 나아가 일부 농민들은 과수원 담을 쌓지 않으면 강풍 피해로 인해

〈표 1〉 제주도 감귤 재배면적 변화(1951~1989년)

단위: ha

연도	면적	연도	면적	연도	면적
1951	16.6	1964	110.5 (제주도종합개발 계획 수립)	1977	11,710
1952	14.4	1965	551.3 (재일동포로부터 감귤 묘목 도입)	1978	12,090
1953	16.8	1966	658.5	1979	12,090
1954	18.1	1967	1,111	1980	14,095
1955	18.4	1968	1,645 (감귤원 조성자금 지원)	1981	14,764
1956	21.0	1969	3,126	1982	15,500
1957	50.1	1970	4,842	1983	16,975
1958	57.3	1971	5,841	1984	16,975
1959	80.3	1972	6,955	1985	16,969
1960	92.7	1973	8,409	1986	16,958
1961	63.6	1974	9,923	1987	17,656
1962	87.6	1975	10,930	1988	17,829
1963	101.8	1976	11,565	1989	19,335

주: 괄호는 당시 감귤농업과 관련된 일이다. 출처: 제주도(2006)

〈사진 1〉 1970년대 감귤 묘목과 주변 과수원 담 출처:《서귀포시의 어제와 오늘》

감귤농사를 할 수 없을 것으로 확신하기도 했다. 그 결과 많은 농민들이 과수원 담을 쌓는 데 있어 많은 비용을 지출하였고, 자금이 넉넉하지 못한 농민들은 과수원 담 조성자금을 마련하기 위해 고육지책으로 또 다른 경작지 일부를 매매하기도 했다. 그리고 일부 농민들은 여기에 더해 방풍 효과를 극대화하기 위해서 과수원 담 주변에 삼나무 등의 방풍수도 식재하였다.〈사진 1〉

4. 석공들이 조성한 위미리 농업지대 돌담

본 글에서는 경작지에서 석공들이 쌓은 돌담을 알아보기 위해 제주도에서 감귤농업이 가장 활발한 지역으로 서귀포시 남원읍 위미리를 정했다. 그리고 이곳을 중심으로 과거 과수원 담을 쌓은 석공들의 삶을 통해 농업지대 돌담의 특징을 살펴보았다.

1) 위미리 농업환경의 변화

2019년 기준으로 위미리 토지면적은 27.3㎢로 남원읍 전제 면적에서 14.4%를 차지하고 있으며, 이는 남원읍에서 한남리(32.1㎢), 수망리(30.6㎢), 신례리(29.0㎢) 다음으로 큰 마을에 해당된다. 위미리 인구수는 4,498명, 경지면적은 11.2㎢이다. 이는 남원읍 전체에서 인구수로는 23.7%, 경지면적으로는 20.5%를 차지하고 있다. 또한 위미리에는 현재까지도 많은 주민들이 농업에 종사하고 있고, 과수원 면적(9.7㎢)도 전체 경지면적에서 86.3%를 차지하고 있다. 과수원 대부분이 감귤을 재배하고 있다는 점은 현재까지도 제주도 남부지역을 대표하는 감귤산지임을 보여준다.

현재 위미리는 제주도에서 대표적인 감귤산지로 알려져 있으나 과거 50~60년 전까지만 해도 전형적인 밭농업 지역이었다. 주민들에 의하면 1970년대 이전 감귤이 본격적으로 도입되기 전에는 농가마다 밭작물을 재배하였다. 딩시 대표적인 작물로는 조, 고구마, 깨, 콩, 보리, 유채, 메밀 등이 있다. 주민들이 위미리에서 밭농사를 할 때만 해도 비료 보급 상황이 좋지 않아 위미리 농업생산량은 낮았다. 그 결과 당시에 농업활동이 매우 힘들었다는 말을 80대 이상의 주민들로부터 자주 들을 수 있었다. 또한 당시 위미리 농업지대에는 전부 밭담이 있었고, 중산간에서 위미리 해안으로 시선을 향하면 초지, 경지와 밭담, 가옥과 함께 해안선을 한눈에 볼 수 있었다.

위미리는 전통농업사회에 밭농사 중심의 농업을 하였고, 밭담 또한 높이와 형태면에서 제주도 농업지역의 밭담과 유사하였다. 그러나 1960년대 말부터 본격적인 감귤작물의 도입은 위미리 농업환경과 밭담 형태에 큰 변화를 초래하였다. 그 결과 제주도 밭농업 지역 대부분의 밭담이 농가들이 오랜 시간 동안 축조한 것과 달리 위미리 감귤농업 지역의 밭담은 과수원 조성과 함께 농가들과 석공들에 의해서 비교적 단기간에 축조되었다.

1970년대는 위미리뿐 아니라 제주도 전 지역에 감귤 재배면적이 급속도로 증가한 시기였다. 농가들은 1960년대 말 정부의 감귤원 조성자금 지원과 애향심이 넘친 재일동포들이 기증한 감귤 묘목을 식재하였다. 또한 이 시기는 농가들이 당시 식재한 감귤 묘목에서 감귤을 본격적으로 수확하기 시작한 초창기였다. 농가들의 감귤로 인한 소득은 밭작물 때와는 비교되지 않을 정도로 엄청났다. 위미리에는 감귤농업이 고소득 작물이라는 확신과 함께 재배 기술이 확산되기 시작했다. 그 결과 농가들은 밭작물에서 감귤로의 작물전환이 본격적으로 이루어졌고, 위미리 전 지역으로 과수원이 빠르게 조성되기 시작했다.

1980년대 위미리 감귤농업은 1970년대에 이어 재배면적 확대와 함께 시설재배를 통해서 감귤을 생산하기 시작하였다. 그리고 과거 밭농사 지역 대부분이 과수원으로 전환되면서 위미리 농업환경에 1차적인 변화가 이루어진 시기였다.

최근에는 위미리 농업지역에서 시설 재배와 과학영농이 확대되면서 기존의 과수원 경관에 큰 변화를 주었다. 대표적으로 농가들은 시설재배 주변의 밭담과 방풍수를 과거에 비해 낮추거나 제거하였다. 그리고 노지재배에서도 과수원 내의 돌담과 방풍수를 제거하여 그 공간에 감귤나무를 추가 식재하거나 기계 출입이 가능한 농로로 사용하였다. 또한 기존 과수원 담 주변에는 방풍수를 정리하거나 제거하여 방풍망을 설치하였다.

2) 석공들의 사례로 본 과수원 돌담 조성

예전부터 제주도 석공은 처음부터 돌을 쌓는 데 특별한 기술을 익혀서 시작하지 않았다. 이들은 어릴 적부터 부모와 형제, 마을 어른들로부터 밭담 등을 쌓거나 보수하는 것을 보고 자랐다. 또한 이들은 마을에서 석공이라고 불리는 사람들이 집담이나 산담을 쌓는 것도 보았다. 그 후 본인이 직접 밭담 등을 보수하면서 자연스럽게 돌담을 쌓는 기술을 익혔던 것이다. 또한 동료나 선배들과 돌담 쌓는 일을 함께 하면서 기술을 익히기도 하였다. 석공들에 의하면 석공들은 돌을 쌓는 것보다 돌을 쌓기 좋게 깨는 기술이 더 필요하다고 한다.

위미리에서도 오래전부터 돌담 쌓는 일을 했거나 현재까지도 하고 있는 석공이 있다. 〈표 2〉는 위미리에 거주하고 있는 석공 4명의 사례를 통해 과거 농업지대에 조성한 돌담에 대해서 살펴보고자 한다.

위미리 석공들의 경력을 살펴보면 석공 1, 2가 40~50년으로 비교적 오랜 기간 동안 일을 했으며, 현재까지도 석공으로 활동하고 있다. 석공 3, 4는 10~15년 정도로 현재는 활동을 하고 있지 않지만 과거 위미리에 과수원 조성이 한창일 때 농업과 석공 일을 병행하였다. 현재 석공들은 돌담 쌓는 일을 전업으로 하지는 않고 있다. 석공 1은 마을 내에 생필품 가게를 운영하면서 의뢰가 오면 가게 문을 닫고 돌담을 쌓고 있으며, 석공 2~4도 과거에서부터 감귤 과수원을 운영하면서 석공 일을 했다고 한다. 석공 1은 위미리에 과수원 돌담을 쌓기 전부터 석공 일을 했는데 이 일을 하게 된 계기는 당시에 농사도 약간 지었지만 경제적으로 어려움을 겪어 여러 가지 일을 하다가 석공 일을 배우게 되었다고 한다. 당시에는 마을에 석공 일을 하는 선배들이 많았고, 이들과 같이 다니면서 배웠다고 한다. 석공 2~4는 주로 농업에 종사하면서 가끔씩 돌담 관련 일을 하다가 감귤농업으로 인해 경작지에서의 돌담

〈표 2〉 위미리 석공 사례로 본 과수원 돌담 축조 관련 현황

구분		석공 1	석공 2	석공 3	석공 4
이름(나이)		오○○(73)	이○○(80)	양○○(82)	강○○(73)
거주지		위미1리(명륜동)	위미2리(대성동)	위미1리(대화2동)	위미2리(상원동)
경력		50년	40년 정도	15년	10여 년
겸업 종류		생필품 가게	감귤 농사	감귤 농사	감귤 농사
과수원 돌담	활동 시기	70년대~현재	70년대~현재	60년대 중반~80년대 초	60년대 후반~80년대 초
	가장 활발했던 활동 시기	1970년대	1980년대 초	1970년대	1970년대
	높이(cm)	180	150~180	180	180
	폭 (cm) 하단부	50~100	-	50~60	-
	상단부	30~60	-	-	15~50
임금 (일당)	과거 (1970년대)	-	7,000~ 10,000원	-	7,000~ 12,000원
	현재	25만 원	- 25만 원 - 도로 주변 밭담 1칸당 12,000원	-	-
하루 작업량		-	7칸(평) 정도 (180cm×180cm× 7칸)	5칸(평) 정도 (180cm×180cm× 5칸)	-

축조 수요가 급증하면서 돌담을 쌓기 시작했다. 이들은 1970~1980년대가 돌담을 쌓는 데 가장 활발했던 시기였다고 하면서, 공통적으로 이 시기에 과수원 돌담을 많이 쌓았다고 한다.

당시 과수원 돌담의 높이는 150~180cm였고, 주로 180cm이다. 이 높이는 석공들이 임금을 측정하는 단위와 관련되어 있다. 석공들은 과수원 돌담을 쌓을 때 1칸당으로 임금이 결정하는데 1칸은 1평을 뜻하고, 1평은 가로 1.8m, 세로 1.8m이다. 예를 들어 1970년대 과수원 돌담을 쌓는 석공은 1칸에 700원~1,000원의 임금을 받았다. 이렇게 석공은 과수원마다 돌담 축조 비용을 결정했다. 간혹 석공들은 과수원 주인의 요청에 따라 180cm 정도보다 낮게 돌담을 축조하기도 했다. 이는 과수원 주인의 경제적 여유가 큰 요인으로 작용했다. 또한, 돌담의 하단부는 잔돌을 50~100cm 너비로 넓게 쌓았고, 위로 갈수록 약간의 경사를 두면서 좁게 쌓았다.

석공들은 당시 과수원 돌담을 하루에 5~7칸 정도 쌓았다. 물론, 돌담을 쌓는 일은 주로 2명 이상이 함께 하였다. 따라서 석공들은 하루 작업량에 따라 일당을 받았고 주로 7,000원~12,000원이었다. 석공 4에 의하면 1970년대 돌담의 종류에 따라서 임금도 차이가 났다고 한다. 석공들은 밭담, 과수원 담, 산담, 집담 순으로 난이도가 높아져 점점 고급 기술이 필요하다고 한다. 그 결과 대체적으로 밭담은 일당으로 4,000~5,000원, 과수원 담은 7,000~12,000원을 받았고, 산담은 한 자리당 주변 여건이 좋으면 200만 원, 좋지 못하면 300만 원, 집담은 한 칸당 15,000원을 받았다고 한다. 당시 제주도에서는 이 정도의 일당이면 다른 직업에 비해서 고소득에 속했다. 이 점은 젊은 사람들이 돌담을 쌓는 일이 매우 힘든 것을 알면서도 석공을 하려고 한 결정적인 이유였으나 많은 이들이 일찍 그만두게 된 이유이기도 하였다. 최근에 석공들은 일당으로 25만 원을 받는데, 마을에서 아는 분의 의뢰가 오면

〈사진 2〉 최근 택지 개발 지역에서 석공의 작업 모습

20만 원만 받고 일을 하기도 한다.

석공들에 의하면 과수원 돌담 축조는 1990년대에 들어와 마무리되었다고 한다. 그러나 석공 1은 최근에도 과수원 돌담을 쌓았다고 하는데 몇 해 전에 곶자왈 주변에서 과수원을 조성하면서 의뢰가 들어와 작업을 했다고 한다.

최근에 석공들은 집담이나 도로 개설 및 확장하는 곳에서 조경용 돌담이나 밭담 등을 쌓는다.〈사진 2〉 석공 1에 의하면 1970~1990년대에는 도로 개설로 인해 새롭게 쌓는 밭담 높이를 120cm로 쌓았는데, 2000년대부터는 그 높이가 100cm로 낮아졌다고 한다. 또한, 최근에 석공들은 도로 주변 돌담을 축조하는 데 3.3㎡(한 평)당 12,000원을 받는다고 한다. 이 점들을 관련지어 보면 도로 주변 돌담 축조 높이가 낮아진 이유가 전체 도로 공사비와 밀접한

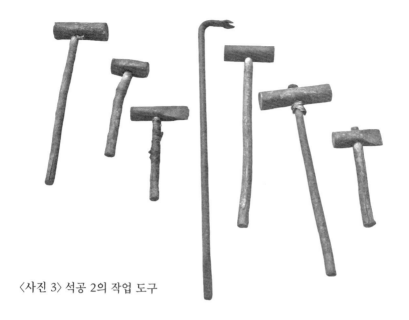

〈사진 3〉 석공 2의 작업 도구

관련성이 있음을 엿볼 수 있다.

이 외에도 석공들은 돌담을 쌓는 데 있어 다양한 도구를 이용했다. 대표적인 도구로는 큰메와 작은메, 망치 외 끌(정), 철괴, 야(알귀, 징) 등이 있고, 작은 도구들은 연장통에 담아서 다니기도 했다. 석공 2는 현재까지도 돌담 관련 의뢰가 들어오면 〈사진 3〉의 작업도구들을 가지고 다니면서 작업을 한다고 한다.

3) 감귤농업지대의 과수원 돌담 특징

위미리 과수원에서 주로 볼 수 있는 밭담의 형태는 잡굽담과 외담이다. 외담은 제주도 전 지역에서 쉽게 볼 수 있을 뿐 아니라 과거 농민들도 1m 내외로는 누구든지 쌓을 수 있었다. 그러나 위미리 과수원에서 볼 수 있는 2m 가까운 외담을 쌓으려면 석공과 같은 전문적인 기술이 필요하다. 잡굽담 또한 그렇다. 그리고 잡굽담은 제주도 농업지역에 국지적으로 확인되지만 감귤 과수원을 중심으로 비교적 많이 분포하고 있다.〈사진 4〉 결론적으로 제주도 전체 감귤 과수원 지대에서 1.5~2m 정도의 높은 밭담은 석공들에 의해서 조성되었을 가능성이 높다.

위미리 일부 과수원에서 잡굽담이 조성되는 과정은 다음과 같다. 먼저 과수원 내에 감귤나무를 심기 위해서는 나무를 심을 구덩이를 파야 했다. 이 구덩이 규모는 둘레가 약 1m, 깊이가 90cm 정도였다. 농가 중에는 구멍의 깊이를 1m 넘게 파기도 했다. 이때 구덩이를 파면서 다양한 크기의 돌들이 출토되는데 석공들은 이런 다양한 크기의 돌들을 이용하여 잡굽담을 쌓았다. 그리고 마을 청년들은 과수원 구덩이를 파면서 부수입을 올리기도 했다.

이와 함께 기존 밭담의 돌들과 함께 과거 경지 내 존재했던 머들도 잡굽

〈사진 4〉 위미리 과수원 담(잡굽담)

〈사진 5〉 위미리 과수원 방축

〈사진 6〉 방천독(전남 구례군)

담의 재료로 사용되었다. 여기에 구덩이에서 출토된 다양한 크기의 돌들이 과수원 담의 재료가 된 것이었다. 또한 과수원 주인은 석공들에게 이런 돌들을 전부 이용해서 밭담을 쌓아 주기를 원했다. 그 이유는 과수원에 밭담을 쌓다가 남은 돌들을 치우려면 또 다른 노동력이 필요했기 때문이다. 그 결과 석공들은 다양한 크기의 돌들을 효과적으로 처리하기 위해서 과수원 밭담을 잡굽담 형태로 쌓았고, 잡굽담은 밭농사 지역보다 감귤농업 지역에서 비교적 많이 분포하게 된 배경이 되었다.

잡굽담의 전체 높이는 과수원 주인의 요청에 의해 결정되지만 하단부와 상단부의 높이는 토지의 농업환경에 따라 차이가 난다. 예를 들어 잡굽담의 하단부가 높다는 것은 과수원에서 잔돌이 많이 산출되었다는 의미이다. 잡굽담은 대체로 전체 높이를 180cm 정도로 맞추는데 잔돌과 큰 돌의 양에 따라 상단부와 하단부의 높이가 달라진다. 만약 석공들이 밭담 조성 시 큰 돌을 밑에 놓고 그 위에 작은 돌을 올려놓았다면 밭담을 높게 쌓지 못하였을 것이다. 잡굽담은 잔돌을 하단부에 겹담으로 깐 후 상단부에 큰 돌을 올려놓았기 때문에 밭담도 높게 쌓으면서 다양한 크기의 많은 돌들을 한꺼번에 처리할 수 있는 장점이 있다.

또한 위미리에는 외담도 많다. 위미리 과수원 경계에 존재하고 있는 외담의 특징은 전체적으로 밭농사 지역의 밭담에 비해 높게 쌓았다는 점이다. 또한 위미리 경지가 해안에서부터 해발 200~300m까지 분포하고 있기 때문에 경사면에 과수원이 분포한 곳도 많다. 경사면에 존재하는 과수원에는 지형적 특징 상 단차가 발생하는 지점에 방축(防築)을 축조한다〈사진 5〉. 이렇게 방축은 한쪽 측면에서 보면 큰 돌을 이용한 외담과 다양한 크기의 돌들을 이용한 잡굽담 형태이다. 과수원 주변의 방축은 한반도 논농사 지역 중 전라도의 방천독〈사진 6〉과는 달리 경사면을 돌로 전부 쌓아서 마무리한 다음 지면 위로 또다시 외담을 축조한다. 따라서 과수원 돌담의 높이를 측정하다 보면 방축으로 쌓은 돌담의 높이는 측정하는 방향에 따라 차이가 발생한다.

5. 나가며

제주도 주민들에게 돌은 삶의 숙명과 같은 존재였다. 제주의 자연환경은 자연스럽게 마을마다 돌을 잘 다루는 사람들을 만들어 냈다. 그리고 주민들은 이들을 '돌챙이'라고 불러왔다. 이들은 제주의 다종다양한 돌문화를 형성하는 데 있어 중요한 역할을 하였다. 다만 일부 돌문화는 개인 또는 주민들에 의해서 형성되었는데 대표적으로 농업지대에 밭담이 있다. 밭담은 주로 경지 소유자나 그 가족에 의해서 축조되어 왔다. 그런데 농업지대의 밭담이 일정 시기 동안 석공에 의해서 집중적으로 축조된 시기가 있었다. 이번 장에서는 이런 시기를 중점에 두고 석공에 의해서 축조된 농업지대 돌담의 특징을 살펴보았다.

요약하자면 석공에 의한 농업지대의 돌담은 제주도 농업환경 중 재배작물의 변화(밭작물→감귤)와 매우 관계가 깊어 지역적으로는 제주시보다 서귀포에 이와 같은 돌담이 많이 존재하고 있다. 또한 과수원 지대의 돌담은 전통적인 밭농사 지대의 밭담에 비해 규모와 형태면에서 차이가 나고, 농민들은 이런 돌담을 단기간에 급속하게 쌓기 위해서 많은 자본을 투자했다.

그동안 제주의 석공에 대한 글들은 많으나 이들을 조명한 연구물은 매우 드물었다. 더 나아가 농업지대에서 석공에 의해서 축조된 돌담에 대한 연구는 없었다. 이번 연구는 그동안 거의 조명되지 않았던 농업지대에서 석공들의 역할을 정리했다는 점에서 의의가 있다고 할 수 있다.

최근 밭담이 세계농업유산으로 지정되었고, 제주도에서 돌문화를 세계유산으로 등재하려는 움직임 속에서 이와 관련한 다양한 조사가 진행되고 있다. 앞으로도 좀 더 많은 지역에서 석공의 삶에 대한 조사도 필요하다.

최근에 들어와서 제주의 돌담 모습은 매우 빠른 속도로 변하고 있다. 과거에는 마을 주변의 돌과 도구를 이용하여 돌담을 축조함으로써 지역적 특징이 살아있는 돌담이 존재했던 것과 달리 최근에는 기계와 장비를 이용해 조경과 경제적 측면에서 조성되면서 도내 곳곳의 돌담이 지역성이 사라진 채 점차 획일화되고 있다. 결론적으로 제주도 전통 돌담 모습을 살펴보는 데 있어 과거 석공의 삶을 정리할 필요가 있다. 또한 연구자는 제주도 돌문화의 지속 가능성 측면에서도 과거 석공들의 삶에 대한 조명이 매우 중요하다고 본다.

제주 돌문화경관
연구

게재 출처

1부 제주 돌문화와 돌담 개관

제주 돌문화 들여다보기

정광중, 〈제주의 돌문화와 서부지역의 돌문화 특성〉, 《한국지리지 제주특별자치도》, 국토교통부 국토지리정
　　보원, 2012.

정광중, 〈제주의 돌문화〉, 《제주학 개론》, 제주특별자치도·제주연구원 제주학연구센터, 2017.

옛 문헌으로 본 제주 돌문화

강성기·정광중, 〈고문헌 속 제주도 돌문화 내용 분석과 특징〉, 《제주도연구》 53, 2019.

제주 돌담의 가치와 돌담 속 숨겨진 선조들의 지혜

정광중, 〈제주 돌담의 가치와 돌담 속 숨겨진 선조들의 지혜〉, 《제주도연구》 48, 2017.

장소자산으로 본 제주 돌담

정광중·강성기, 〈장소자산으로서 제주 돌담의 가치와 활용방안〉, 《한국경제지리학회지》 16(1), 2013.

2부 제주 돌문화 요소와 지역에서의 모습

돌문화 요소의 존재적 가치와 장소적 특성

정광중, 〈제주의 돌문화〉, 《STORY OF JEJU 세계인의 보물섬 제주 이야기》(제주특별자치도·제주발전연
　　구원, 2012)를 토대로 내북 수정 보완.

해안 마을의 돌문화 특징

정광중·김은석, 〈북촌리 주민들의 거주환경에 따른 돌문화 관련자원의 형성과 배경〉, 《한국사진지리학
　　회지》 18(1), 2008.

중산간 마을의 돌담 특징

정광중, 〈덕천리 돌문화〉, 《유네스코 제주 세계자연유산마을》, 제주특별자치도·(사)제주역사문화진흥원, 2010.

정광중, 〈선흘1리 돌문화〉, 《유네스코 제주 세계자연유산마을》, 제주특별자치도·(사)제주역사문화진흥원, 2010.

정광중, 〈선흘2리 돌문화〉, 《유네스코 제주 세계자연유산마을》, 제주특별자치도·(사)제주역사문화진흥원, 2010.

3부 문화경관으로 보는 제주의 밭담

제주 밭담과 유럽의 보카쥬 경관 비교

강성기, 〈초등 사회과 교육에서의 비교 지역 관점을 위한 문화경관 이해의 유용성-제주 돌담경관과 유럽 보카쥬 경관의 사례 비교-〉, 한국교원대학교 석사학위논문(2010)을 토대로 수정 보완.

제주를 대표하는 문화경관, 밭담

강성기, 〈문화경관으로서 제주 밭담의 의미〉, 《한국사진지리학회지》 21(3), 2011.

하도리 밭담의 특성과 농업환경

강성기·정광중, 〈제주도 구좌읍 하도리 밭담의 존재형태와 농가인식에 대한 연구〉, 《한국지역지리학회지》 22(4), 2016.

고산리 무장전과 농업환경

강성기, 〈제주도 서부지역의 농업환경 변화에 대한 지리적 해석 -한경면 고산리를 사례로-〉, 《한국사진지리학회지》 22(3), 2012.

석공들이 조성한 농업지대 돌담

새로 작성.

참고문헌

1부 제주 돌문화와 돌담 개관

제주 돌문화 들여다보기

강경희, 〈제주 돌문화의 원형발굴과 미래적 가치〉, 《제주학 산책》, 제주학연구자모임, 2012.

강만익, 〈제주도 말목장과 목축민〉, 《말과 제주와 미래 산업》, 제4회 국제전기자동차엑스포 조직위원회, 2017.

강성기, 〈제주도 농업환경에 따른 밭담의 존재형태와 농가인식에 대한 연구〉, 제주대학교 박사학위논문, 2016.

강정효, 《제주거욱대-제주자연마을의 방사용 돌탑 보고서》, 도서출판 각, 2008.

강정효, 《화산섬, 돌 이야기》, 도서출판 각, 2000.

강창언, 《제주의 동자석》, 제주돌문화공원, 2006.

고광민, 《돌의 민속지》, 도서출판 각, 2006.

고광민, 《제주도 포구 연구-역사·민속학적 접근》, 제주대학교 탐라문화연구소, 2003.

고성보·강정효·최용복·양진철, 《제주의 돌담-가치평가와 문화관광자원화 방안》, 제주대학교출판부, 2009.

김동전·강만익, 《제주지역 목장사와 목축문화》, 제주대학교 탐라문화연구원, 2015.

김명철, 〈조선시대 제주도 관방시설의 연구 – 읍성·진성과 봉수·연대를 중심으로〉, 제주대학교 석사학위논문,
    2000.

김봉옥, 〈삼성·구진과 봉수대·연대〉, 《탐라순력도연구논총》, 제주시·탐라순력도연구회, 2000.

김영돈, 《제주민의 삶과 문화》, 도서출판 제주문화, 1993.

김유정, 《제주 돌담》, 대원사, 2015.

김유정, 《제주의 돌문화》, 서귀포문화원, 2012.

김유정·손명철, 《제주의 무덤》, 제주특별자치도·국립민속박물관, 2007.

김종석, 〈제주도 전통사회의 돌(石) 문화-생활용구, 방어시설 및 사회적 기능체로서의 용도를 중심으로〉, 제주
    대학교 석사학위논문, 1998.

북제주군·제주대학교박물관, 《북제주군의 문화유적(Ⅰ) – 선사·역사》, 북제주군, 1998.

이덕희, 《제주의 도대불》, 도서출판 가시아히, 1997.

이윤형·고광민, 《제주의 돌문화》, 제주돌문화공원, 2006.

임덕순, 《문화지리학》(제2판), 법문사, 1996.

정광중, 〈제주시 용담동~도두동 해안도로변 생화문화유적의 잔존실태〉, 《한국사진지리학회지》 21(4), 2011.

정광중, 〈제주의 돌문화와 서부지역의 돌문화 특성〉, 《한국지리지 제주특별자치도》, 국토교통부 국토지리정보원, 2012.

정광중, 〈제주의 울타리 돌담〉, 디지털 제주시문화대전(http://jeju.grandculture.net), 2007.

정광중·강성기, 〈장소자산으로서 제주 돌담의 가치와 활용방안〉, 《한국경제지리학회지》 16(1), 2013.

정광중·김은석, 〈북촌리 주민들의 거주환경에 따른 돌문화 관련자원의 형성과 배경〉, 《한국사진지리학회지》 18(1), 2008.

정은선, 〈제주도의 답과 거욱대에 관한 연구〉, 제주대학교 석사학위논문, 1998.

제주도, 《제주의 방어유적》, 제주도, 1996.

제주특별자치도, 《제주문화상징》, 제주특별자치도, 2008.

제주특별자치도·제주문화예술재단, 《화산섬, 제주문화재 탐방》, 2009.

좌혜경·정광중, 《제주 해양유적과 문화 보전·활용 방안 연구》(제주학연구 6), 제주발전연구원, 2013.

하가리, 〈마을가꾸기 사업신청서 및 사업 계획서〉, 2010 참 살기 좋은 마을가꾸기 사업, 2010.

高橋伸夫·田林 明·小野寺 淳·中川 正, 《文化地理學入門》, 東洋書林, 1995.

(사)ICOMOS 한국위원회, 《세계유산 등재를 위한 제주 돌문화경관의 세계유산적 가치 도출 연구용역》, 제주특별자치도, 2016.

옛 문헌으로 본 제주 돌문화

《남명소승》(임제, 16세기), 《남사록》(김상헌, 1601), 《남사일록》(이증, 1679), 《남천록》(김성구, 1679), 《남환박물》(이형상, 1704), 《속음청사》(김윤식, 20세기), 《신증동국여지승람》(이행·홍언필, 1530), 《제주계록》(1847), 《제주대정정의읍지》(1793), 《제주병제봉대총록》(19세기), 《제주읍지》(18세기), 《제주풍토기》(이건, 17세기), 《제주풍토록》(김정, 1521), 《조선왕조실록》, 《증보 탐라지》(윤시동, 1765), 《증보 탐라지》(담수계, 1954), 《지영록》(이익태, 17세기), 《탐라국서》(이응호, 1931), 《탐라기년》(김석익, 1915), 《탐라방영총람》(18세기), 《탐라지》(이원진, 1653), 《탐라지》(남만리, 1902), 《탐라지 초본》(이원조, 19세기), 《한국지리지총서 읍지 육 제주도》(1899).

강만익, 〈조선시대 제주도 잣성(牆垣) 연구〉, 《탐라문화》 35, 2009.

강성기, 〈제주도 농업환경에 따른 밭담의 존재형태와 농가인식에 대한 연구〉, 제주대학교 박사학위논문, 2016.

강연실, 〈제주문화상징물의 가치와 문화콘텐츠화 방안-돌문화를 중심으로〉, 제주대학교 석사학위논문, 2008.

강정효, 《제주 거욱대》, 도서출판 각, 2008.

강창언, 〈제주도의 환해장성 연구〉, 《탐라문화》 11, 1991.

강창화, 《제주도 고인돌》, 제4기 박물관대학시민강좌, 1996.

고성보·강정효·최용복·양진철, 《제주의 돌담-가치평가와 문화관광화 방안》, 제주대학교출판부, 2009.

김명철, 〈조선시대 제주도 관방시설의 연구-읍성·진성과 봉수·연대를 중심으로〉, 제주대학교 석사학위
논문, 2000.

김봉옥·신석하·박성종, 《제주의 방어유적》, 제주도, 1996.

김유정, 《제주의 돌문화》, 서귀포문화원, 2012.

김유정·손명철, 《제주의 무덤》, 국립민속박물관, 2006.

김의근, 〈제주지역 돌문화의 관광자원화 방안 연구〉, 《제주관광학회지》 33, 2008.

김일우, 《고려시대 탐라사 연구》, 신서원, 2008.

김정선, 〈옹중석: 돌하르방에 대한 고찰〉, 《탐라문화》 33, 2008.

김종석, 〈제주도 전통사회의 돌(石)문화〉, 제주대학교 석사학위논문, 1998.

김형남, 〈제주도 마을의 돌문화 요소에 관한 연구〉, 《한국농촌건축학회지》 11(1), 2009.

손영식·박방룡·박종근·김종대·곽동석·송의정·소재구·은광준, 《한국의 석조문화-그 아름다움의 절정》,
다른세상, 2004.

송성대, 《제주인의 海民情神 문화의 원류와 그 이해》, 파피루스, 1998.

오상학, 《한국지리지 제주특별자치도-역사와 문화》, 국토교통부 국토지리정보원, 2012.

이덕희, 《제주의 도대불》, 가시아히, 1997.

이윤형·고광민, 《제주의 돌문화》, 제주돌문화공원, 2006.

이청규, 〈제주도 고고학연구〉, 서울대학교 박사학위논문, 1995.

임진강·김동찬·민병욱, 〈계층석 분석기법(AHP)에 의한 제주 돌문화경관자원의 중요도에 관한 연구-한·
중 비교를 중심으로〉, 《한국조경학회지》 45(1), 2017.

정광중, 〈제주 돌담의 가치와 돌담 속 숨겨진 선조들의 지혜 찾기〉, 《제주학회》 48, 2017.

정광중, 〈제주의 돌문화와 서부지역의 돌문화 특성〉, 《한국지리지 제주특별자치도》, 국토교통부 국토지
리정보원, 2012.

정광중·강성기, 〈장소자산으로서 제주 돌담의 가치와 활용방안〉, 《한국경제지리학회지》 16(1), 2013.

정광중·김은석, 〈북촌리 주민들의 거주환경에 따른 돌문화 관련자원의 형성과 배경〉, 《한국사진지리학
회지》 18(1), 2008.

제주돌문화공원, 《제주의 수문장 돌하르방》, 이지콤, 2007.

제주문화예술재단, 《제주문화상징》, 제주특별자치도, 2008.

제주특별지치도, 《개정증보 제주어사전》, 일신옵셋인쇄사, 2009.

제주특별자치도·제주문화예술재단, 《화산섬, 제주문화재탐방》, 2009.

조환진, 〈제주도 돌담의 지역별 특성과 축조방식〉, 제주대학교 석사학위논문, 2019.

한국조경신문, 〈제주 돌문화, 세계문화유산적 가치 충분〉, 2015년 11월 11일자.

황시권, 〈제주 돌하르방의 종합적 연구〉, 명지대학교 박사학위논문, 2015.

橋 昇,《朝鮮半島の農法と農民》, 농촌진흥청, 2008.

藤島亥治郎,《朝鮮と建築》, 1926년 3월호.

梶山淺次郎,《朝鮮 第160號, 濟州島 紀行》, 김은희 역, 제주발전연구원, 2010.

上田耕一郎,《濟州島の經濟》, 홍성목 역, 제주시 우당도서관, 1999.

善生永助,《濟州道生活狀態調査》, 홍성목 역, 제주시 우당도서관, 2002.

桝田一二,《濟州道の地理的 硏究(1930年代의 地理·人口·産業·出稼 狀況 等)》, 홍성목 역, 제주시 우당도
　　서관, 2005.

朝鮮王朝實錄, http://sillok.history.go.kr에서 인출(2019. 06. 10.).

H. Lautensach,《코리아(Korea)》, 김종규·강경원·손명철 역, 민음사, 1998.

S. Genthe,《Korea-Reiseschilderungen(독일인 겐테가 본 신선한 나라 조선 1901)》, 권영성 역, 책과 함
　　께, 2007.

W.F. Sands,《The Amazons(제주도 여자들-구한말 불어, 영어 문헌 속 제주도(1893~1913))》, 고영자 편
　　역, 제주시우당도서관, 2015.

제주 돌담의 가치와 선조들의 지혜

강성기,〈문화경관으로서 제주 밭담의 의미〉,《한국사진지리학회지》21(3), 2011.

강성기,〈제주도 농업환경에 따른 밭담의 존재형태와 농가인식에 대한 연구〉, 제주대학교 박사학위논
　　문, 2016.

강성기,〈초등 사회과 교육에서의 비교 지역 관점을 위한 문화경관 이해의 유용성-제주 돌담경관과 유
　　럽 보카쥬 경관의 사례 비교〉, 한국교원대학교 석사학위논문, 2010.

강정효,《제주거욱대-제주자연마을의 방사용 돌탑 보고서》, 도서출판 각, 2008.

강정효,《화산섬 돌 이야기》, 도서출판 각, 2000.

김유정,《제주 돌담》, 대원사, 2015.

김유정,《제주의 돌문화》, 서귀포문화원, 2012.

김종석,〈제주도 전통사회의 돌(石)문화〉, 제주대학교 석사학위논문, 1998.

남제주군,《군제 60주년 남제주 화보집》, 남제주군, 2006.

송성대,《문화의 원류와 그 이해》(제주인의 해민정신, 개정증보판), 도서출판 각, 2001.

이윤형·고광민,《제주의 돌문화》, 제주돌문화공원, 2006.

정광중,〈물통(봉천수), 또 하나의 거울〉, 제주일보 제주시론(2015년 9월 7일자).

정광중,〈제주도 농어촌 지역 마을자원의 발굴과 활용에 대한 시론적 연구-애월읍 신엄 마을을 사례로〉,
　　《한국사진지리학회지》21(3), 2011.

정광중,〈제주도 생활문화의 특성과 용천수 수변공간의 가치 탐색〉,《국토지리학회지》50(3), 2016.

정광중,〈제주문화의 연결고리, 갯담과 불턱〉, 제주일보 제주시론(2010년 1월 30일자).

정광중, 〈제주의 돌문화〉, 《STORY OF JEJU 세계인의 보물섬 제주 이야기》, 제주특별자치도·제주발전
연구원, 2012.

정광중·강성기, 〈장소자산으로서 제주 돌담의 가치와 활용방안〉, 《한국경제지리학회지》 16(1), 2013.

정은선, 〈제주도의 답과 거욱대에 관한 연구〉, 제주대학교 석사학위논문, 1998.

주강현, 《제주 기행》, 웅진지식하우스, 2011.

장소자산으로 본 제주 돌담

《남명소승(南溟小乘)》(林悌, 1577-1578).

《남천록(南遷錄)》(金聲久, 1676).

《신증동국여지승람(新增東國輿地勝覽)》(李荇 外, 1530).

강경희, 〈제주 돌문화의 원형발굴과 미래적 가치〉, 《제주학 산책》, 제주학 연구자모임, 2012.

강동언·박성진·손일삼, 〈전통 제주돌담의 문화관광자원화 방안 연구-우도 지역을 중심으로〉, 제주발전
연구원, 2008.

강만익, 〈문화유산체험 전문가과정-목축 문화와 잣성, 방어유적〉, 《신탐라문화체험관광서비스아카데
미》, 제주대학교 지역혁신특성화사업 新탐라 gift & 체험프로젝트 사업단, 2006.

강만익, 〈조선시대 제주도 잣성(牆垣) 연구〉, 《탐라문화》 35, 2009.

강문규, 〈제주 돌 문화 자원의 활용방안〉, 《제주 돌 문화 자원의 가치 재조명과 활용방안》, 제주특별자치
도의회 문화관광위원회·제주학 연구자 모임 공동 워크샵 자료, 2008.

강성기, 〈문화경관으로서의 제주 밭담의 의미 탐색〉, 《한국사진지리학회지》 21(3), 2011.

강성기, 〈초등 사회과 교육에서의 비교 지역 관점을 위한 문화경관 이해의 유용성-제주 돌담경관과 유
럽 보카쥬경관의 사례 비교〉, 한국교원대학교 대학원 석사학위논문, 2010.

강연실, 〈제주문화상징물의 가치와 문화콘텐츠화 방안-돌문화를 중심으로〉, 제주대학교 석사학위논문,
2008.

강정효, 《화산섬, 돌 이야기》, 도서출판 각, 2000.

고광민, 《돌의 민속지》, 도서출판 각, 2006.

고광민, 《제주도 포구연구》, 제주대학교 탐라문화연구소, 2003.

고성보, 〈제주밭담의 경관보전직불제 도입을 위한 경관자원 평가시스템 구축과 적용〉, 《한국농촌계획
학회지》 13(3), 2007.

고성보·강정효·최용복·양진철, 《제주의 돌담-가치평가와 문화관광자원화 방안》, 제주대학교출판부,
2009.

국토지리정보원, 《한국지리지》 전라·제주편, 국토지리정보원, 2004.

권숙인, 〈'유적'에서 '생활문화'로: 현대 일본사회에서 문화관광이 새로운 전개〉, 《비교문화연구》 9(1), 서
울대학교 비교문화연구소, 2003.

김종석, 〈제주도 전통사회의 돌(石)문화〉, 제주대학교 석사학위논문, 1998.

김현호, 〈장소의 문화: 장소판촉과 장소자산〉, 한국공간환경학회지 《공간과 사회》 17, 2002.

김형국, 《고장의 문화판촉—세계화시대에 지방이 살 길》, 학고재, 2002.

문순덕·허남춘·주강현, 《제주문화상징물 99선 활용 방안 연구》, 제주발전연구원, 2009.

박경훈, 〈제주돌담의 가치 재발견과 보존 및 활용 방안〉, 제주돌담의 역사·문화적 고찰과 평가시스템 구축방안 세미나 자료, 2008.

백선혜, 《장소성과 장소마케팅》, ㈜한국학술정보, 2005.

엄상근, 〈제주 생태관광, 돌담의 관리와 자원화가 필요하다〉, 《제주발전포럼》 41, 제주발전연구원, 2012.

오승남, 〈제주도 장소마케팅 유형과 효과〉, 제주대학교 석사학위논문, 2008.

이무용, 《지역발전의 새로운 패러다임, 장소마케팅—홍대지역 클럽문화 장소마케팅의 문화정치》, 논형, 2006.

이상영, 〈제주 전통돌담의 가치평가 및 보전 방안〉, 《한국농촌계획학회지》 12(2), 2006.

이성우·김만규, 〈제주도 해안마을 울담의 높이에 관한 연구〉, 《대한지리학회지》 47(3), 2012.

이용균, 〈국제자유도시 제주의 장소마케팅 추진방안〉, 《한국도시지리학회지》 8(3), 2005.

이준선, 〈프랑스와 한국의 농경지 풍경의 비교〉, 《한국지리환경교육학회지》 7(2), 1999.

이진희, 〈장소마케팅 전략을 통한 표선민속관광단지의 활성화방안에 관한 연구〉, 《한국농촌관광학회지》 16(3), 2009.

이진희, 〈장소마케팅 전략을 통한 중문관광단지의 활성화방안에 관한 연구〉, 《한국관광학회지》 25(2), 2001.

임종현·최수명·조중현, 〈농촌마을 담장자원 조사연구〉, 《한국농촌계획학회지》 18(1), 2012.

정광중, 〈돌문화〉, 《2012 제주 WCC 생태·문화탐방 해설서 STORIES OF JEJU 세계인의 보물섬 제주 이야기》, 제주특별자치도·제주발전연구원, 2012.

정광중, 〈제주의 돌문화〉, 2010년 제주문화 story-teller 돌문화 양성과정 교육 자료, 제주관광대학 부설 평생교육원, 2010.

정광중·김은석, 〈북촌리 주민들의 거주환경에 따른 돌문화 관련자원의 형성과 배경〉, 《한국사진지리학회지》 18(1), 2008.

제주도, 《제주도지》 제4권 산업·경제, 제주도, 2006.

제주올레(사), 《제주올레 가이드북》, 아름다운인쇄, 2011.

제주특별자치도·(사)제주역사문화진흥원, 《탐라문화권 발전기본계획 수립 연구보고서》, 2008.

최 석, 〈장소성에 입각한 하멜의 문화콘텐츠 자원화〉, 《한국콘텐츠학회지》 8(4), 2008.

최용복, 〈제주도 농촌지역내 돌담 문화자원의 활용을 위한 실태조사 연구〉, 《한국농촌계획학회지》 12(3), 2006.

최용복·정문섭, 〈GIS를 활용한 농촌경관 분석 사례연구—제주도 돌담경관을 중심으로〉, 《한국GIS학회지》 14(3), 2006.

현갑출, 〈문화관광거리의 장소마케팅에 관한 연구—서귀포시 이중섭 문화 거리 방문객의 인식을 중심
    으로〉, 제주대학교 대학원 석사학위논문, 2006.

현동걸, 〈제주 전통돌담이 강한 바람에 견디는 힘의 원인에 대한 연구〉, 2011년 초등교사 대상 환경교육
    지도자과정 직무연수 교육자료, 제주대학교 교육대학, 2011.

홍경모, 〈과학교육 학습자료로서의 제주 전통 돌담에 대한 연구〉, 제주대학교 석사학위논문, 2008.

立本成文, "Environmental humanics of the earth system—introducing RIHN—", The 1st Jeju Studies
    International Academic Symposium, 2012.

Harvey, D., "From managerialism to entrepreneurialism: the transformation in urban governance in
    late capitalism", Geografiska. Annaler. Series B, Human Geography 71 B(1), 1989.

www.cha.go.kr

www.jeju.grandculture.net

2부 제주 돌문화 요소와 지역에서의 모습

돌문화 요소의 존재적 가치와 장소적 특성

강정효, 《제주거욱대-제주자연마을의 방사용 돌탑 보고서》, 도서출판 각, 2008.

김명철, 〈조선시대 제주도 관방시설의 연구-읍성·진성과 봉수·연대를 중심으로〉, 제주대학교 석사학위
    논문, 2000.

김봉옥, 〈삼성·구진과 봉수대·연대〉, 《탐라순력도연구논총》, 제주시·탐라순력도연구회, 2000.

김순이·양종렬, 〈무형문화재·민속유적〉, 《한경면 역사문화지》, 한국문화원연합회 제주특별자치도지회,
    2007.

다무라 아키라, 강혜정(역), 《마을만들기의 발상》, 도서출판 소화, 2005.

북제주군·제주대학교박물관, 《북제주군의 문화유적(Ⅱ) 민속》, 북제주군, 1998.

북촌돌하르방공원, 〈공원 리플릿〉(2012년판).

이덕희, 《제주의 도대불》, 가시아히, 1997.

정광중, 〈제주시 용담동-도두동 해안도로변 생활문화유적의 잔존실태〉, 《한국사진지리학회지》 21(4),
    2011.

정은선, 〈제주도의 답과 거욱대에 관한 연구〉, 제주대학교 석사학위논문, 1998.

제주도, 《제주의 방어유적》, 제주도, 1996.

제주특별자치도 돌문화공원관리사무소, 《제주돌문화공원》, 2011.

제주특별자치도·제주문화예술재단, 《화산섬, 제주문화재탐방》, 2009.

제주특별자치도 제주시, 《명월성지 보존관리 및 활용계획》, 제주특별자치도 제주시, 2015.

하가리 소장 자료, 〈2010 참 살기 좋은 마을가꾸기 사업, 마을가꾸기 사업신청서 및 사업 계획서〉(2012년 방문).

해안 마을의 돌문화 특징

강문규, 《제주문화의 수수께끼》, 도서출판 각, 2006.

강순석, 《제주도 해안을 가다》, 제주도민속자연사박물관, 2004.

강정효, 《화산섬, 돌 이야기》, 도서출판 각, 2000.

고광민, 《돌의 민속지》, 도서출판 각, 2006.

고광민, 《제주도 포구 연구-역사·민속학적 연구》, 제주대학교 탐라문화연구소, 2003.

국립제주박물관, 《제주의 역사와 문화》, 통천문화사, 2001.

김문규 편, 《조천읍지》, 제주문화, 1991.

김상헌, 《남사록》, 1601-2.

김은석, 〈정의읍성의 공간구성〉, 《한국사진지리학회지》 16(1), 2006.

김은석, 〈제주도 하가리 마을의 생태학적 공간구조〉, 《사진지리》 8, 1998.

김종석, 〈제주도 전통사회의 돌(石) 문화〉, 제주대학교 대학원 석사학위논문, 1998.

북제주군, 《북제주군 비석총람》, 북제주군, 2001.

북제주군·제주대학교박물관, 《북제주군의 문화유적(Ⅰ)선사·역사》, 북제주군, 1998.

북제주군·제주대학교박물관, 《북제주군의 문화유적(Ⅱ)민속》, 북제주군, 1998.

북촌국민학교, 《북촌향토지》, 북촌초등학교, 1986.

북촌초등학교총동창회, 《북촌초등학교 60년사》, 북촌초등학교총동창회, 2003.

오창명, 《제주도 마을 이름 연구》, 제주대학교 탐라문화연구소, 2004.

오창명, 《제주의 오름과 마을이름》, 제주대학교출판부, 1998.

이덕희, 《제주의 도대불》, 가시아히, 1997.

정광중, 〈외도동의 지리적 환경〉, 《외도동향토지》, 제주도사연구회, 외도동향토지편찬위원회, 2005.

정광중, 〈장수 마을의 지리적 환경과 제조건에 관한 시론적 연구〉, 《제주도연구》 23, 2003.

정광중, 〈제주돌담의 존재적 가치〉, 제주일보 제주시론, 2005년 4월 19일.

정광중, 〈제주마을의 지리적 환경 연구: 삼도 1동을 사례로〉, 《제주교대논문집》 36, 2007.

제주도, 《제주의 오름》, 제주도, 1997.

제주도·제주4·3연구소, 《제주 4·3 유적Ⅰ제주시, 북제주군》, 도서출판 각, 2003.

좌승훈, 《포구》, 나라출판, 1996.

한라일보, 제9면 기획기사, 2008년 1월 11일.

현기영, 《순이삼촌》, 창작과 비평사, 1979.

http://blog.naver.com/pkvis66?Redirect=Log& logNo=10008152986

중산간 마을의 돌담 특징

강정효,《화산섬 돌이야기》, 도서출판 각, 2000.

김민규 편,《조천읍지》, 도서출판 제주문화, 1991.

신석하,〈정낭(정주목)〉,《제주문화상징》, 제주특별자치도, 2008.

오창명,《제주도 마을 이름의 종합적 연구 Ⅰ》(행정명사·제주시편), 제주대학교 출판부, 2007.

김유정·손명철,《제주의 민속문화·제주의 무덤》(제주민속조사보고서), 국립민속박물관, 2007.

정광중,〈제주돌담의 존재적 가치〉, 제주일보 제주시론, 2005년 4월 19일.

정광중,〈제주여성의 노동공간〉, 제주여성사 자료총서 Ⅷ《제주여성의 삶과 공간》, 제주특별자치도 여성특별위원회, 2007.

정광중,〈북촌리 주민들의 거주환경에 따른 돌문화 관련자원의 형성과 배경〉,《한국사진지리학회지》 18(1), 2008.

제주학연구소,《북제주군 지명 총람 (하)—구좌읍·조천읍·추자면·우도면》, 북제주군·(사)제주학연구소, 2006.

3부 문화경관으로 보는 제주의 밭담

제주 밭담과 유럽의 보카쥬 경관 비교

강대선,〈제주가 잃어가는 어메니티: 돌담〉,《제민일보》제7면, 2004. 10. 19.

강정희,〈초등 지역 이해 교육에서 위치와 영역 파악의 중요성〉, 한국교원대학교 석사학위논문, 2005.

권혁재,《한국지리 지방편》, 법문사, 1999.

권혁재,《한국지리 총론》, 법문사, 2003.

김광언,《한국의 농기구》, 문화홍보국 문화재관리국, 1969.

김종석,〈제주도 전통사회의 돌문화〉, 제주대학교 석사학위논문, 1998.

나카무라 카즈오 외 2명, 정암·이용일·성춘자(역),《지역과 경관》, 선학사, 2001.

박경훈,〈세계유산 손색없는 제주 돌담〉,《경향신문》제33면, 2008. 6. 13.

송성대,《제주의 해민정신-문화의 원류와 그 이해》, 도서출판 각, 2001.

양보경,〈문화적 경관을 문화유산으로 만들자〉,《문화재사랑》50, 2009년 1월호, 문화재청, 2008.

에드워드 렐프, 김덕현·김현주·심승희(역),《장소와 장소상실》, 논형, 2005.

오경섭,〈지형학 관점에서의 영월댐 건설 타당성 평가〉,《한국지형학회지》9(2), 2000.

오귀스탱 베르크, 김주경(역),《대지에서 인간으로 산다는 것》, 미다스북스, 2001.

원종관,〈제주도의 형성과정과 화산활동에 관한 연구〉,《이학논집》, 건국대학교, 1975.

이승호,《이승호 교수의 아일랜드 여행 지도》, 푸른길, 2006.

이준선, 〈프랑스와 한국의 농경지 풍경의 비교〉, 《지리환경교육》 7(2), 1999.

최정웅 외 6명, 《비교교육발전론》, 교육과학사, 2005.

형기주, 《농업지리학》, 법문사, 2000.

www.naver.com. 네이버 국어사전.

McMurry, C., Special Method in Geography, The Macmillan company, 1922.

W. G. Hoskins, 이영석(역), 《잉글랜드 풍경의 형성》, 한길사, 2007(1955, The Making of the English Landscape, Hodder & Stoughton.).

Aalen, F. H. A. & Whelan, K & Stout, M., Atlas of the Irish Rural Landscape, University of Toronto Press, 2011.

Meinig, D. W., The Shaping of America: A Geographical Perspective on 500 Years of History, Vol. 1 Atlantic America, 1492-1800, Yale University Press, 1986.

Laheen, M., Drystone Walls of the Aran Island -Exploring The Cultural Landscpe-, The Collins Press, 2010.

제주를 대표하는 문화경관, 밭담

강대선, 〈제주가 읽어가는 어메니티: 돌담〉, 《제민일보》 제7면, 2004. 10. 19.

강문규, 《제주문화의 수수께끼》, 도서출판 각, 2006.

강순석, 《제주도 해안을 가다》, 제주도민속자연사박물관, 2004.

강정효, 《화산섬, 돌 이야기》, 도서출판 각, 2004.

고성보·강정효·최용복·양진철, 《제주의 돌담-가치평가와 문화관광자원화 방안》, 제주대학교 출판부, 2009.

김종석, 〈제주도 전통사회의 돌(石)문화〉, 제주대학교 석사학위논문, 1998.

나카무라 카즈오 외 2명, 정암·이용일·성춘자(역), 《지역과 경관》, 선학사, 2001.

송성대, 《제주의 해민정신-문화의 원류와 그 이해》, 도서출판 각, 2001.

신용석, 〈관광학연구에서 지리학적 접근법의 모색-텍스트로서 경관의 비판적 연구방법을 중심으로〉, 《한국관광학회지》 35(2), 한국관광학회, 2011.

안덕면, 《안덕면지[마을편]》, 안덕면, 2006.

양보경, 《월간 문화재 사랑》 50, 문화재청, 2009.

외도동향토지편찬위원회, 《외도동향토지》, 도서출판 각, 2005.

원종관, 〈제주도의 형성과정과 화산활동에 관한 연구〉, 《이학논집》, 건국대학교, 1975.

이준선, 〈프랑스와 한국의 농경지 풍경의 비교〉, 《한국지리환경교육학회지》 7(2), 1999.

정광중·김은석, 〈북촌리 주민들의 거주환경에 따른 돌문화 관련자원의 형성과 배경〉, 《한국사진지리학회지》 18(1), 2008.

제주대학교 사범대학 사회교육과, 〈제주도 동부와 서부의 생활상의 차이-지리적 환경을 중심으로〉, 사회교육과 학술제 세지오(SEGEO), 제대사회과교육 19, 2003.

제주도문화예술과, 《제주도 제주마》, 제주도인쇄정보산업협동조합, 2002.

제주지방기상청, 《제주도 상세기후특성집》, 제주지방기상청, 2010.

제주특별자치도, 《한경면 역사문화지》, 한국문화원연합회 제주특별자치도지회, 2007.

제주특별자치도, 《2010 주요 농축산 현황》, 제주특별자치도, 2010.

제주화산연구소, 《제주도 지질공원》, 서보미디어, 2009.

테리조든-비치코프·모나 도모시, 류제헌 옮김, 《세계문화지리》, 살림, 2002.

한림읍, 《한림읍지》, 한림읍, 1999.

하도리 밭담의 특성과 농업환경

강성기, 〈초등 사회과 교육에서의 비교 지역 관점을 위한 문화경관 이해의 유용성—제주 돌담경관과 유럽 보카쥬경관의 사례 비교〉, 한국교원대학교 석사학위논문, 2010.

강성기, 〈문화경관으로서 제주 밭담의 의미 탐색〉, 《한국사진지리학회지》 21(3), 2011.

강성기, 〈제주도 서부지역의 농업환경 변화에 대한 지리적 해석-한경면 고산리를 사례로〉, 《한국사진지리학회지》 22(3), 2012.

고광민, 《제주도의 생산기술과 민속》, 대원사, 2004.

고성보, 〈제주밭담의 경관보전직불제 도입을 위한 경관자원 평가시스템 구축과 적용〉, 《한국농촌계획학회지》 13(3), 2007.

고성보, 〈경관보전직불제 도입을 위한 제주밭담의 경관가치 평가〉, 《한국농촌계획학회지》 13(4), 2007.

국립민속박물관, 《제주특별자치도 제주시 구좌읍 하도리 민속지》, 국립제주박물관, 2007.

김유정, 《제주의 돌문화》, 서귀포문화원, 2012.

김종석, 〈제주도 전통사회의 돌(石)문화〉, 제주대학교 석사학위논문, 1998.

서윤석, 〈친환경농업에 대한 올바른 이해〉, 《토양과 비료》 22, 2005.

오성찬, 《제주의 마을》(시리즈 6, 애월리), 도서출판 반석, 1990.

윤봉택, 〈제주돌이 깨어지는 소리-서귀포시 강정마을을 중심으로〉, 《서귀포문화》 2, 서귀포문화원, 1998.

이상영, 〈제주 전통돌담의 가치평가 및 보전 방안〉, 《한국농촌계획학회지》 12(2), 2006.

이싱영, 〈세수 전통돌담의 유지보전에 관한 의식조사〉, 《한국농촌계획학회지》 13(1), 2007.

이준선, 〈프랑스와 한국의 농경지 풍의 비교〉, 《한국지리환경교육학회》 7(2), 1999.

임근욱, 〈청산도 구들장 논과 제주 밭담 농업시스템의 농업관광에 대한 연구〉, 《한국사진지리학회지》 25(2), 2015.

장덕지, 《濟州馬이야기》, 도서출판 제주문화, 2007.

정광중·강성기, 〈장소자산으로서 제주 돌담의 가치와 활용방안〉, 《한국경제지리학회지》 16(1), 2013.

정광중·김은석, 〈북촌리 주민들의 거주환경에 따른 돌문화 관련자원의 형성과 배경〉, 《한국사진지리학회지》 18(1), 2008.

정승훈, 〈제주밭담 농업 시스템의 세계중요농업유산 등재에 따른 지역주민의 관광영향 인식과 지속가능한 관광개발 지지도〉, 《관광연구저널》 28(11), 2014.

제주특별자치도, 《개정증보 제주어사전》, 2009.

제주특별자치도, 《2011년 제주특별자치도 지적통계》, 2012.

제주특별자치도·한국농어촌공사, 《농어촌다원적자원활용사업 제주밭담 보전관리 종합계획》, 2014.

제주특별자치도 해녀박물관, 《제주해녀의 생업과 문화》, 하나CNC, 2009.

최용복, 〈제주도 농촌지역 내 돌담 문화자원의 활용을 위한 실태조사 연구〉, 《한국농촌계획학회지》 12(3), 2006.

최용복·정문섭, 〈GIS를 활용한 농촌경관 분석 사례연구-제주도 돌담경관을 중심으로〉, 《한국GIS학회지》 14(3), 2006.

홍경모, 〈과학교육 학습 자료로서의 제주 전통 돌담에 대한 연구〉, 제주대학교 석사학위논문, 2008.

www.fao.org 세계농업기구

www.jeju.kma.go.kr 제주지방기상청

고산리 무장전과 농업환경

강성기, 〈문화경관으로서 제주 밭담의 의미 탐색〉, 《한국사진지리학회지》 21(3), 한국사진지리학회, 2011.

고광민, 《제주도의 생산기술과 민속》, 대원사, 2004.

고산1리사무소, 조건불리지역 직접불사업신청서, 2007.

고산1리사무소, 조건불리지역 직접불사업신청서, 2012.

권동희, 〈제주도 지형지〉, 《한국사진지리학회지》 22(1), 한국사진지리학회, 2012.

김만규·박종철·이성우, 〈제주도 서부 지역 고가수조 경관의 형성배경〉, 《한국지역지리학회지》 16(6), 한국지역지리학회, 2010.

나카무라 카즈오 외 3명, 정암·이용일·성춘자(역), 《지역과 경관》, 선학사, 2001.

남석진, 〈제주도 전통사회의 농업경영에 관한 연구-애월읍을 중심으로〉, 제주대학교 석사학위논문, 1987.

농촌진흥청, 《농업과학기술 발달사(중)》 한국농업 근현대사 제7권, 대진사, 2008.

북제주군 한경면 고산리, 《제주 고산향토지》, 고산향토지발간위원회(태화인쇄사), 2000.

이혜은, 〈경관이해를 위한 사진의 중요성〉, 《한국사진지리학회지》 17(3), 2007.

정광중, 〈농업지리학에서의 사진이용과 전망〉, 《한국사진지리학회지》 3, 1995.

정남수·장동호·이세희, 〈남해안 지역의 농업부문 기후변화 취약성 평가를 위한 밭작물 지표종 선정에 관한 연구〉, 《한국사진지리학회지》 19(4), 2009.

제주시청 농업기반계, 고산1차 환지계획 인가 신청서(환지계서철), 1977.

제주시청 농업기반계, 고산2차 환지계획 인가 신청서(환지계서철), 1978.

제주시청 농업기반계, 고산3차 환지계획 인가 신청서(환지계서철), 1984.

제주지방기상청, 《제주도 상세기후특성집》, 2010.

제주특별자치도 세계자연유산관리단·제주관광공사, 《바람의 언덕 수월봉》, 디자인 열림, 2011.

제주특별자치도, 《개정증보 제주어사전》, 2009.

제주특별자치도, 《2010 주요 농축산 현황》, 2010.

제주특별자치도, 《제주통계연보》, 2011.

한국문화원연합회 제주특별자치도지회, 《한경면 역사문화지》, 제주특별자치도, 2007.

한국자원연구소, 《모슬포·한림도폭 지질보고서》, 2000.

한국지질자원연구소·제주발전연구원, 《제주도 지질여행》, 로뎀디자인연구소, 2006.

형기주, 《농업지리학》, 법문사, 2000.

황상구, 〈제주도 당산봉 화산의 화산과정〉, 《한국암석학회지》 7(1), 1998.

Meinig, D. W., The Shaping of America: A Geographical Perspective on 500 Years of History, Vol. 1 Atlantic America, 1492-1800, Yale University Press, 1986.

Lautensach, H., KOREA: A Geography Based on the Author's Travel and Literature, translated by Katherine and Eckart Dege, Springer-Verlag, Berlin, 1988.

http://map.naver.com. 네이버 지도

석공들이 조성한 농업지대 돌담

서귀포시, 《서귀포시의 어제와 오늘》, 1994.

윤봉택, 〈제주돌이 깨어지는 소리-서귀포시 강정마을을 중심으로〉, 《서귀포문화》 제2권, 서귀포문화원, 1998.

장윤식, 〈돌챙이의 삶과 문화〉, 2004학년도 교육대학원 역사교육전공 학술세미나 발표자료, 제주대학교 교육대학원, 2005.

전라북도문화원연합회, 《전북의 돌문화》, 신아출판사, 2015.

정신지, 《제주밭담 트멍 속 시간여행》, 제주밭남6차산업화사업기반 구축사업단, 2018.

제주도, 《제주도지 제4권-산업·경제》, 제주도, 2006.

조환진, 〈제주도 돌담의 지역별 특성과 축조방식〉, 제주대학교 석사학위논문, 2019.

제주특별자치도, 《개정증보 제주어사전》, 제주특별자치도, 2009.

한창기 편, 《한국의 발견-제주도》, 뿌리깊은 나무, 한국 브리태니커, 1983.

立正大学日韓合同韓国済州島学術調査団, 韓国済州島の地域研究, 立正大学地理学教室, 1988.

주석

1부 제주 돌문화와 돌담 개관

제주 돌문화 들여다보기

1) 제주도에는 현무암 이외에 조면암, 조면안산암, 응회암 등의 화산암과 퇴적암이 국지적으로 분포하지만, 제주도민들이 활용하는 돌 자원은 현무암이 압도적으로 많다. 일부 지역에서는 비석용 재료로서 조면암을 사용하기도 하고, 밭담의 재료로서 조면암이나 응회암을 사용하기도 한다.

2) 다음 자료들을 수정·보완하여 필자가 작성한 것이다. 김종석, 〈제주도 전통사회의 돌(石) 문화〉, 제주대 석사학위논문, 1998; 강정효, 《화산섬, 돌 이야기》, 도서출판 각, 2000; 고광민, 《돌의 민속지》, 도서출판 각, 2006.

3) 이와 관련하여 제주도의 마을 수를 살펴보면, 산북지역(제주시 지역)이 130개(동지역 40개, 읍면지역 90개), 산남지역(서귀포시 지역)이 98개(동지역 22개, 읍면지역 76개)로, 산북지역이 32개 마을이 더 많은 것으로 확인된다.

4) 여기서는 〈표 1〉에 등장하는 모든 돌문화 구성요소를 다룰 수 있는 지면이 부족하기 때문에 특징적인 것만을 중심으로 정리하고자 한다.

5) 이와 관련된 내용은 강성기의 학위논문에 잘 분석되어 있다(강성기, 〈제주도 농업환경에 따른 밭담의 존재형태와 농가인식에 대한 연구〉, 제주대학교 박사학위논문, 2016.).

6) 이시게리(石蹴り)라는 놀이는 집 모양으로 구획된 구간에서 한 발로 판돌을 차면서 진행하는 놀이이다. 보통은 '사방치기'라고 하나, 과거에는 주로 '이시게리'라고 불렀기 때문에 '일본어' 표현을 그대로 사용하였다.

7) 정광중, '제주의 울타리 돌담', 디지털 제주시문화대전(http://jeju.grandculture.net), 2007.

옛 문헌으로 본 제주 돌문화

1) 제주도 돌 문화 중 1971년 지석묘, 돌하르방, 복신미륵이 (시·도지정)문화재로 지정된 것을 시작으로 현재까지 돌가마, 석탑, 방사탑, 연대(煙臺), 환해장성, 읍성, 진성(鎭城) 등이 지정되어 있다. 반면, 비지정문화재로는 원담(갯담), 밭담, 잣성(牆垣), 도대불, 4·3 성담, 집담과 올렛담, 불턱담, 용천수(봉천수) 돌담, 산담, 동자석 등이 있다.

2) 이때 우리나라에서는 '제주 밭담'과 '완도 청산도 구들장 논'이 동시에 등재되었다.

3) 역사학에서는 통상적으로 고문헌의 범위를 설정할 때 전근대시기 저작물에 제한을 두는 것이 관례이다. 그러나 본 글에서는 이런 관점에서 살펴봤을 때 제주 돌문화에 대한 문헌이 협소해져버리는 점이 있어 1960년 이전 제주도 전통문화가 잘 보존되었던 시기까지의 문헌으로 하고자 한다.

4) 본 글에서 《세종실록지리지》는 《세종실록》에 포함하여 정리하고자 한다.

5) 《탐라순력도(耽羅巡歷圖)》는 이형상 제주 목사가 재임(1702년 6월~1703년 6월) 당시 제주도를 동-남-서-북으로 한 달간에 걸쳐 순력한 후 여러 가지 상황을 28폭의 그림에 담아낸 총 41면의 도첩(圖帖)이다.

6) 조선총독부에서 위촉받아서 조사하는 사람을 말한다.

7) 《태종실록》, 태종 8년 9월 갑오조, "濟州大雨 水入濟州城 漂溺官舍民居 禾穀殆半".

8) 《탐라지》, 대정현 성곽조, 정의현 성곽조.

9) 《세종실록》, 〈지리지〉 권151; 《신증동국여지승람》 38권, 성곽조; 《탐라지》, 제주목 성곽조.

10) 조선시대 시기별에 읍성의 용척에 대한 자세한 사항은 김명철(2000)의 자료 16쪽을 참고하길 바란다.

11) 《탐라지》 정의현 고적조, "倭賊迭侵 我世宗五年 鄭幹建議 以聞移縣于晉舍 卽今治也".

12) 참고로 《탐라지》 등에서 참고로 한 제주판관 하담의 기록에 대해서는 알 수 없었다.

13) 《탐라지》 대정현 성곽조, "今按撫盆城李公暕繼牒曰 城郭不何不固 於是與一二父老周巡于斯 原度土卜地民之爲丁者 子來赴功不月而城成".

14) 《탐라기년》 부록편, "癸丑(1913) 毁北城門; 甲寅(1914) 冬十月 毁延祥 鎭西 中人諸門樓; 乙卯(1915) 夏六月 毁稣民門 及北城; 戊午(1918) 冬十月 毁定遠樓; 癸亥(1923) 設測候所 於東城上; 丙寅(1926) 毁州城三面 築山池港; 丁卯(1927) 秋七月 大雨 八月 又大雨 平地成川 南北水口 虹門自壞".

15) 《태종실록》, 태종 11년 정월 갑자.

16) 《태종실록》, 태종 16년 5월 정유조.

17) 《탐라지 초본》, 권2, 진보조.

18) 《탐라지》, 제주목 방호소조.

19) 《탐라지》, 제주목 방호소조.

20) 《탐라지 초본》, 진보조.

21) 《탐라지》, 제주목 성곽조.

22) 《세종실록》, 세종 21년 윤이월 임오조.

23) 《남사록》, 10월 15일 기묘.

24) 《중종실록》, 중종 5년 기미조; 《탐라지 초본》, 진보조.

25) 《세종실록》, 세종 21년 윤이월 임오조.

26) 《세종실록》, 세종 21년 윤이월 임오조; 《세조실록》, 세조 8년 계사조; 《성종실록》, 성종 21년 신사조; 《중종실록》, 중종 5년 기사조; 《순조실록》, 세종 11년 계미조.

27) 《탐라지》, 고장성조.

28) 《세종실록》, 세종 11년 경자조.

29) 《탐라지》, 제주, 고적조.

30) 참고로 국가지정문화재로는 국보, 보물, 사적, 명승, 천연기념물, 국가무형문화재, 국가민속문화재가
있고, 시·도지정문화재로는 유·무형문화재, 기념물, 민속문화재가 있다. 이 외에도 문화재자료가 있
는데 이는 시·도지사가 시도지정문화재로 지정되지 아니한 문화재 중 향토문화보존 상 필요한 경우
조례에 의해서 지정한 문화재를 말한다.

31) 이와 관련한 자세한 사항은 제주특별자치도·제주문화예술재단, 《화산섬, 제주문화재탐방》, 2009 자
료를 참고하길 바란다.

32) 주민 주도형 돌문화와 관련해서는 여기서 확인한 문헌 외에도 《제주풍토기》(이건, 1628-34), 《지영
록》(이익태, 1694-1696), 《속음청사》(김윤식, 1897-1901), 《탐라기년》(김석익, 1915)을 검토하였으나
관련된 내용을 확인하지 못했다.

33) 《신증동국여지승람》 38권 제주목, "聚石築垣: 東文鑑 地多亂石乾燥 素無水田唯娃麥豆栗生之厥田
古無壃畔; 强暴之家日以蠶食 百姓苦之 金圻爲判官 問民病苦 聚石築垣爲界民○便之".

34) 《남사록》 10월 12일 병자, "當初無人之時島上原野 指是積石亂頹 厥後漸爲耕墾之地 因恢拓壃畝; 而
不能遠闢 只就於田頭纏 建其石也".

제주 돌담의 가치와 돌담 속 숨겨진 선조들의 지혜

1) 예를 들면, 다음과 같은 연구들이 있다.

   ① 김종석, 〈제주도 전통사회의 돌(石)문화〉, 제주대학교 대학원 석사학위논문, 1998.

   ② 강정효, 《화산섬 돌 이야기》, 도서출판 각, 2000.

   ③ 이윤형·고광민, 《제주의 돌문화》, 제주돌문화공원, 2006.

   ④ 강성기, 〈초등 사회과 교육에서의 비교 지역 관점을 위한 문화경관 이해의 유용성-제주 돌담경관
     과 유럽 보카쥬 경관의 사례 비교〉, 한국교원대학교 대학원 석사학위논문, 2010.

   ⑤ 강성기, 〈문화경관으로서 제주 밭담의 의미〉, 《한국사진지리학회지》 21(3), 2011, pp.223-233.

   ⑥ 김유정, 《제주의 돌문화》, 서귀포문화원, 2012.

   ⑦ 김유정, 《제주 돌담》, 대원사, 2015.

장소자산으로 본 제주 돌담

1) 문화재청은 2006년과 2007년에 18개 마을의 옛 돌담길을 등록문화재로 지정하였다. 지역별로 살펴
보면, 전남에서는 강진 병영마을, 담양 창평 삼지천마을, 청산도 상서마을, 흑산도 사리마을, 비금도 내
촌 마을, 영암 죽정마을, 여수 사도·추도마을 등 7곳, 전북에서는 익산 함라마을, 정읍 상학마을, 무주
지전 마을 등 3곳, 경남에서는 산청 단계마을, 의령 오운마을, 고성 학동마을, 거창 황산마을, 산청 남

사마을 등 5곳, 경북에서는 성주 한개마을 1곳, 대구광역시에서는 동구 옻골마을 1곳, 충남에서는 부여 반교마을 1곳이다.

2) 삼려란 제주의 아름다운 자연·민속·토착산업을, 삼보란 특용작물·수산·관광의 세 자원을 말한다(제주도, 2006: 473).

3) 제주의 정체성과는 무관한 내용을 소재로 한 박물관에는 세계자동차박물관, 아프리카박물관, 제주다빈치박물관, 그리스신화박물관, 소리섬박물관, 트릭아트뮤지엄 등이 있다.

4) 농촌연계사업으로는 녹색농촌체험마을, 농촌전통테마마을, 문화역사마을조성 및 농업농촌테마공원 등이 있다.

2부 제주 돌문화 요소와 지역에서의 모습

돌문화 요소의 존재적 가치와 장소적 특성

1) 강정효, 앞 책, 2008, pp.269-303. 여기의 마을 수는 주로 행정동과 행정리가 중심이지만, 일부는 법정리도 속해 있으며 또 우도면의 경우는 4개의 행정리가 있으나 1개의 마을로 모아서 집계한 것이다. 그리고 방사탑의 총수에서는 방사탑이 아닌 방사용 형상석(사람, 동물, 솔대) 3기도 포함돼 있다.

2) 최근 도대불을 알리기 위해 세운 표석에 따르면, 고산1리 도대불은 1941년 처음으로 고산-목포 간 화물선의 유도등으로 세워졌으며, 고기잡이를 나간 배가 무사히 돌아올 수 있도록 하기 위해서도 사용되었다고 전한다.

3) 연대와 봉수대의 수는 시대에 따라 다소 차이가 있으며, 또한 그것들의 일부는 설치하는 위치도 다르게 나타난다. 그러나 조선시대 후기에 이르면 63개소로 거의 정착된다.

4) 명월진성 관련 보고서인《명월성지 보존관리 및 활용계획》에 따르면, 명월진성은 2001년에 남문을 중심으로 약 260m 구간에 성곽을 복원하였고, 남문은 2003년에 개거식(開渠式)으로 복원하였다(제주특별자치도 제주시,《명월성지 보존관리 및 활용계획》, 2015, p.51.).

5) 마을 이장 장○○ 씨(남, 58세)와의 인터뷰 내용에 의함.

6) 마을 이장 장○○ 씨와의 인터뷰 내용 및 마을 소장 자료〈2010 참 살기 좋은 마을가꾸기 사업, 마을가꾸기 사업신청서 및 사업 계획서〉에 의함.

해안 마을의 돌문화 특징

1) 오창명의 연구(1998)에 따르면, 제주(탐라) 관련 지리지나 고지도에는 '서모' 또는 '서모오롬', '서산(西山)' 또는 '서산악(西山岳)' 그리고 '서산망(西山望)' 또는 서모망' 등으로 나타나며, 서우봉(犀牛峰)이란 명칭은〈제주지도(濟州地圖)〉에 처음으로 등장한다고 지적하고 있다.

2) 국립제주박물관(2001)에 의하면, 북촌리 유적(고두기엉덕 바위그늘 집자리)은 1973년에 발견되어

1986년에 본격적인 조사발굴이 이루어졌다. 발굴 결과 4개의 문화층이 발견되었는데, 문화층별 유물의 조합관계로 볼 때 북촌리 유적은 신석기시대 후기에서부터 청동기시대와 탐라국시대로 이어지는 관계 때문에, 시대가 바뀌면서도 계속 주거지로 사용해 왔을 것으로 해석하고 있다.

3) 1980년대의 평균 인구수는 1980년과 1985년 시점의 인구수가 결여된 관계로 8년 치를 합산한 평균치로 나타냈다.

4) 열방대학은 예수전도단(YWAM)이 운영하는 4년제 기독교 교육기관으로서 기독교사역대학, 기독교 정보대학, 상담보건대학, 교육대학, 인문국제관계대학, 예술대학, 과학기술대학 등 7개 단과대학으로 구성돼 있다. 열방대학은 미국 하와이 코나(Kona)를 비롯해 110개국 280개 지역에서 예수제자훈련학교(DTS: Discipleship Training School)와 같은 선교훈련 프로그램을 운영하고 있다. 우리나라에서는 1996년에 '열방대학 제주캠퍼스'가 문을 열었다.

5) 2007년 12월 26일, 북촌리 마을 이장 이○○ 씨(남, 53세)로부터의 청취조사에 의함.

6) 돌담을 쌓는 방식 중 막쌓기(허튼층쌓기)란 자연 상태의 크고 작은 돌들을 그때그때 상황에 맞게 활용하여 쌓는 방식을 말한다. 그러므로 막쌓기는 주변에서 얻을 수 있는 자연석을 거의 그대로 쌓는 방식이기 때문에, 돌과 돌이 맞물리는 틈새에 크고 작은 구멍들이 생기게 된다.

7) 2007년 5월 30일, 마을 주민 이○○ 씨(남, 74세)로부터 청취조사에 의함.

8) 맨 마지막 비석은 이름 부분이 파손되었기 때문에 구체적으로 어느 목사의 비석인지는 모르지만, 글자가 남아 있는 부분에 '牧使○○○淸德碑'라 새겨져 있기 때문에, 분명히 조선시대에 내도했던 목사의 비석인 것만큼은 확인할 수 있다.

9) 마을 주민 윤○○ 씨(남, 52세)에 의하면, 가옥 형태로 바뀌고 또 지붕에 기와(瓦)를 사용하기 시작한 것은 1970년대 이전부터라고 한다. 아울러, 당 건물의 면적은 약 7~8평(2.1~2.4㎡), 울타리 내의 당 부지 면적은 50~60평(15.2~18.2㎡) 정도이다.

10) 현재 해녀들이 사용하는 현대식 탈의장은 〈사진 14〉 바로 오른쪽에 건립되어 있다.

11) 현기영(1979)이 집필한 소설집 《순이삼촌》에는 10편의 단편소설이 들어있으며, 4·3사건 당시 북촌리 주민들의 희생을 실증적으로 세상에 알린 〈순이삼촌〉은 두 번째 작품으로 수록되어 있다.

12) 2008년 2월 재차 현장을 답사했을 때 주변의 밭들에서는 모두 마늘을 재배하고 있었다.

3부 문화경관으로 보는 제주의 밭담

제주 밭담과 유럽의 보카쥬 경관 비교

1) 개방경관(샹파뉴-Champagne)과 대조적인 경관으로 비개방적, 폐쇄적이기 때문에 enclosed field, champs enclos, Heckenlandschaft라고함. 특히 유럽에서는 대서양 연안 쪽에 이를수록 보편적으로 넓게 나타남. 경작지를 돌담으로 에워싸거나 생울타리로 에워싼 불규칙하고 큰 규모의 경지로서 취락

은 산촌이나 소촌 형태로 나타남(형기주, 《농업지리학》, 2000.).

2) 우리말로 '담으로 둘러쌈', '종획(綜劃)'으로 번역. 1381년 J.H.Claham이 사용 산재지의 통합, 경지의 목장화, 보유지의 집중, 공유지의 공유 등의 여러 가지 내용을 함축하고 있다(형기주, 《농업지리학》, 2000.).

3) 한림읍 귀덕1리 주민 홍○○(78세) 씨로부터의 청취조사에 의함.

4) 삼나무는 음지에서도 광합성을 하여 독립 영양을 마련할 수 있는 내음성식물로 음지에서도 성장이 좋고, 줄기가 곧게 뻗어 밭담 옆 방풍림으로 많이 심음.

5) 한림읍 수원리 주민 하○○(56세) 씨로부터의 청취조사에 의함.

6) 농경지 정리에 의한 소유지 통합.

7) 아일랜드를 4개 지방으로 구분하는 것은 우리나라에서 호남 지방, 영남 지방 등으로 구분하는 것과 유사하다(이승호, 2006: 17). 아일랜드에서 얼스터는 동북부, 렌스터는 동남부, 코노트는 서북부, 먼스터는 서남부 지방을 말한다.

8) 이니스모어(Inishmore), 이니스만(Inishmann), 이니스셔(Inissheer)가 있으며 섬의 면적은 이니스모어가 24.86㎢(우도 면적의 약 4배), 이니스만이 8.29㎢(우도 면적의 1.3배), 이니스셔가 4.15㎢(우도 면적의 2/3배)이다.

9) 일명 'mother stone'이고, 아일랜더로는 'clocha mathar'라고 한다(Laheen, 2010: 105).

제주를 대표하는 문화경관, 밭담

1) 귀덕리 동쪽으로 금성리와 곽지리 등이 있다.

2) 제주어로 '잣질동네'라고 하며 여기서 '잣'은 보통 돌로 쌓은 성이라는 뜻이고, '질'은 제주어로 길을 뜻한다. '잣질동네'를 한자어로 표현하면 '城路洞(성로동)'이 된다.

3) 김녕리를 중심으로 그 주변 지역인 월정리, 행원리, 동복리 등지에서도 파호이호이용암류의 흔적은 쉽게 확인할 수 있다.

4) 이와 비슷한 기능으로, 제주에는 '지름자갈'이라고 하는 작은 돌들을 밭 중간중간에 일부러 깔아 놓기도 한다. 이는 바람에 흙이 날아가지 못하도록 하기 위함이다.

5) 마을 주민 김○○(여, 71세) 씨로부터 청취조사에 의함.

6) 마을 이장 하○○(남, 56세) 씨로부터 청취조사에 의함.

7) 학자마다 돌담의 기원에 대한 이견이 있으나, 여기서는 1234년(고종 21) 《동문감(東文鑑)》의 기록을 기준으로 한다.

하도리 밭담의 특성과 농업환경

1) FAO에서는 세계농업유산인 제주도 밭담에 대해서 다음과 같이 기술하고 있다. "밭담은 화산섬이라는 척박한 농업환경에서 주민들이 농업활동의 시작과 함께 토양에서 골라낸 돌을 이용하여 쌓은 결과

22,000km가 넘게 존재하고 있다. 이러한 밭담은 농업활동에서 바람과 토양의 유실을 막아 주었으며 생물종 다양성과 농업문화를 보전한다. 그리고 밭담은 농지정리와 도시화 확산 등의 도전을 이겨내며 1,000년 넘게 제주 섬의 농업을 지켜가고 있다."(www.fao.org)

2) 2011년 제주도 지적통계 자료에 의하면 하도리는 전체 농업면적 중에서 밭면적 비율이 99.4%로 매우 높고, 마을 전체 면적 중에서도 밭면적이 58.9%로 비교적 높은 편이다. 또한, 밭의 지번 수가 2,489개로 많은 편이면서 한 필지당 면적은 1,757㎡로 비교적 작은 편이다. 지적통계 상에서 구좌읍 하도리와 유사한 마을은 조천읍 신흥리, 대정읍 하모리와 상모리, 구좌읍 평대리가 있지만 현장 답사 결과 하도리에 밭담이 잘 남아 있을 뿐 아니라 밭담이 일정 지구에 집중적으로 분포되어 있었다. 이와 함께 2014년 기준으로 하도리 전체 869가구 중 466(53.6%)가구가 농업에 종사하고 있다는 점은 현재까지도 주민들의 농업활동이 활발함을 보여주고 있다. 특히, 하도리는 제주시에서 북동쪽으로 가장 떨어진 곳에 위치하고, 최근까지도 대단위 개발이 없이 제주도의 전통 민속이 잘 남아 있기도 하다. 그 결과 국립민속박물관에서는 2007년 제주 민속문화의 해에 해안마을 중 하도리를 대표마을로 선정하여 민속조사보고서를 작성하였다.

3) 농가들이 경작 과정에서 산출된 돌들을 경지 곳곳에 쌓아놓은 돌무더기를 말한다(제주특별자치도, 2009: 352).

4) 마을 주민 고○임(남, 70세) 씨의 청취조사에 의한 결과이다. 참고로 고○임에 의하면 1978년 하도리 주민으로는 처음으로 당근재배를 하였다. 이때 당근을 하도리에서 재배한 것이 아니라 평대리에서 시작하였으며, 평대리의 3,305㎡(1,000평) 면적에 200∼300평 정도를 계약 재배하였다. 그 후 1980년부터 점차 하도리에서도 당근재배가 본격화되었다.

5) 사잇담은 '간성(間城)' 또는 '간성담'이라고도 하는데 본 글에서는 밭담과 밭담 사이의 경지 내에 쌓은 돌담이라는 의미로 '사잇담'으로 명명하여 기술하고자 한다.

6) 마을 주민 고○호(남, 68세) 씨로부터의 청취조사에 의함.

7) 제주도 농업지역에서는 경지 내 암반 상에 돌을 무더기로 쌓아놓은 모습을 볼 수 있는데 이는 농가들이 암반 지역의 공간을 재활용하여 경지를 최대한 이용하고자 하는 의도를 보여준다.

8) 묘지(산담) 내 무덤을 이장한 후 주변의 돌담만 남은 것을 말한다.

9) 최근 새롭게 출현하고 있는 밭담으로 이에 대한 특별한 명칭이 없어 '시멘트 밭담'이라고 명명하여 기술하고자 한다. 시멘트 밭담은 기존 밭담을 제거한 후 그 자리에 시멘트로 벽을 만들어 그 위에 돌을 쌓은 것이다. 최근 들어 제주도 동부지역을 중심으로 출현하고 있다.

10) 이와 관련하여 제주도 농업지역에서는 한 필지 내에 사잇담을 쌓아 여러 개의 밭뙈기로 구획한 토지가 있다. 이 점은 한반도 농업지역에서는 볼 수 없는 제주도만의 독특한 농업경관인데 사잇담을 쌓는 이유는 다음과 같다. 첫째, 일반적으로 3,305㎡(1,000평) 이상의 경지에서는 사잇담을 쌓아 바람에 의한 농작물의 피해를 줄이기 위함이다. 둘째, 농가들은 경지에서 출토된 돌들을 멀리까지 옮기지 않고 경지 내 암반 등에 쌓아 농경지로 이용할 수 없는 공간을 재활용하기 위함이다. 셋째, 과거에

는 한 필지 안에 목축과 경작을 동시에 하기도 했는데 이때 공간을 구분하기 위해서 사잇담을 쌓기도 했다. 이런 사잇담은 한 필지를 두 개의 뙈기로 완전히 구분하는 것이 아니라 농기계가 드나들 수 있는 공간을 남겨 두었다.

11) 이런 경지는 대부분 두 필지의 소유주가 동일한 농가일 가능성이 많은데 농업의 효율성을 높이기 위해서 두 필지를 한 필지처럼 사용하고자 하는 것이다.

12) 참고로 제주도 밭담의 형태에 대해서는 다양한 글에서 확인할 수 있는데 대표적으로 오성찬(1990), 윤봉택(1998), 김종석(1998), 고광민(2004), 김유정(2012) 등이 있다. 이 글의 내용을 종합해 보면 선적 유형으로는 곡선형과 직선형, 겹치는 정도에 따라서 외담과 겹담, 쌓는 방식에 따라서는 잡굽담, 백켓담, 잣질 등이 있다.

13) 2013년에 국토지리정보원에서 발행한 성산 056도폭 1:5,000 지형도를 통해 파악하였다.

14) 밭담의 높이는 가장 높은 곳을 기준으로 측정하였다.

15) 마을 주민 송○원(남, 76세) 씨로부터의 청취조사에 의함.

16) 제주지방기상청(www.jeju.kma.go.kr)에 의하면 연평균 강수량(1981~2010년)은 성산지역이 1,940.0mm이고, 고산지역은 1,142.8mm이다.

17) 마을 주민 송○주(남, 46세) 씨로부터의 청취조사에 의함.

18) 마을 주민 고○배(남, 66세) 씨로부터의 청취조사에 의함.

19) 친환경농업은 친환경농업육성법 제2조에서 정의 내리고 있는데 농약의 안전사용 준수, 작물별 시비 기준량 준수, 적절한 가축사료 첨가제 사용 등 화학자재 사용을 적정수준으로 유지하고 가축분뇨의 적절한 처리 및 재활용 등을 통해 환경을 보전하고 안전한 농축임산물을 생산하는 농업을 말한다(서윤석, 2005: 64). 즉, 농업활동에 있어 농약 사용량의 준수를 말하는데 보통 농약을 전혀 사용하지 않거나 기준량 이하의 농약만을 사용하는 농법이다.

고산리 무장전과 농업환경

1) 지역 주민들은 이곳을 '차귀벵듸'라고 부른다. 차귀는 고산의 옛 지명이고, 벵듸는 널따란 들판을 뜻하는 제주어이다(한국문화원연합회 제주특별자치도지회, 2007: 274).

2) '무장전'은 제주어로서 '담을 두르지 않은 밭'을 말한다(제주특별자치도, 2009: 382).

3) 수월봉 지질은 지질도에서 송악산 응회암이라고 제시되고 있지만, 구조적으로는 동일한 것이기 때문에 여기서는 송악산(수월봉) 응회암으로 병기하여 사용하였다.

4) 마을 주민 조○석(남, 76세) 씨로부터 청취조사에 의함.

5) 마을 주민 고○자(여, 71세) 씨로부터 청취조사에 의함.

6) '테우리'는 제주어로서 말과 소를 전문적으로 키우는 목동(牧童)을 말한다(제주특별자치도, 2009: 846).

7) 마을 주민 이○성(남, 62세) 씨로부터 청취조사에 의함.

8) 관정에서 끌어온 물을 보관하여 배분하는 시설을 고가배수지 또는 고가수조 등으로 부르고 있으나, 여기서는 행정기관에서 사용하는 고가배수지로 통일하여 사용하고자 한다.

9) 고산1리 고○훈(남, 50세) 씨로부터 청취조사에 의함.

10) 한장케의 농업용수를 관리하는 강○필(남, 59세) 씨로부터 청취조사에 의함.

11) 5농가(〈표 5〉의 농가 3, 4, 5, 6, 10)는 노인회관에서 인터뷰하였고, 나머지 10농가는 밭에서 직접 만난 주민들을 대상으로 인터뷰하였다.

12) 마을 주민 김○철(남, 37세) 씨와 이○성(남, 62세) 씨로부터 청취조사에 의함.

표 목차

해안 마을의 돌문화 특징

중산간 마을의 돌담 특징

제3부 문화경관으로 보는 제주의 밭담

석공들이 조성한 농업지대 돌담

그림 목차

찾아보기